中国社会科学院创新工程学术出版资助项目

中国城乡发展一体化指数

2006～2012年各地区排序与进展

Index of **Urban-rural** Development **Integration** in China:

Provincial Rank and Process (2006-2012)

朱　钢　张　军　王小映　张海鹏　陈　方　著

社会科学文献出版社
SOCIAL SCIENCES ACADEMIC PRESS (CHINA)

前　言

《中国城乡发展一体化指数——2006～2012年各地区排序与进展》是中国社会科学院创新工程项目“中国城乡关系研究”的阶段性成果。

中共十八大提出，坚持走中国特色新型工业化、信息化、城镇化、农业现代化道路，推动信息化和工业化深度融合、工业化和城镇化良性互动、城镇化和农业现代化相互协调，促进工业化、信息化、城镇化和农业现代化同步发展；十八大还指出，解决好农业农村农民问题是全党工作重中之重，城乡发展一体化是解决“三农”问题的根本途径。

目前，国内有关城乡发展一体化的研究多集中于理论思考和政策建议，通过指数对城乡发展一体化水平和进展进行具体衡量和评价的文献相对较少。在为数不多的衡量城乡发展一体化水平和进程的指数中，主要针对的都是某个地区（如某省、某市），对全国以及各省份城乡发展一体化水平和进展进行比较和评价的文献较少。

为了客观、全面评价我国及各省份城乡发展一体化的水平与进程，我们尝试构建了城乡发展一体化指数。

城乡发展一体化指数大体可以分为两类。一类为绝对指数，即在选取了体现城乡发展一体化的各项指标后，设定目标值，将实际值与目标值进行比较，以此衡量和反映城乡发展一体化的进程和实现程度；另一类为相对指数，即在选取了体现城乡发展一体化的各项指标后，选定某个年份为基期年，将之后各年份的实际值与基期年的实际值进行比较，以此衡量和反映城乡发展一体化的相对水平和进程。同时，还可以以此对各省份的城乡发展一体化水平进行排序，反映各省份在全国的相对位置。本书发布的是中国城乡发展一体化相对指数，即第二种类型的城乡发展一体化指数。目的是对中国及30个省份（不包括西藏）城乡发展一体化水平进行测度和排序，并反映2006年以来各省份城乡发展一体化进展。

城乡发展一体化指数是由众多反映城乡一体化发展内容和状态、反映城乡融合或城乡差异的可量化指标所构成的逻辑体系。在编制城乡发展一体化指数时，要尽可能多并尽量全面地采选与城乡发展一体化内容相关的指标，并根据指标数据之间的因果逻辑关系科学建立分层的指数结构，使编制的城乡发展一体化指数能够全面、准确、科学地反映城乡一体化发展的现状、特点和进展，并可对城乡协调发展的水平进行综合评价和判断。

在编制城乡发展一体化指数指标体系前，首先需要定义城乡发展一体化的概念及内涵，并确定指数编制的基本原则和指标选取的原则。

本书对城乡发展一体化的定义和内涵可以概括为：城市与农村两个区域性系统在经济、社会事业、公共服务、生活环境和生态建设上的一元化发展，其内涵是区域发展一体化、城乡经济发展一体化、城乡社会发展一体化、城乡居民生活水平一体化和城乡生态环境一体化。

城乡发展一体化指数编制的基本原则是：融合原则、共生原则、互促原则和接轨原则（详见第一章“中国城乡发展一体化指数编制基础”）；指标选取的原则是：代表性、以结果性指标为主、绝对指标与相对指标相结合、数据可得性和数据城乡分割性（详见第二章“中国城乡发展一体化指数指标体系”）。

据此，我们所构建的中国城乡发展一体化相对指数指标体系包括4个方面，即：经济发展一体化、社会发展一体化、生活水平一体化和生态环境一体化，这4个一体化构成了指数指标体系的一级指标，整个指标体系由4个一级指标、14个二级指标、36个三级指标和58个具体指标构成。为了消除不同发展水平之间的差异以及更充分、准确地反映城乡发展一体化的现实，部分三级指标由2~3个反映绝对发展水平和相对发展水平的具体指标构成。

依据我们构建的中国城乡发展一体化指数指标体系，指数排序表示的是各省份与其他省份相比的城乡发展一体化水平的位置，指数进展则表示的是各省份以2006年为基期的城乡发展一体化水平提升的程度，并不表示城乡发展一体化的实现程度。此外，通过对各省份城乡发展一体化相对水平的测度以及进展描述，分析各省份城乡发展一体化进程中存在的主要问题。

本书由 7 章和附录组成。

第一章“中国城乡发展一体化指数编制基础”构建了中国城乡发展一体化指数编制的理论与概念框架，对已有的城乡发展一体化指数相关文献进行了简要评述，提出了编制中国城乡发展一体化指数的基本原则。

第二章“中国城乡发展一体化指数指标体系”提出了中国城乡发展一体化指数指标选取的原则，制定了反映和测度城乡发展一体化相对水平和进展的指标体系，对各指标的含义进行了详细解释，对测算方式、计算公式以及数据来源等进行了说明。

第三章“中国及各地区城乡发展一体化排序、进展与评价”主要测度中国及各省份城乡发展一体化总体水平，对各省份城乡发展一体化总体水平进行排序，描述 2006 年以来各省份城乡发展一体化总体水平的进展，分析中国城乡发展一体化总体水平的区域差距。

第四章“中国及各地区经济发展一体化指数”主要测度中国及各省份经济发展一体化水平，对各省份经济发展一体化水平进行排序，描述 2006 年以来各省份经济发展一体化的进展，分析排序和进展变化的特点，分析各省份经济发展一体化进程中存在的主要问题等。

第五章“中国及各地区社会发展一体化指数”主要测度中国及各省份社会发展一体化水平，对各省份社会发展一体化水平进行排序，描述 2006 年以来各省份社会发展一体化的进展，分析排序和进展变化的特点，分析各省份社会发展一体化进程中存在的主要问题等。

第六章“中国及各地区生活水平一体化指数”主要测度中国及各省份生活水平一体化水平，对各省份生活水平一体化水平进行排序，描述 2006 年以来各省份生活水平一体化的进展，分析排序和进展变化的特点，分析各省份生活水平一体化进程中存在的主要问题等。

第七章“中国及各地区生态环境一体化指数”主要测度中国及各省份生态环境一体化水平，对各省份生态环境一体化水平进行排序，描述 2006 年以来各省份生态环境一体化的进展，分析排序和进展变化的特点，分析各省份生态环境一体化进程中存在的主要问题等。

附录是 30 个省份（不包括西藏自治区）城乡发展一体化水平排序与进

展。分别对30个省份城乡发展一体化水平进行测度，并进行排序；描述30个省份城乡发展一体化进展，对30个省份城乡发展一体化进程中存在的主要问题进行简要评价。

本书各部分的撰写者分别是："中国城乡发展一体化指数编制基础"，张军、张海鹏；"中国城乡发展一体化指数指标体系"，朱钢、张海鹏；"中国及各地区城乡发展一体化排序、进展与评价"，朱钢；"中国及各地区经济发展一体化指数"，陈方；"中国及各地区社会发展一体化指数"，张军；"中国及各地区生活水平一体化指数"，王小映；"中国及各地区生态环境一体化指数"，张海鹏；"北京、天津、河北、山西、内蒙古、辽宁城乡发展一体化水平排序与进展"，朱钢；"吉林、黑龙江、上海、江苏、浙江、安徽城乡发展一体化水平排序与进展"，张海鹏；"福建、江西、山东、河南、湖北、湖南城乡发展一体化水平排序与进展"，陈方；"广东、广西、海南、重庆、四川、贵州城乡发展一体化水平排序与进展"，王小映；"云南、陕西、甘肃、青海、宁夏、新疆城乡发展一体化水平排序与进展"，张军。

受数据的连续性、各省份统计指标不一致、城乡分区域数据较少、具有代表性的重要指标缺乏相应的统计数据等因素的限制，我们所编制的城乡发展一体化指数难免存在一些缺陷，还很不完善，我们将在今后研究中不断改进，恳请读者提出批评意见。

本书出版得到了社会科学文献出版社的大力支持，邓泳红、吴敏为本书出版付出了辛勤的劳动和智慧，在此致以诚挚的感谢。

笔　者

2014 年 7 月

目　录

第一章　中国城乡发展一体化指数编制基础 ………………………… 001

一　理论与概念框架 ……………………………………………… 001

二　城乡发展一体化评价指标体系文献综述 …………………… 008

三　指数编制的基本原则 ………………………………………… 012

第二章　中国城乡发展一体化指数指标体系 ……………………… 014

一　指标选取原则 ………………………………………………… 014

二　指标体系 ……………………………………………………… 015

三　指标解释 ……………………………………………………… 017

四　测算方法和计算公式 ………………………………………… 025

五　数据来源与说明 ……………………………………………… 029

第三章　中国及各地区城乡发展一体化排序、进展与评价 ……… 030

一　城乡发展一体化总水平排序 ………………………………… 030

二　城乡发展一体化进展 ………………………………………… 033

三　城乡发展一体化区域差距 …………………………………… 041

第四章　中国及各地区经济发展一体化指数 ……………………… 046

一　经济发展一体化指数排序与进展 …………………………… 046

二　经济发展指数排序与进展 …………………………………… 052

三　产业协调指数排序与进展 …………………………………… 057

四　要素流动指数排序与进展 …………………………………… 063

第五章　中国及各地区社会发展一体化指数 …… 071
一　社会发展一体化指数排序与进展 …… 071
二　教育均衡发展指数排序与进展 …… 077
三　卫生均衡发展指数排序与进展 …… 082
四　文化均衡发展指数排序与进展 …… 087
五　社会保障均衡发展指数排序与进展 …… 093

第六章　中国及各地区生活水平一体化指数 …… 099
一　生活水平一体化指数排序与进展 …… 099
二　收入消费水平一体化指数排序与进展 …… 104
三　生活环境质量一体化指数排序与进展 …… 109
四　信息化普及率指数排序与进展 …… 114
五　简要评价 …… 118

第七章　中国及各地区生态环境一体化指数 …… 119
一　生态环境一体化指数排序与进展 …… 119
二　水资源利用指数排序 …… 124
三　环境质量指数排序与进展 …… 126
四　垃圾处理指数排序与进展 …… 131
五　自然资源保护指数排序与进展 …… 136

附　录

附录一　北京城乡发展一体化水平排序与进展 …… 143
一　城乡发展一体化水平排序与变化 …… 143
二　城乡发展一体化进展 …… 145
三　简要评价 …… 147

附录二 天津城乡发展一体化水平排序与进展 …… 149
一 城乡一体化发展水平排序与变化 …… 149
二 城乡发展一体化进展 …… 151
三 简要评价 …… 153

附录三 河北城乡发展一体化水平排序与进展 …… 155
一 城乡一体化发展水平排序与变化 …… 155
二 城乡发展一体化进展 …… 157
三 简要评价 …… 159

附录四 山西城乡发展一体化水平排序与进展 …… 161
一 城乡一体化发展水平排序与变化 …… 161
二 城乡发展一体化进展 …… 163
三 简要评价 …… 165

附录五 内蒙古城乡发展一体化水平排序与进展 …… 168
一 城乡一体化发展水平排序与变化 …… 168
二 城乡发展一体化进展 …… 170
三 简要评价 …… 172

附录六 辽宁城乡发展一体化水平排序与进展 …… 174
一 城乡一体化发展水平排序与变化 …… 174
二 城乡发展一体化进展 …… 176
三 简要评价 …… 179

附录七 吉林城乡发展一体化水平排序与进展 …… 180
一 城乡发展一体化水平排序与变化 …… 180
二 城乡发展一体化进展 …… 182
三 简要评价 …… 184

附录八　黑龙江城乡发展一体化水平排序与进展 …………………… 186
一　城乡发展一体化水平排序与变化 ………………………………… 186
二　城乡发展一体化进展 ………………………………………………… 188
三　简要评价 ……………………………………………………………… 190

附录九　上海城乡发展一体化水平排序与进展 ……………………… 192
一　城乡发展一体化水平排序与变化 ………………………………… 192
二　城乡发展一体化进展 ………………………………………………… 194
三　简要评价 ……………………………………………………………… 196

附录十　江苏城乡发展一体化水平排序与进展 ……………………… 197
一　城乡发展一体化水平排序与变化 ………………………………… 197
二　城乡发展一体化进展 ………………………………………………… 199
三　简要评价 ……………………………………………………………… 201

附录十一　浙江城乡发展一体化水平排序与进展 …………………… 203
一　城乡发展一体化水平排序与变化 ………………………………… 203
二　城乡发展一体化进展 ………………………………………………… 205
三　简要评价 ……………………………………………………………… 207

附录十二　安徽城乡发展一体化水平排序与进展 …………………… 208
一　城乡发展一体化水平排序与变化 ………………………………… 208
二　城乡发展一体化进展 ………………………………………………… 210
三　简要评价 ……………………………………………………………… 212

附录十三　福建城乡发展一体化水平排序与进展 …………………… 214
一　城乡发展一体化水平排序与变化 ………………………………… 214
二　城乡发展一体化进展 ………………………………………………… 216
三　简要评价 ……………………………………………………………… 218

附录十四　江西城乡发展一体化水平排序与进展 …………………… 219
一　城乡发展一体化水平排序与变化 ………………………………… 219
二　城乡发展一体化进展 ……………………………………………… 221
三　简要评价 …………………………………………………………… 223

附录十五　山东城乡发展一体化水平排序与进展 …………………… 225
一　城乡发展一体化水平排序与变化 ………………………………… 225
二　城乡发展一体化进展 ……………………………………………… 227
三　简要评价 …………………………………………………………… 229

附录十六　河南城乡发展一体化水平排序与进展 …………………… 230
一　城乡发展一体化水平排序与变化 ………………………………… 230
二　城乡发展一体化进展 ……………………………………………… 232
三　简要评价 …………………………………………………………… 234

附录十七　湖北城乡发展一体化水平排序与进展 …………………… 235
一　城乡发展一体化水平排序与变化 ………………………………… 235
二　城乡发展一体化进展 ……………………………………………… 237
三　简要评价 …………………………………………………………… 239

附录十八　湖南城乡发展一体化水平排序与进展 …………………… 240
一　城乡发展一体化水平排序与变化 ………………………………… 240
二　城乡发展一体化进展 ……………………………………………… 242
三　简要评价 …………………………………………………………… 244

附录十九　广东城乡发展一体化水平排序与进展 …………………… 246
一　城乡一体化发展水平排序与变化 ………………………………… 246
二　城乡发展一体化进展 ……………………………………………… 248
三　简要评价 …………………………………………………………… 250

附录二十　广西城乡发展一体化水平排序与进展 …………… 252
一　城乡一体化发展水平排序与变化 …………… 252
二　城乡发展一体化进展 …………… 254
三　简要评价 …………… 256

附录二十一　海南城乡发展一体化水平排序与进展 …………… 258
一　城乡一体化发展水平排序与变化 …………… 258
二　城乡发展一体化进展 …………… 260
三　简要评价 …………… 262

附录二十二　重庆城乡发展一体化水平排序与进展 …………… 264
一　城乡一体化发展水平排序与变化 …………… 264
二　城乡发展一体化进展 …………… 266
三　简要评价 …………… 268

附录二十三　四川城乡发展一体化水平排序与进展 …………… 270
一　城乡一体化发展水平排序与变化 …………… 270
二　城乡发展一体化进展 …………… 272
三　简要评价 …………… 274

附录二十四　贵州城乡发展一体化水平排序与进展 …………… 276
一　城乡一体化发展水平排序与变化 …………… 276
二　城乡发展一体化进展 …………… 278
三　简要评价 …………… 280

附录二十五　云南城乡发展一体化水平排序与进展 …………… 282
一　城乡发展一体化水平排序与变化 …………… 282
二　城乡发展一体化进展 …………… 284
三　简要评价 …………… 286

附录二十六　陕西城乡发展一体化水平排序与进展 …………… 288
一　城乡发展一体化水平排序与变化 …………………………… 288
二　城乡发展一体化进展 ……………………………………… 290
三　简要评价 …………………………………………………… 292

附录二十七　甘肃城乡发展一体化水平排序与进展 …………… 293
一　城乡发展一体化水平排序与变化 …………………………… 293
二　城乡发展一体化进展 ……………………………………… 295
三　简要评价 …………………………………………………… 297

附录二十八　青海城乡发展一体化水平排序与进展 …………… 299
一　城乡发展一体化水平排序与变化 …………………………… 299
二　城乡发展一体化进展 ……………………………………… 301
三　简要评价 …………………………………………………… 303

附录二十九　宁夏城乡发展一体化水平排序与进展 …………… 305
一　城乡发展一体化水平排序与变化 …………………………… 305
二　城乡发展一体化进展 ……………………………………… 307
三　简要评价 …………………………………………………… 309

附录三十　新疆城乡发展一体化水平排序与进展 ……………… 311
一　城乡发展一体化水平排序与变化 …………………………… 311
二　城乡发展一体化进展 ……………………………………… 313
三　简要评价 …………………………………………………… 315

第一章
中国城乡发展一体化指数编制基础

一　理论与概念框架

中共十八大提出走中国特色新型工业化、信息化、城镇化、农业现代化道路，推动信息化和工业化深度融合、工业化和城镇化良性互动、城镇化和农业现代化相互协调，促进工业化、信息化、城镇化、农业现代化同步发展，预示着中国的工业化和城镇化发展战略将进行重大调整，城乡发展一体化将统领“四化”同步发展。

（一）城乡发展一体化的理论基础

第二次世界大战结束后，发展中国家曾就选择何种发展战略和模式进行过激烈的讨论。在刘易斯看来，[①] 发展中国家存在两个部门和两个区域，即生产率低下的传统农业部门和生产率高的现代工业部门与凋敝的农村和繁荣的城市。他认为，农业中劳动力供给充分，边际生产率近乎等于零，农业产出低下，农村存在大量剩余劳动力和隐蔽性失业现象，劳动力的流出不会对农业生产造成影响。随着工业发展水平的不断提高，城市对农村劳动力和农村人口的

---

① Lewis, W. A., *Economic Development with Unlimited Supply of Labor*, Manchester School, May 1954.

吸引力增强，农村劳动力和人口向城市转移，城市化水平得到进一步提升。只要城乡间存在收入上的差距，那么城市便会持续地吸引农村剩余劳动力，直到城镇化和工业化水平达到一个较高的程度为止。发展中国家存在的这种典型二元经济结构，在客观上要求城乡采取不平衡发展战略。因此，发展中国家现代化的过程就是落后和效率低下的农业生产部门向高效率的现代生产部门转换、凋敝的村庄向繁荣的现代城市转变的过程，而且在这一转换过程中，起主导作用的是高效率的现代生产部门和繁荣的现代城市。

与刘易斯观点比较接近的理论还有克鲁格曼的中心—外围理论。① 中心—外围理论认为，城市的发展是向心力和离心力共同作用的结果。向心力指的是规模经济、集聚效应等，而离心力则主要指资源、土地以及人力资源的不可流动性或者低流动性。农业是一个完全竞争、投入要素流动性低、产品同质化的部门，而工业部门的工人可以自由流动，且其产品存在“冰山成本”，那么，城市演进的结构很有可能表现为中心是工业部门，而外围是农业部门。当人口增多时，工业部门便会发生外迁，从而使新的城市产生，人口在工业部门的进一步集聚会导致更多城市的产生，当城市的数量和人口达到一定水平的时候，向心力和离心力达到一个动态的均衡状态，城市化的进程渐渐稳定下来。在市场经济背景下，商品、资本、人员、技术等要素完全以自由的方式流动，它们首先是向具有极化效应的地区流动，使这些地区发展得更快、更繁荣；相反，不具有极化效应的地区发展得更慢、更落后，出现经济发展上的地区差异。在这一发展过程中，工业部门和城市处于经济区域发展的中心或者核心地带，并起着主导经济发展的作用。农业部门和农村处在经济区域发展的边缘，从属于中心地带的工业部门和城市，并由此形成不对等的发展关系。相关产业集聚、可靠的基础设施、无障碍市场以及高额的市场回报，不仅促使“中心—外围”经济形成，而且，随之而来形成了中心主导外围的城乡发展不平衡。② 无论是刘易斯关于工业主导农业、城市主导农村的城乡不平衡发展的观点，还是克鲁格曼的中心—外围理论，都对发展中国家的现代化实践产生了重要影响。

与刘易斯城市主导农村、工业主导农业的城乡不平衡发展理论不同，费景

---

① Krugman, P., “Increasing Returns and Economic Geography,” *Journal of Political Economy*, 99 (3) (1991): 483 - 499.

② Fujita, M. et al., *The Spatial Economy: Cities, Regions, and International Trade*, Cambridge: MIT Press, 1999.

汉和拉尼斯认为,① 农业在经济发展中不只是如刘易斯所说的那样——消极地为工业部门提供劳动力，它还积极地为工业部门和城镇提供剩余农产品。为了保证工业化和城镇化的顺利推进，必须重视农业发展，重视农业劳动生产率的提高，以释放更多的劳动力和提供更多的农产品。因此，保持工业部门和农业部门的协调发展，对不发达国家的经济发展和转型很重要。乔根森认为,② 技术进步影响了农村剩余劳动力的规模和转移的速度，技术进步可以生产更多的剩余农产品，释放更多的劳动力，从而促进工业部门的生产，只要农业部门的这种剩余是递增的，工业部门的增长就可持续。同时，工业部门的扩张和技术提升导致的劳动生产率增长，总是快于农业部门，使工业部门的工资高于农业部门的工资，从而继续吸引农村剩余劳动力转移，直至农村剩余劳动力为零，进而建立了以技术进步为主要特征的城乡一体化发展理论。

以钱纳里为代表的结构转换学派也认为,③ 经济发展尤其是二元结构向一元结构转换，不只是工业化和城市化发展要有序和协调，就业结构和产业结构之间也会发生有规律的变化，即：在一个以农业为主的国家的经济发展过程中，随着产业由农业转向制造业、继而转向以服务业发展为主，农业产值和就业份额均出现下降，资源要素向城市集中，工业就业的比重和城市人口的比重会逐渐上升，城市化水平与工业化水平应该表现为同步提高。

早期的区域经济学关于城乡发展一体化的理论，突出了城乡两个区域之间的“极化”发展关系，并认为这是市场发展的结果，没有必要通过政府行为来纠正。但是，后来的学者通过对发展中国家的深入研究和分析，尤其是看到发展中国家区域发展差距对整体经济发展带来的负面影响后，不仅强调了政府在缩小区域发展差距上的作用，更是提出了区域发展一体化的思想。为了避免出现地区发展上的两极分化，合适的政府职能是相当重要的。政府必须制定政策，合理分配城乡的资源，避免城乡分割。④ 德国地理学家克里斯塔勒提出,⑤ 一个国家要想在全国范围内取得广泛的经济增长，就需要在国家范围内建立起

① Fei, C. H. and Ranis, G. A., "Theory of Economic of Development," *American Economic Review*, 1961.

② Jorgenson, D. W., "The Development of a Dual Economy," *Economic Journal*, 1961.

③ H. 钱纳里等:《发展的型式: 1950 ~ 1970》, 经济科学出版社, 1998。

④ Gunnar Myrdal, *Economic Theory and Under Developed Regions*, 1st ed., London: Duck worth, 1957.

⑤ Christaller, W., *Die zentralen Orte in Süddeutschland*, The Central Places in Southern Germany, Jena: Verlag von Gustav Fischer, 1933.

一个一体化（integrated）的居落系统（settlement system）。在克里斯塔勒看来，这个全国性的居落系统既包括城市也包括农村。在居落系统中可以实现城市与农村、工业与农业的产品与服务的互相交换，从而推动全国性的市场交易顺利发展。建立一体化的区域发展系统可以抑制地区间及城乡之间两极分化现象的出现与扩大。区域一体化发展理论更强调的是城市与农村、工业与农业的协调互促发展关系。

从产业发展的角度看，不仅马克思主义经济学对城乡关系进行过理论论述，例如恩格斯在《共产主义原理》中提出了城乡融合的概念，[1] 其基本思想是消除产业不同带来的城乡就业对立、人口空间上分布的不均衡，以及由城乡对立产生的城乡福利差异，而且古典经济学和新古典经济学都对城乡一体化发展有过较为系统的论述。古典经济学中最早对城乡一体化发展进行研究的是李嘉图。他在1871年出版的《政治经济学及赋税原理》中，[2] 系统地对农业与工业、农村与城市发展问题进行了研究，认为两者之间存在相互协调和促进的关系，后来的城乡一体化发展理论都是在其研究基础上的不断深化与延续。新古典经济学中对城乡一体化发展研究最具代表性的当属美国学者库茨涅兹。库茨涅兹对发达国家经济发展过程中农业、工业和第三产业部门的变化关系，以及这种变化关系对不同部门的就业与收入的影响进行了统计学意义上的分析与研究。1955年他在《经济增长与收入不均等》一文中指出，国民经济三次产业产值、就业结构之间存在结构性的协调关系，由此提出了国民经济三次产业之间产值变化、就业变化和收入变化的“库茨涅兹效应”（Kuznets effect）。[3] 实际上，库茨涅兹提出的国民经济三次产业部门的产值、就业和收入的结构性变化关系，就是城乡发展一体化在国民经济三次产业发展上的直接反映。

资源流动和集聚很大程度地改变了城乡土地利用、水源供给和空气质量等。伴随城市发展而变化的土地利用方式导致自然资源消耗的增加。城市发展也带来水资源过度开发。城市水资源短缺导致对周边地区水源供应的依赖。城市发展对农村环境的另外一个影响是城市垃圾堆放和污染。因此，从生态环境治理、保护和发展的角度看，城乡一体化发展是一个合作共治、互促发展的关

① 恩格斯：《共产主义原理》，人民出版社，1973。

② 李嘉图：《政治经济学及赋税原理》，商务印书馆，1962。

③ Kuznets S.，“Economic Growth and Income Inequality，” *The American Economic Review*，1955，1－28.

系。未来城市的发展是田园式的，城乡实现了大融合。[①] 霍华德的田园城市发展理论认为，城市的发展不是要把乡村排斥在城市之外，而是将乡村纳入城市之中，未来的城乡关系应放在一个大的生态系统或环境系统下来构建，这是一种倡导城市与农村自然和谐共生的哲学理念。

（二）城乡发展一体化的定义与内涵

城市是指以非农业产业和非农业人口集聚形成的较大居民点，包括按国家行政建制设立的市、镇。乡村即农村，是指以从事农业生产为主的农业人口聚居的地方。城市在产业聚集、人口就业、生活条件和环境上形成了与农村不一样的经济系统、社会系统、生活质量系统、生态系统。

1. 城乡发展一体化的定义

胡锦涛在中共十八大报告中指出，解决好农业、农村、农民问题是全党工作的重中之重，城乡发展一体化是解决“三农”问题的根本途径。加快完善城乡发展一体化体制机制，促进城乡要素平等交换和公共资源均衡配置，形成以工促农、以城带乡、工农互惠、城乡一体的新型工农、城乡关系。关于什么是城乡发展一体化，或者说，城乡发展一体化的定义，不同的学者从不同的研究领域和视角进行了解读和定义。

（1）系统发展论。例如，张忠法从系统论的角度来定义城乡一体化。[②] 他认为，城乡一体化是城市带动农村经济全面发展，在有序职能分工和有机协作的条件下，共同构成区域性、网络状的城乡一体化复合社会系统，并使系统内的配置和运行不断向农村倾斜和服务。其中，重点搞好社会经济职能、产业结构和产业布局的一体化，城乡居民点体系与基础建设的一体化，城乡生产要素流动的优化配置的一体化，城乡社会经济运行机制及保障体系的一体化，以及城乡生态环境系统建设的一体化等。

（2）要素融合论。白永秀等从生产要素和公共资源配置的角度来定义城乡发展一体化的内涵，[③] 认为城乡发展一体化是指生产要素在城乡之间的自由流动、公共资源在城乡之间的均衡配置，以及城乡在空间、经济、社会、生态环境的高度融合，城乡差距的不断缩小，最终实现城乡资源配置效率的提高与

---

① 埃比尼泽·霍华德：《明日的田园城市》，商务印书馆，2010。

② 张忠法：《新型城乡发展一体化的概念与途径》，《农民日报》2008 年 1 月 4 日。

③ 白永秀、周江燕、赵勇、吴振磊：《中国省域城乡发展一体化水平评价报道》，中国经济出版社，2013。

城乡协同发展。

(3) 失衡纠正论。郭建军提出,[①] 目前我国城乡社会经济发展面临着诸多问题和挑战，突出反映在经济、政治、文化和社会发展上的城乡不和谐。因此，城乡统筹就是要解决这些不和谐关系产生的问题。马晓河认为,[②] 20 世纪 90 年代以来，我国在体制转换和经济结构变动过程当中，城乡之间积累了一些矛盾，导致城乡差距越来越大，经济社会发展严重失衡，城乡统筹就是要解决这些失衡的矛盾与问题。

当然还有很多学者对城乡发展一体化的定义给出了自己的研究结论。这些结论可以归纳为：城乡发展一体化是一种发展模式，这种发展模式把城乡产业、区域、居民作为一个整体，通过市场化的改革，促进生产要素、公共资源在城乡之间的合理配置，在城乡经济、社会事业和生态环境一体化发展的基础上，在城乡居民之间实现同等的国民待遇，从而使城乡经济、社会和生态全面、协调、可持续发展。

以上各种理论虽然都把城市和农村定位为两个各自独立的系统，但认为这两个系统之间并不相互隔绝。相反，由于经济、社会、生活和生态的发展关系，两个系统之间在发展上紧密融合、依赖共生、互促发展。结合上述理论，并参考国内外有关城乡发展一体化定义的研究，城乡发展一体化的定义可以概括为：城市与农村两个区域性系统在经济、社会事业、公共服务、生活环境和生态建设上的一元化发展，它的具体内容包括：建立城乡发展一体化体制机制，纠正城乡经济社会发展失衡现象，建立城乡经济社会协调发展新格局，以及重塑符合社会主义市场经济运行要求的新型城乡工农关系。

2. 城乡发展一体化的内涵

城乡发展一体化的内涵主要包括以下五个方面。

(1) 区域发展一体化。在发展经济学、区域经济学、城市经济学和生态经济学看来，城市和乡村从空间上来说虽然分属于两个不同的区域，但这两个区域在促进城乡经济发展的土地、资本和劳动力等生产要素流动与配置，提高产业组织化程度和效率的第一产业、第二产业和第三产业的深度融合，推动城乡市场繁荣和发展的商品贸易，优化城乡人力资源和人口配置的人员往来，改

---

① 郭建军：《我国城乡统筹发展的现状、问题和政策建议》，《经济研究参考资料》2005 年第 1 期。

② 马晓河：《统筹城乡发展要解决的五大失衡问题》，《宏观经济研究》2004 年第 4 期。

善城乡生产、生活质量的社会化服务发展，以及美化城乡居民生活环境的生态治理与保护等方面的联系越来越紧密，城乡发展越来越表现出综合性和整体性，单一的发展城市或者农村，都不可能解决好城乡发展过程中出现的问题，因此，必须实行区域发展一体化。

（2）经济发展一体化。经济发展一体化主要是针对过去我国城乡不平衡发展所形成的二元发展结构而言。中共十八届三中全会报告指出，城乡二元结构是制约城乡发展一体化的主要障碍。必须健全体制机制，形成以工促农、以城带乡、工农互惠、城乡一体的新型工农城乡关系，让广大农民平等参与现代化进程、共同分享现代化成果。要加快构建新型农业经营体系，赋予农民更多的财产权利，推进城乡要素平等交换和公共资源均衡配置，完善城镇化健康发展体制。经济发展一体化，首先要打破过去人口和劳动力、生产要素、商品、货币、信息只能从农村不合理流向城市，而不能从或者较少从城市合理流向农村的单向流动方式，形成生产要素的城乡合理配置；其次要推动城乡之间的产业融合和发展的一体化，改变二元结构发展下形成的农业为工业提供积累、农村为城市牺牲发展利益的格局，在生产要素城乡合理流动和城乡产业融合发展的共同作用下，在更大的范围和深度上推动城乡经济的融合与一体化发展。

（3）社会发展一体化。与城乡经济发展出现的差距相比，受城乡分割的二元结构发展体制影响，城乡社会事业发展差距更加突出，主要表现在：城市基础设施建设无论从数量上还是从质量上抑或配套上，都要远远好于农村；城市公共服务建设不仅配套程度高于农村，而且服务质量也要好于农村；城市教育、医疗和卫生事业发展快于农村；城市社会保障发展无论从体制建设还是从实际发展程度上都领先于农村。城乡之间出现两种截然不同的社会事业发展结果，不仅造成城乡居民享受社会福祉的不平等，更严重的是危害到整个社会的有序、平稳发展。强调社会发展的一体化，就是要在城乡发展一体化的大背景下，破除城乡分割的社会发展二元结构体制机制，建立城乡社会发展一体化体制机制，缩小城乡社会发展差距，使城乡居民均能真正享有学有所教、病有所医、老有所养、住有所居。

（4）生活水平一体化。无论是经济发展还是社会发展，最终都要体现在居民生活水平的不断提高上。居民生活水平的提高，既与收入水平相关，也与政府提供的服务相关，但归根结底还是取决于经济收入状况。因此，提高收入便成为改善和提高居民生活质量的关键。实现城乡居民生活水平一体化，第一，要建立工业反哺农业的机制，彻底破除农业为工业和城市发展提供积累的体制，让农业生产者能够得到生产经营的社会平均利润收入，以及建立保障农业生产收入不断提高的增长机制；第二，要建立保障农村居民获得财产性收入的体制机制，确保农村居民合理合法地获得财产性收入，其中的一个重要环节是，深化农村土地制度改革，将农民手中的土地资源变为土地资产，从土地资产再转换为可以流动和交换的资本，解决农民在参与工业化和城镇化进程中缺少原始资本积累和增加收入的问题；第三，要不断缩小农村居民与城市居民在改善生活质量方面享受到的政府服务的差距；第四，要深化户籍制度改革，为农村居民平等地参与城镇化发展创造条件，通过农村人口的城镇化缩小农村居民与城市居民在生活水平上的差距。

（5）生态环境一体化。尽管城市和农村的生态发展系统具有不同特点和相对独立性，但是从宏观的视角看，城乡生态系统仍属于一个大系统之下的子系统，两者不可能完全相互隔绝、互不影响。在生态环境对生产和生活影响越来越大的今天，两者的相互影响不但更多而且联系会更紧密。城市发展主要是城市产业和城市居民生活产生的废弃物、有害气体、工业垃圾、生活垃圾和污水排放，虽经过各种形式的处理，但依然会对环境造成影响，尤其是当这些污染物向农村地区排放时会给农村带来污染和破坏农村生态环境。同样，农村生态环境的破坏，以及土壤、水和大气的污染，不仅关系到农村居民的生活环境和质量，也会传导到城市，并对城市生产和生活环境产生影响。空气中 PM2.5 的出现，打破了城乡界限，已经让城乡居民共同感受到空气污染带来的伤害。城乡生态环境一体化是综合整治城乡污染、修复城乡生态环境的必然选择。

二　城乡发展一体化评价指标体系文献综述

城乡发展一体化评价指标体系是由一组反映城乡融合或城乡差异的可量化指标所构成的逻辑体系。评价指标体系应能够全面、准确、科学地反映城乡关系的发展现状，并可以进行综合评价和判断，体现城乡协调发展的水平。现有文献建立了形式多样的指标体系，并以此为基础来测算城乡发展一体化水平。本部分主要从评价指标选择的角度对现有相关文献进行分类评述。

（一）单层指标体系

这类文献采用表示各地区城乡间在不同方面比例关系的一系列指标，很简洁地反映了农村和城市的相对差距（或称为协调度），大体反映了各地的城乡发展一体化水平。

以前的很多研究采用城乡居民收入差距这一指标来评价城乡发展一体化水平。城乡居民收入差距综合地反映了城乡之间由资源、制度、机会等方面的差异而造成的收入不均等，因此，较低的城乡发展一体化水平必然导致较大的城乡居民收入差距。但是，这一指标只是从某个方面反映了城乡经济发展方面的差异，不能全面地用来评价城乡发展一体化水平。

朱允卫和黄祖辉在城乡居民收入比的基础上增加了城乡居民生活水平比和城乡居民消费水平比，① 通过这 3 个指标来综合反映浙江省的城乡一体化状况。但是，这 3 个指标也仅仅是反映了城乡居民生活方面的差异，依然无法全面评价城乡一体化的水平。

李志强和雷海章选择城乡人均居住面积比，城乡人均居民收入比，城乡就业人数比，城乡生均拥有的教师数比，第二、第三产业比重与第一产业比重比，城乡每万人拥有床位数比，城乡恩格尔系数比，城乡百户家电拥有数比，城乡百户拥有电话机比，第二、第三产业从业人数与第一产业从业人数比 10 个指标来表示城乡间在住房、收入、就业、教育、医疗、富裕度、家庭生活条件、信息等方面的比例关系。② 张华瑛用人均国内生产总值、第三产业占国内生产总值比重、第一产业与第三产业从业人员人数比、人均社会消费品零售额、农林牧渔业总产值与工业总产值之比、人均财政收入、农民人均年纯收入、人均固定资产投资额和每万人社会福利院个数 9 个指标来构建城乡一体化评价指标体系。③ 陈国生等选取 15 个指标来构成湖南省各市（州）城乡一体化发展指数评估体系。④ 中国人民银行成都分行金融研究处课题组采用城市化率、人均国内生产总值、农林牧渔业总产值与工业总产值之比、第三产业占地区生产总值比重、人均固定资产投资、人均社会消费品零售额、农民人均年纯收入、人均地方财政收入、受教育程度（初中升学率）9 个变量来构建评价指

---

① 朱允卫、黄祖辉：《经济发展与城乡统筹互动关系的实证分析——以浙江省为例》，《农业经济问题》2006 年第 5 期。

② 李志强、雷海章：《模糊聚类：中东部地区城乡统筹水平的分类与比较》，《农业技术经济》2006 年第 1 期。

③ 张华瑛：《成都统筹城乡发展的实证研究》，《重庆工商大学学报（西部论坛）》2008 年第 1 期。

④ 陈国生、向泽映、陈春泉：《基于因子分析的湖南省城乡一体化发展研究》，《经济地理》2009 年第 6 期。

标体系，对成都市各区（县）的城乡一体化程度进行评价。[①]

单层指标体系的好处包括：①由于指标相对较少，数据可获得性强；②测算方法简单。但是，单层指标体系也存在着明显的不足：①指标之间的逻辑关系不清晰；②指标选择的随意性较大；③容易遗漏某些重要的、反映城乡一体化的指标。

（二）双层指标体系

绝大多数的文献通过建立双层指标体系对城乡一体化进行评价。这种方式将指标体系划分为两个层次：首先，根据相关理论划分方面评价指标；其次，对方面指标进一步细化，形成子系统评价指标。

修春亮等设计的城乡一体化综合指数由经济发展水平、农村非农化水平、社会公平和福利、交通及日常联系等方面的相对指标构成。[②] 方面性指标设计的主要原因在于，经济和社会福利水平的拉近是城乡一体化的基础，非农化是城乡一体化的必然要求，交通联系的强化是城乡一体化的保障。

徐明华和白小虎认为，[③] 城乡一体化更多的是从结构意义上来讲的，指城乡之间经济社会结构上的协调和谐，而不是城乡各个方面的同一化。因此，他们根据经济发展过程中结构转型的一般规律，并结合工业化、城市化及其与农村发展和城市发展的内在关系，从城市发展水平、农村发展水平、城乡总体发展水平和城乡一体化水平四个方面来构建评估城乡一体化的指标体系。

高珊等建立的城乡融合度指标体系由三类目标群 14 个指标组成，反映城乡之间的经济、社会和生活状况。[④] 其中，体现经济融合度的指标有 5 个，体现社会融合度的指标有 5 个，体现城乡生活融合度的指标有 4 个。

完世伟构建的城乡一体化评价指标体系中，[⑤] 分别从空间、人口、经济、社会、生态环境五个方面来反映区域城乡一体化发展状况。曹明霞和包宗顺构

---

① 中国人民银行成都分行金融研究处课题组：《成都市城乡一体化进程及其水平测度》，《重庆社会科学》2010 年第 6 期。

② 修春亮、许大明、祝翔凌：《东北地区城乡一体化进程评估》，《地理科学》2004 年第 3 期。

③ 徐明华、白小虎：《浙江省城乡一体化发展现状的评估结果及其政策含义》，《浙江社会科学》2005 年第 2 期。

④ 高珊、徐元明、徐志明：《城乡统筹的评估体系探讨——以江苏省为例》，《农业现代化研究》2006 年第 4 期。

⑤ 完世伟：《城乡一体化评价指标体系的构建及应用——以河南省为例》，《经济经纬》2008 年第 4 期。

建的城乡一体化评价指标体系虽然采用了与完世伟相同的构建方法，① 但是该指标体系是从城乡经济、社会、人民生活、生态文明、空间规划五个方面来反映城乡一体化发展状况。李志杰将影响城乡一体化进程的因素划分为自然基础、经济、社会、基本公共服务以及动态发展五大子系统并作为一级指标，再将5个子系统拓展为27个二级指标。②

焦必方等从城乡经济、生活和医疗教育融合三个角度，选取了10对城乡指标，构建了城乡一体化评价指标体系。③

双层指标体系的最大优势是，具有一定的理论基础，指标之间的逻辑关系也较为清晰。双层指标体系的不足体现在：①指标数量的增加，使之面临数据可获得性的问题；②存在方面指标选择差异较大的问题，这一方面是因为城乡一体化评价尚处于探索阶段，另一方面是因为研究者对城乡一体化的不同理解；③存在子系统评价指标选择不当的问题；④测算方法相对复杂。

（三）三层指标体系

还有一些研究将评价指标体系设计为三层。

戴思锐和谢员珠认为，城乡统筹发展包括经济、社会、生态环境三大板块，并主要受基础设施条件、资金与物资投入、教科文卫发展的影响与制约，评价指标体系宜分块设计。④ 首先，将指标体系设计为水平评价指标和原因分析指标两个部分；其次，将水平评价指标按经济、社会、生态环境分设一级指标，将原因分析按基础设施、社会发展分设一级指标；最后，在一级指标下按评价范围分块设置二级指标，在二级指标下按评价功能分块设置三级指标。这种分块设计的指标体系，既便于整体用于城乡统筹发展的全面评价，又可选择其中的某些板块对城乡统筹发展的特定问题进行局部评价。考虑到与分块设计要求的结合，指标体系可以分为三个层级：一级为板块综合指标，二级为板块分项指标，三级为板块具体指标。这种分层设计并与分块结合的指标体系，构成一个金字塔结构，各类指标层次分明、关联清晰、聚类彰显，可以方便地利

① 曹明霞、包宗顺：《苏州城乡一体化进程测算与分析》，《农业现代化研究》2010年第4期。

② 李志杰：《我国城乡一体化评价体系设计及实证分析——基于时间序列数据和截面数据的综合考察》，《经济与管理研究》2009年第12期。

③ 焦必方、林娣、彭婧妮：《城乡一体化评价体系的全新构建及其应用——长三角地区城乡一体化评价》，《复旦学报》（社会科学版）2011年第4期。

④ 戴思锐、谢员珠：《城乡统筹发展评价指标体系构建》，《统筹城乡经济社会发展研究——中国农业经济学会2004年学术年会论文集》，2004年10月。

用下一层级指标对上一层级指标进行分块、分项计算与分析。

顾益康和许勇军借鉴阿马蒂亚·森关于社会福利指数的研究,① 确定了以城乡一体化发展度、差异度和协调度为主要内容的城乡一体化评估指标体系。

刘伟等设计北京、上海等4个直辖市城乡一体化进程的评价指标体系包括3级。②

苏春江设计的城乡一体化评估体系由四级指标构成。③ 一级指标为测评对象，即城乡一体化实现程度，下面设置两个城乡经济社会发展程度和城乡一体化差异程度二级指标。二级指标中，城乡经济社会发展程度由5个三级指标组成：统筹城乡经济发展、统筹城乡基础设施建设、统筹城乡人民生活、统筹城乡社会保障、统筹城乡社会事业发展。每个三级指标由4～6个四级指标组成。城乡一体化设置的3个三级指标以及细分的12个四级指标均能充分反映城乡差距、生活水平的高低和城乡居民生产生活方式变化。

虽然三层指标体系的设计让整个指标体系显得有些庞大，但是，层次多使得指标之间的逻辑关系更加清晰。同时，这给测算的准确性提供了条件。因为随着层级的增加，指标的数量也相应增加，这样在合成指数时，就会弱化权重在指数合成时的作用，从而降低由于权重的随意性带来的结果的不稳定。

三　指数编制的基本原则

城乡发展一体化指数是反映城乡一体化发展内容和状态的量化指标体系。在编制城乡发展一体化指数时，要尽可能多和全面地采选与城乡发展一体化内容相关的指标数据，并根据指标数据之间的因果逻辑关系科学建立分层的指数结构，使编制的城乡发展一体化指数全面、准确、科学地反映城乡发展一体化的特点、状况和实现程度。因此，在编制城乡发展一体化指数时，必须遵循以下四个方面的原则。

（一）融合原则

从城乡二元结构发展向城乡发展一体化转变，是城市和农村两个既相对独

① 顾益康、许勇军：《城乡一体化评估指标体系研究》，《浙江社会科学》2004年第6期。

② 刘伟、张士运、孙久文：《我国四个直辖市城乡一体化进程比较与评价》，《北京社会科学》2010年第4期。

③ 苏春江：《河南省城乡一体化评价指标体系研究》，《农业经济问题》2009年第7期。

立又有联系的区域经济、社会事业、公共服务、居民生活和生态治理，从分割走向融合发展的过程。城乡发展一体化指数既要反映城与乡的发展，但更重要的是反映城乡融合发展。贯彻融合原则，就是要在编制城乡发展一体化指数的过程中，采选那些能够真实反映城与乡从融合发展到一体化发展最具代表性的指标，并在此基础上建立具有融合性和一体化特征的指数体系。真正体现出城乡融合水平高、城乡发展一体化程度高的逻辑性。

（二）共生原则

城乡发展一体化指数涉及的指标和数据较多，既有分层、分级指标数据，也有横向的关联性共生数据。因此，它是由多组既相互联系又各自独立，并能采用量化手段进行量化的指标所构成的有机整体，是一个以城乡发展一体化的终极目标为基础而建立起来的、反映城乡发展一体化水平和实现程度的指标集合。由于指标集合内部存在大量的指标，单一指标虽然可以反映城乡一体化发展的某个内容，但可能不全面，需要用共生组合指标，以及共生组合指标的集成来综合反映城乡一体化发展状况和实现程度。

（三）互促原则

城乡一体化发展过程不仅是城与乡融合的过程，更是城与乡在全面融合基础上互相促进发展的过程，因此编制的城乡发展一体化指数不仅要反映出城乡融合发展，也要反映出城乡互促发展。宏观经济发展可以促进微观事业的发展，因此在编制城乡发展一体化指数的过程中，不但要挑选那些具有直接贡献作用的微观指标数据，更要注意采选那些在推动城乡一体化发展上有促进作用的宏观经济指标，并以关联性互促为标准选择和安排不同层级的指标体系。

（四）接轨原则

城乡发展一体化体现的是城乡之间发展差距的缩小和消失，实现城乡接轨。所谓城乡接轨，体现的是平等的生存与发展权、城乡要素平等交换、公共资源均衡配置、城乡居民生活水平和保障制度的接近等。

第二章
中国城乡发展一体化指数指标体系

本报告发布的是中国城乡发展一体化指数，目的是对各省份城乡发展一体化水平进行测度和排序，并反映各省份城乡一体化进展的情况。

一　指标选取原则

1. 代表性

能充分、客观地体现城乡关系和城乡发展一体化的核心和主要内容。

2. 以结果性指标为主

从现有研究来看，我们可以将城乡发展一体化评价指标大致划分为结果性指标和过程性指标两大类，前者用来度量城乡发展一体化某一方面的实际状况，而后者只用来对城乡一体化状况进行解释。已有的研究中，这两类指标往往同时出现，本报告主要选择结果性指标作为评价指标，以期比较准确地反映城乡发展一体化的实际状况。

3. 绝对指标与相对指标相结合

不发达地区由于城市发展水平不高，某些方面的城乡发展差距可能小于发达地区，在具体测度时会得到较高的分值，因而不能准确反映不同发展水平地区之间城乡发展一体化的真实水平和真实差距。为了消除这一影响，在指标选取时，不仅要采用相对发展指标（城乡发展水平比），还需要采用绝对发展指标（城乡或农村绝对发展水平值）。

4. 数据可得性

可以从权威统计年鉴或其他有关文献中获得连续数年、口径一致的数据。

5. 数据城乡可分割性

以便可准确地进行城乡比较。

二　指标体系

中国城乡发展一体化指数指标体系包括四个方面，每一个方面构成中国城乡发展一体化指数的一级指标，这四个一级指标分别是：经济发展一体化、社会发展一体化、生活水平一体化和生态环境一体化。

每一个一级指标由若干个二级指标构成，每一个二级指标下再由若干个三级指标构成，每一个三级指标都由具体指标进行表征。为了消除不同发展水平之间的差异以及更充分、准确地反映城乡发展一体化的现实，部分三级指标由2～3个反映绝对发展水平和相对发展水平的具体指标构成。

中国城乡发展一体化指数指标体系包括4个一级指标，14个二级指标，36个三级指标以及58个具体指标（见表2－1）。

表2－1　中国城乡发展一体化指数指标体系

一级指标	二级指标	三级指标	具体指标
经济发展一体化	经济发展	GDP水平	人均GDP(元)
		城镇化率	人口城镇化率（%）
		地方财政状况	人均地方一般预算收入(元)
	产业协调	城乡二元经济结构	二元对比系数
		现代农业发展	农业全要素生产率贡献率(%)
			第一产业劳动生产率(元/人)
	要素流动	土地利用效率	城镇化土地利用效率(亩/亿元)
		劳动力流动	非农产业劳动力比重(%)
			城镇新增农村劳动力就业率(%)
		资金流动与配置	城乡金融资金流动
			财政支农相对程度

续表

一级指标	二级指标	三级指标	具体指标
社会发展一体化	教育均衡发展	城乡人口受教育程度与差异	人口平均受教育年限(年)
			城乡人口平均受教育年限比
		城乡教师受教育程度与差异	义务教育教师平均受教育年限(年)
			城乡义务教育教师平均受教育年限比
		城乡公共教育资金配置	义务教育生均预算内教育经费(元)
			城乡义务教育生均预算内教育经费比
	卫生均衡发展	城乡老人健康状况与差异	60岁以上老人健康率(%)
			城乡60岁以上老人健康率比
		城乡孕产妇死亡率与差异	孕产妇死亡率(1/10万)
			城乡孕产妇死亡率比
		城乡卫生技术人员拥有量与差异	每千人口卫生技术人员数(人)
			城乡每千人口卫生技术人员数比
		城乡医疗卫生机构床位与差异	每千人口医疗卫生机构床位数(个)
			城乡每千人口医疗卫生机构床位数比
	文化均衡发展	城乡有线广播电视覆盖率与差异	有线广播电视用户占家庭总户数比重(%)
			城乡有线广播电视用户占家庭总户数比重比
		城乡居民文化消费水平与差异	农村居民人均文教娱乐消费支出(元)
			城乡居民人均文教娱乐消费支出比
	社会保障均衡发展	城乡最低生活保障与差异	农村最低生活保障人均支出[元/(人·年)]
			城乡最低生活保障人均支出比
		城乡基本医疗保障与差异	新农合人均筹资(元)
			城乡医疗保障水平比
		城乡基本养老保险与差异	新农保试点参保率(%)
			新农保试点人均基金收入(元)
			城乡基本养老保险人均基金收入比
生活水平一体化	收入消费水平	城乡居民收入与差距	农村居民人均纯收入(元)
			城乡居民收入比
		城乡居民消费与差距	居民人均消费水平(元)
			城乡居民消费水平比
		城乡居民生活消费质量与差距	农村居民家庭恩格尔系数
			城乡居民家庭恩格尔系数比
	生活环境质量	安全饮用水	农村自来水普及率(%)
		卫生厕所	农村无害化卫生厕所普及率(%)

续表

一级指标	二级指标	三级指标	具体指标
生活水平一体化	信息化普及率	互联网覆盖率	行政村互联网普及率(%)
		城乡计算机普及率	农村居民家庭每百户计算机拥有量(台)
			城乡居民家庭每百户计算机拥有量比
		城乡宽带普及率	宽带接入用户率(%)
			城乡宽带接入用户率比
		城乡移动电话普及率	农村居民家庭每百户移动电话拥有量(部)
			城乡居民家庭每百户移动电话拥有量比
生态环境一体化	水资源利用	农业用水效率	农田灌溉水有效利用系数
	环境质量	化学需氧量排放	亿元 GDP 化学需氧量排放量
		二氧化硫排放	亿元 GDP 二氧化硫排放量
		固体废弃物处理	固体废弃物综合利用率(%)
	垃圾处理	城市生活垃圾处理	城市生活垃圾无害化处理率(%)
	自然资源保护	森林覆盖率	森林覆盖率(%)
		自然保护区	自然保护区面积占国土面积比重(%)

三　指标解释

所有指标分为两大类，即正向指标和反向指标。在进行测度时，正向指标数值越大，分值就越大；反向指标数值越小，分值就越大。

（一）经济发展一体化

由经济发展、产业协调和要素流动 3 个二级指标合成，主要体现城乡发展一体化的基础。

1. 经济发展

由 GDP 水平、城镇化率和地方财政状况 3 个三级指标合成，这是城乡发展一体化的基础。我们假定，在统筹城乡发展理念的指引下，经济发展水平越高，城乡发展一体化水平应该越高。

（1）GDP 水平。我们假定，GDP 水平越高，城乡发展一体化的基础条件越好，城乡发展一体化水平应该越高。该指标为控制变量，可一定程度消除在进行省际间横向排序比较时，由 GDP 水平不同而造成的差异（即高水平的城乡发展一体化与低水平的城乡发展一体化之间的差异）。该指标采用人均 GDP

表征，属于正向指标。

（2）城镇化率。城镇化是推动城乡发展一体化的动力之一，能够从空间上综合反映城乡发展一体化水平。理论上说，城镇化率越高，越接近城乡一体化，城乡发展一体化的实现难度应该越小。该指标为控制变量，可一定程度消除在进行省际间横向排序比较时，由城镇化率不同而造成的差异。该指标采用以常住人口计算的人口城镇化率表征，属于正向指标。

（3）地方财政状况。财政状况是一个地区实现公共服务均等化的基础，体现公共服务的能力。我们假定，在同等条件下，地方财政状况越好，公共服务均等化的能力就越高，由此，城乡发展一体化水平也应该越高。该指标为控制变量，可一定程度消除在进行省际间横向排序比较时，由财政状况不同而造成的差异。该指标采用人均地方一般预算收入表征，属于正向指标。

2. 产业协调

由城乡二元经济结构和现代农业发展两个三级指标合成。产业协调发展是城乡发展一体化的重要内容。所谓产业协调发展并不是单纯地指非农产业比重越高越好，而是指农业与非农产业相对劳动生产率的协调，以及现代农业发展水平较高。

（1）城乡二元经济结构。该指标反映农业与非农产业相对劳动生产率水平差异，其实质上反映的是工农关系，非农产业比重高、劳动生产率高并不一定意味着工农关系就协调。该指标采用在农业相对劳动生产率低于非农产业相对劳动生产率时的二元对比系数，计算方法为：（第一产业增加值占GDP比重/第一产业劳动力占劳动力总数比重）/（第二、第三产业增加值占GDP比重/第二、第三产业劳动力占劳动力总数比重）。该指标为正向指标，取值0～1，数值越接近于1，表明二元经济状况越弱，产业发展越协调。

（2）现代农业发展。对一个国家，特别是一个人口大国来说，没有农业的现代化，经济发展将是畸形的，也不可能真正实现城乡发展一体化。即使是城镇化水平较高的地区，农业的现代化也仍然是城乡发展一体化的重要内容和标志。现代农业发展由农业全要素生产率贡献率和第一产业劳动力生产率两个具体指标合成。

农业全要素生产率贡献率反映农业技术进步对农业增长的贡献，是反映现代农业发展水平的核心指标之一。第一产业劳动生产率的具体计算方法是：以2006年不变价格计算的第一产业劳动力人均第一产业增加值。两个指标均为正向指标。

3. 要素流动

由土地利用效率、劳动力流动和资金流动与配置3个三级指标合成，反映要素在城乡之间的流动和配置，体现城乡要素市场的发育程度。

（1）土地利用效率。表现城镇化过程中对土地的使用状况，用城镇化土地利用效率表示，即亿元新增非农产业增加值新增集体建设用地，计算方法为：当年新增集体建设用地面积/当年新增非农产业增加值。该指标为反向指标，数值越小，表明城镇化土地利用效率越高。

（2）劳动力流动。该指标由两个具体指标合成，反映农业劳动力转移以及利用状况。两个具体指标分别为非农产业劳动力比重（非农产业劳动力/劳动力总数）和城镇新增农村劳动力就业率（城镇单位就业增加来源中从农村招收的比重），两个指标均为正向指标。

（3）资金流动与配置。该指标由城乡金融资金流动和财政支农相对程度两个具体指标合成。城乡金融资金流动反映的是金融资金在城乡之间的流动，计算方法为：农村信用社贷款年末余额占银行业金融机构各项贷款年末余额比重/农户储蓄存款年末余额占城乡居民年末储蓄余额比重。财政支农相对程度反映的是财政对农业的支持程度以及在农业和非农产业之间的配置，计算方法为：财政性农业支出占财政支出比重/第一产业增加值占GDP比重。两个指标均为正向指标，数值越大，表明流向农村和农业的金融资金和财政资金相对数量越大。

（二）社会发展一体化

由教育均衡发展、卫生均衡发展、文化均衡发展和社会保障均衡发展4个二级指标合成，主要体现的是城乡公共服务均等化水平差异和社会发展的公平程度。

1. 教育均衡发展

由城乡人口受教育程度与差异、城乡教师受教育程度与差异、城乡公共教育资金配置3个三级指标合成，主要体现城乡人口受教育程度差异、城乡义务教育阶段教育质量差异与城乡教育资源配置状况。

（1）城乡人口受教育程度与差异。由人口平均受教育年限和城乡人口平均受教育年限比两个具体指标合成。人口平均受教育年限绝对值用于控制地区差异的影响。城乡人口平均受教育年限比反映的是城乡人口受教育水平差异，计算方法为：农村人口平均受教育年限/城市人口平均受教育年限。此指标为正向指标，比值越大，表明城乡人口受教育程度差异越小。

（2）城乡教师受教育程度与差异。由义务教育教师平均受教育年限和城乡义务教育教师平均受教育年限比两个具体指标合成。义务教育教师平均受教育年限绝对值用于控制地区差异影响。城乡义务教育教师平均受教育年限比反映城乡义务教育质量差异，计算方法为：义务教育农村教师平均受教育年限/义务教育城市教师平均受教育年限。此指标为正向指标，比值越大，某种程度上表明城乡义务教育质量差异越小。

（3）城乡公共教育资金配置。由义务教育生均预算内教育经费和城乡义务教育生均预算内教育经费比两个具体指标合成。义务教育生均预算内教育经费绝对值用于控制地区差异影响。城乡义务教育生均预算内教育经费比反映公共教育资金在城乡之间的配置状况，计算方法为：农村义务教育生均预算内教育经费/城市义务教育生均预算内教育经费。此指标为正向指标，比值越大，某种程度上表明公共教育资金配置的均衡性越有利于农村。

2. 卫生均衡发展

由城乡老人健康状况与差异、城乡孕产妇死亡率与差异、城乡卫生技术人员拥有量与差异、城乡医疗卫生机构床位与差异4个三级指标合成。由于难以获得分省、分城乡的统计数据或调查数据，一些能够很好地反映城乡卫生事业均衡发展的指标（如预期寿命、婴儿死亡率等）无法得到采用。

（1）城乡老人健康状况与差异。老人的健康状况尽管是由经济发展水平、家庭收入状况以及环境等综合因素决定的，但无疑在很大程度上也取决于公共医疗卫生事业的发展状况，而城乡之间在这些方面都是有差距的，因此，比较城乡老人健康状况也能够在一定程度上反映城乡之间公共医疗卫生事业发展的均衡状况。在全国人口普查中，对60岁以上人口健康状况分为健康、基本健康、不健康但生活能自理和生活不能自理4种类型，我们采用60岁以上老人健康状况指标。该指标由60岁以上老人健康率和城乡60岁以上老人健康率比两个具体指标合成。60岁以上老人健康率绝对值用于控制地区差异影响。城乡60岁以上老人健康率比的计算方法为：农村60岁以上健康人口占农村总人口比重/城市60岁以上健康人口占城市总人口比重。此指标为正向指标，比值越大，某种程度上表明城乡公共卫生事业发展越趋向均衡。

（2）城乡孕产妇死亡率与差异。孕产妇死亡率的高低除取决于经济发展水平、收入水平外，也取决于基本医疗卫生公共服务水平。该指标由孕产妇死亡率和城乡孕产妇死亡率比两个具体指标表示。孕产妇死亡率绝对值用于控制地区差异影响，此指标为反向指标。城乡孕产妇死亡率比计算方法为：县级孕产妇死亡率/市级孕产妇死亡率。由于现行孕产妇死亡率的统计只有市、县两级数据，我们假定，除少数交通不便的偏远山区外，大多数孕产妇到县级医疗机构就诊生产，因此，用县级数据来代表农村具有一定的合理性。此指标为反向指标，比值越小，某种程度上表明城乡之间的差距越小。

（3）城乡卫生技术人员拥有量与差异。该项指标反映城乡基本公共卫生服务水平与差异，由每千人口卫生技术人员数和城乡每千人口卫生技术人员数比两个具体指标表示。每千人口卫生技术人员数绝对值用于控制地区差异影响。城乡每千人口卫生技术人员数比的计算方式为：农村每千人口卫生技术人员数/城市每千人口卫生技术人员数。此指标为正向指标，比值越大，表明城乡之间的差距越小。

（4）城乡医疗卫生机构床位与差异。该项指标反映城乡基本公共卫生服务差异。由每千人口医疗卫生机构床位数和城乡每千人口医疗卫生机构床位数比两个具体指标表示。每千人口医疗卫生机构床位数绝对数用于控制地区差异影响。城乡每千人口医疗卫生机构床位数比的计算方法为：农村每千人口医疗卫生机构床位数/城市每千人口医疗卫生机构床位数。此指标为正向指标，比值越大，某种程度上表明城乡之间的差距越小。在人口稀少、地域广阔地区此指标可能不能很客观地反映其医疗卫生服务水平，也不能很好地与其他地区进行比较，但对于大多数地区来说，此指标还是有一定参考意义的。

3. 文化均衡发展

由城乡有线广播电视覆盖率与差异和城乡居民文化消费水平与差异两个三级指标合成。

（1）城乡有线广播电视覆盖率与差异。该项指标反映基本文化公共服务水平。由有线广播电视用户占家庭总户数比重和城乡有线广播电视用户占家庭总户数比重比两个具体指标合成。有线广播电视用户占家庭总户数比重用于控制地区差异影响。城乡有线广播电视用户占家庭总户数比重比的计算方法为：农村有线广播电视用户数占农村家庭总户数比重/有线广播电视用户数占全部家庭总户数比重。由于缺乏分省的城市有线广播电视覆盖率方面的统计数据，使用地区有线广播电视覆盖率替代。这里假定城市有线广播电视覆盖率高于农村，因此如果农村覆盖率接近全部水平，则也接近城市水平。此指标为正向指标，比值越大，表明城乡之间的差距越小。

（2）城乡居民文化消费水平与差异。该指标间接反映城乡文化生活差异。

由农村居民人均文教娱乐消费支出和城乡居民人均文教娱乐消费支出比两个具体指标合成。农村居民人均文教娱乐消费支出绝对数用于控制地区差异影响。城乡居民人均文教娱乐消费支出比计算方法为：农村居民人均文教娱乐消费支出占消费支出比重/城市居民人均文教娱乐消费支出占消费支出比重。此指标为正向指标，比值越大，某种程度上表明城乡之间的差距越小。

4. 社会保障均衡发展

由城乡最低生活保障与差异、城乡基本医疗保障与差异和城乡基本养老保险与差异3个三级指标合成。

（1）城乡最低生活保障与差异。由农村最低生活保障人均支出和城乡最低生活保障人均支出比两个具体指标合成。农村最低生活保障人均支出绝对数用于控制地区差异影响。城乡最低生活保障人均支出比的计算方法为：农村最低生活保障人均支出/城市最低生活保障人均支出。此指标为正向指标，比值越大，表明城乡之间的差距越小。

（2）城乡基本医疗保障与差异。由新农合人均筹资和城乡医疗保障水平比两个具体指标合成。新农合人均筹资绝对数用于控制地区差异影响。城乡医疗保障水平比的计算方法为：新农合人均筹资/城镇职工基本医疗人均筹资。此指标为正向指标，比值越大，表明城乡之间的差距越小。

（3）城乡基本养老保险与差异。由新农保试点参保率、新农保试点人均基金收入和城乡基本养老保险人均基金收入比3个具体指标合成。新农保试点参保率和新农保试点人均基金收入用于控制地区差异影响。城乡基本养老保险人均基金收入比的计算方法为：新农保试点人均基金收入/城镇职工基本养老保险人均基金收入。此指标为正向指标，比值越大，表明城乡之间的差距越小。

（三）生活水平一体化

由收入消费水平、生活环境质量和信息化普及率3个二级指标合成，主要反映城乡居民收入、消费、生活质量和环境、享受现代生活方式之间的差距。

1. 收入消费水平

由城乡居民收入与差距、城乡居民消费与差距和城乡居民生活消费质量与差距3个三级指标合成。

（1）城乡居民收入与差距。由农村居民人均纯收入和城乡居民收入比两个具体指标合成。收入是决定生活水平、生活方式等的主要因素，收入分配是否公平是衡量社会是否公平的一个重要标志。农村居民人均纯收入用于控制地区差异影响。城乡居民收入比的计算方法为：农村居民人均纯收入/城镇居民人均可支配收入。该指标为正向指标，比值越大，表明城乡收入差距越小，收入分配可能越公平。

（2）城乡居民消费与差距。由居民人均消费水平（城乡合计）和城乡居民消费水平比两个具体指标合成。居民人均消费水平用于控制地区差异影响。城乡居民消费水平比的计算方法为：农村居民家庭平均每人全年消费性支出/城镇居民家庭平均每人全年消费性支出。该指标为正向指标，比值越大，表明城乡居民生活消费水平差距越小。

（3）城乡居民生活消费质量与差距。由农村居民家庭恩格尔系数和城乡居民家庭恩格尔系数比两个具体指标合成。恩格尔系数与收入水平一样，可以在一定程度上反映生活消费质量，同样，用城乡恩格尔系数比较也可以在一定程度上反映城乡居民生活消费质量的差距。农村居民家庭恩格尔系数用于控制地区差异影响，该指标为反向指标。城乡居民家庭恩格尔系数比的计算方法为：农村居民家庭恩格尔系数/城镇居民家庭恩格尔系数，该指标为反向指标，比值越小，表明城乡居民生活消费质量差距越小。

2. 生活环境质量

由安全饮用水、卫生厕所两个三级指标合成。污水和垃圾处理是衡量生活环境的重要指标，但因缺乏统计数据而无法采用。

（1）安全饮用水。用农村自来水普及率表示，这里假设城市自来水普及率为100%，该指标为正向指标，数值越大，表明农村居民生活环境质量越好，城乡差距越小。

（2）卫生厕所。用农村无害化卫生厕所普及率表示，这里假设城市无害化卫生厕所普及率为100%，该指标为正向指标，数值越大，表明农村居民生活环境质量越好，城乡差距越小。

3. 信息化普及率

信息化对于教育、文化等具有重要影响，也是衡量现代生活质量和方式的一个重要方面。信息化普及率由互联网覆盖率、城乡计算机普及率、城乡宽带普及率和城乡移动电话普及率4个三级指标合成。

（1）互联网覆盖率。用行政村互联网普及率表示，该指标为正向指标，数值越大，表明农村信息化普及率越高。

（2）城乡计算机普及率。由农村居民家庭每百户计算机拥有量和城乡居民家庭每百户计算机拥有量比两个具体指标合成。农村居民家庭每百户计算机拥有量用于控制地区差异影响。城乡居民家庭每百户计算机拥有量比的计算方法为：农村居民家庭每百户计算机拥有量/城市居民家庭每百户计算机拥有量。该指标为正向指标，数值越大，某种程度上表明城乡信息化普及率差距越小。

(3) 城乡宽带普及率。由宽带接入用户率（城乡合计）和城乡宽带接入用户率比两个具体指标合成。宽带接入用户率用于控制地区差异影响。城乡宽带接入用户率比的计算方法为：农村宽带接入用户占农户比重/城市宽带接入用户占城市家庭比重。该指标为正向指标，比值越大，表明城乡信息化普及率差距越小。

(4) 城乡移动电话普及率。由农村居民家庭每百户移动电话拥有量和城乡居民家庭每百户移动电话拥有量比两个具体指标合成。农村居民家庭每百户移动电话拥有量用于控制地区差异影响。城乡居民家庭每百户移动电话拥有量比的计算方法为：农村居民家庭每百户移动电话拥有量/城市居民家庭每百户移动电话拥有量。该指标为正向指标，数值越大，表明城乡信息化普及率差距越小。

（四）生态环境一体化

城市和农村都存在于整个生态环境中，城市和农村的生态环境是相互联系、相互影响的有机整体，因此，生态环境一体化是城乡发展一体化不可分割的一个重要部分，而且在工业化和城镇化过程中也日益重要。生态环境一体化由水资源利用、环境质量、垃圾处理和自然资源保护 4 个二级指标构成。

1. 水资源利用

水资源利用用农业用水效率表示。中国虽然淡水资源总量较多，但人均水资源是世界上最贫乏的国家之一。农业是中国的用水大户，占总用水量的 60% 以上，因此，提高农业用水效率可以有效改善城市、工业以及城乡居民生活用水状况，是构建城乡生态环境一体化的重要内容。

农业用水效率具体用水利部公布的农田灌溉水有效利用系数表征。该指标为正向指标，数值越大，表明水资源利用效率越高。

2. 环境质量

由化学需氧量排放、二氧化硫排放和固体废弃物处理 3 个三级指标合成。

(1) 化学需氧量排放。由于水是流动的，废水的排放无论对城市环境还是对农村环境都会产生负面影响。控制废水的排放、降低废水排放可以改善城乡生态环境。该指标用亿元 GDP 化学需氧量排放量表示。该指标为反向指标，数值越小，表明城乡生态环境趋于改善。

（2）二氧化硫排放。同样，空气是流动的，因此，工业的废气排放会对整个区域的大气环境造成影响，而不仅限于城市地区。控制或降低工业废气排放将会改善整个区域的生态环境。该指标用亿元 GDP 二氧化硫排放量表示。该指标为反向指标，数值越小，表明城乡生态环境趋于改善。

（3）固体废弃物处理。固体废弃物处理用固体废弃物综合利用率表示。固体废弃物对环境的影响也是巨大的，提高固体废弃物的综合利用率可以改善城市和农村的生态环境。该指标为正向指标，数值越大，表明城乡生态环境趋于改善。

3. 垃圾处理

垃圾处理指标用城市生活垃圾处理表示。随着城镇化水平的提高，生活垃圾的数量也随之增加，成为影响环境的重要因素。而城市生活垃圾的处理主要采取焚烧和填埋两种方式。处理场所主要位于农村区域。此外，还有大量垃圾任意在农村地区倾倒，对农村的环境造成严重影响。因此，提高城市生活垃圾无害化处理率会对防止农村环境恶化产生积极影响。该指标为正向指标，数值越大，表明城乡生态环境趋于改善。

4. 自然资源保护

自然资源保护对于实现经济社会可持续发展、改善城乡生态环境和实现城乡生态环境一体化来说不可或缺。该指标由森林覆盖率和自然保护区两个三级指标合成。

（1）森林覆盖率。该指标为正向指标，数值越大，表明生态环境越好，对实现城乡生态环境一体化的作用越大。

（2）自然保护区。用自然保护区面积占国土面积比重表示。该指标为正向指标，数值越大，表明生态环境越好，对实现城乡生态环境一体化的作用越大。

四　测算方法和计算公式

（一）具体指数的测算方法

1. 具体指标的形成

本研究中，城乡发展一体化指数指标体系包括 4 个一级指标、14 个二级指标、36 个三级指标以及 58 个具体指标。其中，具体指标是整个指标体系最低一级的指标，是整个指标体系的基础。

就城乡发展一体化具体指标的形成而言，主要有两种思路。一种思路是，首先确定城乡发展一体化指标的目标值，然后将指标的实际值和目标值进行比较，以此反映城乡发展一体化的实现程度。由于实际值总是小于或等于目标值，因此，采用这种方式而取得的计算结果的最大值为 1、最小值为 0。衡量城乡一体化的另一种思路是，采用城乡比值衡量城乡之间的差异，某一指标的城乡比值差异越小，表明该领域城乡一体化的程度越高。这种方式的最优结果是比值为 1，即城乡之间不存在差异；计算结果越接近于 0，说明城乡之间的差异越大。第一种思路，主要衡量的是某一地区城乡一体化的现状以及与目标之间的差异，可以称为城乡一体化绝对进程评价指标，其难点在于科学合理地确定目标值；第二种思路衡量的是某一地区城乡之间的差异，可以称为城乡一体化相对进程评价指标，其难点在于获得包括城乡的分区域数据。

本指数的目的是对各地区的城乡发展一体化相对水平进行评价，因此采用城乡比值衡量城乡之间的差异的方式。对于具体指标的形成，本指数统一采用农村值除以城市值的方式。这样所有指标就被分为两大类：一类是正向指标，这些指标的农村值小于城市值。这类指标数值大小和城乡发展一体化水平正相关，即指标数值越大，该领域城乡发展一体化水平就越高。具体指标中绝大多数属于这种情形。另一类是反向指标，这些指标的农村值大于城市值。该指标数值大小和城乡发展一体化负相关，即指标数值越大，该领域城乡发展一体化水平就越低，如城乡居民家庭恩格尔系数比。这类指标在具体指标中数量不多。

城乡比值方法仅仅在一定程度上反映城乡之间的差异，但是这里存在的一个重要问题是，无法区分出在不同经济发展水平下，省际间城乡发展一体化之间的差距，甚至出现经济落后地区的低层次城乡发展一体化排名高于经济发达地区高层次城乡发展一体化排名的情况。基于此，需要对城乡比值方法进行修正，以使最终各指标的修正比值，既可以反映各地城乡间的差异，也可以反映不同经济发展水平下的地区间的差异。因此，本研究采用了一些控制地区发展水平的绝对值指标，用于纠正因处于不同发展水平而导致的排名错位的情况。在一级指标中，经济发展指标就属于这类修正指标，主要采用的是绝对数。这类指标更多的是体现在具体指标中，如在构成城乡人口受教育程度与差异的两个具体指标——人口平均受教育年限和城乡人口平均受教育年限比中，人口平均受教育年限就是用来表征地区间受教育差异程度的，在控制了地区间受教育发展程度的基础上，城乡间的受教育年限比值才能真正体现出各地区真实的城乡差异。

2. 具体指标的无量纲化处理

由于各个指标分别具有不同的量纲，无法直接进行加总，因此，需要对原始指标进行无量纲化处理。对评价指标进行无量纲化时，通常采用的方法包括：标准化处理法、极值处理法、线性比例法、归一化处理法、向量规范法、功效系数法。总体来看，理想的无量纲化方法是不存在的，相比较而言，标准化处理法、极值处理法及功效系数法满足的理想性质最多，比其他方法更为优良，因此，这三种方法在实践中得到广泛应用。[①] 基于以上，本指数决定采用极值处理法对各个指标进行无量纲化处理，具体做法参考樊纲等的处理方式。[②]

为使城乡发展一体化指数的分值可以进行跨年度比较，本指数设定 2006 年为基期年份，并设定该年份各单项指标分值的最大值和最小值分别为 1 和 0，即：就具体单项指标而言，在基期年份城乡发展一体化程度最高的省份得分为 1，最低省份得分为 0。根据各省份在基期年份的指标值来确定其在 0 ~ 1 的得分，从而将原始数据标准化。

对于基期年份原始值的无量纲化中，正向指标计算公式如下：

$$第\ i\ 个指标得分 = \frac{v_i - v_{\min}}{v_{\max} - v_{\min}}$$

v_i 是第 i 个地区的原始数据，$v_{\max}$是 30 个省份中该指标的最大值，$v_{\min}$是 30 个省份中该指标的最小值。

反向指标计算公式如下：

$$第\ i\ 个指标得分 = \frac{v_{\max} - v_i}{v_{\max} - v_{\min}}$$

经过上述处理，各项指标分值均与城乡发展一体化程度正相关，即：分值越高，城乡发展一体化程度就越高；分值越低，城乡发展一体化程度就越低。

对于基期以后年份指标的分值采取下面的公式。其中，正向指标公式如下：

---

① 郭亚军、易平涛：《线性无量纲化方法的性质分析》，《统计研究》2008 年第 2 期。

② 樊纲、王小鲁、朱恒鹏：《中国市场化方式——各地区市场化相对进程 2011 年报告》，经济科学出版社，2011。

$$第\ i\ 个指标得分 = \frac{v_{i(t)} - v_{\min(0)}}{v_{\max(0)} - v_{\min(0)}}$$

脚标（i）代表基期以后的年份，（0）代表基期年份。

反向指标计算公式如下：

$$第\ i\ 个指标得分 = \frac{v_{\max(0)} - v_{i(t)}}{v_{\max(0)} - v_{\min(0)}}$$

由于城乡发展一体化指数的计算以一个特定的年份为基期，在基期年份以外有可能超过 1 或者小于 0。

总之，这一指数的优点是非常鲜明的，其结果不仅能反映同一时期不同地区在全国范围内的相对地位，还能从各地区指数分值的时序变化中揭示出该地区自身城乡发展一体化的动态趋势。因此，本指数既可用于同一时期不同地区的截面比较，又可用于单一省份的时序比较，以及跨期多省份面板数据的综合比较。

（二）指数合成的方法

具体指标无量纲化处理以后，需要将其合成从而形成各级指数以及总指数，而指数合成的关键就是确定指标权重。对于指标权重的计算，主要有主观赋权法和客观赋权法两大类。为了避免主观赋权的随意性，更多的研究选择用客观赋权法来确定权重，包括层次分析法、主成分分析法、因子分析法等。这些方法最大的特点是具有客观性，即权重不是根据主观的判断，而是由数据自身的特征所确定的。但过分追求客观性，也造成研究者对于各指标重要程度的认识无法得到体现，从而导致权重确定的机械性。另外，随着时间的推移和数据的变化，各因素的权重也将发生变化。采用客观赋权法也会导致指数跨年度不可比，从而对进行跨年度分析造成困难。事实上，由于同一层次的测度指标和子因素既具有相对独立性，相互之间又有内在的联系，对各自经济意义的重要性是难以量化区分的，因而采用简单平均的方法分别合成指数是一种更好的选择。只要各级指标的重要性基本对称，简单平均法可以普遍适用。① 因此，本指数也采用算术平均法来取定指标权重，进而合成各级指数和总指数。

① 阎大颖：《市场化的创新测度方法——兼对 2000 ~ 2005 年中国市场化区域发展特征探析》，《财经研究》2007 年第 8 期。

五　数据来源与说明

第一，各类统计年鉴：《中国统计年鉴》《中国教育统计年鉴》《中国教育经费统计年鉴》《中国卫生统计年鉴》《中国民政统计年鉴》《全国第六次人口普查》《中国财政年鉴》《农村金融年鉴》《中国农村统计年鉴》《中国劳动统计年鉴》《国土资源年鉴》《中国区域经济统计年鉴》《中国人力资源和社会保障年鉴》《中国环境统计年鉴》，以及各省、自治区、直辖市统计年鉴。

第二，相关部委的统计公报和统计年报，部分金融数据还来自北京农商银行、天津农商银行、上海农村商业银行、重庆农村商业银行的年报。

第三，人均 GDP、人均地方一般预算收入、城乡金融资金流动、人均文教娱乐消费支出、最低生活保障人均支出、新农合人均筹资、城乡医疗保障水平、新农保试点人均基金收入、城乡基本养老保险人均基金收入、城乡居民人均纯收入、城乡居民人均消费水平、亿元 GDP 化学需氧量排放量、亿元 GDP 二氧化硫排放量等数据采用平减指数计算。

第四，农业全要素生产率根据有关数据计算。

第五，农田灌溉水有效利用系数来自水利部。

第六，由于有些数据在部分年份缺失，可能造成部分年份某些指标出现异常现象，不能准确、客观地反映这些指标的城乡发展一体化实际进展和趋势，但个别异常值对总体趋势结果没有实质性影响。

第三章 中国及各地区城乡发展一体化排序、进展与评价

依据我们构建的中国城乡发展一体化指数指标体系，总指数表示城乡发展一体化总水平。总指数排序表示的是各地区与其他地区相比的城乡发展一体化总水平的位置，总指数进展则表示的是各地区以某一年为基期的城乡发展一体化总水平提升的状况，并不表示城乡发展一体化的实现程度。

一　城乡发展一体化总水平排序

（一）2012 年排序

2012 年，城乡发展一体化总指数，即城乡发展一体化总水平排名前 5 位的依次是北京、上海、天津、浙江和江苏，排名后 5 位的依次是青海、宁夏、云南、甘肃和贵州（见图 3 - 1）。

总体上看，东部地区城乡发展一体化水平相对较高，[①] 排名前 10 位中，除重庆外，其余全部为东部地区省份；西部地区城乡发展一体化水平落后，除

---

① 东部地区包括北京、天津、河北、辽宁、上海、江苏、浙江、福建、山东、广东、海南 11 个省份；中部地区包括山西、吉林、黑龙江、安徽、江西、河南、湖北、湖南 8 个省份；西部地区包括内蒙古、广西、重庆、四川、贵州、云南、陕西、甘肃、青海、宁夏、新疆 11 个省份，本报告未包括西藏。

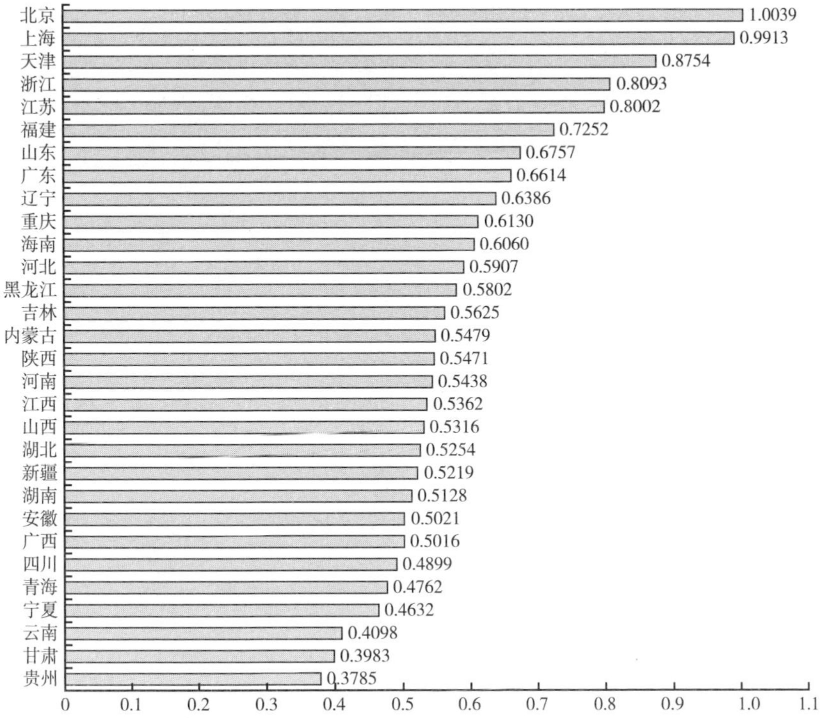

图 3－1　2012 年各地区城乡发展一体化总指数排序

重庆排位相对靠前、内蒙古和陕西排名处于中游外，其余 8 个省份均排名后 10 位（见图 3－1）。

（二）2011～2012 年排序变化

2012 年与 2011 年相比，各地区城乡发展一体化总水平的排序没有发生大的变化。排序上升和下降的幅度都很小。浙江、山东、重庆、黑龙江、山西、湖北和广西等省份排序上升 1 个位次，内蒙古排序上升 2 个位次；江苏、广东、海南、吉林、陕西、河南和四川等省份排序下降 1 个位次，新疆排序下降 2 个位次；其余 14 个省份排序不变（见表 3－1）。

（三）2006～2012 年排序变化

2012 年与 2006 年相比，江苏、福建、山东、广东、安徽、四川、青海、宁夏和贵州 9 个省份排序没有发生变化。

表 3－1 各地区城乡发展一体化总指数排序

排序	2006 年	2007 年	2008 年	2009 年	2010 年	2011 年	2012 年
1	上海	北京	北京	北京	北京	北京	北京
2	北京	上海	上海	上海	上海	上海	上海
3	浙江	浙江	浙江	浙江	浙江	天津	天津
4	天津	江苏	天津	江苏	天津	江苏	浙江
5	江苏	天津	江苏	天津	江苏	浙江	江苏
6	福建	福建	福建	福建	福建	福建	福建
7	山东	山东	广东	山东	山东	广东	山东
8	广东	广东	山东	广东	广东	山东	广东
9	海南	海南	黑龙江	黑龙江	辽宁	辽宁	辽宁
10	辽宁	辽宁	海南	辽宁	黑龙江	海南	重庆
11	河北	河北	辽宁	海南	海南	重庆	海南
12	黑龙江	吉林	河北	河北	河北	河北	河北
13	吉林	黑龙江	吉林	吉林	重庆	吉林	黑龙江
14	河南	河南	河南	河南	吉林	黑龙江	吉林
15	湖北	湖南	湖北	重庆	湖北	陕西	内蒙古
16	内蒙古	山西	重庆	湖北	河南	河南	陕西
17	江西	江西	江西	陕西	陕西	内蒙古	河南
18	湖南	湖北	陕西	江西	江西	江西	江西
19	重庆	重庆	山西	山西	山西	新疆	山西
20	陕西	内蒙古	安徽	内蒙古	内蒙古	山西	湖北
21	广西	四川	内蒙古	四川	新疆	湖北	新疆
22	新疆	陕西	湖南	湖南	安徽	湖南	湖南
23	安徽	安徽	四川	安徽	湖南	安徽	安徽
24	山西	广西	新疆	广西	四川	四川	广西
25	四川	云南	青海	新疆	宁夏	广西	四川
26	青海	青海	广西	宁夏	广西	青海	青海
27	宁夏	新疆	宁夏	青海	青海	宁夏	宁夏
28	甘肃	宁夏	云南	云南	云南	云南	云南
29	云南	甘肃	甘肃	甘肃	甘肃	甘肃	甘肃
30	贵州	贵州	贵州	贵州	贵州	贵州	贵州

北京、天津、辽宁、内蒙古、新疆和云南等省份排序上升 1 个位次，重庆、山西和陕西上升幅度较大，分别上升了 9 个位次、5 个位次和 4 个位次，分别由第 19 位上升到第 10 位、第 24 位上升到第 19 位、第 20 位上升到第 16 位。

上海、浙江、河北、黑龙江、吉林、江西和甘肃等省份排序下降 1 个位次，海南下降 2 个位次，河南和广西均下降 3 个位次；湖北和湖南下降幅度较大，分别下降了 5 个位次和 4 个位次，分别由第 15 位下降到第 20 位、第 18 位下降到第 22 位（见表 3－1）。

2006～2012 年，虽然多数省份城乡发展一体化总水平排序发生了变化，但排序的整体格局基本保持稳定，即东部和西部地区整体前后、中部地区大体居中的格局基本保持不变。

2006～2012 年，东部地区的北京、上海、天津、浙江、江苏、福建、山东和广东稳定占据着前 8 位；特别是北京和上海，始终排前两位；辽宁则在第 9 位至第 11 位之间转换；东部地区 11 个省份中，除河北自 2008 年起始终排第 12 位外，其余 10 个省份在各个年份均排前 11 位。

尽管西部地区的重庆的排位表现出强劲的上升势头，2012 年进入前 10 位；内蒙古在 2010 年后提升较快，由 2010 年的第 20 位上升至 2012 年的第 15 位次，提升了 5 个位次；陕西近几年排位基本稳定在中游，但是西部地区的整体排位处于下游。西部地区 11 个省份中（不包括西藏），贵州、云南、甘肃、宁夏和青海基本排列后 5 位，特别是贵州始终排列最后；四川、广西、新疆也基本处于后 10 位（见表 3－1）。

二　城乡发展一体化进展

分值是以数量表示的各地区城乡发展一体化总水平，分值的变化则表示以某个年份为基期的城乡发展一体化的进展。本报告以 2006 年为基期，因此，总指数分值变化表示的是以 2006 年为基期的各地区城乡发展一体化进展情况，分值增长意味着城乡发展一体化水平的提高，反之则下降；分值增长快，表明城乡发展一体化进展快，反之则慢。

（一）城乡发展一体化总水平不断提高

1. 2011～2012 年：城乡发展一体化总水平进展继续加快

2012 年，全国城乡发展一体化水平比 2011 年提高了 9%，比 2011 年进展快 1.3 个百分点，也比 2006～2012 年平均进展快 1.2 个百分点，城乡发展一体化进展加快（见表 3－3）。

2012 年，所有省份总指数分值均出现不同程度的增长，表明各地区城乡发展一体化水平均较2011年有不同程度的提高，其中17个省份提高的幅度高于2011年；除天津、河南、重庆、四川、陕西、青海、新疆7个省份进展低于2006～2012年平均进展，以及内蒙古和吉林与平均进展基本持平外，其余21个省份进展高于2006～2012年平均进展（见表3－3），这表明2012年大多数省份城乡发展一体化进展加快。

分区域看，2012年东、中、西部地区城乡发展一体化水平比2011年分别提高7.8%、9.4%和10.6%，中、西部地区进展明显快于东部地区。

2. 2006～2012年：城乡发展一体化总水平大幅提升

2006～2012年，中国城乡发展一体化总水平提高了56.7%，年均增长7.8%，而且自2009年起呈逐年加快之势（见表3－3）。

2006～2012年，除少数省份在个别年份城乡发展一体化总指数分值比上年略有下降外，绝大多数省份呈逐年提高的态势，所有省份2012年总指数较2006年均有较大幅度的提高，这意味着各地区城乡发展一体化水平较2006年出现大幅提升。其中，提升幅度最大的是贵州，提高了1.1倍；提高幅度最小的是上海，在高起点上也提高了27.4%（见表3－3）。

2006～2012年，东、中、西部地区城乡发展一体化总指数年均增长分别为5.8%、8.5%和10.6%，中、西部地区城乡发展一体化进展明显快于东部地区。城乡发展一体化水平提升幅度低于50%的全是东部地区的省份，分别是上海（27.4%）、浙江（28.7%）、北京（29.9%）、海南（41.6%）、福建（44.8%）、江苏（45.5%）、天津（48.9%）和辽宁（49.8%），山东（50%）和广东（50.3%）也极为接近。而西部地区11个省份总指数增长幅度全部超过70%。尽管如此，由于东部地区城乡发展一体化基础相对较好、起点相对较高，与不发达地区的差距原本巨大，进展相对较慢并未对排位产生大的影响。而西部地区基础较差，除个别省份外，增速的加快并没有对其排位产生大的影响，依旧排列靠后。

表3－2　中国及各地区城乡发展一体化总指数分值

项　目	2006年	2007年	2008年	2009年	2010年	2011年	2012年
北　京	0.7730	0.8275	0.8667	0.9073	0.9211	0.9594	1.0039
天　津	0.5879	0.6258	0.6511	0.6494	0.7299	0.8314	0.8754
河　北	0.3917	0.4159	0.4433	0.4671	0.4981	0.5443	0.5907
山　西	0.2884	0.3630	0.3877	0.4129	0.4427	0.4787	0.5316

续表

项 目	2006 年	2007 年	2008 年	2009 年	2010 年	2011 年	2012 年
内蒙古	0.3187	0.3503	0.3799	0.4070	0.4382	0.5008	0.5479
辽 宁	0.4262	0.4436	0.4756	0.5005	0.5403	0.5857	0.6386
吉 林	0.3750	0.4142	0.4369	0.4609	0.4922	0.5259	0.5625
黑龙江	0.3789	0.4116	0.5172	0.5023	0.5253	0.5231	0.5802
上 海	0.7781	0.8211	0.8251	0.8709	0.9112	0.9195	0.9913
江 苏	0.5500	0.6273	0.6417	0.6602	0.7095	0.7425	0.8002
浙 江	0.6288	0.6821	0.6966	0.7172	0.7458	0.7409	0.8093
安 徽	0.2919	0.3276	0.3860	0.3843	0.4174	0.4541	0.5021
福 建	0.5009	0.5680	0.5959	0.6000	0.6246	0.6556	0.7252
江 西	0.3180	0.3629	0.4016	0.4200	0.4474	0.4901	0.5362
山 东	0.4505	0.5019	0.5230	0.5534	0.5882	0.6174	0.6757
河 南	0.3373	0.3965	0.4309	0.4375	0.4660	0.5093	0.5438
湖 北	0.3255	0.3598	0.4218	0.4342	0.4765	0.4765	0.5254
湖 南	0.3091	0.3631	0.3707	0.3914	0.4168	0.4680	0.5128
广 东	0.4401	0.4913	0.5265	0.5318	0.5702	0.6178	0.6614
广 西	0.2948	0.3043	0.3342	0.3705	0.4021	0.4462	0.5016
海 南	0.4281	0.4524	0.4922	0.4914	0.5207	0.5587	0.6060
重 庆	0.3042	0.3518	0.4076	0.4348	0.4938	0.5525	0.6130
四 川	0.2844	0.3399	0.3643	0.3966	0.4107	0.4508	0.4899
贵 州	0.1788	0.2204	0.2619	0.2836	0.2995	0.3303	0.3785
云 南	0.2161	0.2982	0.3039	0.3272	0.3483	0.3601	0.4098
陕 西	0.2964	0.3358	0.3930	0.4236	0.4558	0.5109	0.5471
甘 肃	0.2277	0.2377	0.2816	0.2964	0.3174	0.3591	0.3983
青 海	0.2557	0.2945	0.3448	0.3313	0.3585	0.4299	0.4762
宁 夏	0.2508	0.2799	0.3259	0.3334	0.4021	0.4140	0.4632
新 疆	0.2944	0.2922	0.3469	0.3666	0.4220	0.4862	0.5219
平 均	0.3834	0.4247	0.4603	0.4779	0.5119	0.5513	0.6007

表 3-3 中国及各地区城乡发展一体化总指数进展

单位：%

项 目	2007 年	2008 年	2009 年	2010 年	2011 年	2012 年	2012 年比 2006 年增长	2006～2012 年年均增长
北 京	7.1	4.7	4.7	1.5	4.2	4.6	29.9	4.5
天 津	6.4	4.0	-0.3	12.4	13.9	5.3	48.9	6.9
河 北	6.2	6.6	5.4	6.6	9.3	8.5	50.8	7.1
山 西	25.9	6.8	6.5	7.2	8.1	11.0	84.3	10.7

续表

项目	2007年	2008年	2009年	2010年	2011年	2012年	2012年比2006年增长	2006~2012年年均增长
内蒙古	9.9	8.4	7.1	7.7	14.3	9.4	71.9	9.4
辽宁	4.1	7.2	5.2	8.0	8.4	9.0	49.8	7.0
吉林	10.5	5.5	5.5	6.8	6.8	7.0	50.0	7.0
黑龙江	8.6	25.7	-2.9	4.6	-0.4	10.9	53.1	7.4
上海	5.5	0.5	5.6	4.6	0.9	7.8	27.4	4.1
江苏	14.1	2.3	2.9	7.5	4.7	7.8	45.5	6.4
浙江	8.5	2.1	3.0	4.0	-0.7	9.2	28.7	4.3
安徽	12.3	17.8	-0.4	8.6	8.8	10.6	72.0	9.5
福建	13.4	4.9	0.7	4.1	5.0	10.6	44.8	6.4
江西	14.1	10.7	4.6	6.5	9.5	9.4	68.6	9.1
山东	11.4	4.2	5.8	6.3	5.0	9.4	50.0	7.0
河南	17.6	8.7	1.5	6.5	9.3	6.8	61.2	8.3
湖北	10.5	17.2	2.9	10.4	0.0	10.3	61.4	8.3
湖南	17.5	2.1	5.6	6.5	12.3	9.6	65.9	8.8
广东	11.6	7.2	1.0	7.2	8.3	7.1	50.3	7.0
广西	3.2	9.8	10.9	8.5	11.0	12.4	70.1	9.3
海南	5.7	8.8	-0.2	6.0	7.3	8.5	41.6	6.0
重庆	15.6	15.9	6.7	13.6	11.9	11.0	101.5	12.4
四川	19.5	7.2	8.9	3.6	9.8	8.7	72.3	9.5
贵州	23.3	18.8	8.3	5.6	10.3	14.6	111.7	13.3
云南	38.0	1.9	7.7	6.4	3.4	13.8	89.6	11.3
陕西	13.3	17.0	7.8	7.6	12.1	7.1	84.6	10.7
甘肃	4.4	18.5	5.3	7.1	13.1	10.9	74.9	9.8
青海	15.2	17.1	-3.9	8.2	19.9	10.8	86.2	10.9
宁夏	11.6	16.4	2.3	20.6	3.0	11.9	84.7	10.8
新疆	-0.7	18.7	5.7	15.1	15.2	7.3	77.3	10.0
平均	10.8	8.4	3.8	7.1	7.7	9.0	56.7	7.8

（二）四个一体化水平不断提高

城乡发展一体化总指数是由经济发展一体化、社会发展一体化、生活水平一体化和生态环境一体化四个一体化构成的。

2012年与2011年相比，全国四个一体化水平加快提升，除社会发展一体化进展低于2011年外，其他三个一体化进展均明显高于2011年。经济发展一体化水平比2011年提高了7.8%，比2011年进展快1.6个百分点，略低于2006~2012年平均进展；社会发展一体化水平提高了13.7%，是四个一体化中进展最快的，虽比2011年进展低2.8个百分点，但是在上年高增长基础上的增长，而且比2006~2012年平均进展高6.7个百分点；生活水平一体化水平提高了11.1%，比2011年进展高2.1个百分点，略低于2006~2012年平均进展；生态环境一体化水平提高了3.4%，比2011年进展高2.4个百分点，低于2006~2012年平均进展（见表3-5）。

2006~2012年，全国经济发展一体化、社会发展一体化、生活水平一体化和生态环境一体化指数分值平均值分别增长58.7%、50.2%、94.5%和31.2%，年均增长分别为8%、7%、11.7%和4.6%（见表3-5）。

表3-4　中国城乡发展一体化总指数与各级指数分值

项　　目	2006年	2007年	2008年	2009年	2010年	2011年	2012年
总指数	0.3834	0.4247	0.4603	0.4779	0.5119	0.5513	0.6007
经济发展一体化	0.3402	0.3883	0.4103	0.4356	0.4714	0.5006	0.5398
经济发展	0.2435	0.2916	0.3316	0.3669	0.4246	0.4974	0.5555
产业协调	0.4180	0.4606	0.4882	0.5147	0.5470	0.5649	0.6159
要素流动	0.3591	0.4127	0.4110	0.4253	0.4425	0.4396	0.4479
社会发展一体化	0.3808	0.4114	0.4651	0.4253	0.4320	0.5031	0.5721
教育均衡发展	0.3786	0.4558	0.4823	0.5280	0.5557	0.6487	0.7317
卫生均衡发展	0.4145	0.4209	0.4437	0.4627	0.4700	0.5059	0.5124
文化均衡发展	0.3922	0.3384	0.3342	0.3486	0.3552	0.3483	0.4744
社会保障均衡发展	0.3381	0.4305	0.6002	0.3618	0.3473	0.5094	0.5701
生活水平一体化	0.3549	0.4002	0.4455	0.5057	0.5695	0.6209	0.6901
收入消费水平	0.4061	0.4299	0.4618	0.5144	0.5332	0.6066	0.6653
生活环境质量	0.3819	0.4110	0.4482	0.4855	0.5378	0.5600	0.5918
信息化普及率	0.2766	0.3598	0.4265	0.5173	0.6376	0.6961	0.8133
生态环境一体化	0.4576	0.4990	0.5202	0.5450	0.5748	0.5808	0.6006
水资源利用	0.3823	0.3823	0.3823	0.3823	0.3823	0.3823	0.3823
环境质量	0.6636	0.7058	0.7364	0.7672	0.7875	0.7779	0.8056
垃圾处理	0.4652	0.5880	0.6478	0.6953	0.7900	0.8222	0.8734
自然资源保护	0.3193	0.3199	0.3143	0.3351	0.3395	0.3406	0.3410

注：水资源使用的是农业用水效率（具体使用农田灌溉水有效利用系数）指标，由于缺乏2011年前各年份数据，本报告使用2011年数据来替代其他年份数据，下同。

表 3－5　中国城乡发展一体化总指数与各级指数进展

单位：%

项　　目	2007 年	2008 年	2009 年	2010 年	2011 年	2012 年	2012 年比 2006 年增长	2006～2012 年年均增长
总指数	10.8	8.4	3.8	7.1	7.4	9.0	56.7	7.8
经济发展一体化	14.1	5.7	6.2	8.2	6.2	7.8	58.7	8.0
经济发展	19.8	13.7	10.6	15.7	17.1	11.7	128.2	14.7
产业协调	10.2	6.0	5.4	6.3	3.3	9.0	47.3	6.7
要素流动	14.9	－0.4	3.5	4.0	0.7	1.9	24.7	3.8
社会发展一体化	8.0	13.1	－8.6	1.6	16.5	13.7	50.2	7.0
教育均衡发展	20.4	5.8	9.5	5.2	16.7	12.8	93.3	11.6
卫生均衡发展	1.5	5.4	4.3	1.6	7.6	1.3	23.6	3.6
文化均衡发展	－13.7	－1.2	4.3	1.9	－1.9	36.2	21.0	3.2
社会保障均衡发展	27.3	39.4	－39.7	－4.0	46.7	11.9	68.6	9.1
生活水平一体化	12.8	11.3	13.5	12.6	9.0	11.1	94.5	11.7
收入消费水平	5.9	7.4	11.4	3.7	13.8	9.7	63.8	8.6
生活环境质量	7.6	9.1	8.3	10.8	4.1	5.7	55.0	7.6
信息化普及率	30.1	18.5	21.3	23.3	9.2	16.8	194.1	19.7
生态环境一体化	9.0	4.2	4.8	5.5	1.0	3.4	31.2	4.6
水资源利用	0.0	0.0	0.0	0.0	0.0	0.0	0.0	0.0
环境质量	6.4	4.3	4.2	2.6	－1.2	3.6	21.4	3.3
垃圾处理	26.4	10.2	7.3	13.6	4.1	6.2	87.8	11.1
自然资源保护	0.2	－1.8	6.6	1.3	0.3	0.1	6.8	1.1

（三）四个一体化发展不均衡，生态环境一体化滞后

1. 发展不均衡的表现形式及主要原因

四个一体化进展程度差异较大，表现为：生活水平一体化进展较快，而生态环境一体化进展较慢，前者进展是后者进展的 2.5 倍；经济发展一体化和社会发展一体化进展分别是生态环境一体化进展的 1.7 倍和 1.5 倍；生态环境一体化建设需要加速进行。

生活水平一体化进程较快主要是由于近几年农民收入水平持续不断提高，增速持续超过城镇居民收入增速，带动农村居民消费水平持续提高；同时，近几年农村信息化普及率提高得非常迅猛。在 13 个二级指标（不包括水资源利用）中，首先，信息化普及率进展最快，年均提升 19.7%，是总指数进展的

2.5倍；其次，收入消费水平、生活环境质量进展在13个二级指标中也是较快的。

生态环境一体化进展较慢具有一定的客观原因，无论是环境质量改善还是森林覆盖率提高以及自然保护区建设，都需要大量投入，并且需要大力调整经济结构，建设见效周期长，需要一个相对较长的过程。

2. 多数省份也存在四个一体化发展不均衡的问题

各省份的四个一体化进展也很不均衡。2006～2012年，23个省份的生活水平一体化进展是四个一体化中最快的，而且远远快于生态环境一体化进展，特别是西部地区，只有上海和广西两个省份的生活水平一体化进展慢于总指数进展（见表3－6）。

20个省份的生态环境一体化进展是四个一体化进展中最慢的，只有山西和广西两个省份的生态环境一体化进展快于总指数进展（见表3－6）。

值得注意的是，尽管近两年社会发展一体化进程明显加快，但总体进展不理想。从全国平均来看，2006～2012年社会发展一体化进展不仅慢于生活水平一体化和经济发展一体化进展，而且慢于总指数进展。从省级层面看，21个省份的社会发展一体化进展慢于总指数进展，其中不乏辽宁、浙江、福建、山东和广东这些东部的发达省份。此外，山西、内蒙古、辽宁、吉林、安徽、海南和甘肃等省份的社会发展一体化进展在四个一体化进展中最慢（见表3－6）。

表3－6 2006～2012年各地区城乡发展一体化总指数及四个一体化指数进展

单位：%

地区	总指数	经济发展一体化	社会发展一体化	生活水平一体化	生态环境一体化
北京	29.9	36.4	40.2	37.5	5.9
天津	48.9	77.0	85.6	51.7	4.7
河北	50.8	76.7	28.7	92.7	24.2
山西	84.3	95.5	47.7	111.8	95.2
内蒙古	71.9	80.2	37.0	182.1	52.2
辽宁	49.8	62.8	28.1	90.9	31.3
吉林	50.0	45.2	17.9	138.0	33.4
黑龙江	53.1	69.2	45.2	82.0	27.3
上海	27.4	46.2	35.2	18.6	10.1
江苏	45.5	70.8	55.2	56.1	6.8

续表

地　区	总指数	经济发展一体化	社会发展一体化	生活水平一体化	生态环境一体化
浙　江	28.7	55.0	11.4	45.2	7.7
安　徽	72.0	78.6	46.1	115.5	61.9
福　建	44.8	49.2	37.8	62.1	29.0
江　西	68.6	60.2	58.3	118.5	46.9
山　东	50.0	61.0	36.9	109.9	17.0
河　南	61.2	58.7	62.3	96.2	37.0
湖　北	61.4	50.2	43.3	108.7	42.8
湖　南	65.9	52.3	50.8	128.0	50.2
广　东	50.3	39.5	43.5	109.1	19.0
广　西	70.2	51.3	111.3	52.1	77.1
海　南	41.6	43.5	9.6	118.8	24.3
重　庆	101.5	74.7	157.2	183.6	45.6
四　川	72.3	49.8	104.3	151.0	31.9
贵　州	111.7	90.1	90.5	334.5	66.4
云　南	89.7	143.0	63.8	152.6	57.5
陕　西	84.6	107.3	82.9	161.0	36.5
甘　肃	74.9	104.0	28.1	297.3	37.6
青　海	86.2	54.3	276.8	201.1	9.7
宁　夏	84.7	32.4	50.8	227.3	61.2
新　疆	77.2	35.8	57.3	193.2	67.0

3. 各个一体化内部各省份进展很不均衡

2012 年与 2006 年相比，经济发展一体化进展幅度最大的是云南，提高了 143%；进展幅度最小的是宁夏，仅提高了 32.4%。

社会发展一体化进展幅度最大的是青海，提高了 276.8%；进展幅度最小的是海南，仅提高了 9.6%。

生活水平一体化进展幅度最大的是贵州，提高了 3.3 倍；除贵州省外，另有 18 个省份的提高幅度超过 1 倍，其中甘肃、宁夏、青海、新疆、重庆、内蒙古分别提高了 297.3%、227.3%、201.1%、193.2%、183.6% 和 182.1%；进展幅度最小的是上海，仅提高了 18.6%。

生态环境一体化进程较慢，没有一个省份的提高幅度超过 1 倍，其中 5 个省份的提高幅度不超过 10%；进展幅度最大的是山西，提高了 95.2%；进展幅度最小的是天津，仅提高了 4.7%。

三　城乡发展一体化区域差距

（一）城乡发展一体化区域差距总体呈缩小趋势

我们以变异系数来反映城乡发展一体化区域差距的变化趋势。

2006 年以来，中国城乡发展一体化总水平的区域差距呈逐年缩小的趋势（见表 3－7、图 3－2）。

从四个一体化看，经济发展一体化和社会发展一体化的区域差距除部分年份小幅波动外，总体上呈不断缩小的趋势；生活水平一体化和生态环境一体化的区域差距则呈逐年缩小趋势（见表 3－7、图 3－2）。

表 3－7　中国城乡发展一体化区域差距变化趋势（变异系数）

项　　目	2006 年	2007 年	2008 年	2009 年	2010 年	2011 年	2012 年	2012 年比 2006 年(%)
总指数	0.3956	0.3689	0.3269	0.3216	0.3042	0.2805	0.2646	－33.1
经济发展一体化	0.4777	0.4342	0.4384	0.4271	0.4281	0.4238	0.4111	－13.9
经济发展	0.9643	0.9181	0.8495	0.7921	0.7231	0.6718	0.6272	－35.0
产业协调	0.4963	0.4597	0.4640	0.4458	0.4477	0.4564	0.4374	－11.9
要素流动	0.3580	0.2796	0.3131	0.2978	0.3104	0.3088	0.3284	－8.3
社会发展一体化	0.3543	0.3568	0.2856	0.3317	0.3286	0.2948	0.2563	－27.6
教育均衡发展	0.3864	0.3228	0.3029	0.2845	0.2946	0.2458	0.2063	－46.6
卫生均衡发展	0.3754	0.3339	0.2935	0.3047	0.2531	0.2900	0.2571	－31.5
文化均衡发展	0.4963	0.5723	0.5830	0.5958	0.5993	0.4263	0.3107	－37.4
社会保障均衡发展	0.5611	0.5745	0.3475	0.4287	0.4754	0.3971	0.4141	－26.2
生活水平一体化	0.5943	0.5352	0.4689	0.4112	0.3692	0.3161	0.2905	－51.1
收入消费水平	0.5120	0.5052	0.4454	0.4064	0.4054	0.3474	0.3143	－38.6
生活环境质量	0.6463	0.5906	0.5282	0.4794	0.4319	0.4011	0.3664	－43.3
信息化普及率	0.8720	0.6846	0.5824	0.4843	0.3904	0.2938	0.2751	－68.5
生态环境一体化	0.3098	0.2722	0.2399	0.2229	0.1786	0.1730	0.1690	－45.4
水资源利用	0.7299	0.7299	0.7299	0.7299	0.7299	0.7299	0.7299	0.0
环境质量	0.3096	0.2563	0.2239	0.1932	0.1744	0.1647	0.1493	－51.8
垃圾处理	0.6008	0.4617	0.3772	0.3597	0.2771	0.2564	0.2355	－60.8
自然资源保护	0.4118	0.4169	0.4211	0.4354	0.4373	0.4371	0.4375	6.2

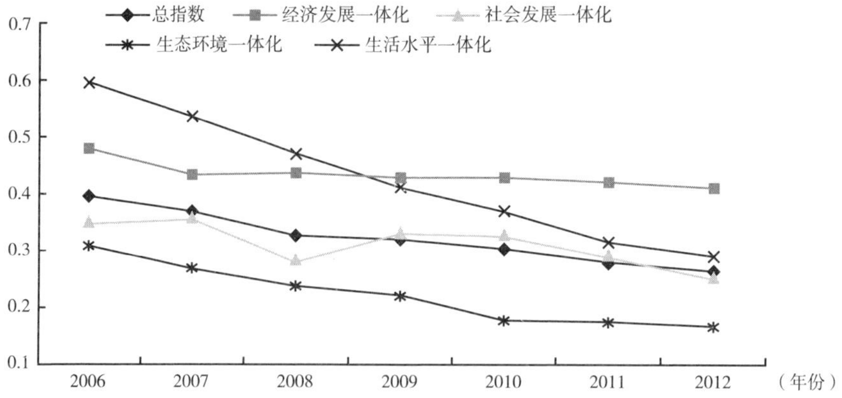

图 3-2　中国城乡发展一体化区域差距变化趋势（变异系数）

13 个二级指标中（不包括水资源利用），经济发展、收入消费水平、生活环境质量、信息化普及率、环境质量和垃圾处理等指标的区域差距呈逐年缩小的趋势；自然资源保护的区域差距有所扩大；其余指标则是在小幅波动中总体呈缩小的趋势（见表 3-7）。

（二）区域差距缩小幅度较大但有所差异

2012 年，中国城乡发展一体化总水平区域差距比 2006 年缩小了 33.1%。

四个一体化中，生活水平一体化区域差距的缩小程度最大，达到 51.1%；而生态环境一体化缩小了 45.4%；经济发展一体化区域差距的缩小程度最小，只有 13.9%；社会发展一体化区域差距缩小了 27.6%（见表 3-7）。

13 个二级指标（不包括水资源利用）区域差距缩小程度的差异非常大，缩小幅度最大的是信息化普及率，缩小了 68.5%，其他缩小幅度较大的还有垃圾处理（60.8%）、环境质量（51.8%）、教育均衡发展（46.6%）和生活环境质量（43.3%）；缩小幅度较小的是要素流动，仅缩小了 8.3%，产业协调也仅缩小了 11.9%，而自然资源保护的区域差距不仅没有缩小，反而扩大了 6.2%（见表 3-7）。

（三）城乡发展一体化区域差距依然较大

尽管城乡发展一体化的区域差距在不断缩小，但区域差距仍然较大。我们使用排序分值的极差和排序前后 5 位平均分值的差来大体反映城乡发展一体化区域差距的现状。

2012 年，全国 30 个省份中，城乡发展一体化总水平分值的极差为 2.7。尽管贵州城乡发展一体化水平提升幅度最大，与其他省份的差距在逐渐缩小，2012 年城乡发展一体化总水平分值为全国平均分值的 63%，比 2006 年的 46.6% 提高了 16.4 个百分点（见表 3－2、表 3－3），但由于基础太差，与总水平排列第 1 的省份的差距仍然较大。其他一些总水平较差的省份的情况也是如此。

2012 年四个一体化中，经济发展一体化区域差距最大，分值的极差为 5.2；社会发展一体化、生活水平一体化和生态环境一体化的分值的极差分别为 2.4、2.9 和 2.1，远远小于经济发展一体化的差距（见表 3－8）。

二级指标体现的差距更加明显。在 2012 年产业协调、经济发展和自然资源保护的分值的极差分别为 8.3、7.5 和 6.1。社会保障均衡发展、收入消费水平、垃圾处理、生活环境质量和文化均衡发展的分值的极差均超过 3，分别为 3.9、3.5、3.4、3.2 和 3.1；差距最小的环境质量的分值的极差也达到了 1.7（见表 3－8）。

表 3－8　中国城乡一体化区域差距（极差）

年　份	2006	2007	2008	2009	2010	2011	2012
总指数	4.4	3.8	3.3	3.2	3.1	2.9	2.7
经济发展一体化	7.4	5.5	6.5	5.1	5.4	5.4	5.2
经济发展	372.1	52.4	29.2	20.0	12.1	9.1	7.5
产业协调	13.6	9.0	7.4	7.2	8.1	9.8	8.3
要素流动	4.2	2.9	4.6	3.2	3.0	2.9	3.0
社会发展一体化	6.0	4.2	2.8	3.3	3.3	2.8	2.4
教育均衡发展	5.7	4.2	3.7	3.2	3.3	2.6	2.3
卫生均衡发展	9.3	4.8	3.4	4.9	3.1	3.7	2.7
文化均衡发展	27.1	35.4	19.5	10.7	11.3	5.1	3.1
社会保障均衡发展	—	1104.8	4.6	4.8	4.37	3.6	3.9
生活水平一体化	10.4	7.7	5.5	4.4	4.2	3.5	2.9
收入消费水平	16.3	11.0	6.3	4.1	4.3	4.0	3.5
生活环境质量	—	50.5	16.1	8.5	5.3	3.6	3.2
信息化普及率	264.0	18.7	10.2	6.3	5.6	3.5	2.9
生态环境一体化	3.1	2.9	2.6	2.8	2.0	2.2	2.1
水资源利用	—	—	—	—	—	—	—
环境质量	3.9	2.9	2.4	2.0	1.9	1.9	1.7
垃圾处理	—	15.0	9.3	6.6	4.1	3.4	3.4
自然资源保护	4.5	5.2	5.7	6.1	6.1	6.1	6.1

为了消除极差所表现的区域差距的极端性和不稳定性，进一步采取将分值排位前5位的平均值与分值排位后5位的平均值进行比较，结果表明，差距仍然较大，且四个一体化的区域差距大小的顺序与极差形式表现的顺序一致（见表3－9）。

表3－9　中国城乡发展一体化区域差距（前后5位平均值差）

年　　份	2006	2007	2008	2009	2010	2011	2012
总指数	2.9	2.7	2.4	2.4	2.3	2.2	2.1
经济发展一体化	4.0	3.4	3.5	3.4	3.3	3.4	3.3
经济发展	13.6	10.7	8.5	7.3	6.2	5.4	4.8
产业协调	6.7	4.9	5.0	4.5	4.4	5.1	4.6
要素流动	2.9	2.1	2.4	2.2	2.2	2.2	2.2
社会发展一体化	2.9	3.0	2.3	2.5	2.4	2.1	1.9
教育均衡发展	3.0	2.4	2.2	2.1	2.1	1.8	1.7
卫生均衡发展	3.1	2.7	2.4	2.4	2.1	2.3	2.0
文化均衡发展	5.7	8.1	8.1	7.1	6.9	3.5	2.4
社会保障均衡发展	9.2	7.8	2.58	2.9	2.9	2.6	2.5
生活水平一体化	5.1	4.1	3.5	3.0	2.8	2.5	2.3
收入消费水平	5.3	4.8	4.0	3.2	3.3	2.9	2.6
生活环境质量	7.1	6.3	4.7	4.0	3.4	3.0	2.7
信息化普及率	13.8	6.5	4.6	3.5	3.1	2.37	2.2
生态环境一体化	2.5	2.3	2.1	2.0	1.7	1.7	1.7
水资源利用	27.5	27.5	27.5	27.5	27.5	27.5	27.5
环境质量	2.7	2.2	2.0	1.8	1.7	1.6	1.5
垃圾处理	17.2	5.7	3.6	3.6	2.5	2.9	2.2
自然资源保护	3.5	3.7	3.7	4.0	4.0	4.0	4.0

（四）城乡发展一体化区域差距主要体现在东部地区与中、西部地区之间的差距

城乡发展一体化区域差距的特点表现为：首先，中、西部地区与东部地区之间的差距巨大，中、西部地区城乡发展一体化水平不仅远远低于东部地区，而且低于全国平均水平，这是城乡发展一体化区域差距的最主要的特点；其次，中、西部地区之间的差距相对较小，特别是社会发展一体化水平已经非常接近，生态环境一体化之间的差距也不大；最后，经济发展一体化的区域差距最大，而生态环境一体化的区域差距最小（见表3－10）。

表 3-10　中国城乡发展一体化区域差距（平均分值区域比较）

年　份		2006	2007	2008	2009	2010	2011	2012
总指数	全国	0.3834	0.4247	0.4603	0.4779	0.5119	0.5513	0.6007
	东部	0.5414	0.5870	0.6125	0.6318	0.6691	0.7034	0.7616
	中部	0.3280	0.3725	0.4158	0.4271	0.4563	0.4907	0.5368
	西部	0.2656	0.3005	0.3404	0.3610	0.3953	0.4401	0.4861
	东部比中部高(%)	65.1	57.6	47.3	47.9	46.6	44.0	41.9
	东部比西部高(%)	103.8	95.3	79.9	75.0	69.3	60.6	56.7
	中部比西部高(%)	23.5	24.0	22.2	18.3	15.4	11.5	10.4
经济发展一体化	全国	0.3402	0.3883	0.4103	0.4356	0.4714	0.5006	0.5398
	东部	0.4980	0.5609	0.5927	0.6275	0.6780	0.7128	0.7649
	中部	0.2731	0.3108	0.3376	0.3526	0.3789	0.4114	0.4423
	西部	0.2312	0.2720	0.2807	0.3041	0.3319	0.3533	0.3855
	东部比中部高(%)	82.4	80.5	75.6	78.0	78.9	73.3	72.9
	东部比西部高(%)	115.4	106.2	111.2	106.3	104.3	101.8	98.4
	中部比西部高(%)	18.1	14.3	20.3	15.9	14.2	16.4	14.7
社会发展一体化	全国	0.3808	0.4114	0.4651	0.4253	0.4320	0.5031	0.5721
	东部	0.5044	0.5424	0.5676	0.5376	0.5524	0.6234	0.6915
	中部	0.3578	0.4039	0.4701	0.4115	0.3978	0.4471	0.5174
	西部	0.2741	0.2859	0.3589	0.3230	0.3366	0.4235	0.4925
	东部比中部高(%)	41.0	34.3	20.7	30.6	38.9	39.4	33.6
	东部比西部高(%)	84.0	89.7	58.1	66.4	64.1	47.2	40.4
	中部比西部高(%)	30.5	41.3	31.0	27.4	18.2	5.6	5.1
生活水平一体化	全国	0.3549	0.4002	0.4455	0.5057	0.5695	0.6209	0.6901
	东部	0.5549	0.6061	0.6420	0.6978	0.7691	0.8165	0.8898
	中部	0.2930	0.3377	0.3872	0.4459	0.5135	0.5542	0.6176
	西部	0.1998	0.2399	0.2914	0.3572	0.4107	0.4738	0.5432
	东部比中部高(%)	89.4	79.5	65.8	56.5	49.8	47.3	44.1
	东部比西部高(%)	177.7	152.6	120.3	95.4	87.3	72.3	63.8
	中部比西部高(%)	46.6	40.8	32.9	24.8	25.0	17.0	13.7
生态环境一体化	全国	0.4576	0.4990	0.5202	0.5450	0.5748	0.5808	0.6006
	东部	0.6083	0.6387	0.6477	0.6641	0.6767	0.6740	0.7001
	中部	0.3882	0.4374	0.4684	0.4983	0.5349	0.5502	0.5699
	西部	0.3575	0.4041	0.4304	0.4598	0.5020	0.5097	0.5233
	东部比中部高(%)	56.7	46.0	38.3	33.3	26.5	22.5	22.8
	东部比西部高(%)	70.2	58.1	50.5	44.4	34.8	32.2	33.8
	中部比西部高(%)	8.6	8.2	8.8	8.4	6.6	7.9	8.9

第四章 中国及各地区经济发展一体化指数

一 经济发展一体化指数排序与进展

（一）各地区经济发展一体化指数排序及变化

1. 2012 年排序

2012 年，上海、北京和天津经济发展一体化水平位列前 3，排最后 3 位的依次为甘肃、云南和贵州。东部地区整体排名靠前，前 10 名中，除排名第 10 位的内蒙古外，其余全部为东部地区的省份，特别是沿海发达省份，江苏、浙江、福建、广东均排名靠前；中部地区的省份整体排名相对靠后，排名靠前的黑龙江仅排名第 12 位，安徽、河南、湖北和山西排后 10 位；虽然后 6 位全部为西部地区的省份，但西部地区的内蒙古和重庆排名较为靠前，分别列第 10 位和第 13 位（见图 4－1）。

2. 2011～2012 年排序变化

与 2011 年相比，2012 年各地区经济发展一体化指数排序发生了较大变化。2011～2012 年，30 个省份中，只有 13 个省份的排序没有发生变化。前 5 位中，北京和上海居于前两位的位置没有发生变化；2012 年，天津取代江苏上升为第 3，江苏则下降为第 4 位，福建第 5 位的位置被浙江取代；后 5 名排

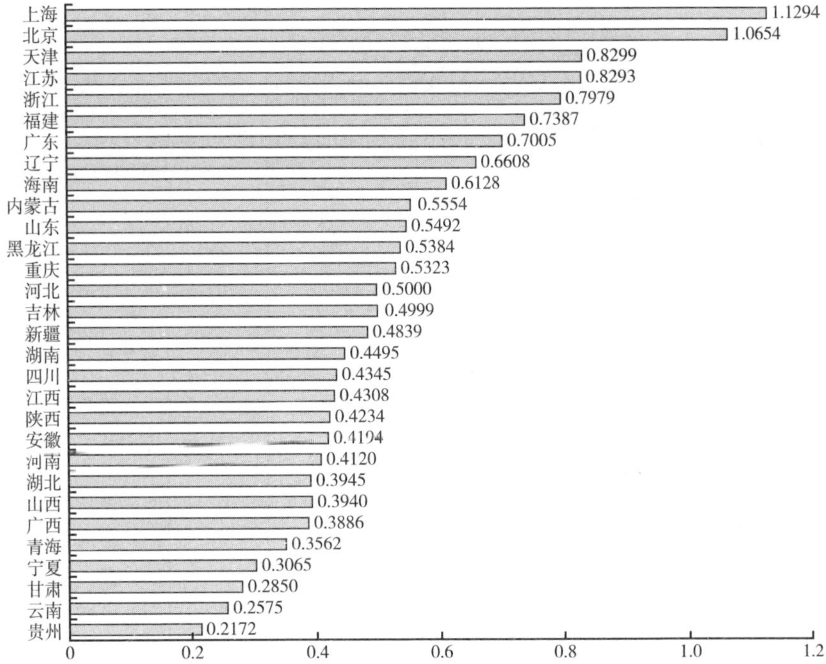

图 4－1　2012 年各地区经济发展一体化指数排序

位没有发生变化（见表 4－1）。

10 个省份排序上升，但上升幅度都不大；7 个省份排序下降，除河南下降 5 个位次外，其他省份排序下降幅度都不大（见表 4－1）。

表 4－1　各地区经济发展一体化指数排序

排序	2006 年	2007 年	2008 年	2009 年	2010 年	2011 年	2012 年
1	北　京	北　京	上　海	上　海	上　海	上　海	上　海
2	上　海	上　海	北　京	北　京	北　京	北　京	北　京
3	浙　江	江　苏	江　苏	江　苏	江　苏	江　苏	天　津
4	广　东	浙　江	浙　江	浙　江	浙　江	天　津	江　苏
5	福　建	福　建	福　建	天　津	天　津	福　建	浙　江
6	江　苏	广　东	广　东	福　建	福　建	广　东	福　建
7	天　津	天　津	天　津	广　东	广　东	浙　江	广　东
8	海　南	海　南	辽　宁	辽　宁	辽　宁	辽　宁	辽　宁
9	辽　宁	辽　宁	海　南	海　南	海　南	海　南	海　南
10	新　疆	山　东	山　东	山　东	山　东	山　东	内蒙古

续表

排序	2006 年	2007 年	2008 年	2009 年	2010 年	2011 年	2012 年
11	吉　林	新　疆	吉　林	重　庆	重　庆	内蒙古	山　东
12	山　东	吉　林	新　疆	吉　林	内蒙古	重　庆	黑龙江
13	黑龙江	河　北	重　庆	河　北	新　疆	黑龙江	重　庆
14	内蒙古	重　庆	黑龙江	内蒙古	吉　林	河　北	河　北
15	重　庆	四　川	河　北	新　疆	河　北	吉　林	吉　林
16	湖　南	黑龙江	内蒙古	黑龙江	黑龙江	新　疆	新　疆
17	四　川	内蒙古	湖　南	四　川	湖　南	河　南	湖　南
18	河　北	湖　南	江　西	湖　南	四　川	湖　南	四　川
19	江　西	江　西	河　南	江　西	安　徽	四　川	江　西
20	湖　北	广　西	四　川	河　南	江　西	江　西	陕　西
21	河　南	河　南	广　西	安　徽	湖　北	陕　西	安　徽
22	广　西	安　徽	安　徽	广　西	河　南	安　徽	河　南
23	安　徽	湖　北	湖　北	湖　北	广　西	湖　北	湖　北
24	宁　夏	山　西	山　西	宁　夏	山　西	广　西	山　西
25	青　海	宁　夏	陕　西	陕　西	陕　西	山　西	广　西
26	陕　西	青　海	宁　夏	山　西	宁　夏	青　海	青　海
27	山　西	陕　西	青　海	青　海	青　海	宁　夏	宁　夏
28	甘　肃	贵　州	贵　州	贵　州	甘　肃	甘　肃	甘　肃
29	贵　州	甘　肃	甘　肃	甘　肃	贵　州	云　南	云　南
30	云　南	云　南	云　南	云　南	云　南	贵　州	贵　州

3. 2006～2012 年排序变化

与 2006 年相比，除江西和甘肃外，其余省份经济发展一体化指数排序发生了变化。13 个省份排序上升，其中陕西上升幅度较大，上升了 6 个位次，天津、河北和内蒙古上升幅度也较大，均上升了 4 个位次。有 15 个省份排序下降，其中新疆和吉林分别下降了 6 个位次和 4 个位次（见表 4－1）。

但是，经济发展一体化指数排序的整体格局基本保持稳定。

第一，从经济发展一体化指数排序先后顺序来看，东部地区的排序总体比较靠前，特别是前 9 名一直都被东部地区的省份占据，其中北京和上海一直稳居前两名，山东在多数年份占据第 10 的位置；中部和西部地区的排序相对靠后，除个别年份，后 5 名均为西部地区的省份。

第二，西部地区内部差异较大。东部地区 11 个省份中，除河北始终未能进入前 12 位外，其余 10 个省份在各个年份均排列前 12 位。与东部和中部地区相比，西部地区内部排序差异较大，除个别年份外，排在后5位的一直都是甘肃、贵州和云南或陕西、青海和宁夏，而内蒙古和重庆的排序较为靠前。

（二）中国及各地区经济发展一体化进展

1. 2011~2012年：进展有所提升，但进展速度相对较慢

2012年，全国经济发展一体化比2011年提高了7.8%，比2011年进展快1.6个百分点。分省看，除河南经济发展一体化进展呈负增长外，其他29个省份经济发展一体化水平均有不同程度的提高，其中17个省份提高的幅度高于2011年（见表4-3）。

但是，2012年全国经济发展一体化进展慢于2006~2012年平均进展0.2个百分点。分省看，有19个省份2012年进展慢于各自2006~2012年平均进展（见表4-3）。

2. 2006~2012年：经济发展一体化水平稳步大幅提升

2006~2012年，全国经济发展一体化提高了58.7%，年均增长8%。同时，自2007年后，基本呈稳定增长趋势（见表4-3）。

分省看，除山西、浙江、河南、四川、贵州、云南、甘肃、青海和宁夏在个别年份出现负增长外，绝大多数省份呈稳步提高的态势，所有省份2012年均较2006年出现较大幅度的提高。其中，提升幅度最大的是云南，提高了143.03%；提高幅度最小的是宁夏，提高了32.4%（见表4-2、表4-3）。

表4-2　中国及各地区经济发展一体化指数分值

项　目	2006年	2007年	2008年	2009年	2010年	2011年	2012年
北　京	0.7812	0.8542	0.8939	0.9248	0.9544	1.0131	1.0654
天　津	0.4689	0.5162	0.5584	0.6113	0.6730	0.7652	0.8299
河　北	0.2830	0.3590	0.3706	0.4125	0.4328	0.4617	0.5000
山　西	0.2016	0.2700	0.2986	0.2881	0.3435	0.3623	0.3940
内蒙古	0.3083	0.3357	0.3687	0.4050	0.4517	0.4987	0.5554
辽　宁	0.4059	0.4472	0.4804	0.5191	0.5596	0.6110	0.6608
吉　林	0.3442	0.3652	0.4034	0.4230	0.4367	0.4561	0.4999
黑龙江	0.3182	0.3468	0.3713	0.3980	0.4254	0.4653	0.5384
上　海	0.7727	0.8462	0.9000	0.9431	1.0740	1.1084	1.1294
江　苏	0.4855	0.6129	0.6596	0.7055	0.7633	0.7694	0.8293
浙　江	0.5149	0.5657	0.5887	0.6208	0.6844	0.6529	0.7979

续表

项　目	2006 年	2007 年	2008 年	2009 年	2010 年	2011 年	2012 年
安　徽	0. 2349	0. 2901	0. 3132	0. 3384	0. 3685	0. 3822	0. 4194
福　建	0. 4951	0. 5465	0. 5809	0. 6059	0. 6401	0. 6904	0. 7387
江　西	0. 2689	0. 3133	0. 3337	0. 3499	0. 3641	0. 3880	0. 4308
山　东	0. 3412	0. 4240	0. 4456	0. 4735	0. 4974	0. 5134	0. 5492
河　南	0. 2596	0. 2932	0. 3328	0. 3428	0. 3541	0. 4323	0. 4120
湖　北	0. 2627	0. 2828	0. 3090	0. 3255	0. 3619	0. 3816	0. 3945
湖　南	0. 2951	0. 3251	0. 3386	0. 3552	0. 3773	0. 4235	0. 4495
广　东	0. 5021	0. 5372	0. 5651	0. 5844	0. 6240	0. 6657	0. 7005
广　西	0. 2568	0. 3056	0. 3153	0. 3314	0. 3474	0. 3661	0. 3886
海　南	0. 4271	0. 4607	0. 4766	0. 5015	0. 5553	0. 5893	0. 6128
重　庆	0. 3048	0. 3532	0. 3906	0. 4233	0. 4661	0. 4980	0. 5323
四　川	0. 2901	0. 3480	0. 3315	0. 3578	0. 3694	0. 4043	0. 4345
贵　州	0. 1143	0. 2060	0. 2003	0. 2046	0. 2213	0. 2060	0. 2172
云　南	0. 1060	0. 1545	0. 1379	0. 1845	0. 1980	0. 2194	0. 2575
陕　西	0. 2042	0. 2360	0. 2613	0. 3015	0. 3327	0. 3847	0. 4234
甘　肃	0. 1397	0. 1827	0. 1800	0. 2035	0. 2306	0. 2516	0. 2850
青　海	0. 2308	0. 2442	0. 2532	0. 2335	0. 2856	0. 3111	0. 3562
宁　夏	0. 2315	0. 2462	0. 2581	0. 3019	0. 3085	0. 2967	0. 3065
新　疆	0. 3564	0. 3793	0. 3911	0. 3983	0. 4394	0. 4497	0. 4839
平　均	0. 3402	0. 3883	0. 4103	0. 4356	0. 4714	0. 5006	0. 5398

表 4－3　中国及各地区经济发展一体化进展（环比增长）

单位：%

项　目	2007 年	2008 年	2009 年	2010 年	2011 年	2012 年	2012 年比 2006 年增长	2006～2012 年年均增长
北　京	9. 3	4. 7	3. 5	3. 2	6. 2	5. 2	36. 4	5. 3
天　津	10. 1	8. 2	9. 5	10. 1	13. 7	8. 5	77. 0	10. 0
河　北	26. 9	3. 2	11. 3	4. 9	6. 7	8. 3	76. 7	9. 9
山　西	33. 9	10. 6	－3. 5	19. 2	5. 5	8. 7	95. 5	11. 8
内蒙古	8. 9	9. 9	9. 8	11. 5	10. 4	11. 4	80. 2	10. 3
辽　宁	10. 2	7. 4	8. 1	7. 8	9. 2	8. 2	62. 8	8. 5
吉　林	6. 1	10. 5	4. 9	3. 2	4. 4	9. 6	45. 2	6. 5
黑龙江	9. 0	7. 1	7. 2	6. 9	9. 4	15. 7	69. 2	9. 2
上　海	9. 5	6. 4	4. 9	13. 9	3. 2	1. 9	46. 2	6. 6
江　苏	26. 2	7. 6	7. 0	8. 2	0. 8	7. 8	70. 8	9. 3

续表

项　目	2007 年	2008 年	2009 年	2010 年	2011 年	2012 年	2012 年比 2006 年增长	2006～2012 年年均增长
浙　江	9.9	4.1	5.5	10.3	-4.6	22.2	55.0	7.6
安　徽	23.5	8.0	8.0	8.9	3.7	9.7	78.6	10.1
福　建	10.4	6.3	4.3	5.6	7.9	7.0	49.2	6.9
江　西	16.5	6.5	4.9	4.1	6.6	11.0	60.2	8.2
山　东	24.3	5.1	6.3	5.0	3.2	7.0	61.0	8.3
河　南	12.9	13.5	3.0	3.3	22.1	-4.7	58.7	8.0
湖　北	7.6	9.3	5.3	11.19	5.5	3.4	50.2	7.0
湖　南	10.2	4.2	4.9	6.2	12.3	6.1	52.3	7.3
广　东	7.0	5.2	3.4	6.8	6.7	5.2	39.5	5,7
广　西	19.0	3.2	5.1	4.8	5.4	6.2	51.3	7.2
海　南	7.9	3.4	5.2	10.7	6.1	4.0	43.5	6.2
重　庆	15.9	10.6	8.4	10.1	6.9	6.9	74.7	9.8
四　川	20.0	-4.7	7.9	3.3	9.5	7.5	49.8	7.0
贵　州	80.2	-2.8	2.15	8.2	-6.9	5.5	90.1	11.3
云　南	45.8	-10.8	33.8	7.3	10.8	17.4	143.0	16.0
陕　西	15.6	10.7	15.4	10.4	15.6	10.0	107.3	13.0
甘　肃	30.8	-1.5	13.1	13.3	9.1	13.3	104.0	12.6
青　海	5.8	3.7	-7.8	22.3	8.9	14.5	54.3	7.5
宁　夏	6.4	4.8	17.0	2.18	-3.8	3.3	32.4	4.8
新　疆	6.4	3.1	1.9	10.3	2.3	7.6	35.8	5.3
平　均	14.1	5.7	6.2	8.2	6.2	7.8	58.7	8.0

2006～2012 年，经济发展一体化水平提升幅度低于 50% 的共有 9 个省份，其中 5 个是东部地区省份，分别是北京、上海、福建、广东和海南；此外，浙江也仅略高于 50%。尽管如此，由于这些省份经济发展一体化基础相对较好、起点相对较高，与中、西部地区差距原本就较大，进展相对较慢并未对其排位产生大的影响。

（三）中、西部地区与东部地区差距较大但呈逐年缩小趋势

经济发展一体化的区域差距较大。2012 年，全国经济发展一体化指数平均分值为 0.5398，上海最高，为 1.1294，贵州最低，为 0.2172，极差为 5.20。东部地区平均分值为 0.7649，中部地区平均分值为 0.4423，西部地区平均分值为 0.3855，中、西部地区分别仅为东部地区的 57.8% 和 50.4%；中、西部

地区之间的差距较小。

但是，东部地区与中西部地区、中西部地区之间的差距在逐步缩小（见表 4－4）。

表 4－4 东、中、西部地区经济发展一体化指数均值比较

年　份	2006	2007	2008	2009	2010	2011	2012
东部地区	0.4980	0.5609	0.5927	0.6275	0.6780	0.7128	0.7649
中部地区	0.2731	0.3108	0.3376	0.3526	0.3789	0.4114	0.4423
西部地区	0.2312	0.2720	0.2807	0.3041	0.3319	0.3533	0.3855
东部比中部高(%)	82.4	80.5	75.6	78.0	78.9	73.3	72.9
东部比西部高(%)	115.4	106.2	111.2	106.3	104.3	101.8	98.4
中部比西部高(%)	18.1	14.3	20.3	15.9	14.2	16.4	14.7

二　经济发展指数排序与进展

（一）各地区经济发展指数排序及变化

1. 2012 年排序

2012 年，经济发展指数排列前 5 位的依次是上海、北京、天津、江苏和浙江，后 5 位的依次是河南、广西、云南、贵州和甘肃；东部地区整体排位靠前，有 8 个省份进入前 10 位；虽然后 4 位均为西部地区省份，但内蒙古和重庆进入了前 10 位；相对来说，中部地区整体排位靠后，8 个省份中有 4 个处于后 10 位（见图 4－2）。

2. 2011～2012 年排序变化

与 2011 年相比，2012 年各地区经济发展指数的排序未发生明显变动。30 个省份中，只有 8 个省份排序发生了微小变动。其中，辽宁、江西、贵州和新疆排序上升 1 个位次，河北、湖南、广东和甘肃排序下降 1 个位次（见表 4－5）。

3. 2006～2012 年排序变化

2012 年与 2006 年相比，有 19 个省份排序发生变化。其中，9 个省份排序上升，陕西和重庆上升幅度较大，分别上升了 6 个位次和 4 个位次；10 个省份排序下降，但下降幅度不大，河北、山西、黑龙江和广东排序下降 3 个位次，其余均只下降了 1 个位次（见表 4－5）。

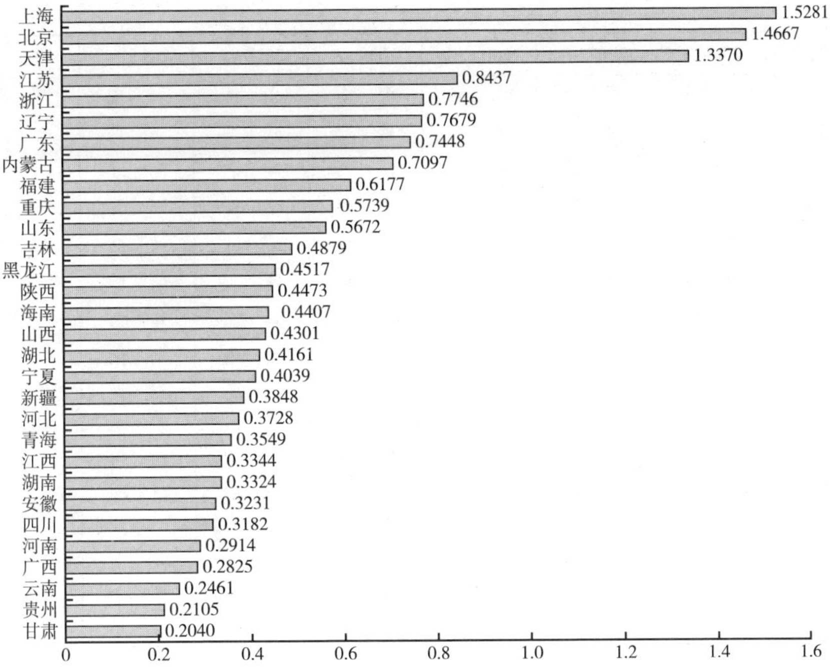

图 4－2 2012 年各地区经济发展指数排序

表 4－5 各地区经济发展指数排序

排序	2006 年	2007 年	2008 年	2009 年	2010 年	2011 年	2012 年
1	上 海	上 海	上 海	上 海	上 海	上 海	上 海
2	北 京	北 京	北 京	北 京	北 京	北 京	北 京
3	天 津	天 津	天 津	天 津	天 津	天 津	天 津
4	广 东	浙 江	浙 江	浙 江	江 苏	江 苏	江 苏
5	浙 江	广 东	广 东	江 苏	浙 江	浙 江	浙 江
6	江 苏	江 苏	江 苏	广 东	广 东	广 东	辽 宁
7	辽 宁	辽 宁	辽 宁	辽 宁	辽 宁	辽 宁	广 东
8	福 建	福 建	内蒙古	内蒙古	内蒙古	内蒙古	内蒙古
9	内蒙古	内蒙古	福 建	福 建	福 建	福 建	福 建
10	黑龙江	山 东	山 东	山 东	山 东	重 庆	重 庆
11	吉 林	黑龙江	黑龙江	吉 林	重 庆	山 东	山 东
12	山 东	吉 林	吉 林	黑龙江	吉 林	吉 林	吉 林
13	山 西	重 庆	重 庆	重 庆	黑龙江	黑龙江	黑龙江
14	重 庆	山 西	山 西	山 西	海 南	陕 西	陕 西

续表

排序	2006年	2007年	2008年	2009年	2010年	2011年	2012年
15	海 南	海 南	海 南	海 南	山 西	海 南	海 南
16	湖 北	河 北	河 北	河 北	陕 西	山 西	山 西
17	河 北	湖 北	湖 北	陕 西	湖 北	湖 北	湖 北
18	宁 夏	宁 夏	陕 西	湖 北	宁 夏	宁 夏	宁 夏
19	新 疆	新 疆	宁 夏	宁 夏	河 北	河 北	新 疆
20	陕 西	陕 西	新 疆	新 疆	新 疆	新 疆	河 北
21	青 海	湖 南	湖 南	湖 南	青 海	青 海	青 海
22	湖 南	青 海	青 海	青 海	湖 南	湖 南	江 西
23	江 西	江 西	江 西	江 西	江 西	江 西	湖 南
24	四 川	河 南	安 徽	安 徽	安 徽	安 徽	安 徽
25	安 徽	安 徽	河 南	河 南	四 川	四 川	四 川
26	河 南	四 川	四 川	四 川	河 南	河 南	河 南
27	广 西	广 西	广 西	广 西	广 西	广 西	广 西
28	云 南	云 南	云 南	云 南	云 南	云 南	云 南
29	甘 肃	甘 肃	甘 肃	甘 肃	甘 肃	甘 肃	贵 州
30	贵 州	贵 州	贵 州	贵 州	贵 州	贵 州	甘 肃

总体上看，各地区经济发展指数排序的整体格局基本保持稳定。

第一，从经济发展指数排序来看，东部地区的省份的排序总体比较靠前，特别是前7名一直都被东部地区的省份占据，上海、北京和天津一直稳居前3名，中部和西部地区省份的排序相对靠后。

第二，从经济发展指数排序变动来看，东部地区排序较为稳定，西部地区排序以上升为主，而中部地区以下降为主。

第三，西部地区内部差别较大。东部地区11个省份中，除海南和河北外，其余9个省份在各个年份均排列前12位。与东部和中部地区相比，西部地区内部各省排序的差异较大，排序的最后4位一直都是广西、云南、甘肃和贵州，而内蒙古自2008年起一直排在第8位，重庆自2011年起排在第10位。

（二）中国及各地区经济发展指数进展

1. 2011～2012年：各省份均有进展，但进展明显减缓

2012年，全国经济发展指数比2011年提高了11.7%，但低于2011年进展5.4个百分点，也低于2006～2012年年均进展3个百分点，进展明显减缓。

分省看，2011～2012年全部30个省份经济发展指数均有不同程度的增

长。但是，没有任何省份 2012 年增长幅度超过 2011 年。2012 年，除山西外，其他 29 个省份进展幅度低于 2006 ~ 2012 年平均进展（见表 4 - 7）。

表 4 - 6　中国及各地区经济发展指数分值

项　目	2006 年	2007 年	2008 年	2009 年	2010 年	2011 年	2012 年
北　京	0.9236	1.0449	1.1274	1.1698	1.2445	1.3919	1.4667
天　津	0.5815	0.7508	0.8327	0.9192	1.0434	1.2091	1.3370
河　北	0.1513	0.1842	0.2154	0.2462	0.2816	0.3289	0.3728
山　西	0.1975	0.2201	0.2546	0.2727	0.3151	0.3691	0.4301
内蒙古	0.2574	0.3192	0.3851	0.4621	0.5454	0.6382	0.7097
辽　宁	0.3481	0.3972	0.4519	0.5013	0.5814	0.6859	0.7679
吉　林	0.2259	0.2562	0.2929	0.3232	0.3640	0.4299	0.4879
黑龙江	0.2376	0.2594	0.2988	0.3226	0.3563	0.4105	0.4517
上　海	1.0000	1.1456	1.2095	1.2506	1.3273	1.4469	1.5281
江　苏	0.3641	0.4315	0.4921	0.5563	0.6650	0.7644	0.8437
浙　江	0.4267	0.4869	0.5327	0.5702	0.6507	0.7203	0.7746
安　徽	0.0870	0.1143	0.1474	0.1780	0.2251	0.2736	0.3231
福　建	0.2617	0.3211	0.3666	0.4115	0.4761	0.5499	0.6177
江　西	0.1041	0.1283	0.1577	0.1890	0.2277	0.2784	0.3344
山　东	0.2008	0.3059	0.3446	0.3833	0.4413	0.5067	0.5672
河　南	0.0833	0.1161	0.1448	0.1714	0.2046	0.2508	0.2914
湖　北	0.1544	0.1797	0.2080	0.2365	0.2927	0.3651	0.4161
湖　南	0.1133	0.1445	0.1751	0.2039	0.2349	0.2899	0.3324
广　东	0.4341	0.4842	0.5234	0.5519	0.6240	0.6893	0.7448
广　西	0.0748	0.1004	0.1295	0.1559	0.1947	0.2386	0.2825
海　南	0.1702	0.2010	0.2330	0.2674	0.3360	0.3891	0.4407
重　庆	0.1881	0.2318	0.2774	0.3158	0.3920	0.5092	0.5739
四　川	0.0911	0.1091	0.1392	0.1667	0.2145	0.2703	0.3182
贵　州	0.0027	0.0219	0.0414	0.0625	0.1102	0.1597	0.2105
云　南	0.0485	0.0720	0.0990	0.1211	0.1511	0.1978	0.2461
陕　西	0.1305	0.1662	0.2048	0.2456	0.3042	0.3983	0.4473
甘　肃	0.0389	0.0618	0.0890	0.1079	0.1364	0.1705	0.2040
青　海	0.1154	0.1417	0.1696	0.1991	0.2483	0.3050	0.3549
宁　夏	0.1490	0.1782	0.2038	0.2320	0.2846	0.3554	0.4039
新　疆	0.1426	0.1728	0.2005	0.2143	0.2665	0.3282	0.3848
平　均	0.2435	0.2916	0.3316	0.3669	0.4246	0.4974	0.5555

表 4-7　中国及各地区经济发展指数进展

单位：%

项　目	2007 年	2008 年	2009 年	2010 年	2011 年	2012 年	2012 年比 2006 年增长	2006～2012 年年均增长
北　京	13.1	7.9	3.8	6.39	11.9	5.4	58.8	8.1
天　津	29.1	10.9	10.4	13.5	15.9	10.6	129.9	15.1
河　北	21.8	17.0	14.3	14.4	16.8	13.4	146.5	16.3
山　西	11.4	15.7	7.1	15.6	17.1	16.5	117.7	13.9
内蒙古	24.0	20.7	20.0	18.0	17.0	11.2	175.7	18.5
辽　宁	14.6	5.6	3.4	6.1	9.0	5.6	52.8	7.4
吉　林	13.4	14.3	10.3	12.6	18.1	13.5	115.9	13.7
黑龙江	9.2	15.2	8.0	10.5	15.2	10.1	90.1	11.3
上　海	18.5	14.0	13.1	19.5	15.0	10.4	131.7	15.1
江　苏	14.1	9.4	7.1	14.1	10.7	7.5	81.5	10.5
浙　江	22.7	14.2	12.3	15.7	15.5	12.3	136.0	15.4
安　徽	31.4	29.0	20.7	26.5	21.6	18.1	271.5	24.5
福　建	52.3	12.6	11.2	15.1	14.8	11.9	182.4	19.7
江　西	23.3	22.9	19.8	20.4	22.3	20.1	221.4	21.5
山　东	11.6	8.1	5.4	13.1	10.5	8.1	71.6	9.4
河　南	39.4	24.7	18.4	19.4	22.6	16.2	249.7	23.4
湖　北	16.4	15.8	13.7	23.8	24.8	14.0	169.4	18.1
湖　南	27.6	21.2	16.5	15.2	23.4	14.7	193.5	19.8
广　东	18.1	15.9	14.8	25.7	15.8	13.3	159.0	17.3
广　西	34.2	28.9	20.4	24.9	22.6	18.4	277.5	24.9
海　南	14.1	13.8	10.9	16.0	18.0	12.0	120.6	14.1
重　庆	23.2	19.7	13.8	24.2	29.9	12.7	205.0	20.6
四　川	19.7	27.6	19.8	28.7	26.0	17.7	249.4	23.3
贵　州	713.7	89.2	51.0	76.4	44.9	31.8	7733.3	106.9
云　南	48.5	37.5	22.4	24.8	30.9	24.5	407.8	31.4
陕　西	27.4	23.3	19.9	23.9	30.9	12.3	242.8	22.9
甘　肃	58.9	44.0	21.3	26.4	25.0	19.7	424.8	32.6
青　海	22.7	19.7	17.4	24.7	22.9	16.4	207.5	20.6
宁　夏	19.6	14.4	13.8	22.7	24.9	13.6	171.1	18.2
新　疆	21.2	16.0	6.9	24.4	23.2	17.2	169.8	18.1
平　均	19.8	13.7	10.6	15.7	17.1	11.7	128.2	14.7

2. 2006～2012 年：进展快速，西部地区进展明显快于东中部地区

2006～2012 年，全国经济发展指数提高了 128.2%，年均增长 14.7%，在

13 个二级指标（不包括水资源利用）中仅次于信息化普及率指数的增长速度。

整体上看，西部地区增长最快，年均增长 22.3%；中部地区次之，年均增长 16.9%；东部地区年均增长 11.7%。

分省看，全部 30 个省份各年均有较大幅度的增长。提升幅度最大的是贵州省，年均增长 106.9%；提高幅度最小的是辽宁，年均进展为 7.4%，仅及全国平均进展的 50%。在 8 个低于全国平均进展的省份中，东部地区有 5 个，中部地区有 3 个。

（三）区域差距巨大，但呈缩小趋势

2012 年，全国经济发展指数平均分为 0.5555，上海、北京、天津、江苏、浙江、辽宁、广东、内蒙古、福建、重庆、山东 11 个省份高于平均值；全国 30 个省份中，上海分值最高，得分 1.5281，甘肃分值最低，得分 0.2040，极差为 7.49（见图 4－2）。2012 年，东部地区平均分值 0.8601，分别比中、西部地区高出 124.3% 和 128.8%；但是，区域差距呈明显缩小趋势，特别是东、西部地区之间的差距和中、西部地区之间的差距（见表 4－8）。

表 4－8　东、中、西部地区经济发展指数均值比较

年　　份	2006	2007	2008	2009	2010	2011	2012
东部地区	0.4420	0.5230	0.5754	0.6207	0.6974	0.7893	0.8601
中部地区	0.1504	0.1773	0.2099	0.2372	0.2776	0.3334	0.3834
西部地区	0.1126	0.1432	0.1763	0.2075	0.2589	0.3246	0.3760
东部比中部高（%）	193.9	194.9	174.1	161.7	151.3	136.7	124.3
东部比西部高（%）	292.4	265.2	226.4	199.1	169.4	143.1	128.8
中部比西部高（%）	33.5	23.9	19.1	14.3	7.2	2.7	2.0

三　产业协调指数排序与进展

（一）各地区产业协调指数排序及变化

1. 2012 年排序

2012 年，产业协调指数排名前 5 位的依次是江苏、海南、浙江、福建和上海；前 10 位中，除黑龙江外，其余全部为东部地区省份；排名后 5 位的依

次为甘肃、山西、云南、宁夏和贵州，东部地区的天津、中部地区的湖北和山西处于后10位，其余均为西部地区的省份（见图4－3）。

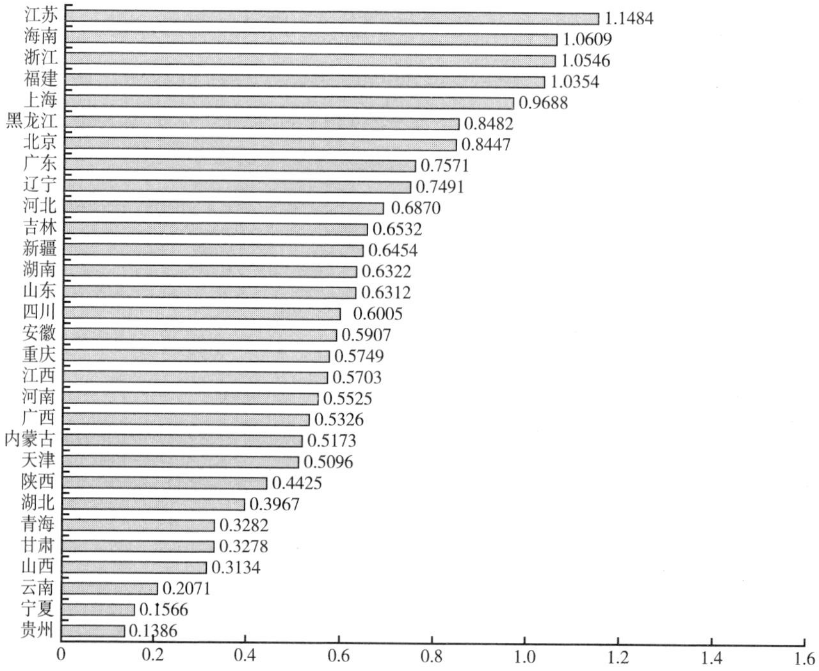

图4－3　2012年各地区产业协调指数排序

2. 2011～2012年排序变化

相较于2011年，2012年有21个省份产业协调指数的排序发生变化；前5位发生较大变化，后5位则变化不大。相对而言，西部地区省份的排序变化较小，在9个未发生变化的省份中，西部地区有5个。吉林和浙江排序上升幅度相对较大，均上升了4个位次；河南和上海下降幅度较大，分别下降了9个位次和4个位次（见表4－9）。

3. 2006～2012年排序变化

与2006年相比，2012年大部分地区产业协调的排序发生了变化，仅海南、河南和贵州没有发生变化，但实际上，只有海南的排序较为稳定，河南和贵州在许多年份的排位并不同。有13个省份的排序上升，其中上升幅度较大的是黑龙江、河北和江苏，分别上升了12个位次、7个位次和4个位次；排序下降的有14个省份，其中下降幅度较大的是广西、江西和湖南，分别下降了 10 个位次、7 个位次和 4 个位次。

虽然绝大多数省份的排序发生了变化，但排序的整体格局并未发生大的变化。前 10 位中，吉林、湖南和广西退出，黑龙江、辽宁和河北进入，且前 5 位一直为东部地区省份所占据；但后 10 位省份依然保持不变，仅是各省份的位置有所变化，除个别年份外，后 5 位均为西部地区省份（见表 4－9）。

表 4－9　各地区产业协调指数排序

排序	2006 年	2007 年	2008 年	2009 年	2010 年	2011 年	2012 年
1	福　建	江　苏	江　苏	江　苏	江　苏	上　海	江　苏
2	海　南	海　南	海　南	海　南	上　海	海　南	海　南
3	上　海	福　建	福　建	卜　海	海　南	江　苏	浙　江
4	北　京	上　海	上　海	福　建	福　建	福　建	福　建
5	江　苏	北　京	北　京	北　京	浙　江	北　京	上　海
6	浙　江	浙　江	浙　江	浙　江	北　京	广　东	黑龙江
7	广　东	四　川	广　东	广　东	新　疆	浙　江	北　京
8	吉　林	广　东	吉　林	辽　宁	广　东	辽　宁	广　东
9	湖　南	辽　宁	四　川	吉　林	辽　宁	黑龙江	辽　宁
10	广　西	吉　林	辽　宁	山　东	山　东	河　南	河　北
11	江　西	山　东	山　东	河　北	河　北	河　北	吉　林
12	辽　宁	广　西	广　西	黑龙江	吉　林	湖　南	新　疆
13	四　川	河　北	安　徽	新　疆	黑龙江	新　疆	湖　南
14	安　徽	湖　南	河　北	四　川	安　徽	山　东	山　东
15	新　疆	新　疆	湖　南	重　庆	重　庆	吉　林	四　川
16	山　东	安　徽	黑龙江	安　徽	湖　南	四　川	安　徽
17	河　北	重　庆	重　庆	湖　南	四　川	安　徽	重　庆
18	黑龙江	黑龙江	江　西	江　西	河　南	重　庆	江　西
19	河　南	江　西	新　疆	广　西	广　西	广　西	河　南
20	重　庆	河　南	河　南	河　南	江　西	江　西	广　西
21	天　津	内蒙古	内蒙古	内蒙古	内蒙古	天　津	内蒙古
22	内蒙古	天　津	湖　北	天　津	天　津	内蒙古	天　津
23	湖　北	湖　北	天　津	湖　北	湖　北	陕　西	陕　西
24	陕　西	陕　西	陕　西	陕　西	陕　西	湖　北	湖　北
25	山　西	贵　州	甘　肃	山　西	山　西	山　西	青　海
26	宁　夏	山　西	贵　州	甘　肃	甘　肃	甘　肃	甘　肃
27	青　海	甘　肃	青　海	宁　夏	宁　夏	青　海	山　西
28	甘　肃	青　海	宁　夏	青　海	青　海	云　南	云　南
29	云　南	宁　夏	山　西	贵　州	贵　州	宁　夏	宁　夏
30	贵　州	云　南	云　南	云　南	云　南	贵　州	贵　州

（二）中国及各地区产业协调进展

1. 2011～2012年：进展明显加快

2012年，全国产业协调指数比2011年提高了9%，比2011年进展高出8.2个百分点，比2006～2012年全国平均进展高2.3个百分点，进展速度仅次于2007年，进展明显加快。2012年有20个省份进展快于2011年，其中，黑龙江、浙江、贵州、云南和青海进展幅度提升较大；但上海和河南进展呈负增长；有18个省份进展超过2006～2012年平均进展（见表4－11）。

表4－10　中国及各地区产业协调指数分值

省　份	2006年	2007年	2008年	2009年	2010年	2011年	2012年
北　京	0.6966	0.7066	0.7359	0.7659	0.7602	0.7784	0.8447
天　津	0.3346	0.3072	0.3149	0.3410	0.3767	0.4611	0.5096
河　北	0.4237	0.4857	0.4980	0.5641	0.5838	0.6195	0.6870
山　西	0.1980	0.1930	0.1662	0.2739	0.2795	0.2858	0.3134
内蒙古	0.3153	0.3328	0.3525	0.3567	0.3914	0.4374	0.5173
辽　宁	0.4748	0.5272	0.5422	0.5967	0.6191	0.6765	0.7491
吉　林	0.5045	0.5251	0.5757	0.5927	0.5816	0.5880	0.6532
黑龙江	0.3960	0.4528	0.4938	0.5431	0.5638	0.6594	0.8482
上　海	0.7431	0.7689	0.8535	0.8930	1.0642	1.0851	0.9688
江　苏	0.6917	0.9277	1.0081	1.0752	1.1116	1.0457	1.1487
浙　江	0.6263	0.6695	0.7125	0.7644	0.8356	0.6834	1.0546
安　徽	0.4458	0.4729	0.5036	0.5113	0.5456	0.5458	0.5907
福　建	0.7390	0.8047	0.8588	0.8592	0.8846	0.9689	1.0354
江　西	0.4895	0.4497	0.4777	0.4962	0.4851	0.5156	0.5703
山　东	0.4251	0.5163	0.5413	0.5768	0.6048	0.5926	0.6312
河　南	0.3747	0.4058	0.4459	0.4764	0.5190	0.6590	0.5525
湖　北	0.2697	0.2635	0.3361	0.3237	0.3613	0.3605	0.3967
湖　南	0.4946	0.4849	0.4971	0.4996	0.5235	0.6163	0.6322
广　东	0.5410	0.5581	0.5922	0.6065	0.6554	0.7245	0.7571
广　西	0.4941	0.5069	0.5096	0.4909	0.4928	0.5194	0.5326
海　南	0.8440	0.8807	0.9216	0.9445	0.9947	1.0587	1.0609
重　庆	0.3447	0.4585	0.4919	0.5173	0.5431	0.5320	0.5749
四　川	0.4685	0.5603	0.5459	0.5331	0.5234	0.5649	0.6005
贵　州	0.0621	0.1960	0.2019	0.1931	0.2110	0.1108	0.1386
云　南	0.0837	0.1031	0.1358	0.1488	0.1378	0.1650	0.2071

续表

省　份	2006 年	2007 年	2008 年	2009 年	2010 年	2011 年	2012 年
陕　西	0.2141	0.2322	0.2707	0.2837	0.3327	0.4022	0.4425
甘　肃	0.1128	0.1890	0.2203	0.2371	0.2639	0.2827	0.3278
青　海	0.1237	0.1815	0.1955	0.2087	0.2438	0.2622	0.3282
宁　夏	0.1730	0.1766	0.1800	0.2245	0.2565	0.1427	0.1566
新　疆	0.4354	0.4793	0.4669	0.5413	0.6622	0.6019	0.6454
平　均	0.4180	0.4682	0.4987	0.5255	0.5606	0.5649	0.6159

2. 2006～2012 年：总体进展缓慢，西部地区进展相对较快

2006～2012 年，全国产业协调指数提高了 47.3%，年均增长 6.7%，除 2011 年增长较慢外，多数年份增长较为平稳，但与其他指标相比，产业协调指数进展缓慢，表明产业结构改善程度较低（见表 4－11）。

表 4－11　中国及各地区产业协调指数进展（环比增长）

单位：%

项　目	2007 年	2008 年	2009 年	2010 年	2011 年	2012 年	2012 年比 2006 年增长	2006～2012 年年均增长
北　京	1.4	4.2	4.1	－0.7	2.4	8.5	21.3	3.3
天　津	－8.2	2.5	8.3	10.5	22.4	10.5	52.3	7.7
河　北	14.6	2.5	13.3	3.5	6.1	10.9	62.1	8.5
山　西	－2.5	－13.9	64.8	2.0	2.3	9.7	58.3	10.4
内蒙古	5.6	5.9	1.2	9.7	11.8	18.3	64.1	8.7
辽　宁	11.0	2.9	10.1	3.8	9.3	10.7	57.8	8.0
吉　林	4.1	9.6	3.0	－1.9	1.1	11.1	29.5	4.5
黑龙江	14.3	9.1	10.0	3.8	17.0	28.6	114.2	13.8
上　海	3.5	11.0	4.6	19.2	2.0	－10.7	30.4	4.9
江　苏	34.1	8.7	6.7	3.4	－5.9	9.9	66.1	9.5
浙　江	6.9	6.4	7.3	9.3	－18.2	54.3	68.4	11.0
安　徽	6.1	6.5	1.5	6.7	0.0	8.2	32.5	4.9
福　建	8.9	6.7	0.1	3.0	9.5	6.9	40.1	5.8
江　西	－8.1	6.2	3.9	－2.2	6.3	10.6	16.5	2.8
山　东	21.5	4.8	6.6	4.9	－2.0	6.5	48.5	7.0
河　南	8.3	9.9	6.8	8.9	27.0	－16.2	47.5	7.5
湖　北	－2.3	27.6	－3.7	11.6	－0.2	10.0	47.1	7.2
湖　南	－2.0	2.5	0.5	4.8	17.7	2.6	27.8	4.4

续表

项　目	2007 年	2008 年	2009 年	2010 年	2011 年	2012 年	2012 年比 2006 年增长	2006 ~ 2012 年年均增长
广　东	3.2	6.1	2.4	8.1	10.5	4.5	39.9	5.8
广　西	2.6	0.5	-3.7	0.4	5.4	2.5	7.8	1.3
海　南	4.4	4.6	2.5	5.3	6.4	0.2	25.7	3.9
重　庆	33.0	7.3	5.2	5.0	-2.0	8.1	66.8	9.4
四　川	19.6	-2.6	-2.3	-1.8	7.9	6.3	28.2	4.5
贵　州	215.6	3.0	-4.4	9.3	-47.5	25.1	123.2	33.5
云　南	23.2	31.7	9.6	-7.4	19.7	25.5	147.4	171
陕　西	8.5	16.6	4.8	17.3	20.9	10.0	106.7	13.0
甘　肃	67.6	16.6	7.6	11.3	7.1	16.0	190.6	21.0
青　海	46.7	7.7	6.8	16.8	7.6	25.2	165.3	18.5
宁　夏	2.1	1.9	24.7	14.3	-44.4	9.7	-9.5	-3.2
新　疆	10.1	-2.6	15.9	22.3	-9.1	7.2	48.2	7.3
平　均	12.0	6.5	5.4	6.7	0.8	9.0	47.3	6.7

2006 ~ 2012 年，东、中、西部地区产业协调指数年均增长分别为6.3%、6.2%和7.9%，西部地区进展相对较快，东、中部地区进展相对较慢。在12个进展低于全国平均进展的省份中，东、中部地区分别有5个和4个，西部地区仅有3个。在8个年均进展超过10%的省份中，西部地区占据5个（见表4 - 11）。

（三）区域差距缩小进度缓慢

2012 年，全国产业协调指数平均分为0.6159，有14个省份高于平均值，其中东部地区除天津外全部高于平均值，西部地区仅有新疆高于平均值；江苏分值最高，得分1.1487，贵州分值最低，得分仅0.1386，极差达到8.59。2012年，东部地区产业协调指数分值为0.8588，中部地区为0.5697，西部地区为0.4065，东部地区比中、西部地区分别高出50.8%和111.3%，中部地区比西部地区高出40.1%，产业协调指数的区域差距较大（见表4 - 12）。

2006 年以来，产业协调的区域差距有所缩小，但差距缩小进度相对较慢，并主要体现在东部与西部地区之间、中部与西部地区之间的差距缩小上，而东部地区与中部地区之间的差距基本未变（见表4 - 12）。

表 4-12　东、中、西部地区产业协调指数均值比较

年　　份	2006	2007	2008	2009	2010	2011	2012
东部地区	0.5945	0.6502	0.6890	0.7261	0.7719	0.7904	0.8588
中部地区	0.3966	0.4060	0.4370	0.4646	0.4824	0.5288	0.5697
西部地区	0.2570	0.3106	0.3246	0.3396	0.3690	0.3656	0.4065
东部比中部高(%)	49.9	60.2	57.7	56.3	60.0	49.5	50.8
东部比西部高(%)	131.3	109.4	112.2	113.8	109.0	116.2	111.3
中部比西部高(%)	54.3	30.7	34.6	36.8	30.8	44.7	40.1

（四）大部分省份城乡经济二元结构有所改善，但问题仍然十分突出

总体来说，2006～2012 年，城乡二元经济结构有所改善，反映该指标的分值提高了 20.2%，但城乡二元经济结构状况与经济发展状态依然非常不匹配，快速经济发展的同时，第一产业依旧容纳了相对较多的劳动力。第一，2012 年，仅有海南和浙江的二元对比系数超过 0.3，有多达 17 个省份的二元对比系数低于 0.2。第二，与 2006 年相比，2012 年有 9 个省份的二元对比系数下降，说明在经济高速发展的同时，这些省份的城乡二元结构更加突出。

四　要素流动指数排序与进展

（一）各地区要素流动指数排序及变化

1. 2012 年排序

2012 年，在要素流动指数排序前 10 位中，有 9 个为东部地区的省份，有 1 个为西部地区的重庆。排序后 10 位中，包括东部地区的海南；5 个为西部地区的省份；中部地区一半的省份排在后 10 位，其中黑龙江位列倒数第 2（见图 4-4）。

2. 2011～2012 年排序变化

与 2011 年相比，2012 年有 9 个省份排序未发生变化；14 个省份排序上升，但上升幅度不大；7 个省份排序下降，下降幅度相对较大，其中湖北下降 7 个位次，宁夏和贵州均下降 6 个位次。总体上看，东部地区排序较为稳定，中部和西部地区排序变动较大（见表 4-13）。

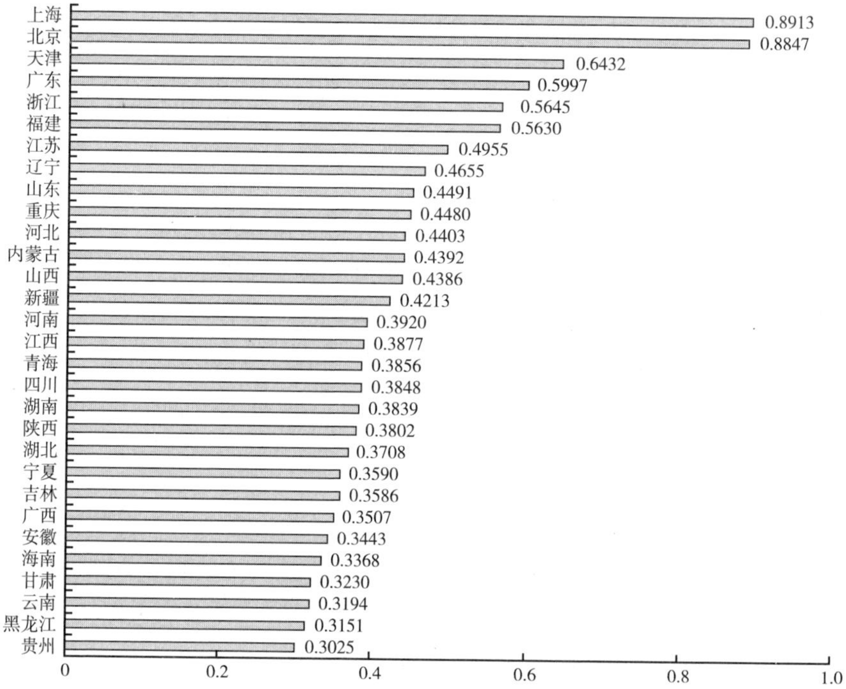

图 4-4　2012 年各地区要素流动指数排序

表 4-13　各地区要素流动指数排序

排序	2006 年	2007 年	2008 年	2009 年	2010 年	2011 年	2012 年
1	北　京	北　京	北　京	北　京	北　京	北　京	上　海
2	上　海	上　海	上　海	上　海	上　海	上　海	北　京
3	广　东	广　东	广　东	广　东	天　津	天　津	天　津
4	浙　江	浙　江	天　津	天　津	广　东	广　东	广　东
5	新　疆	福　建	浙　江	福　建	浙　江	浙　江	浙　江
6	天　津	天　津	福　建	浙　江	福　建	福　建	福　建
7	福　建	新　疆	新　疆	江　苏	江　苏	江　苏	江　苏
8	青　海	江　苏	江　苏	山　东	辽　宁	辽　宁	辽　宁
9	江　苏	山　东	山　西	辽　宁	重　庆	重　庆	山　东
10	山　东	辽　宁	山　东	宁　夏	山　东	山　东	重　庆
11	辽　宁	青　海	辽　宁	新　疆	山　西	河　北	河　北
12	重　庆	河　北	河　南	重　庆	河　北	山　西	内蒙古
13	宁　夏	湖　北	重　庆	河　北	湖　北	内蒙古	山　西

续表

排序	2006 年	2007 年	2008 年	2009 年	2010 年	2011 年	2012 年
14	湖　北	贵　州	河　北	湖　北	内蒙古	湖　北	新　疆
15	内蒙古	山　西	青　海	内蒙古	新　疆	新　疆	河　南
16	黑龙江	宁　夏	宁　夏	河　南	宁　夏	宁　夏	江　西
17	河　南	四　川	湖　北	陕　西	江　西	河　南	青　海
18	四　川	重　庆	内蒙古	四　川	湖　南	四　川	四　川
19	吉　林	江　西	江　西	江　西	四　川	江　西	湖　南
20	贵　州	河　南	贵　州	湖　南	青　海	青　海	陕　西
21	湖　南	内蒙古	湖　南	贵　州	吉　林	湖　南	湖　北
22	河　北	湖　南	吉　林	吉　林	陕　西	陕　西	宁　夏
23	陕　西	黑龙江	黑龙江	广　西	黑龙江	吉　林	吉　林
24	甘　肃	吉　林	四　川	黑龙江	广　西	贵　州	广　西
25	海　南	陕　西	陕　西	安　徽	贵　州	广　西	安　徽
26	江　西	广　西	广　西	山　西	河　南	安　徽	海　南
27	山　西	海　南	安　徽	青　海	海　南	黑龙江	甘　肃
28	广　西	甘　肃	海　南	海　南	安　徽	海　南	云　南
29	云　南	云　南	甘　肃	云　南	云　南	甘　肃	黑龙江
30	安　徽	安　徽	云　南	甘　肃	甘　肃	云　南	贵　州

3. 2006～2012 年排序变化

与 2006 年相比，2012 年要素流动指数排序发生了较大变化，表现为以下几个方面。

第一，除四川外，所有省份排序均发生了变化。

第二，东部地区排序整体提升。2006 年，排序前 10 位中，虽然东部地区占据了 8 个位置，但新疆和青海分别位居第 5 和第 8；2012 年，排序前 10 位中，东部地区占据了前 9 位，河北的排序也从第 22 位大幅上升至第 11 位。

第三，西部地区排序整体下降。2006 年，排序前 10 位中，西部地区占据了 2 个位置，且排序相对靠前，到 2012 年仅有重庆进入前 10 位，列第 10 位，而且，新疆和青海的排序下降幅度较大，均下降了 9 个位次。同时，2006 年，排序后 10 位中，西部地区只有 4 个省份，到 2012 年，西部地区则有 5 个省份处于后 10 位；且部分省份下降幅度较大，贵州由第 20 位下降到第 30 位，宁夏由第 13 位下降到第 22 位（见表 4－13）。

（二）中国及各地区要素流动进展

1. 2011～2012 年：缓慢提升

2012 年，全国要素流动指数比 2011 年提高了 1.9%，比 2011 年进展快 1.2 个百分点，但仅为 2006～2012 年平均进展的一半。分省看，有 18 个省份进展快于 2011 年，其中有 14 个省份扭转了 2011 年负增长的趋势。2012 年，有 7 个省份呈现负增长趋势。2012 年，只有 8 个省份进展高于 2006～2012 年平均进展（见表 4－15）。

2. 2006～2012 年：进展缓慢，特别是西部地区

2006～2012 年，全国要素流动指数提高了 24.7%，年均增长 3.8%，相对于其他方面，进展较为缓慢，约有 50% 的省份低于全国平均进展。东、中、西部地区年均增长分别为 3.9%、5.4% 和 2.4%，中部地区增长最快，西部地区则远远低于全国平均进展，其中西部地区有 3 个省份为负增长（见表 4－15）。

表 4－14　中国及各地区要素流动指数分值

项　目	2006 年	2007 年	2008 年	2009 年	2010 年	2011 年	2012 年
北　京	0.7236	0.8110	0.8186	0.8387	0.8586	0.8690	0.8847
天　津	0.4908	0.4906	0.5277	0.5737	0.5991	0.6253	0.6432
河　北	0.2739	0.4070	0.3982	0.4271	0.4330	0.4368	0.4403
山　西	0.2091	0.3968	0.4751	0.3179	0.4360	0.4320	0.4386
内蒙古	0.3522	0.3550	0.3686	0.3963	0.4185	0.4207	0.4392
辽　宁	0.3950	0.4172	0.4471	0.4593	0.4783	0.4705	0.4655
吉　林	0.3020	0.3141	0.3415	0.3531	0.3646	0.3504	0.3586
黑龙江	0.3211	0.3283	0.3213	0.3282	0.3560	0.3262	0.3151
上　海	0.5750	0.6243	0.6371	0.6857	0.8307	0.7930	0.8913
江　苏	0.4008	0.4794	0.4787	0.4849	0.5132	0.4981	0.4955
浙　江	0.4917	0.5406	0.5209	0.5278	0.5669	0.5548	0.5645
安　徽	0.1718	0.2832	0.2886	0.3258	0.3347	0.3274	0.3443
福　建	0.4845	0.5138	0.5172	0.5471	0.5596	0.5524	0.5630
江　西	0.2131	0.3619	0.3656	0.3644	0.3797	0.3698	0.3877
山　东	0.3977	0.4498	0.4508	0.4604	0.4460	0.4408	0.4491
河　南	0.3208	0.3575	0.4076	0.3806	0.3386	0.3870	0.3920
湖　北	0.3641	0.4051	0.3830	0.4162	0.4316	0.4193	0.3708
湖　南	0.2775	0.3460	0.3437	0.3621	0.3735	0.3645	0.3839
广　东	0.5314	0.5691	0.5796	0.5949	0.5927	0.5834	0.5997

续表

项　目	2006 年	2007 年	2008 年	2009 年	2010 年	2011 年	2012 年
广　西	0.2015	0.3096	0.3069	0.3475	0.3548	0.3402	0.3507
海　南	0.2671	0.3005	0.2751	0.2925	0.3352	0.3202	0.3368
重　庆	0.3814	0.3694	0.4024	0.4368	0.4632	0.4529	0.4480
四　川	0.3105	0.3746	0.3094	0.3735	0.3704	0.3778	0.3848
贵　州	0.2781	0.4001	0.3575	0.3581	0.3428	0.3474	0.3025
云　南	0.1858	0.2885	0.1790	0.2835	0.3051	0.2953	0.3194
陕　西	0.2681	0.3097	0.3085	0.3752	0.3612	0.3537	0.3802
甘　肃	0.2675	0.2973	0.2307	0.2656	0.2915	0.3016	0.3230
青　海	0.4534	0.4095	0.3945	0.2927	0.3647	0.3661	0.3856
宁　夏	0.3725	0.3838	0.3904	0.4493	0.3845	0.3919	0.3590
新　疆	0.4912	0.4857	0.5058	0.4394	0.3896	0.4190	0.4213
平　均	0.3591	0.4127	0.4110	0.4253	0.4425	0.4396	0.4479

表 4－15　中国及各地区要素流动指数进展

单位：%

项　目	2007 年	2008 年	2009 年	2010 年	2011 年	2012 年	2012 年比 2006 年增长	2006～2012 年年均增长
北　京	12.1	0.9	2.5	2.4	1.2	1.8	22.3	3.5
天　津	－0.1	7.6	8.7	4.4	4.4	2.9	31.1	4.7
河　北	48.6	－2.2	7.3	1.4	0.9	0.8	60.8	9.5
山　西	89.7	19.7	－33.1	37.2	－0.9	1.5	109.7	19.0
内蒙古	0.8	3.8	7.5	5.6	0.5	4.4	24.7	3.8
辽　宁	5.6	7.2	2.7	4.1	－1.6	－1.1	17.8	2.8
吉　林	4.0	8.7	3.4	3.3	－3.9	2.3	18.7	3.0
黑龙江	2.2	－2.1	2.1	8.5	－8.4	－3.4	－1.9	－0.2
上　海	8.6	2.1	7.6	21.1	－4.5	12.4	55.0	7.9
江　苏	19.6	－0.2	1.3	5.8	－3.0	－0.5	23.6	3.9
浙　江	9.9	－3.6	1.3	7.4	－2.1	1.8	14.8	2.4
安　徽	64.8	1.9	12.9	2.7	－2.2	5.2	100.4	14.2
福　建	6.0	0.7	5.8	2.3	－1.3	1.9	16.2	2.6
江　西	69.8	1.0	－0.3	4.2	－2.6	4.8	81.9	12.8
山　东	13.1	0.2	2.1	－3.1	－1.2	1.9	12.9	2.2
河　南	11.5	14.0	－6.6	－11.0	14.3	1.3	22.2	3.9
湖　北	11.3	－5.5	8.7	3.7	－2.9	－11.6	1.9	0.6
湖　南	24.7	－0.7	5.3	3.2	－2.4	5.3	38.4	5.9

续表

项　目	2007 年	2008 年	2009 年	2010 年	2011 年	2012 年	2012 年比 2006 年增长	2006 ~ 2012 年年均增长
广　东	7.1	1.8	2.6	-0.4	-1.6	2.8	12.9	2.1
广　西	53.7	-0.9	13.2	2.1	-4.1	3.1	74.0	11.2
海　南	12.5	-8.4	6.3	14.6	-4.5	5.2	26.1	4.3
重　庆	-3.2	8.95	8.5	6.1	-2.2	-1.1	17.4	2.8
四　川	20.6	-17.4	20.7	-0.9	2.0	1.9	23.9	4.5
贵　州	43.9	-10.6	0.17	-4.3	1.3	-12.9	8.8	2.9
云　南	55.3	-38.0	58.4	7.6	-3.2	8.1	71.9	14.7
陕　西	15.5	-0.4	21.6	-3.7	-2.1	7.5	41.8	6.4
甘　肃	11.1	-22.4	15.1	9.8	3.5	7.1	20.8	4.0
青　海	-9.7	-3.7	-25.8	24.6	0.4	5.3	-15.0	-1.5
宁　夏	3.1	1.7	15.1	-14.4	1.9	-8.4	-3.6	-0.2
新　疆	-1.1	4.1	-13.1	-11.4	7.6	0.6	-14.2	-2.2
平　均	14.9	-0.4	3.5	4.0	0.7	1.9	24.7	3.8

（三）区域差距相对较小

2012 年，要素流动指数平均分为 0.4479，排名前 10 位的省份高于平均值；全国 30 个省份中，上海分值最高，为 0.8913，贵州分值最低，为 0.3025，极差为 2.95，相对于其他方面，差距较小。区域差距主要体现在东部与中、西部地区之间的差距，中部与西部地区几乎没有差距（见表 4-16）。

表 4-16　东、中、西部地区要素流动指数均值比较

年　份	2006	2007	2008	2009	2010	2011	2012
东部地区	0.4574	0.5094	0.5137	0.5356	0.5648	0.5586	0.5758
中部地区	0.2724	0.3491	0.3658	0.3560	0.3768	0.3721	0.3739
西部地区	0.3238	0.3621	0.3412	0.3653	0.3678	0.3697	0.3740
东部比中部高(%)	67.9	45.9	40.4	50.5	49.9	50.1	54.0
东部比西部高(%)	41.3	40.7	50.5	46.7	53.6	51.1	54.0
中部比西部高(%)	-15.9	-3.6	7.2	-2.5	2.4	0.6	-0.1

（四）简要评价

1. 大部分省份土地利用效率得到提高，中部地区尤为突出

与2006年相比，仅有5个省份的土地利用效率分值是下降的，分别是天津、上海、浙江、海南和黑龙江，其他省份的分值均有不同程度的提高。2006年，中部地区土地利用效率分值为0.4396，低于东部和西部地区，2006～2012年，中部地区土地利用效率大幅提高，到2012年，中部地区分值不仅超过西部地区，甚至接近东部地区（见表4－17）。除吉林和黑龙江以外，中部其他6个省份2012年土地利用效率的排序均高于2006年。

表4－17　东、中、西部地区土地利用效率分值对比

地　区	2006年均值	2012年均值	增长(%)
东部地区	0.7609	0.8767	15.2
中部地区	0.4396	0.8324	89.4
西部地区	0.5465	0.7887	44.3

2. 非农产业劳动力比重逐年提升，东部地区遥遥领先

2006～2012年，除海南以外，东部地区的非农产业劳动力所占比重都保持着较高的水平，特别是北京和上海一直保持在93%以上，而中部和西部地区则相对落后。从比重提高的程度来看，西部地区提高的幅度最大，与2006年相比，2012年该比例提升幅度前10位中有7个是西部地区的省份。从区域差距看，虽然中、西部地区保持了较高的增长速度，但是由于东部地区起点高，东部与中、西部的差距缩小的程度非常不明显（见表4－18）。

表4－18　东、中、西部地区非农产业劳动力比重

单位：%

年　份	2006	2007	2008	2009	2010	2011	2012
东部均值	71.8	73.4	74.3	75.4	76.3	75.7	78.2
中部均值	54.4	54.7	56.2	57.6	59.6	60.1	60.4
西部均值	47.1	50.8	51.9	53.4	54.6	53.3	54.6
东部比中部高	32.0	34.1	32.3	30.8	28.1	26.0	29.5
东部比西部高	52.6	44.4	43.0	41.1	39.8	42.0	43.3
中部比西部高	15.6	7.7	8.1	7.9	9.1	12.8	10.6

3. 农村金融资金流出日益严重

2006～2012年，只有5个省份的城乡金融资金流动分值没有出现下降，分别是山东、海南、四川、陕西和甘肃。可以说，全国大部分省份的农村金融资金流出加剧。2006年，东、中、西部地区该指标平均分值分别为0.5618、0.7205和0.8534，到2012年3个地区的分值已经非常接近，分别为0.4135、0.4560和0.4497，西部地区下降得最为严重（见表4－19、图4－5）。

表4－19　东、中、西部地区城乡金融资金流动均值

年　　份	2006	2007	2008	2009	2010	2011	2012
东部均值	0.5618	0.5243	0.5112	0.4764	0.4591	0.4357	0.4135
中部均值	0.7205	0.6836	0.7051	0.6295	0.4996	0.5253	0.4560
西部均值	0.8534	0.7608	0.7801	0.7234	0.5372	0.4911	0.4497

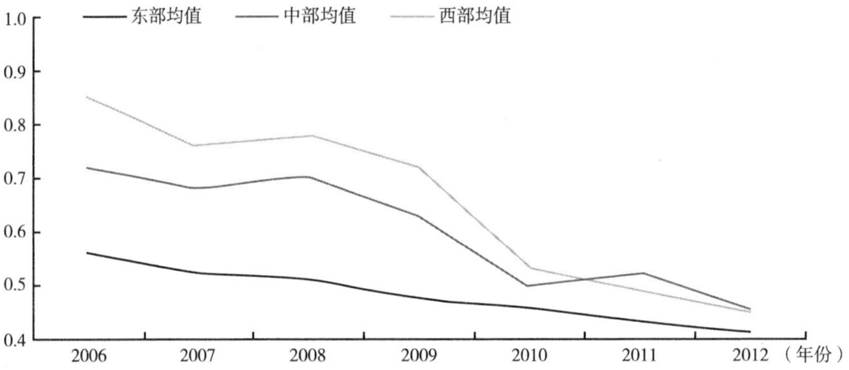

图4－5　东、中、西部地区城乡金融资金流动均值

4. 全国财政支农力度加大

2006～2012年，全国财政支农力度不断加大，全部30个省份的财政支农相对程度分值都在上升。财政支农力度东部地区最大，西部地区次之（见表4－20）。

表4－20　东、中、西部地区财政支农相对程度均值

年　　份	2006	2007	2008	2009	2010	2011	2012
东部均值	1.2780	1.7313	1.8892	2.2468	2.5015	2.5377	2.7906
中部均值	0.5422	0.7336	0.8185	1.0065	1.0430	1.0017	1.0388
西部均值	0.6466	0.7580	0.8378	1.0120	1.0327	1.0504	1.0960

第五章
中国及各地区社会发展一体化指数

一 社会发展一体化指数排序与进展

（一）各地区社会发展一体化指数排序及变化

1. 2012 年排序

2012 年，北京、上海、天津、江苏、浙江、山东的社会发展一体化水平处于全国前 6 位。这些省份除了经济发展较快之外，原有的社会发展基础也较好和完善，这是导致其社会发展一体化指数排在高位的原因。社会发展一体化水平排在较后位置的基本上是来自中、西部地区的省份。例如，排在后 4 位的依次是四川、青海、云南和贵州（见图 5－1），这 4 个省份不仅在全国经济发展的排名靠后，而且社会事业发展的基础也较差。

2. 2011～2012 年排序变化

与 2011 年相比，2012 年各省份排序变动不大，虽然有 21 个省份的排序发生了变动，但变动的幅度不大。其中，前 6 名排序没有发生变动；前 10 名中，吉林退出，重庆进入；后 10 名中，河南退出，宁夏进入；7 个省份排序上升，广西上升 5 个位次，重庆、福建和河南均上升 4 个位次；14 个省份排序下降，但下降幅度都不大（见表 5－1）。

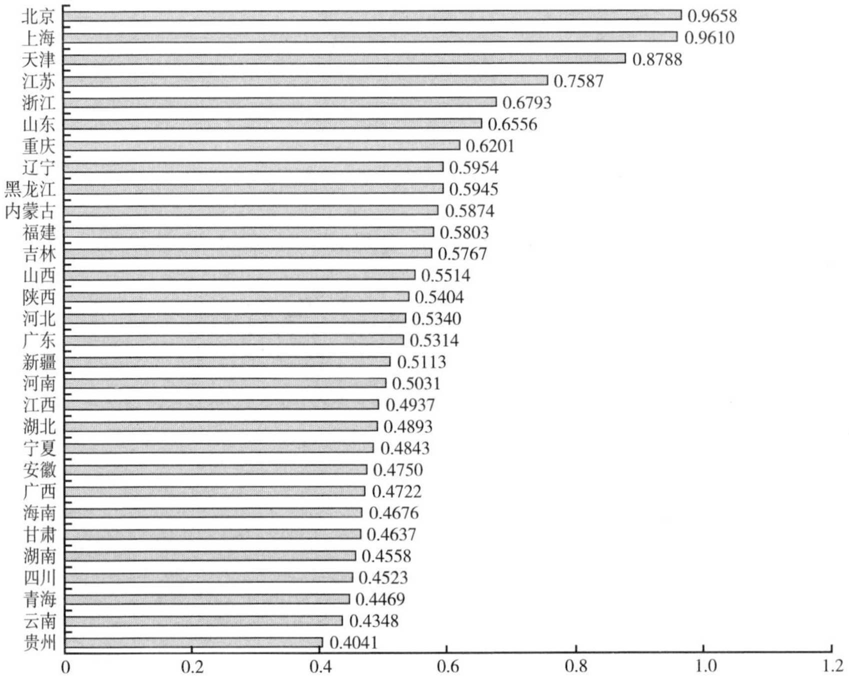

图 5－1　2012 年各地区社会发展一体化指数排序

表 5－1　各地区社会发展一体化指数排序

排序	2006 年	2007 年	2008 年	2009 年	2010 年	2011 年	2012 年
1	上　海	北　京	北　京	北　京	北　京	北　京	北　京
2	北　京	上　海	黑龙江	上　海	上　海	上　海	上　海
3	浙　江	浙　江	上　海	浙　江	天　津	天　津	天　津
4	吉　林	江　苏	浙　江	江　苏	江　苏	江　苏	江　苏
5	江　苏	天　津	江　苏	黑龙江	浙　江	浙　江	浙　江
6	山　东	福　建	天　津	天　津	黑龙江	山　东	山　东
7	天　津	山　东	海　南	吉　林	山　东	内蒙古	重　庆
8	辽　宁	山　西	福　建	山　西	辽　宁	辽　宁	辽　宁
9	内蒙古	吉　林	吉　林	辽　宁	吉　林	吉　林	黑龙江
10	海　南	辽　宁	辽　宁	山　东	山　西	黑龙江	内蒙古
11	福　建	内蒙古	内蒙古	内蒙古	陕　西	重　庆	福　建
12	河　北	海　南	山　东	海　南	内蒙古	山　西	吉　林
13	黑龙江	黑龙江	山　西	陕　西	福　建	陕　西	山　西
14	山　西	湖　南	安　徽	福　建	河　北	广　东	陕　西

续表

排序	2006 年	2007 年	2008 年	2009 年	2010 年	2011 年	2012 年
15	广　东	河　南	陕　西	河　北	海　南	福　建	河　北
16	甘　肃	广　东	河　北	广　东	重　庆	新　疆	广　东
17	湖　北	河　北	广　东	河　南	广　东	河　北	新　疆
18	新　疆	陕　西	河　南	湖　北	河　南	江　西	河　南
19	安　徽	江　西	湖　北	安　徽	湖　北	湖　北	江　西
20	宁　夏	安　徽	江　西	江　西	新　疆	宁　夏	湖　北
21	江　西	宁　夏	甘　肃	湖　南	江　西	海　南	宁　夏
22	河　南	湖　北	宁　夏	新　疆	安　徽	河　南	安　徽
23	湖　南	云　南	湖　南	宁　夏	甘　肃	安　徽	广　西
24	陕　西	四　川	新　疆	甘　肃	四　川	甘　肃	海　南
25	云　南	甘　肃	青　海	云　南	湖　南	湖　南	甘　肃
26	重　庆	重　庆	重　庆	重　庆	宁　夏	四　川	湖　南
27	广　西	新　疆	云　南	四　川	云　南	青　海	四　川
28	四　川	广　西	四　川	广　西	广　西	广　西	青　海
29	贵　州	贵　州	贵　州	贵　州	青　海	云　南	云　南
30	青　海	青　海	广　西	青　海	贵　州	贵　州	贵　州

3. 2006～2012 年排序变化

与 2006 年相比，2012 年东部地区除海南的排序下降幅度较大外，其他省份的排序基本稳定，多数处于前 10 位行列；中部地区的吉林退出前 10 位，而黑龙江进入前 10 位；后 10 位以西部地区的省份为主的格局没有发生变化，仅是个别省份的位置有所调整。排序上升幅度较大的是重庆和陕西，分别大幅上升了 19 个位次和 10 个位次，重庆进入前 10 位；排序下降幅度较大的是海南和甘肃，分别下降了 14 个位次和 9 个位次，海南进入后 10 位（见表 5－1）。

（二）中国及各地区社会发展一体化进展

1. 2011～2012 年：社会发展一体化水平较大幅度提升

2012 年，全国社会发展一体化指数比 2011 年提高了 13.7%，比 2011 年进展慢 2.8 个百分点，但远远高于 2006～2012 年的平均进展，是仅次于 2011 年的第二个高增长年份（见表 5－3）。分省看，有 10 个省份的进展快于 2011 年。总体上看，中、西部地区继续保持较快发展速度。

表 5－2　中国及各地区社会发展一体化指数分值

项　目	2006 年	2007 年	2008 年	2009 年	2010 年	2011 年	2012 年
北　京	0.6890	0.7376	0.7742	0.8020	0.7985	0.9132	0.9658
天　津	0.4736	0.5331	0.5678	0.5221	0.6812	0.8317	0.8788
河　北	0.4149	0.3775	0.4414	0.4150	0.4110	0.4686	0.5340
山　西	0.3732	0.4892	0.4821	0.4794	0.4381	0.4933	0.5514
内蒙古	0.4286	0.4480	0.4939	0.4490	0.4330	0.5407	0.5874
辽　宁	0.4648	0.4695	0.4963	0.4716	0.4832	0.5359	0.5954
吉　林	0.4892	0.4856	0.5053	0.4845	0.4831	0.5241	0.5767
黑龙江	0.4095	0.4346	0.7443	0.5792	0.5471	0.5141	0.5945
上　海	0.7109	0.7277	0.6930	0.7752	0.7580	0.8753	0.9610
江　苏	0.4888	0.5877	0.6412	0.6190	0.6498	0.6748	0.7587
浙　江	0.6091	0.6959	0.6710	0.6309	0.5997	0.6302	0.6793
安　徽	0.3251	0.3341	0.4655	0.3524	0.3358	0.4036	0.4750
福　建	0.4210	0.5191	0.5149	0.4227	0.4254	0.4713	0.5803
江　西	0.3119	0.3371	0.3866	0.3439	0.3406	0.4238	0.4937
山　东	0.4789	0.4898	0.4874	0.4624	0.4975	0.5625	0.6556
河　南	0.3100	0.4014	0.4116	0.3577	0.3595	0.4073	0.5031
湖　北	0.3414	0.3217	0.4040	0.3566	0.3548	0.4170	0.4893
湖　南	0.3023	0.4274	0.3613	0.3385	0.3236	0.3935	0.4558
广　东	0.3702	0.3805	0.4367	0.3601	0.3770	0.4828	0.5314
广　西	0.2235	0.2238	0.2727	0.2729	0.2945	0.3733	0.4722
海　南	0.4268	0.4477	0.5197	0.4320	0.3951	0.4106	0.4676
重　庆	0.2411	0.2460	0.3417	0.3101	0.3948	0.5110	0.6201
四　川	0.2214	0.2950	0.2978	0.2862	0.3256	0.3906	0.4523
贵　州	0.2122	0.2197	0.2954	0.2638	0.2423	0.3314	0.4041
云　南	0.2655	0.3179	0.3344	0.3170	0.3053	0.3624	0.4348
陕　西	0.2954	0.3729	0.4541	0.4320	0.4344	0.4894	0.5404
甘　肃	0.3619	0.2762	0.3837	0.3203	0.3261	0.3979	0.4637
青　海	0.1186	0.1740	0.3432	0.2442	0.2848	0.3804	0.4469
宁　夏	0.3211	0.3311	0.3784	0.3231	0.3090	0.4116	0.4843
新　疆	0.3252	0.2399	0.3531	0.3339	0.3526	0.4699	0.5113
平　均	0.3808	0.4114	0.4651	0.4253	0.4320	0.5031	0.5721

2. 2006～2012 年：社会发展一体化不断推进，西部地区进展明显快于东中部地区

2006～2012 年，所有省份社会发展一体化均呈不同程度的增长态势，全国社会发展一体化指数提高了 50.2%，年均增长 7%，社会发展一体化呈稳步推进态势（见图 5－2）。东、中、西部地区年均增长分别为 5.4%、6.3% 和 10.3%，西部地区社会发展一体化推进速度明显快于东、中部地区；西部地区除甘肃和内蒙古外，其余省份年均增长速度均超过全国平均水平；7 个年均增长速度超过 10% 的省份中，有 6 个来自西部地区；东部地区除天津和江苏外，其余省份增长速度均低于全国平均水平（见表 5－3）。

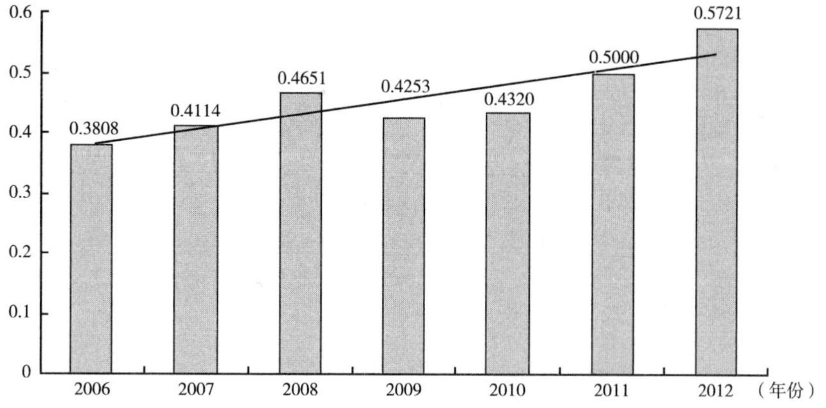

图 5－2　2006～2012 年社会发展一体化指数均值变化

表 5－3　中国及各地区社会发展一体化进展（环比增长）

单位：%

项　目	2007 年	2008 年	2009 年	2010 年	2011 年	2012 年	2012 年比 2006 年增长	2006～2012 年年均增长
北　京	7.1	5.0	3.6	－0.4	14.4	5.8	40.2	5.8
天　津	12.6	6.5	－8.0	30.5	22.1	5.7	85.6	10.8
河　北	－9.0	16.9	－6.0	－1.0	14.0	14.0	28.7	4.3
山　西	31.1	－1.5	－0.6	－8.6	12.6	11.8	47.7	6.7
内蒙古	4.5	10.2	－9.1	－3.6	24.9	8.6	37.0	5.4
辽　宁	1.0	5.7	－5.0	2.5	10.9	11.1	28.1	4.2
吉　林	－0.8	4.1	－4.1	－0.3	8.5	10.0	17.9	2.8
黑龙江	6.1	71.3	－22.2	－5.5	－6.0	15.6	45.2	6.4
上　海	2.4	－4.8	11.9	－2.2	15.5	9.8	35.2	5.2
江　苏	20.2	9.1	－3.5	5.0	3.9	12.4	55.2	7.6
浙　江	14.3	－3.6	－6.0	－5.0	5.1	7.8	11.5	1.8
安　徽	2.77	39.3	－24.3	－4.7	20.2	17.7	46.1	6.5
福　建	23.3	－0.8	－17.9	0.6	10.8	23.1	37.8	5.5

续表

项　目	2007 年	2008 年	2009 年	2010 年	2011 年	2012 年	2012 年比 2006 年增长	2006～2012 年年均增长
江　西	8.1	14.7	-11.0	-1.0	24.4	16.5	58.3	8.0
山　东	2.3	-0.5	-5.1	7.6	13.1	16.6	36.9	5.4
河　南	29.5	2.6	-13.1	0.5	13.3	23.5	62.3	8.4
湖　北	-5.8	25.6	-11.8	-0.5	17.5	17.3	43.3	6.2
湖　南	41.4	-15.5	-6.3	-4.4	21.6	15.8	50.8	7.1
广　东	2.8	14.8	-17.6	4.7	28.1	10.1	43.5	6.2
广　西	0.1	21.9	0.1	7.9	26.8	26.5	111.3	13.3
海　南	4.9	16.1	-16.9	-8.5	3.9	13.9	9.6	1.5
重　庆	2.0	38.9	-9.3	27.3	29.4	21.4	157.2	17.1
四　川	33.3	1.0	-3.9	13.8	20.0	15.8	104.3	12.6
贵　州	3.56	34.5	-10.7	-8.2	36.8	22.0	90.5	11.3
云　南	19.7	5.18	-5.2	-3.7	18.7	20.0	63.8	8.6
陕　西	26.2	21.8	-4.9	0.6	12.7	10.4	82.9	10.6
甘　肃	-23.7	38.9	-16.5	1.8	22.0	16.6	28.1	4.2
青　海	46.8	97.2	-28.9	16.7	33.6	17.5	276.8	24.4
宁　夏	3.1	14.3	-14.6	-4.4	33.2	17.7	50.8	7.1
新　疆	-26.2	47.2	-5.4	5.6	33.3	8.8	57.3	7.8
平　均	8.0	13.1	-8.6	1.6	16.5	13.7	50.2	7.0

（三）社会发展一体化水平的区域差异明显但呈缩小趋势

经济发展对社会发展起到了直接的作用，区域之间的社会发展存在较大差异也是一个普遍现象。2012 年全国社会发展一体化指数分值最高的北京是分值最低的贵州的 2.39 倍。2012 年，东部地区社会发展一体化指数分值比西部地区高出 40.4%，但社会发展一体化的区域差距明显小于经济发展一体化和生活水平一体化的区域差距。

2006 年以来，社会发展一体化的区域差距在迅速缩小。2006 年，东部地区社会发展一体化指数平均分值分别比中部和西部地区高 41% 和 84%，中部地区比西部地区高 30.5%；到 2012 年，东部地区社会发展一体化指数平均分值分别比中部和西部地区高 33.6% 和 40.4%，中部地区比西部地区高 5.1%。短短 6 年间，东、西部地区和中、西部地区之间的差距急剧缩小。省份之间的极差也大幅缩小，2006 年，指数分值最高的省份与最低的省份之比为 5.99∶1，到 2012 年，已大幅缩小到 2.39∶1。

二　教育均衡发展指数排序与进展

（一）各地区教育均衡发展指数排序及变化

1. 2012 年排序

教育均衡发展指数排序并不像其他指标，特别是经济发展水平排序那样泾渭分明。尽管经济发达的北京、天津和上海这 3 个直辖市位居前 3，但在前 10 位中，中部地区占据了 3 个位置，西部地区也占据了 2 个位置，但后 10 位则全部为中、西部地区的省份，其中 7 个省份来自西部地区（见图 5－3）。

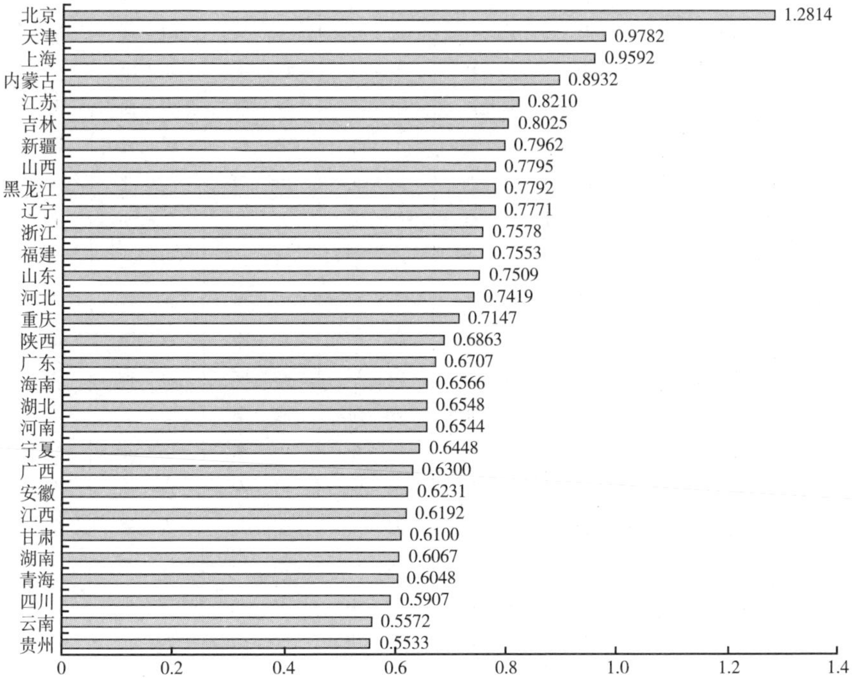

图 5－3　2012 年各地区教育均衡发展指数排序

2. 2011～2012 年排序变化

与 2011 年相比，2012 年虽然只有 7 个省份的排序没有发生变动，但基本格局未发生大的变动。前 10 位中，只有浙江和辽宁的位置发生了替换，前 6 位没有变动。后 10 位变化相对较大，湖北和河南退出，青海和安徽进入。有

13个省份排序上升，其中湖北、江西均上升了6个位次，山东和宁夏均上升了5个位次。下降的10个省份中，青海下降幅度较大，下降了12个位次（见表5－4）。

表5－4 各地区教育均衡发展指数排序

排序	2006年	2007年	2008年	2009年	2010年	2011年	2012年
1	北　京	北　京	北　京	北　京	北　京	北　京	北　京
2	上　海	上　海	上　海	上　海	天　津	天　津	天　津
3	天　津	天　津	天　津	天　津	上　海	上　海	上　海
4	浙　江	浙　江	江　苏	内蒙古	内蒙古	内蒙古	内蒙古
5	河　北	河　北	内蒙古	江　苏	江　苏	江　苏	江　苏
6	吉　林	江　苏	河　北	浙　江	浙　江	吉　林	吉　林
7	内蒙古	吉　林	浙　江	吉　林	吉　林	浙　江	新　疆
8	山　西	内蒙古	吉　林	黑龙江	辽　宁	新　疆	山　西
9	黑龙江	黑龙江	黑龙江	陕　西	新　疆	山　西	黑龙江
10	江　苏	山　西	山　西	山　西	陕　西	黑龙江	辽　宁
11	新　疆	湖　南	陕　西	河　北	山　西	河　北	浙　江
12	湖　南	新　疆	新　疆	新　疆	黑龙江	辽　宁	福　建
13	山　东	广　东	辽　宁	辽　宁	河　北	福　建	山　东
14	广　东	陕　西	福　建	福　建	福　建	陕　西	河　北
15	海　南	山　东	湖　南	湖　南	青　海	青　海	重　庆
16	辽　宁	福　建	青　海	山　东	湖　南	海　南	陕　西
17	重　庆	辽　宁	广　东	青　海	海　南	重　庆	广　东
18	福　建	河　南	山　东	广　东	山　东	山　东	海　南
19	河　南	湖　北	四　川	湖　北	广　东	广　东	湖　北
20	陕　西	宁　夏	湖　北	海　南	湖　北	安　徽	河　南
21	青　海	青　海	宁　夏	四　川	四　川	湖　南	宁　夏
22	四　川	重　庆	河　南	河　南	重　庆	广　西	广　西
23	广　西	四　川	安　徽	重　庆	安　徽	四　川	安　徽
24	宁　夏	江　西	重　庆	安　徽	宁　夏	河　南	江　西
25	安　徽	海　南	海　南	宁　夏	河　南	湖　北	甘　肃
26	湖　北	安　徽	江　西	江　西	江　西	宁　夏	湖　南
27	江　西	广　西	广　西	云　南	广　西	甘　肃	青　海
28	云　南	云　南	甘　肃	广　西	甘　肃	云　南	四　川
29	贵　州	甘　肃	云　南	甘　肃	云　南	贵　州	云　南
30	甘　肃	贵　州	贵　州	贵　州	贵　州	江　西	贵　州

3. 2006～2012 年排序变化

2006～2012 年，尽管北京、上海和天津始终占据前 3 名，但前 10 位中，中、西部地区始终占据 4～5 个位置，只是个别省份位置进行了替换，相对于不发达的经济发展水平，中、西部地区教育均衡发展水平较高。

与 2006 年相比，2012 年东部地区的江苏和福建的排序稳步上升，江苏从第 10 位上升到第 5 位，福建从第 18 位上升到第 12 位。浙江和河北的排序则呈下降趋势，浙江由第 4 位下降到第 11 位，河北由第 5 位下降到第 14 位。

与 2006 年相比，2012 年中部地区的湖北的排序在波动中上升，由第 26 位上升到第 19 位，而湖南的排序呈下降，由第 12 位大幅下降到第 26 位。

虽然 2012 年西部地区的新疆和内蒙古的排序进入前 10 位，但总体上排序靠后，而云南和贵州排在后 3 位（见表 5－4）。

表 5－5　中国及各地区教育均衡发展指数分值

项　目	2006 年	2007 年	2008 年	2009 年	2010 年	2011 年	2012 年
北　京	0.8547	0.9301	0.9824	1.0309	1.1356	1.2495	1.2814
天　津	0.5567	0.6328	0.6891	0.7577	0.8284	0.9202	0.9782
河　北	0.4921	0.5471	0.5717	0.5746	0.5666	0.6742	0.7419
山　西	0.4170	0.4750	0.5184	0.5757	0.5922	0.6878	0.7795
内蒙古	0.4553	0.5138	0.5787	0.6497	0.6990	0.8200	0.8932
辽　宁	0.3491	0.4178	0.4658	0.5199	0.5994	0.6691	0.7771
吉　林	0.4667	0.5173	0.5703	0.6130	0.6446	0.7270	0.8025
黑龙江	0.4151	0.4862	0.5262	0.5825	0.5902	0.6818	0.7792
上　海	0.7183	0.8534	0.7840	0.8429	0.8283	0.8689	0.9592
江　苏	0.3974	0.5265	0.5903	0.6352	0.6788	0.7397	0.8210
浙　江	0.4937	0.5487	0.5715	0.6145	0.6676	0.7149	0.7578
安　徽	0.2680	0.3534	0.3886	0.4262	0.4479	0.5447	0.6231
福　建	0.3360	0.4216	0.4632	0.5037	0.5356	0.6426	0.7553
江　西	0.2423	0.3734	0.3669	0.4015	0.4324	0.4865	0.6192
山　东	0.3849	0.4328	0.4252	0.4681	0.4756	0.5884	0.7509
河　南	0.3265	0.3999	0.3928	0.4364	0.4452	0.5347	0.6544
湖　北	0.2626	0.3947	0.4116	0.4539	0.4721	0.5256	0.6548
湖　南	0.3942	0.4637	0.4597	0.4995	0.5015	0.5429	0.6067
广　东	0.3802	0.4490	0.4383	0.4602	0.4735	0.5701	0.6707
广　西	0.2920	0.3141	0.3446	0.3768	0.3983	0.5429	0.6300
海　南	0.3554	0.3718	0.3813	0.4489	0.4893	0.6147	0.6566

续表

项　目	2006 年	2007 年	2008 年	2009 年	2010 年	2011 年	2012 年
重　庆	0.3391	0.3892	0.3875	0.4343	0.4496	0.5975	0.7147
四　川	0.3042	0.3868	0.4154	0.4458	0.4608	0.5424	0.5907
贵　州	0.1680	0.2243	0.2662	0.3275	0.3421	0.4906	0.5533
云　南	0.2202	0.2920	0.3287	0.3798	0.3830	0.4995	0.5572
陕　西	0.3263	0.4369	0.5047	0.5809	0.5922	0.6253	0.6863
甘　肃	0.1495	0.2798	0.3307	0.3739	0.3911	0.5040	0.6100
青　海	0.3212	0.3940	0.4403	0.4652	0.5090	0.6191	0.6048
宁　夏	0.2759	0.3941	0.3952	0.4131	0.4472	0.5223	0.6448
新　疆	0.3959	0.4524	0.4793	0.5471	0.5934	0.7136	0.7962
平　均	0.3786	0.4558	0.4823	0.5280	0.5557	0.6487	0.7317

（二）中国及各地区教育均衡发展进展

1. 2011～2012 年：教育均衡发展水平继续较快提升

2012 年，全国教育均衡发展水平比 2011 年提高了 12.8%，虽然比 2011 年进展慢了 3.9 个百分点，但依然是增长比较快的年份，比 2006～2012 年平均增长快 1.2 个百分点（见表 5－6）。

表 5－6　中国及各地区教育均衡发展进展

单位：%

项　目	2007 年	2008 年	2009 年	2010 年	2011 年	2012 年	2012 年比 2006 年增长	2006～2012 年年均增长
北　京	8.8	5.6	4.9	10.2	10.0	2.6	49.9	7.0
天　津	13.7	8.9	10.0	9.3	11.1	6.3	75.7	9.8
河　北	11.2	4.5	0.5	－1.4	19.0	10.1	50.8	7.1
山　西	13.9	9.1	11.1	2.9	16.2	13.3	86.9	11.0
内蒙古	12.9	12.6	12.3	7.6	17.3	8.9	96.2	11.9
辽　宁	19.7	11.5	11.6	15.3	11.6	16.2	122.6	14.3
吉　林	10.9	10.2	7.5	5.2	12.8	10.4	72.0	9.4
黑龙江	17.1	8.2	10.7	1.3	15.5	14.3	87.7	11.1
上　海	18.8	－8.1	7.5	－1.7	4.9	10.4	33.5	4.9
江　苏	32.5	12.1	7.6	6.9	9.0	11.0	106.6	12.9
浙　江	11.2	4.2	7.5	8.6	7.1	6.0	53.5	7.4
安　徽	31.9	9.9	9.7	5.1	21.6	14.4	132.5	15.1

续表

项　目	2007 年	2008 年	2009 年	2010 年	2011 年	2012 年	2012 年比 2006 年增长	2006～2012 年年均增长
福　建	25.5	9.9	8.7	6.3	20.0	17.5	124.8	14.4
江　西	54.1	-1.7	9.4	7.7	12.5	27.3	155.5	16.9
山　东	12.4	-1.8	10.1	1.6	23.7	27.6	95.1	11.8
河　南	22.5	-1.8	11.1	2.0	20.1	22.4	100.4	12.3
湖　北	50.3	4.3	10.3	4.0	11.3	24.6	149.4	16.4
湖　南	17.6	-0.9	8.7	0.4	8.2	11.8	53.9	7.5
广　东	18.1	-2.4	5.0	2.9	20.4	17.6	76.4	9.9
广　西	7.6	9.7	9.3	5.7	36.3	16.0	115.7	13.7
海　南	4.6	2.6	17.7	9.0	25.6	6.8	84.7	10.8
重　庆	14.8	-0.4	12.1	3.5	32.9	19.6	110.8	13.2
四　川	27.2	7.4	7.3	3.4	17.7	8.9	94.2	11.7
贵　州	33.6	18.7	23.0	4.4	43.4	12.8	229.4	22.0
云　南	32.6	12.6	15.6	0.8	30.4	11.6	153.0	16.8
陕　西	33.9	15.5	15.1	2.0	5.6	9.8	110.3	13.2
甘　肃	87.2	18.2	13.1	4.6	28.9	21.0	308.0	26.4
青　海	22.7	11.8	5.7	9.4	21.7	-2.3	88.3	11.1
宁　夏	42.8	0.3	4.5	8.3	16.8	23.5	133.7	15.2
新　疆	14.3	6.0	14.1	8.5	20.3	11.6	101.1	12.4
平　均	20.4	5.8	9.5	5.2	16.7	12.8	93.3	11.6

分省看，2012 年有 10 个省份增长速度快于 2011 年，江西、山东、河南、湖北、甘肃和宁夏的增长速度超过 20%，而青海出现倒退（见表 5－6）。

2. 2006～2012 年：各区域教育均衡发展水平均较大幅度提高，西部地区进展更快

2006～2012 年，城乡教育，尤其是农村教育事业发展取得明显进步，与城市的差距正在逐步缩小，教育均衡发展水平大幅度提高（见图 5－4）。2012 年，所有省份教育均衡发展指数较 2006 年均有不同程度的增长，全国平均水平增长了 93.3%，年均增长 11.6%，是社会发展一体化指数中增长最快的指数，成为拉动社会发展一体化进展的最重要因素。

分区域看，三大区域均呈高速增长态势，其中，西部地区增长得最快。东、中、西部地区年均增长分别为 9.5%、12.0% 和 14.4%；西部地区除青海外，均高于全国平均水平，甘肃和贵州年均增长速度均超过 20%（见表 5－6）。

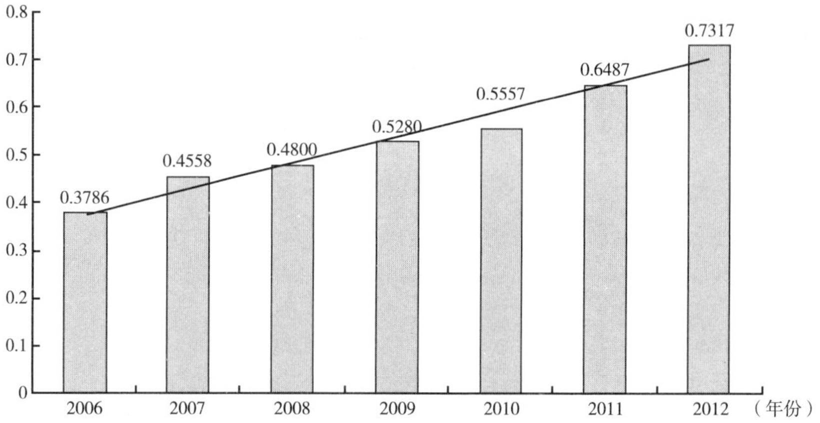

图 5－4　2006～2012 年教育均衡发展指数均值变化

（三）三大区域教育均衡发展的差距相对较小，但省份之间差距依然较大

2006～2012 年，东、中、西部地区之间教育均衡发展的整体差距继续缩小。2006 年，中、西部地区教育均衡发展指数分值分别为东部地区的 72.2% 和 61.1%，到 2012 年，分别提高到 82.9% 和 79.6%；中、西部地区与东部地区之间的差距已经不很明显。特别是，中、西部地区之间的差距已经很小，2012 年，中部地区教育均衡发展指数分值仅比西部地区高 4.2%。

但是，省份之间的差异仍然十分明显。2012 年教育均衡发展指数最高分值是最低分值的 2.3 倍。

三　卫生均衡发展指数排序与进展

卫生事业是社会事业的重要组成部分。自从中央提出“病有所医”以来，农村医疗卫生事业显著发展。新型农村合作医疗、大病统筹和社会救助体制的建设，为农村居民织起了一张卫生保障网，解决了农村居民看病的后顾之忧，推动了城乡卫生均衡发展。

（一）各地区卫生均衡发展指数排序及变化

1. 2012 年排序

2012 年，卫生均衡发展指数排序位于全国前 6 位的省份均为沿海经济发达省份，后 3 位均为西部地区的省份；但中、西部地区的排序分布并不十分明显，前 10 位中有 2 个来自中部地区的省份，后 10 位中也有 3 个来自中部地区的省份（见图 5－5）。

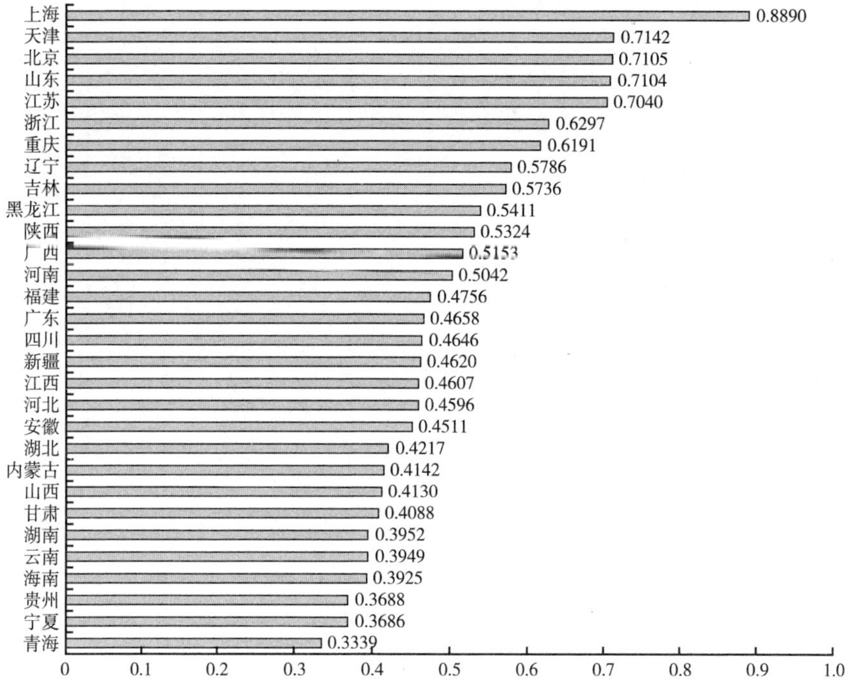

图 5－5 2012 年各地区卫生均衡发展指数排序

2. 2011～2012 年排序变化

与 2011 年相比，2012 年除位于前列的 6 个经济发达省份以及位于最后的青海的排序未发生变动外，其余省份的排序均有变动。有 14 个省份的排序上升，其中，四川、福建和河南上升幅度较大，分别上升了 6 个位次、5 个位次和 4 个位次；排序下降的省份虽然少于上升的省份，但下降幅度较大，宁夏下降了 8 个位次，新疆、内蒙古均下降了 7 个位次，山西下降了 5 个位次（见表 5－7）。

3. 2006～2012 年排序变化

总体上看，与 2006 年相比，2012 年东部发达省份依然位居前列，上海、天津、北京垄断前 3 名以及前 10 位中以东部地区省份为主的格局依然没有被打破。

表 5－7　各地区卫生均衡发展指数排序

排序	2006 年	2007 年	2008 年	2009 年	2010 年	2011 年	2012 年
1	上　海	上　海	上　海	上　海	天　津	上　海	上　海
2	天　津	天　津	天　津	北　京	山　东	天　津	天　津
3	北　京	北　京	北　京	浙　江	北　京	北　京	北　京
4	浙　江	浙　江	浙　江	天　津	江　苏	山　东	山　东
5	山　东	山　东	山　东	江　苏	浙　江	江　苏	江　苏
6	吉　林	江　苏	江　苏	吉　林	辽　宁	浙　江	浙　江
7	江　苏	辽　宁	吉　林	山　东	重　庆	辽　宁	重　庆
8	辽　宁	吉　林	辽　宁	福　建	上　海	吉　林	辽　宁
9	黑龙江	黑龙江	黑龙江	辽　宁	吉　林	重　庆	吉　林
10	福　建	广　东	福　建	黑龙江	黑龙江	新　疆	黑龙江
11	海　南	海　南	海　南	广　东	陕　西	黑龙江	陕　西
12	广　东	福　建	河　北	海　南	福　建	陕　西	广　西
13	河　北	河　南	广　东	河　南	广　东	广　东	河　南
14	湖　北	湖　北	河　南	湖　北	广　西	广　西	福　建
15	河　南	河　北	湖　北	河　北	河　南	内蒙古	广　东
16	江　西	广　西	陕　西	江　西	山　西	河　北	四　川
17	广　西	江　西	江　西	新　疆	新　疆	河　南	新　疆
18	陕　西	陕　西	广　西	山　西	海　南	山　西	江　西
19	山　西	安　徽	新　疆	陕　西	湖　北	福　建	河　北
20	内蒙古	内蒙古	内蒙古	广　西	河　北	江　西	安　徽
21	安　徽	山　西	山　西	宁　夏	宁　夏	宁　夏	湖　北
22	湖　南	新　疆	安　徽	安　徽	江　西	四　川	内蒙古
23	宁　夏	云　南	宁　夏	云　南	四　川	湖　北	山　西
24	新　疆	宁　夏	重　庆	内蒙古	安　徽	安　徽	甘　肃
25	重　庆	重　庆	湖　南	四　川	内蒙古	甘　肃	湖　南
26	四　川	湖　南	云　南	湖　南	云　南	海　南	云　南
27	云　南	四　川	四　川	重　庆	甘　肃	云　南	海　南
28	甘　肃	甘　肃	甘　肃	甘　肃	湖　南	湖　南	贵　州
29	贵　州	贵　州	贵　州	贵　州	贵　州	贵　州	宁　夏
30	青　海	青　海	青　海	青　海	青　海	青　海	青　海

与 2006 年相比，2012 年西部地区排序整体略微上移。虽然后 3 位依然为西部地区省份所占据，后 10 位依然以西部地区省份为主，但后 10 位中，西部地区省份由 8 个减少到 6 个，而且重庆由第 25 位大幅上升至第 7 位（见表 5－7）。

（二）中国及各地区卫生均衡发展进展

1. 2011～2012 年：卫生均衡发展总体进展明显减缓，但西部地区进展较快

2012 年，全国卫生均衡发展水平比 2011 年提高了 1.3%，比 2011 年进展低 6.3 个百分点，比 2006～2012 年平均进展低 2.3 个百分点，是增长速度最低的年份，卫生均衡发展进展明显减缓。只有 12 个省份的进展快于 2011 年，多达 10 个省份出现了负增长（见表 5－9）。

表 5－8　中国及各地区卫生均衡发展指数分值

项　目	2006 年	2007 年	2008 年	2009 年	2010 年	2011 年	2012 年
北　京	0.6486	0.6557	0.6280	0.6697	0.6498	0.7572	0.7105
天　津	0.6519	0.6597	0.6681	0.6563	0.8026	0.7782	0.7142
河　北	0.4180	0.4136	0.4757	0.4519	0.4142	0.4669	0.4596
山　西	0.3567	0.3346	0.3801	0.4290	0.4366	0.4505	0.4130
内蒙古	0.3427	0.3464	0.3857	0.3609	0.3852	0.4802	0.4142
辽　宁	0.5120	0.5214	0.5153	0.5305	0.5448	0.5656	0.5786
吉　林	0.5458	0.5164	0.5509	0.5771	0.5084	0.5628	0.5736
黑龙江	0.5078	0.4980	0.5090	0.5238	0.4969	0.5302	0.5411
上　海	0.8294	0.7723	0.7664	0.8610	0.5373	0.9468	0.8890
江　苏	0.5159	0.5451	0.5589	0.5846	0.6473	0.6504	0.7040
浙　江	0.6150	0.6149	0.6277	0.6606	0.6112	0.6316	0.6297
安　徽	0.3240	0.3547	0.3610	0.3699	0.3894	0.4038	0.4511
福　建	0.5053	0.4427	0.4858	0.5458	0.4831	0.4486	0.4756
江　西	0.3901	0.3873	0.4170	0.4488	0.4054	0.4325	0.4607
山　东	0.5466	0.5474	0.5774	0.5752	0.6769	0.6951	0.7104
河　南	0.4007	0.4278	0.4451	0.4701	0.4569	0.4615	0.5042
湖　北	0.4146	0.4222	0.4351	0.4567	0.4155	0.4186	0.4217
湖　南	0.3228	0.3110	0.3273	0.3440	0.3300	0.3527	0.3952
广　东	0.4476	0.4586	0.4664	0.4832	0.4645	0.4893	0.4658
广　西	0.3714	0.3970	0.3987	0.4005	0.4588	0.4818	0.5153
海　南	0.4495	0.4566	0.4758	0.4777	0.4178	0.3853	0.3925
重　庆	0.2906	0.3117	0.3367	0.3415	0.5423	0.5498	0.6191
四　川	0.2870	0.2832	0.2857	0.3485	0.4004	0.4202	0.4646
贵　州	0.1732	0.2070	0.2334	0.2380	0.2765	0.3296	0.3688
云　南	0.2858	0.3165	0.3220	0.3676	0.3838	0.3752	0.3949
陕　西	0.3664	0.3790	0.4340	0.4141	0.4845	0.5057	0.5324
甘　肃	0.2224	0.2433	0.2759	0.3103	0.3736	0.3955	0.4088

续表

项　目	2006 年	2007 年	2008 年	2009 年	2010 年	2011 年	2012 年
青　海	0.0895	0.1616	0.2241	0.1776	0.2618	0.2539	0.3339
宁　夏	0.3047	0.3120	0.3578	0.3710	0.4085	0.4268	0.3686
新　疆	0.2976	0.3293	0.3874	0.4345	0.4347	0.5311	0.4620
平　均	0.4145	0.4209	0.4437	0.4627	0.4700	0.5059	0.5124

表 5-9　中国及各地区卫生均衡发展进展（环比增长）

单位：%

项　目	2007 年	2008 年	2009 年	2010 年	2011 年	2012 年	2012 年比 2006 年增长	2006～2012 年年均增长
北　京	1.1	-4.2	6.6	-3.0	16.5	-6.2	9.5	1.5
天　津	1.2	1.3	-1.8	22.3	-3.0	-8.2	9.6	1.5
河　北	-1.1	15.0	-5.0	-8.4	12.7	-1.6	10.0	1.6
山　西	-6.2	13.6	12.9	1.8	3.2	-8.3	15.8	2.5
内蒙古	1.1	11.4	-6.4	6.7	24.7	-13.7	20.9	3.2
辽　宁	1.8	-1.2	3.0	2.7	3.8	2.3	13.0	2.1
吉　林	-5.4	6.7	4.8	-11.9	10.7	1.9	5.1	0.8
黑龙江	-1.9	2.2	2.9	-5.1	6.7	2.1	6.6	1.1
上　海	-6.9	-0.8	12.3	-37.6	76.2	-6.1	7.2	1.2
江　苏	5.7	2.5	4.6	10.7	0.47	8.2	36.5	5.3
浙　江	-0.0	2.1	5.2	-7.5	3.4	-0.3	2.4	0.4
安　徽	9.5	1.8	2.5	5.3	3.7	11.7	39.2	5.7
福　建	-12.4	9.7	12.4	-11.5	-7.1	6.0	-5.9	-1.0
江　西	-0.7	7.7	7.6	-9.7	6.7	6.5	18.1	2.8
山　东	0.2	5.5	-0.4	17.7	2.7	2.2	30.0	4.4
河　南	6.8	4.0	5.6	-2.8	1.0	9.3	25.8	3.9
湖　北	1.8	3.1	5.0	-9.0	0.8	0.7	1.7	0.3
湖　南	-3.7	5.2	5.1	-4.1	6.9	12.1	22.4	3.4
广　东	2.5	1.7	3.6	-3.9	5.3	-4.8	4.1	0.7
广　西	6.9	0.4	0.5	14.6	5.0	7.0	38.8	5.6
海　南	1.6	4.2	0.4	-12.5	-7.8	1.9	-12.7	-2.2
重　庆	7.3	8.0	1.4	58.8	1.4	12.6	113.0	13.4
四　川	-1.3	0.9	22.0	14.9	5.0	10.6	61.9	8.4
贵　州	19.5	12.8	2.0	16.2	19.2	11.9	113.0	13.4
云　南	10.8	1.7	14.1	4.4	-2.2	5.2	38.2	5.5
陕　西	3.5	14.5	-4.6	17.0	4.4	5.3	45.3	6.4
甘　肃	9.4	13.4	12.5	20.4	5.9	3.4	83.8	10.7
青　海	80.5	38.6	-20.7	47.4	-3.0	31.5	272.9	24.5
宁　夏	2.4	14.7	3.7	10.1	4.5	-13.6	21.0	3.2
新　疆	10.6	17.7	12.2	0.0	22.2	-13.0	55.2	7.6
平　均	1.5	5.4	4.3	1.6	7.6	1.3	23.6	3.6

2. 2006～2012 年：卫生均衡发展进展基本呈逐年减缓趋势，总体进展缓慢

2006～2012 年，全国卫生均衡发展水平仅提高了 23.6%，年均增长仅为 3.6%，且基本呈逐年减缓趋势（见图 5－6），福建和海南甚至出现了负增长。卫生均衡发展进展的缓慢拖累了社会发展一体化进展。

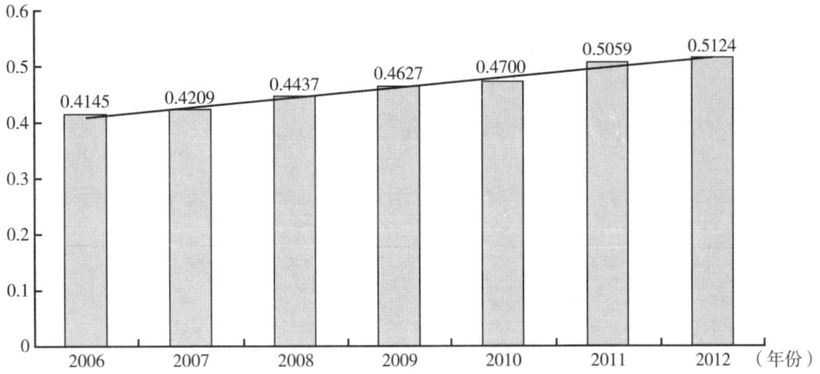

图 5－6 2006～2012 年卫生均衡发展指数均值变化

东、中部地区进展缓慢，西部地区进展较快。2006～2012 年，东、中、西部地区卫生均衡发展指数年均增长分别为 1.5%、2.4% 和 8.3%，西部地区明显快于东、中部地区。在 2012 年 13 个增长速度超过 2006～2012 年全国平均水平的省份中，7 个来自西部地区，其中有 4 个省份的年均增长超过 10%（见表 5－9）。

（三）卫生均衡发展的东、西部地区和中、西部地区之间的差距明显缩小

2006～2012 年，卫生均衡发展的东、西部地区和中、西部地区之间的差距明显缩小。2006 年，西部地区卫生均衡发展指数分值分别为东部地区和中部地区平均分值的 49.4% 和 67.6%，到 2012 年分别提高到 72.6% 和 94.4%，差距明显缩小，中、西部地区之间的差距不明显。

但是，省份之间的差距仍比较大。2012 年，卫生均衡发展指数最高分值是最低分值的 2.7 倍。

四 文化均衡发展指数排序与进展

文化事业不仅是社会事业发展不可分割的重要组成部分，而且也是经济实现可持续发展的重要基础之一。

（一）各地区文化均衡发展指数排序及变化

1. 2012 年排序

东部地区文化均衡发展整体水平较高但略有不均衡。2012 年，文化均衡发展指数排名前 10 位中有 8 个是来自东部地区的省份，特别是前 4 位；而海南排名倒数第 2 位，经济发达的广东的排名也较为靠后。西部地区整体水平落后。后 10 位中除海南、河南和安徽外，其余均为西部地区的省份。中部地区的黑龙江和吉林进入前 10 位的行列（见图 5－7）。

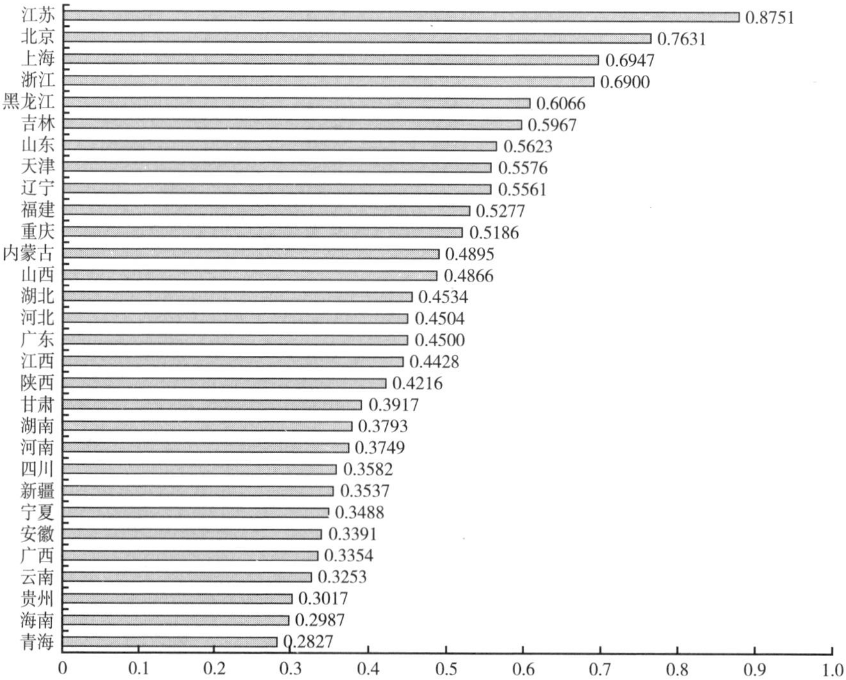

图 5－7　2012 年各地区文化均衡发展指数排序

2. 2011～2012 年排序变化

与 2011 年相比，2012 年 23 个省份的排序发生了变动，但总体排序格局没有发生大的改变。前 10 位中，变动主要体现在内蒙古退出、吉林进入，前 4 位的排序没有发生变动。后 10 位中，江西退出、宁夏进入，但内部变化相对较大，青海下降幅度较大，由第 22 位下降到最后。总体上看，除个别省份外，多数省份的排序变动幅度不大（见表 5－10）。

表 5 - 10　各地区文化均衡发展指数排序

排序	2006 年	2007 年	2008 年	2009 年	2010 年	2011 年	2012 年
1	浙　江	北　京	黑龙江	黑龙江	江　苏	江　苏	江　苏
2	上　海	内蒙古	北　京	浙　江	上　海	北　京	北　京
3	北　京	上　海	江　苏	江　苏	黑龙江	上　海	上　海
4	内蒙古	浙　江	浙　江	北　京	浙　江	浙　江	浙　江
5	山　东	山　东	上　海	上　海	北　京	辽　宁	黑龙江
6	辽　宁	山　西	山　西	山　西	山　东	天　津	吉　林
7	山　西	江　苏	辽　宁	辽　宁	辽　宁	山　东	山　东
8	吉　林	辽　宁	内蒙古	吉　林	吉　林	黑龙江	天　津
9	江　苏	吉　林	山　东	陕　西	山　西	福　建	辽　宁
10	安　徽	陕　西	陕　西	内蒙古	福　建	内蒙古	福　建
11	河　北	黑龙江	海　南	山　东	河　北	吉　林	重　庆
12	黑龙江	河　北	吉　林	河　北	陕　西	山　西	内蒙古
13	湖　南	云　南	甘　肃	海　南	海　南	重　庆	山　西
14	湖　北	甘　肃	安　徽	福　建	天　津	广　东	湖　北
15	甘　肃	湖　北	河　北	安　徽	内蒙古	陕　西	河　北
16	陕　西	海　南	福　建	甘　肃	湖　北	湖　北	广　东
17	江　西	安　徽	湖　北	湖　南	重　庆	河　北	江　西
18	海　南	江　西	湖　南	云　南	广　东	宁　夏	陕　西
19	云　南	福　建	云　南	河　南	安　徽	甘　肃	甘　肃
20	河　南	河　南	江　西	宁　夏	湖　南	湖　南	湖　南
21	福　建	湖　南	河　南	湖　北	江　西	江　西	河　南
22	广　西	宁　夏	新　疆	重　庆	甘　肃	青　海	四　川
23	贵　州	新　疆	宁　夏	江　西	河　南	四　川	新　疆
24	广　东	贵　州	重　庆	天　津	云　南	安　徽	宁　夏
25	新　疆	重　庆	天　津	广　西	四　川	新　疆	安　徽
26	天　津	天　津	广　东	广　东	宁　夏	云　南	广　西
27	宁　夏	广　西	四　川	新　疆	广　西	河　南	云　南
28	四　川	广　东	广　西	青　海	青　海	海　南	贵　州
29	重　庆	四　川	贵　州	四　川	贵　州	广　西	海　南
30	青　海	青　海	青　海	贵　州	新　疆	贵　州	青　海

3. 2006～2012 年排序变化

与 2006 年相比，2012 年文化均衡发展指数全国排名前 10 位中，东部地区省份由 6 个增加到 8 个；后 10 位中，东部地区省份由 3 个减少到 1 个，天津、福建和广东不仅退出后10位行列，而且排序大幅提升，天津和福建进入前10位中，广东排序大幅度提升8个位次，东部地区领先地位得到加强；与之相反，中部地区整体排序略微下移，进入前10位行列的省份由3个减少到2个，而排列后10位的省份由0增加到2个（见表5－10）。

（二）中国及各地区文化均衡发展进展

1. 2011～2012年：文化均衡发展水平大幅提高

2012年，全国文化均衡发展水平比2011年大幅提高了36.2%，全面扭转了2011年负增长的态势，也远远快于2006～2012年的平均进展。分省看，2012年26个省份增长速度超过2011年，广西和贵州的增长速度均超过100%。2012年中、西部地区增长较快，特别是中部地区，除山西外，其余7个省份的增长速度均超过全国平均水平（见表5－12）。

表5－11　中国及各地区文化均衡发展指数分值

项　目	2006年	2007年	2008年	2009年	2010年	2011年	2012年
北　京	0.6752	0.6929	0.6439	0.6559	0.6455	0.6569	0.7631
天　津	0.1792	0.1212	0.1237	0.1568	0.3311	0.4648	0.5576
河　北	0.4929	0.3523	0.2954	0.3690	0.3899	0.2959	0.4504
山　西	0.5761	0.5792	0.5450	0.5995	0.4244	0.3645	0.4866
内蒙古	0.6746	0.6308	0.5183	0.4461	0.3311	0.4020	0.4895
辽　宁	0.5787	0.5025	0.5188	0.5342	0.5204	0.4823	0.5561
吉　林	0.5518	0.4656	0.3973	0.4873	0.5075	0.3910	0.5967
黑龙江	0.4333	0.4127	0.6905	0.7623	0.7741	0.4447	0.6066
上　海	0.6958	0.6147	0.5581	0.6139	0.7785	0.6486	0.6947
江　苏	0.5333	0.5727	0.6309	0.7019	0.8245	0.6781	0.8751
浙　江	0.7122	0.6113	0.5851	0.7096	0.6614	0.5675	0.6900
安　徽	0.5275	0.2944	0.3058	0.3075	0.2439	0.2370	0.3391
福　建	0.2679	0.2612	0.2933	0.3198	0.3906	0.4086	0.5277
江　西	0.3838	0.2760	0.2461	0.1904	0.2236	0.2552	0.4428
山　东	0.5790	0.5813	0.4887	0.4360	0.5261	0.4579	0.5623
河　南	0.2744	0.2564	0.2140	0.2414	0.2199	0.2018	0.3749
湖　北	0.4195	0.3238	0.2739	0.2194	0.2773	0.3001	0.4534
湖　南	0.4215	0.2496	0.2676	0.2754	0.2434	0.2687	0.3793
广　东	0.2028	0.0826	0.1185	0.1181	0.2527	0.3216	0.4500
广　西	0.2305	0.0861	0.0779	0.1375	0.1176	0.1440	0.3354

续表

项 目	2006 年	2007 年	2008 年	2009 年	2010 年	2011 年	2012 年
海 南	0.3812	0.3179	0.4251	0.3668	0.3410	0.1872	0.2987
重 庆	0.0443	0.1259	0.1415	0.2039	0.2550	0.3349	0.5186
四 川	0.1623	0.0783	0.0856	0.0773	0.1692	0.2414	0.3582
贵 州	0.2075	0.1408	0.0671	0.0714	0.1017	0.1341	0.3017
云 南	0.3593	0.3331	0.2578	0.2561	0.2062	0.2081	0.3253
陕 西	0.3998	0.4385	0.4874	0.4748	0.3632	0.3199	0.4216
甘 肃	0.3999	0.3260	0.3669	0.2785	0.2217	0.2803	0.3917
青 海	0.0263	0.0196	0.0354	0.1063	0.1029	0.2503	0.2827
宁 夏	0.1752	0.2279	0.1527	0.2271	0.1387	0.2859	0.3488
新 疆	0.2007	0.1771	0.2129	0.1130	0.0731	0.2167	0.3537
平 均	0.3922	0.3384	0.3342	0.3486	0.3552	0.3483	0.4744

表 5-12 中国及各地区文化均衡发展进展（环比增长）

单位：%

项 目	2007 年	2008 年	2009 年	2010 年	2011 年	2012 年	2012 年比 2006 年增长	2006～2012 年年均增长
北 京	2.6	-7.1	1.9	-1.6	1.8	16.2	13.0	2.1
天 津	-32.4	2.0	26.8	111.2	40.4	20.0	211.1	20.8
河 北	-28.5	-16.2	24.9	5.7	-24.1	52.2	-8.6	-1.5
山 西	0.5	-5.9	10.0	-29.2	-14.1	33.5	-15.5	-2.8
内蒙古	-6.5	-17.8	-13.9	-25.8	21.4	21.8	-27.4	-5.2
辽 宁	-13.2	3.3	3.0	-2.6	-7.3	15.3	-3.9	-0.6
吉 林	-15.6	-14.7	22.7	4.1	-23.0	52.6	8.1	1.3
黑龙江	-4.8	67.3	10.4	1.6	-42.6	36.4	40.0	5.8
上 海	-11.7	-9.2	10.0	26.8	-16.7	7.1	-0.2	-0.1
江 苏	7.4	10.2	11.3	17.5	-17.8	29.1	64.1	8.6
浙 江	-14.2	-4.3	21.3	-6.8	-14.2	21.6	-3.1	-0.5
安 徽	-44.2	3.9	0.6	-20.7	-2.8	43.1	-35.7	-7.1
福 建	-2.5	12.3	9.0	22.1	4.6	29.2	96.9	12.0
江 西	-28.1	-10.8	-22.6	17.5	14.1	73.5	15.4	2.4
山 东	0.4	-15.9	-10.8	20.7	-13.0	22.8	-2.9	-0.5
河 南	-6.6	-16.6	12.8	-8.9	-8.2	85.8	36.6	5.3
湖 北	-22.8	-15.4	-19.9	26.4	8.2	51.1	8.09	1.3
湖 南	-40.8	7.2	2.9	-11.6	10.4	41.2	-10.0	-1.7
广 东	-59.3	43.4	-0.3	114.0	27.3	39.9	121.9	27.5

续表

项　目	2007 年	2008 年	2009 年	2010 年	2011 年	2012 年	2012 年比 2006 年增长	2006～2012 年年均增长
广　西	-62.7	-9.5	76.5	-14.5	22.4	133.0	45.5	14.2
海　南	-16.6	33.7	-13.7	-7.0	-45.1	59.6	-21.6	-4.0
重　庆	184.1	12.4	44.1	25.0	31.4	54.9	1070.5	50.7
四　川	-51.7	9.3	-9.7	118.9	42.7	48.4	120.7	14.1
贵　州	-32.2	-52.3	6.4	42.5	31.8	125.0	45.4	6.4
云　南	-7.3	-22.6	-0.7	-19.5	0.9	56.3	-9.5	-1.6
陕　西	9.7	11.2	-2.6	-23.5	-11.9	31.8	5.5	0.9
甘　肃	-18.5	12.6	-24.1	-20.4	26.4	39.8	-2.1	-0.4
青　海	-25.5	80.9	200.0	-3.2	143.3	13.0	975.8	48.6
宁　夏	30.1	-33.0	48.7	-38.9	106.1	22.0	99.1	12.2
新　疆	-11.7	20.2	-46.9	-35.4	196.6	63.2	76.3	9.9
平　均	-13.7	-1.2	4.3	1.9	-1.9	36.2	21.0	3.2

2. 2006～2012 年：文化均衡发展水平提升十分缓慢，中部地区落后于东、西部地区

2006～2012 年，全国文化均衡发展水平仅提高了 21.0%，年均增长 3.2%，不仅是社会发展一体化中增长得最慢的，而且在衡量城乡发展一体化 13 个二级指标（不包括水资源利用）中仅快于自然资源保护的增长。2006～2012 年，除 2012 年出现大幅增长外，有 3 个年份为负增长，其他年份增长十分缓慢。分省份看，2006～2012 年，只有 13 个省份的增长速度超过全国平均水平，多达 12 个省份为负增长（见图 5－8、表 5－12）。

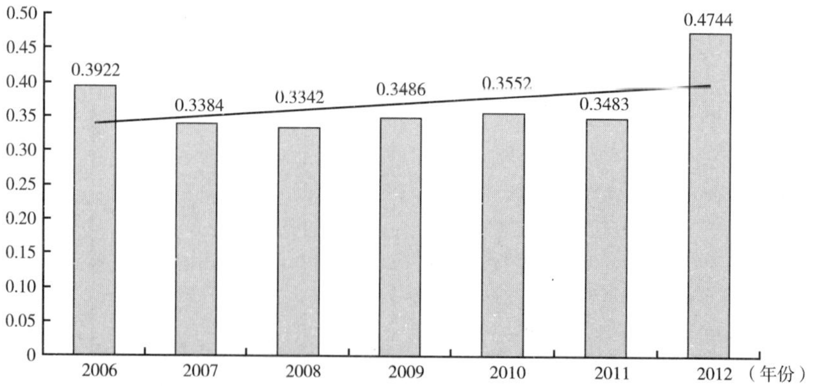

图 5－8　2006～2012 年文化均衡发展指数均值变化

东、中、西部地区年均增长分别为3.3%、0.4%和6.2%，中部地区增长速度明显低于东、西部地区。

五　社会保障均衡发展指数排序与进展

自中央提出“老有所养”以来，作为城乡统筹发展的重要内容，农村社会保障事业建设取得了较快发展。2007年，《国务院关于在全国建立农村最低生活保障制度的通知》发布后，农村低保制度在全国范围内相继建立。2009年《国务院关于开展新型农村社会养老保险试点的指导意见》发布，全国选择了10%的县进行试点，并提出到2020年之前，实现对农村适龄居民的全覆盖。低保制度、新农保等社会保障制度的全面施行，使我国农村社会保障体系进一步完善，社会保障制度进一步健全。

（一）各地区社会保障均衡发展指数排序及变化

1. 2012年排序

2012年，在社会保障均衡发展指数排序中，排名前5位的省份均来自东部沿海发达地区，前10位中，东部地区的省份占据7个，西部地区的省份占据3个。相比较而言，中部地区整体排序靠后，不仅没有一个省份进入前10位，而且后10位中一半来自中部地区的省份，排位最高的山西也仅为第13位（见图5－9）。

2. 2011～2012年排序变化

与2011年相比，2012年大多数省份的社会保障均衡发展指数排序发生了变动，仅北京、重庆和安徽3个省份的排序没有变动。排序变动的特点表现为：中、西部地区变动幅度相对较大，宁夏、青海的排序大幅度上升，分别上升了14个位次和16个位次，而且双双进入前10位的行列；江西和陕西分别下降了13个位次和5个位次，并且双双退出前10位的行列；湖北和吉林排序分别下降了8个位次和10个位次，并双双进入后10位的行列，吉林更是跌至最后。东部地区的福建的排序也大幅提升了16个位次，并重新返回到前10位的行列（见表5－13）。

3. 2006～2012年排序变化

2006～2012年，社会保障均衡发展指数排序前5位的基本是东部地区的省份，2009年以来则全部为东部地区的省份，中、西部地区分布不稳定的格局

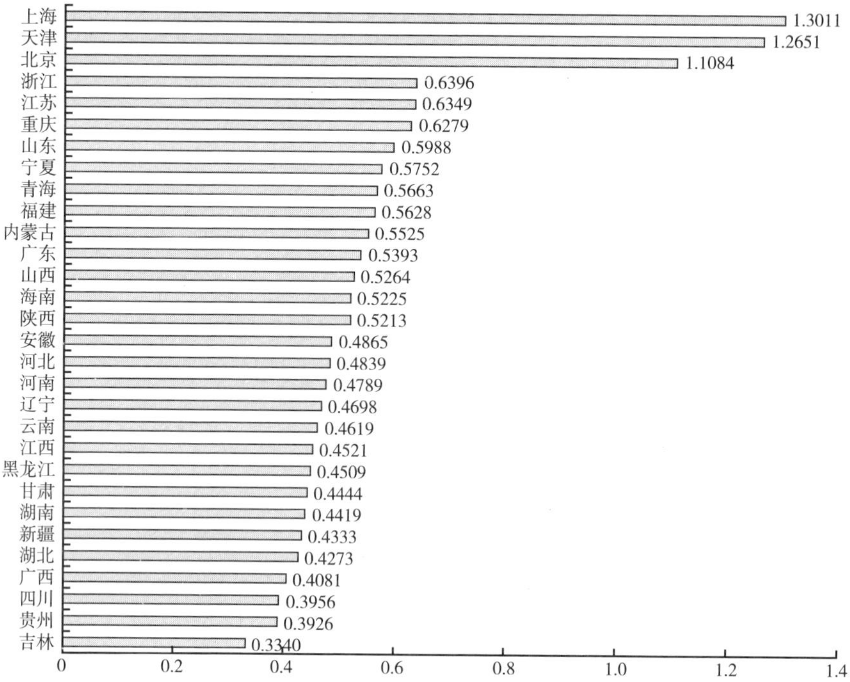

图 5－9　2012 年各地区社会保障均衡发展指数排序

表 5－13　各地区社会保障均衡发展指数排序

排序	2006 年	2007 年	2008 年	2009 年	2010 年	2011 年	2012 年
1	甘　肃	浙　江	黑龙江	北　京	上　海	天　津	上　海
2	浙　江	福　建	浙　江	上　海	北　京	上　海	天　津
3	上　海	天　津	北　京	江　苏	天　津	北　京	北　京
4	北　京	江　苏	福　建	浙　江	浙　江	江　苏	浙　江
5	福　建	湖　南	安　徽	天　津	江　苏	浙　江	江　苏
6	宁　夏	北　京	海　南	黑龙江	海　南	重　庆	重　庆
7	海　南	上　海	天　津	海　南	重　庆	广　东	山　东
8	江　苏	海　南	江　苏	贵　州	黑龙江	江　西	宁　夏
9	天　津	山　西	广　东	广　东	甘　肃	山　东	青　海
10	广　东	广　东	青　海	山　东	广　东	陕　西	福　建
11	辽　宁	河　南	上　海	内蒙古	内蒙古	山　西	内蒙古
12	新　疆	吉　林	贵　州	江　西	河　南	内蒙古	广　东
13	山　东	辽　宁	宁　夏	福　建	山　东	海　南	山　西
14	吉　林	四　川	河　南	甘　肃	新　疆	河　北	海　南

续表

排序	2006 年	2007 年	2008 年	2009 年	2010 年	2011 年	2012 年
15	贵　州	山　东	甘　肃	山　西	江　西	河　南	陕　西
16	重　庆	宁　夏	江　西	安　徽	山　西	安　徽	安　徽
17	黑龙江	黑龙江	吉　林	辽　宁	陕　西	辽　宁	河　北
18	湖　北	安　徽	重　庆	湖　北	福　建	湖　北	河　南
19	河　北	云　南	湖　北	河　南	河　北	新　疆	辽　宁
20	内蒙古	江　西	内蒙古	宁　夏	四　川	吉　林	云　南
21	河　南	贵　州	辽　宁	四　川	吉　林	甘　肃	江　西
22	江　西	内蒙古	山　西	云　南	辽　宁	宁　夏	黑龙江
23	云　南	甘　肃	山　东	河　北	青　海	湖　南	甘　肃
24	安　徽	陕　西	云　南	重　庆	安　徽	黑龙江	湖　南
25	山　西	河　北	河　北	吉　林	湖　北	青　海	新　疆
26	四　川	重　庆	四　川	陕　西	贵　州	福　建	湖　北
27	陕　西	湖　北	湖　南	新　疆	云　南	贵　州	广　西
28	湖　南	青　海	陕　西	湖　南	宁　夏	云　南	四　川
29	青　海	广　西	新　疆	青　海	湖　南	四　川	贵　州
30	广　西	新　疆	广　西	广　西	广　西	广　西	吉　林

一直存在，主要体现在：一是在前 10 位的行列中始终出现有 2～3 个中、西部地区的省份的身影，但多数情况下并不稳定，省份替换频繁，大起大落。例如，甘肃在 2006 年排名全国首位，但之后排序出现大幅度下降；2012 年，宁夏、青海的排序出现大幅度上升。二是后 10 位行列中，除广西一直位列其中外，其他省份都是很不稳定和固定的。

（二）中国及各地区社会保障均衡发展进展

1. 2011～2012 年：社会保障均衡发展水平较快提升，但提升速度明显低于 2011 年

2012 年，全国城乡社会保障均衡发展水平比 2011 年提高了 11.9%，比 2011 年大幅度降低了 34.8 个百分点，但高于 2006～2011 年平均进展 2.8 个百分点，增长速度依然较快（见表 5－15）。

2012 年，分省份看，只有两个省份增长高于 2011 年，上海、福建、云南、青海和宁夏增长较快；有 3 个省份出现了负增长（见表 5－15）。

表 5-14　中国及各地区社会保障均衡发展指数分值

项　目	2006 年	2007 年	2008 年	2009 年	2010 年	2011 年	2012 年
北　京	0. 5774	0. 6715	0. 8426	0. 8515	0. 7630	0. 9894	1. 1084
天　津	0. 5064	0. 7186	0. 7902	0. 5176	0. 7625	1. 1600	1. 2651
河　北	0. 2567	0. 1973	0. 4228	0. 2645	0. 2732	0. 4374	0. 4839
山　西	0. 1431	0. 5681	0. 4849	0. 3133	0. 2991	0. 4704	0. 5264
内蒙古	0. 2419	0. 3009	0. 4927	0. 3392	0. 3168	0. 4605	0. 5525
辽　宁	0. 4196	0. 4364	0. 4854	0. 3019	0. 2684	0. 4267	0. 4698
吉　林	0. 3926	0. 4429	0. 5026	0. 2606	0. 2719	0. 4158	0. 3340
黑龙江	0. 2816	0. 3413	1. 2516	0. 4483	0. 3273	0. 3996	0. 4509
上　海	0. 6002	0. 6704	0. 6633	0. 7828	0. 8878	1. 0369	1. 3011
江　苏	0. 5086	0. 7064	0. 7847	0. 5544	0. 4484	0. 6311	0. 6349
浙　江	0. 6156	1. 0088	0. 8995	0. 5391	0. 4586	0. 6068	0. 6396
安　徽	0. 1810	0. 3340	0. 8068	0. 3060	0. 2619	0. 4289	0. 4865
福　建	0. 5749	0. 9511	0. 8174	0. 3214	0. 2921	0. 3856	0. 5628
江　西	0. 2314	0. 3117	0. 5164	0. 3349	0. 3010	0. 5209	0. 4521
山　东	0. 4050	0. 3976	0. 4583	0. 3703	0. 3115	0. 5086	0. 5988
河　南	0. 2384	0. 5213	0. 5945	0. 2829	0. 3162	0. 4311	0. 4789
湖　北	0. 2690	0. 1462	0. 4956	0. 2964	0. 2542	0. 4237	0. 4273
湖　南	0. 0709	0. 6852	0. 3906	0. 2350	0. 2196	0. 4097	0. 4419
广　东	0. 4504	0. 5316	0. 7236	0. 3787	0. 3171	0. 5503	0. 5393
广　西	0. 0000	0. 0979	0. 2695	0. 1770	0. 2031	0. 3247	0. 4081
海　南	0. 5211	0. 6445	0. 7967	0. 4348	0. 3325	0. 4551	0. 5225
重　庆	0. 2903	0. 1572	0. 5013	0. 2608	0. 3322	0. 5616	0. 6279
四　川	0. 1321	0. 4317	0. 4046	0. 2735	0. 2720	0. 3585	0. 3956
贵　州	0. 3000	0. 3068	0. 6150	0. 4185	0. 2488	0. 3712	0. 3926
云　南	0. 1969	0. 3301	0. 4291	0. 2647	0. 2484	0. 3669	0. 4619
陕　西	0. 0893	0. 2371	0. 3901	0. 2583	0. 2978	0. 5069	0. 5213
甘　肃	0. 6759	0. 2556	0. 5613	0. 3186	0. 3178	0. 4117	0. 4444
青　海	0. 0374	0. 1210	0. 6731	0. 2276	0. 2657	0. 3984	0. 5663
宁　夏	0. 5287	0. 3904	0. 6078	0. 2812	0. 2416	0. 4114	0. 5752
新　疆	0. 4064	0. 0009	0. 3328	0. 2410	0. 3092	0. 4181	0. 4333
平　均	0. 3381	0. 4305	0. 6002	0. 3618	0. 3473	0. 5094	0. 5701

表 5－15　中国及各地区社会保障均衡发展进展

单位：%

项　目	2007 年	2008 年	2009 年	2010 年	2011 年	2012 年	2012 年比 2006 年增长	2006～2012 年年均增长
北　京	16.3	25.5	1.1	－10.4	29.7	12.0	92.0	11.5
天　津	41.9	10.0	－34.5	47.3	52.6	8.7	149.8	16.5
河　北	－23.2	114.3	－37.5	3.3	60.1	10.6	88.5	11.1
山　西	297.0	－14.6	－35.4	－4.5	57.3	11.9	267.9	24.2
内蒙古	24.4	63.8	－31.1	－6.6	45.4	20.0	128.4	14.8
辽　宁	4.0	11.2	－37.8	－11.1	59.0	10.1	12.0	1.90
吉　林	12.8	13.5	－48.1	4.3	52.9	－19.7	－14.9	－2.7
黑龙江	21.2	266.7	－64.2	－27.0	22.1	12.8	60.1	8.2
上　海	11.7	－1.1	18.0	13.4	16.8	25.5	116.8	13.8
江　苏	38.9	11.1	－29.4	－19.1	40.7	0.6	24.8	3.8
浙　江	63.9	－10.8	－40.1	－14.9	32.3	5.4	3.9	0.6
安　徽	84.6	141.6	－62.1	－14.4	63.8	13.4	168.9	17.9
福　建	65.5	－14.1	－60.7	－9.1	32.0	46.0	－2.1	－0.4
江　西	34.7	65.7	－35.1	－10.1	73.1	－13.2	95.4	11.8
山　东	－1.8	15.3	－19.2	－15.9	63.3	17.7	47.8	6.8
河　南	118.7	14.0	－52.4	11.8	36.4	11.1	100.9	12.3
湖　北	－45.7	239.1	－40.2	－14.2	66.7	0.85	58.8	8.0
湖　南	866.1	－43.0	－39.8	－6.6	86.6	7.9	523.1	35.7
广　东	18.0	36.1	－47.7	－16.3	73.5	－2.0	19.8	3.0
广　西	－	175.3	－34.3	14.8	59.8	25.7	—	—
海　南	23.7	23.6	－45.4	－23.5	36.9	14.8	0.3	0.1
重　庆	－45.8	218.9	－48.0	27.4	69.1	11.8	116.3	13.7
四　川	226.8	－6.3	－32.4	－0.5	31.8	10.4	199.4	20.1
贵　州	2.3	100.4	－32.0	－40.5	49.2	5.8	30.9	4.6
云　南	67.7	30.0	－38.3	－6.2	47.8	25.9	134.6	15.3
陕　西	165.6	64.6	－33.8	15.3	70.2	2.9	484.1	34.2
甘　肃	－62.2	119.6	－43.2	－0.3	29.6	7.9	－34.3	－6.7
青　海	223.8	456.4	－66.2	16.7	50.0	42.2	1415.9	57.3
宁　夏	－26.2	55.7	－53.7	－14.1	70.3	39.8	8.8	1.4
新　疆	－99.8	368.8	－27.6	28.3	35.2	3.6	6.6	1.1
平　均	27.3	39.4	－39.7	－4.0	46.7	11.9	68.6	9.1

2. 2006～2012 年：社会保障均衡发展水平较大幅度提高，中部地区进展加快

2006～2012 年，全国社会保障均衡发展水平提高了 68.6%，年均增长 9.1%（见表 5－15）。社会保障均衡发展水平在波动中大幅提高（见图 5－10），其进展在社会发展一体化中仅次于教育均衡发展，与城乡发展一体化其他方面相比进展也是较快的。

2006～2012 年，东、中、西部地区年均增长分别为 6.9%、12.2% 和 10.9%，中、西部地区增长速度均快于全国平均水平，中部地区增长得更快。

2006～2012 年，分省份看，增长很不均衡，山西、湖南、四川、陕西和青海年均增长速度均超过 20%，辽宁、浙江、海南、宁夏和新疆增长速度均不到 2%，吉林、福建和甘肃更是呈负增长（见表 5－15）。

（三）区域差距虽不断缩小，但仍然较大，中部地区落后于西部地区

第一，区域差距仍然较大。2006 年，东部地区指数分值分别比中部地区和西部地区高 118.7% 和 87.6%，到 2012 年，分别降低到 64.2% 和 51.1%，尽管差距在不断缩小，但差距仍然较大。

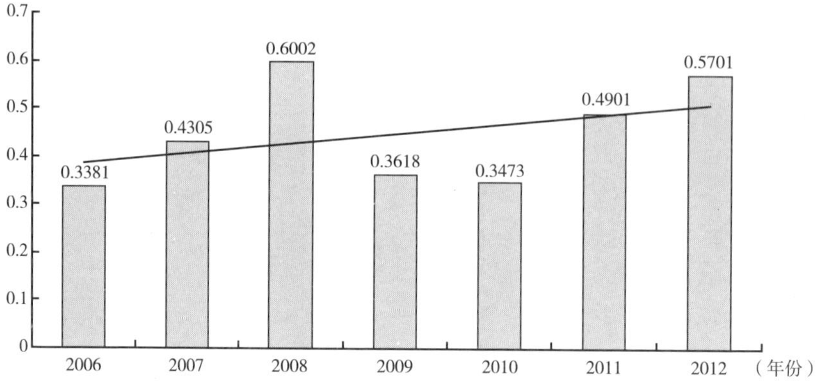

图 5－10　2006～2012 年社会保障均衡发展指数均值变化

第二，省份之间的差距较大。2012 年，有 22 个省份的社会保障均衡发展指数分值低于全国平均分值。社会保障均衡发展水平较高的省份主要集中在少数几个直辖市、东部沿海发达地区和个别西部地区（宁夏）。

第三，极差较大。2012 年，社会保障均衡发展指数最高分值与最低分值之比高达 3.9∶1。

第六章
中国及各地区生活水平一体化指数

一　生活水平一体化指数排序与进展

（一）各地区生活水平一体化指数排序及变化

1. 2012 年排序

2012 年，居民生活水平一体化水平表现出明显的三大类。东部地区如北京、上海、天津、浙江、江苏、福建、广东、山东，城乡居民生活水平一体化水平居于全国前列；中部地区基本处于中游；西部地区整体处于下游（见图 6－1）。

2. 2011～2012 年排序变化

与 2011 年相比，2012 年有 18 个省份的排序没有变动，排序的总体格局基本没有发生大的变化，主要表现在：前 10 名保持稳定，后 10 名只有个别省份的排序发生变动，变动较大的主要是排序位于中间的省份。其中，上升幅度较大的是山西和重庆，分别上升了 6 个位次和 5 个位次；下降幅度较大的是河南和吉林，分别下降了 5 个位次和 4 个位次（见表 6－1）。

3. 2006～2012 年排序变化

2006 年以来，东部地区的北京、上海、天津、浙江、江苏、福建、广东、山东一直居于前 8 位，成为比较稳定的第一梯队。其中，北京、上海一直出现

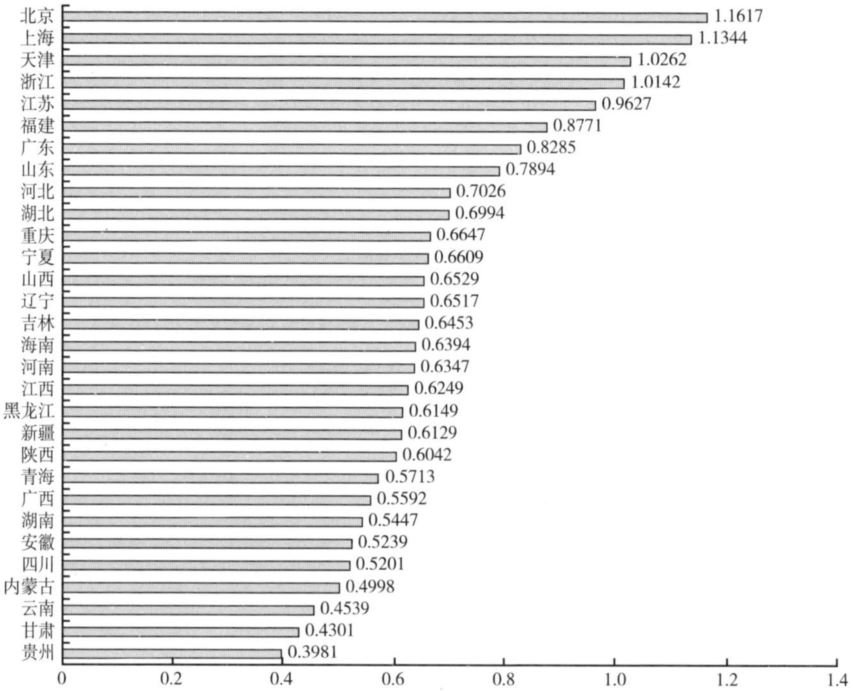

图 6－1　2012 年各地区生活水平一体化指数排序

表 6－1　各地区生活水平一体化指数排序

排序	2006 年	2007 年	2008 年	2009 年	2010 年	2011 年	2012 年
1	上　海	上　海	北　京	北　京	北　京	北　京	北　京
2	北　京	北　京	上　海	上　海	上　海	上　海	上　海
3	浙　江	浙　江	浙　江	浙　江	浙　江	天　津	天　津
4	天　津	天　津	天　津	天　津	天　津	浙　江	浙　江
5	江　苏	江　苏	福　建	福　建	江　苏	江　苏	江　苏
6	福　建	福　建	江　苏	江　苏	福　建	福　建	福　建
7	广　东	广　东	广　东	广　东	广　东	广　东	广　东
8	山　东	山　东	山　东	山　东	山　东	山　东	山　东
9	广　西	黑龙江	黑龙江	黑龙江	黑龙江	河　北	河　北
10	河　北	河　南	河　南	湖　北	湖　北	湖　北	湖　北
11	辽　宁	河　北	湖　北	吉　林	河　北	吉　林	重　庆
12	黑龙江	湖　北	河　北	河　南	宁　夏	河　南	宁　夏
13	湖　北	山　西	辽　宁	河　北	河　南	辽　宁	山　西
14	河　南	辽　宁	山　西	辽　宁	吉　林	宁　夏	辽　宁

续表

排序	2006 年	2007 年	2008 年	2009 年	2010 年	2011 年	2012 年
15	山　西	吉　林	吉　林	山　西	辽　宁	海　南	吉　林
16	海　南	江　西	海　南	江　西	江　西	重　庆	海　南
17	江　西	海　南	宁　夏	青　海	海　南	黑龙江	河　南
18	吉　林	陕　西	江　西	海　南	山　西	江　西	江　西
19	安　徽	广　西	陕　西	陕　西	重　庆	山　西	黑龙江
20	湖　南	重　庆	青　海	宁　夏	陕　西	陕　西	新　疆
21	重　庆	宁　夏	重　庆	四　川	安　徽	新　疆	陕　西
22	陕　西	湖　南	湖　南	重　庆	新　疆	青　海	青　海
23	新　疆	青　海	四　川	广　西	广　西	湖　南	广　西
24	四　川	新　疆	安　徽	湖　南	青　海	广　西	湖　南
25	宁　夏	安　徽	广　西	安　徽	湖　南	安　徽	安　徽
26	青　海	云　南	云　南	新　疆	四　川	四　川	四　川
27	云　南	四　川	新　疆	云　南	云　南	内蒙古	内蒙古
28	内蒙古	内蒙古	内蒙古	甘　肃	内蒙古	云　南	云　南
29	甘　肃	甘　肃	甘　肃	内蒙古	甘　肃	甘　肃	甘　肃
30	贵　州	贵　州	贵　州	贵　州	贵　州	贵　州	贵　州

在前 2 位，成为全国城乡生活水平一体化的领头羊（见表 6－1）。

中部地区大部分省份的排名呈现出上下波动但总体稳定的态势，个别省份的排名波动较大。其中，湖北排名比较靠前，2012 年进入前 10 名。湖南、安徽一直比较靠后（见表 6－1）。

2006～2012 年，西部地区多数省份排序处于后 10 位，但宁夏和重庆的排名上升幅度很大，分别上升了 13 个位次和 10 个位次，分别由第 25 位和第 21 位上升至第 12 位和第 11 位；广西的排名则下降很大，由第 9 位下降到第 23 位，下降了 14 个位次（见表 6－1）。

（二）中国及各地区生活水平一体化进展

1. 2011～2012 年：生活水平一体化水平继续提升，但提升幅度相对较小

2012 年，全国城乡生活水平一体化水平比 2011 年提高了 11.2%，比 2011 年进展快 2.2 个百分点，但低于 2006～2012 年平均进展 0.5 个百分点。2012 年，所有省份均有不同程度的增长，其中 17 个省份的进展快于 2011 年；但只有 7 个省份的进展快于 2006～2012 年平均进展（见表 6－3）。总体上看，2012 年全国城乡生活水平一体化进展相对较慢。

表 6－2 中国及各地区生活水平一体化指数分值

项　目	2006 年	2007 年	2008 年	2009 年	2010 年	2011 年	2012 年
北　京	0.8448	0.9279	1.0118	1.0902	1.1313	1.1065	1.1617
天　津	0.6766	0.6911	0.7148	0.7218	0.8022	0.9625	1.0262
河　北	0.3646	0.3954	0.4080	0.4597	0.5461	0.6499	0.7026
山　西	0.3083	0.3557	0.3861	0.4388	0.4963	0.5604	0.6529
内蒙古	0.1772	0.2101	0.2453	0.2913	0.3408	0.4285	0.4998
辽　宁	0.3414	0.3510	0.3917	0.4583	0.5260	0.5785	0.6517
吉　林	0.2711	0.3319	0.3824	0.4743	0.5349	0.5987	0.6453
黑龙江	0.3379	0.4066	0.4744	0.5339	0.5845	0.5647	0.6149
上　海	0.9561	0.9662	0.9747	1.0459	1.0812	1.0289	1.1344
江　苏	0.6168	0.6869	0.6306	0.6789	0.7785	0.8794	0.9627
浙　江	0.6983	0.7664	0.8170	0.8786	0.9532	0.9442	1.0142
安　徽	0.2431	0.2544	0.3109	0.3614	0.4639	0.4618	0.5239
福　建	0.5411	0.5822	0.6366	0.6877	0.7515	0.7892	0.8771
江　西	0.2860	0.3216	0.3617	0.4333	0.5167	0.5607	0.6249
山　东	0.3762	0.4454	0.5158	0.5917	0.6682	0.7041	0.7894
河　南	0.3234	0.4032	0.4380	0.4702	0.5401	0.5829	0.6347
湖　北	0.3351	0.3609	0.4302	0.4896	0.5652	0.6216	0.6994
湖　南	0.2389	0.2673	0.3139	0.3656	0.4062	0.4829	0.5447
广　东	0.3962	0.5361	0.5882	0.6393	0.7121	0.7615	0.8285
广　西	0.3677	0.2896	0.2978	0.3708	0.4336	0.4825	0.5592
海　南	0.2922	0.3180	0.3728	0.4240	0.5097	0.5770	0.6394
重　庆	0.2344	0.2839	0.3432	0.3966	0.4909	0.5739	0.6647
四　川	0.2072	0.2493	0.3120	0.4062	0.3989	0.4568	0.5201
贵　州	0.0916	0.1260	0.1832	0.2467	0.2696	0.3203	0.3981
云　南	0.1797	0.2493	0.2781	0.3186	0.3692	0.3960	0.4539
陕　西	0.2315	0.2913	0.3546	0.4213	0.4768	0.5493	0.6042
甘　肃	0.1083	0.1450	0.2162	0.3050	0.3192	0.3827	0.4301
青　海	0.1897	0.2669	0.3449	0.4299	0.4298	0.5005	0.5713
宁　夏	0.2019	0.2731	0.3654	0.4188	0.5403	0.5782	0.6609
新　疆	0.2091	0.2546	0.2646	0.3236	0.4490	0.5435	0.6129
平　均	0.3549	0.4002	0.4455	0.5057	0.5695	0.6209	0.6901

2. 2006～2012 年：生活水平一体化水平大幅提高，进展稳定，中、西部地区进展明显快于东部地区

2006～2012 年，除个别省份在个别年份外，全国大部分省份生活水平一体化指数分值都在逐年增长，全国平均水平提高了 94.5%，年均增长 11.7%，是四个一体化中增长得最快的，反映出全国城乡居民生活质量总体上在不断提高。

同时，年际增长较为均衡（见表6－3）。总体上看，中、西部地区增长明显快于东部地区。东、中、西部地区年均增长分别为8.2%、13.2%和18.1%。西部地区除广西外，其余省份年均增长均快于全国平均增长，且增长速度均超过15%（见表6－3），说明城乡生活水平一体化差异总体上在趋于缩小。

表6－3　中国及各地区生活水平一体化进展（环比增长）

单位：%

项　目	2007年	2008年	2009年	2010年	2011年	2012年	2012年比2006年增长	2006～2012年年均增长
北　京	9.8	9.0	7.8	3.8	－2.2	5.0	37.5	5.5
天　津	2.1	3.4	1.0	11.2	20.0	6.6	51.7	7.2
河　北	8.5	3.2	12.7	18.8	19.0	8.1	92.7	11.5
山　西	15.4	8.5	13.7	13.1	12.9	16.5	111.8	13.3
内蒙古	18.6	16.8	18.7	17.0	25.7	16.7	182.1	18.9
辽　宁	2.8	11.6	17.0	14.8	10.0	12.7	90.9	11.4
吉　林	22.4	15.2	24.1	12.8	11.9	7.8	138.0	15.6
黑龙江	20.3	16.7	12.5	9.5	－3.4	8.9	82.0	10.5
上　海	1.1	0.9	7.3	3.4	－4.8	10.3	18.6	2.9
江　苏	11.4	－8.2	7.7	14.7	13.0	9.5	56.1	7.7
浙　江	9.8	6.6	7.5	8.5	－0.9	7.4	45.2	6.4
安　徽	4.6	22.2	16.3	28.4	－0.4	13.5	115.5	13.7
福　建	7.6	9.4	8.0	9.3	5.0	11.1	62.1	8.4
江　西	12.5	12.5	19.8	19.3	8.5	11.5	118.5	13.9
山　东	18.4	15.8	14.7	12.9	5.4	12.1	109.9	13.1
河　南	24.7	8.6	7.3	14.9	7.9	8.9	96.2	11.9
湖　北	7.7	19.2	13.8	15.4	10.0	12.5	108.7	13.0
湖　南	11.9	17.4	16.5	11.1	18.9	12.8	128.0	14.7
广　东	35.3	9.7	8.7	11.4	7.0	8.8	109.1	13.1
广　西	－21.2	2.8	24.5	16.9	11.3	15.9	52.1	7.2
海　南	8.8	17.3	13.7	20.2	13.2	10.8	118.8	13.9
重　庆	21.1	20.9	15.6	23.8	16.9	15.8	183.6	19.0
四　川	20.3	25.2	30.2	－1.8	14.5	13.9	151.0	16.6
贵　州	37.6	45.3	34.7	9.3	18.8	24.3	334.5	27.7
云　南	38.8	11.6	14.5	15.9	7.3	14.6	152.6	16.7
陕　西	25.8	21.8	18.8	13.2	15.2	10.0	161.0	17.3
甘　肃	33.9	49.1	41.1	4.7	19.9	12.4	297.3	25.9
青　海	40.7	29.3	24.7	－0.0	16.5	14.2	201.1	20.2
宁　夏	35.2	33.8	14.6	29.0	7.0	14.3	227.3	21.8
新　疆	21.8	3.9	22.3	38.8	21.0	12.8	193.2	19.6
平　均	12.8	11.3	13.5	12.6	9.0	11.2	94.5	11.7

二　收入消费水平一体化指数排序与进展

（一）各地区收入消费水平一体化指数排序及变化

1. 2012 年排序

2012 年，东部地区的北京、上海、天津、浙江、江苏的城乡收入消费水平一体化指数居于全国前 5 位；前 10 位中，中部地区的黑龙江和湖北占据两个席位；东部地区的广东和海南排位较为靠后，福建的排位也不高。后 10 位中，除海南和湖南外，其余全部为西部地区的省份（见图 6－2）。

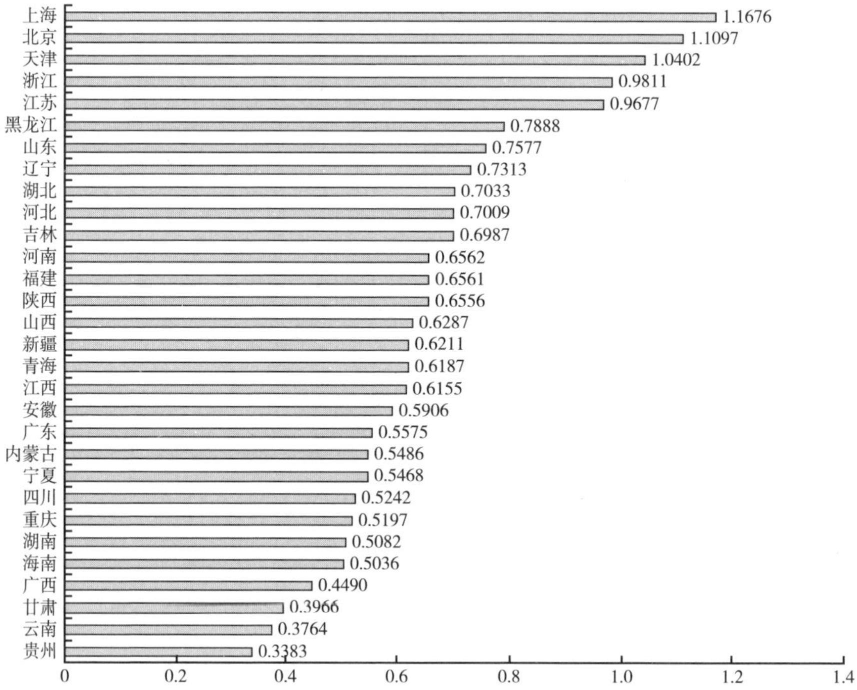

图 6－2　2012 年各地区收入消费水平一体化指数排序

2. 2011～2012 年排序变化

与 2011 年相比，2012 年收入消费水平一体化指数排序的前 6 位和后 4 位保持不变，13 个省份排序不变；8 个省份排序上升，其中山西上升了 6 个位次；9 个省份排序下降，其中吉林下降了 4 个位次（见表 6－4）。

表 6－4　各省地区收入消费水平一体化指数排序

排序	2006 年	2007 年	2008 年	2009 年	2010 年	2011 年	2012 年
1	上　海	上　海	北　京	北　京	北　京	上　海	上　海
2	北　京	北　京	上　海	上　海	上　海	北　京	北　京
3	浙　江	浙　江	浙　江	浙　江	浙　江	天　津	天　津
4	天　津	天　津	黑龙江	黑龙江	江　苏	浙　江	浙　江
5	江　苏	江　苏	天　津	江　苏	黑龙江	江　苏	江　苏
6	辽　宁	黑龙江	江　苏	天　津	天　津	黑龙江	黑龙江
7	黑龙江	辽　宁	辽　宁	辽　宁	辽　宁	吉　林	山　东
8	河　北	山　东	山　东	吉　林	吉　林	山　东	辽　宁
9	山　东	河　北	吉　林	山　东	山　东	辽　宁	湖　北
10	福　建	福　建	福　建	福　建	河　北	河　北	河　北
11	吉　林	吉　林	河　北	河　北	福　建	湖　北	吉　林
12	安　徽	河　南	河　南	河　南	湖　北	陕　西	河　南
13	山　西	山　西	湖　北	青　海	陕　西	福　建	福　建
14	内蒙古	安　徽	山　西	安　徽	安　徽	新　疆	陕　西
15	湖　北	陕　西	安　徽	四　川	河　南	河　南	山　西
16	新　疆	内蒙古	宁　夏	湖　北	江　西	江　西	新　疆
17	河　南	宁　夏	陕　西	山　西	青　海	安　徽	青　海
18	江　西	新　疆	广　东	江　西	广　东	青　海	江　西
19	广　东	湖　北	江　西	陕　西	山　西	广　东	安　徽
20	宁　夏	江　西	内蒙古	广　东	新　疆	内蒙古	广　东
21	陕　西	广　东	新　疆	新　疆	内蒙古	山　西	内蒙古
22	海　南	云　南	青　海	内蒙古	海　南	四　川	宁　夏
23	广　西	青　海	海　南	海　南	宁　夏	宁　夏	四　川
24	湖　南	湖　南	四　川	湖　南	四　川	海　南	重　庆
25	青　海	四　川	湖　南	宁　夏	湖　南	湖　南	湖　南
26	四　川	海　南	云　南	甘　肃	云　南	重　庆	海　南
27	云　南	广　西	甘　肃	云　南	重　庆	广　西	广　西
28	甘　肃	甘　肃	广　西	重　庆	甘　肃	甘　肃	甘　肃
29	重　庆	重　庆	重　庆	贵　州	广　西	云　南	云　南
30	贵　州	贵　州	贵　州	广　西	贵　州	贵　州	贵　州

3. 2006～2012 年排序变化

2006～2012 年，从排序变动来看，处于前列和靠后的省份的排名在年际变化比较稳定，依然保持着东部整体处于前列，西部地区整体靠后的格局。东部地区的排名总体比较靠前，特别是大部分年份前 5 名一直都被上海、北京、天津、浙江和江苏所占据，但广东和海南的排名一直都较为靠后。前 10 位中，至少有 8 个为东部地区省份。后 10 位中，除个别年份外，至少 8 个为西部地区省份，但青海的排位上升幅度较大，上升了 8 个位次（见表 6－4）。

（二）中国及各地区收入消费水平一体化进展

1. 2011～2012 年：收入消费水平一体化继续较快提升

2012 年，全国城乡收入消费水平一体化比 2011 年提高了 9.7%，比 2011 年进展降低 4.1 个百分点，但快于 2006～2012 年平均进展，也是进展较快的年份。有 11 个省份增长快于 2011 年，其中山西和贵州进展较快；吉林为负增长。有 19 个省份增长速度快于 2006～2012 年平均水平（见表 6－6）。因此，2012 年增长虽然低于 2011 年，但进展仍然较快。

表 6－5　中国及各地区收入消费水平一体化指数分值

项　目	2006 年	2007 年	2008 年	2009 年	2010 年	2011 年	2012 年
北　京	0.8726	0.9453	0.9652	1.0744	1.1009	1.0860	1.1097
天　津	0.6950	0.7011	0.7179	0.6912	0.7460	0.9620	1.0402
河　北	0.4988	0.5093	0.5058	0.5366	0.5538	0.6635	0.7009
山　西	0.3747	0.4070	0.4350	0.4678	0.4611	0.4968	0.6287
内蒙古	0.3700	0.3724	0.3830	0.3793	0.4427	0.5093	0.5486
辽　宁	0.5592	0.5741	0.5845	0.6638	0.6401	0.6779	0.7313
吉　林	0.4661	0.4730	0.5239	0.6195	0.6131	0.7134	0.6987
黑龙江	0.5516	0.6260	0.7199	0.7677	0.7579	0.7397	0.7888
上　海	0.9378	0.9576	0.9178	1.0143	1.0432	1.0933	1.1676
江　苏	0.6092	0.6414	0.6699	0.7213	0.7775	0.8921	0.9677
浙　江	0.6955	0.7766	0.7894	0.8165	0.9164	0.9182	0.9811
安　徽	0.4034	0.3968	0.4193	0.4795	0.5021	0.5409	0.5906
福　建	0.4866	0.4819	0.5195	0.5401	0.5537	0.5973	0.6561

续表

项　目	2006 年	2007 年	2008 年	2009 年	2010 年	2011 年	2012 年
江　西	0.3496	0.3467	0.3849	0.4612	0.4797	0.5615	0.6155
山　东	0.4872	0.5228	0.5448	0.5804	0.5712	0.6830	0.7577
河　南	0.3546	0.4469	0.4591	0.5121	0.4970	0.5835	0.6562
湖　北	0.3595	0.3638	0.4397	0.4703	0.5124	0.6404	0.7033
湖　南	0.2571	0.2655	0.3127	0.3445	0.3415	0.4457	0.5082
广　东	0.3362	0.3151	0.3896	0.4196	0.4644	0.5130	0.5575
广　西	0.2707	0.2408	0.1987	0.2605	0.2605	0.3958	0.4490
海　南	0.2936	0.2484	0.3314	0.3562	0.4138	0.4573	0.5036
重　庆	0.1106	0.1183	0.1956	0.2616	0.3007	0.3982	0.5197
四　川	0.2291	0.2595	0.3180	0.4741	0.3854	0.4830	0.5242
贵　州	0.0575	0.0874	0.1532	0.2610	0.2587	0.2754	0.3383
云　南	0.1914	0.2900	0.2706	0.2699	0.3032	0.3206	0.3764
陕　西	0.3034	0.3832	0.3935	0.4574	0.5041	0.6144	0.6556
甘　肃	0.1264	0.1416	0.2004	0.3207	0.2711	0.3446	0.3966
青　海	0.2552	0.2697	0.3499	0.4895	0.4704	0.5234	0.6187
宁　夏	0.3255	0.3693	0.4068	0.3212	0.4028	0.4819	0.5468
新　疆	0.3557	0.3669	0.3552	0.3983	0.4507	0.5848	0.6211
平　均	0.4061	0.4299	0.4618	0.5144	0.5332	0.6066	0.6653

2. 2006～2012 年：收入消费水平一体化大幅提升，西部地区进展明显快于东、中部地区

从收入消费水平一体化分值来看，全国大部分省份除个别年份外分值都在逐年增长。2006～2012 年，全国平均增长幅度为 63.8%，年均增长 8.6%，增长较快（见表 6－6）。

总体上看，东部和中部地区增长幅度相对较小，西部地区增长幅度大。东、中、西部地区年均增长分别为 6.0%、8.9% 和 13.7%，西部地区增长明显快于东、中部地区。东部地区除广东和海南外，其余省份增长速度均小于全国平均水平；西部地区除内蒙古外，其余省份增长速度均快于全国平均水平（见表 6－6）。

表 6-6 中国及各地区收入消费水平一体化进展（环比增长）

单位：%

项 目	2007 年	2008 年	2009 年	2010 年	2011 年	2012 年	2012 年比 2006 年增长	2006~2012 年年均增长
北 京	8.3	2.1	11.3	2.5	-1.4	2.2	27.2	4.1
天 津	0.9	2.4	-3.7	7.9	29.0	8.1	49.7	6.9
河 北	2.1	-0.7	6.1	3.2	19.8	5.6	40.5	5.8
山 西	8.6	6.9	7.6	-1.4	7.7	26.5	67.8	9.0
内蒙古	0.7	2.9	-1.0	16.7	15.0	7.7	48.3	6.8
辽 宁	2.7	1.8	13.6	-3.6	5.9	7.9	30.8	4.6
吉 林	1.5	10.8	18.3	-1.0	16.4	-2.1	49.9	7.0
黑龙江	13.5	15.0	6.6	-1.3	-2.4	6.6	43.0	6.2
上 海	2.1	-4.2	10.5	2.9	4.8	6.8	24.5	3.7
江 苏	5.3	4.4	7.7	7.8	14.7	8.5	58.9	8.0
浙 江	11.7	1.6	3.4	12.2	0.2	6.9	41.1	5.9
安 徽	-1.6	5.7	14.4	4.7	7.7	9.2	46.4	6.6
福 建	-1.0	7.8	3.97	2.5	7.9	9.9	34.9	5.1
江 西	-0.8	11.0	19.8	4.0	17.1	9.6	76.0	9.9
山 东	7.3	4.2	6.5	-1.6	19.6	10.9	55.5	7.6
河 南	26.0	2.7	11.6	-3.0	17.4	12.5	85.1	10.8
湖 北	1.2	20.9	7.0	9.0	25.0	9.8	95.6	11.8
湖 南	3.3	17.8	10.17	-0.9	30.5	14.0	97.6	12.0
广 东	-6.3	23.6	7.7	10.7	10.5	8.7	65.8	8.8
广 西	-11.0	-17.5	31.1	-0.0	51.9	13.5	65.9	8.8
海 南	-15.4	33.4	7.5	16.2	10.5	10.1	71.5	9.4
重 庆	7.0	65.3	33.7	14.9	32.4	30.5	369.9	29.4
四 川	13.2	22.6	49.1	-18.7	25.3	8.5	128.8	14.8
贵 州	52.1	75.4	70.3	-0.9	6.5	22.9	488.8	34.4
云 南	51.5	-6.7	-0.3	12.4	5.8	17.4	96.6	11.9
陕 西	26.3	2.7	16.2	10.2	21.9	6.7	116.1	13.7
甘 肃	12.1	41.5	60.0	-15.5	27.1	15.1	213.9	21.0
青 海	5.7	29.8	39.9	-3.9	11.27	18.2	142.4	15.9
宁 夏	13.5	10.2	-21.1	25.4	19.6	13.5	68.0	9.0
新 疆	3.2	-3.2	12.2	13.2	29.8	6.2	74.6	9.7
平 均	5.9	7.4	11.4	3.7	13.8	9.7	63.8	8.6

三　生活环境质量一体化指数排序与进展

（一）各地区生活环境质量一体化指数排序及变化

1. 2012 年排序

2012 年，生活环境质量一体化指数排列全国前 10 位中，除重庆外（第 8 位），均为东部地区的省份；中、西部地区的省份的排序分布不均衡，后 10 位中，虽然大多数为西部地区的省份，但也有东部地区的辽宁以及 3 个中部地区的省份，而且安徽和黑龙江列最后两位（见图 6－3）。

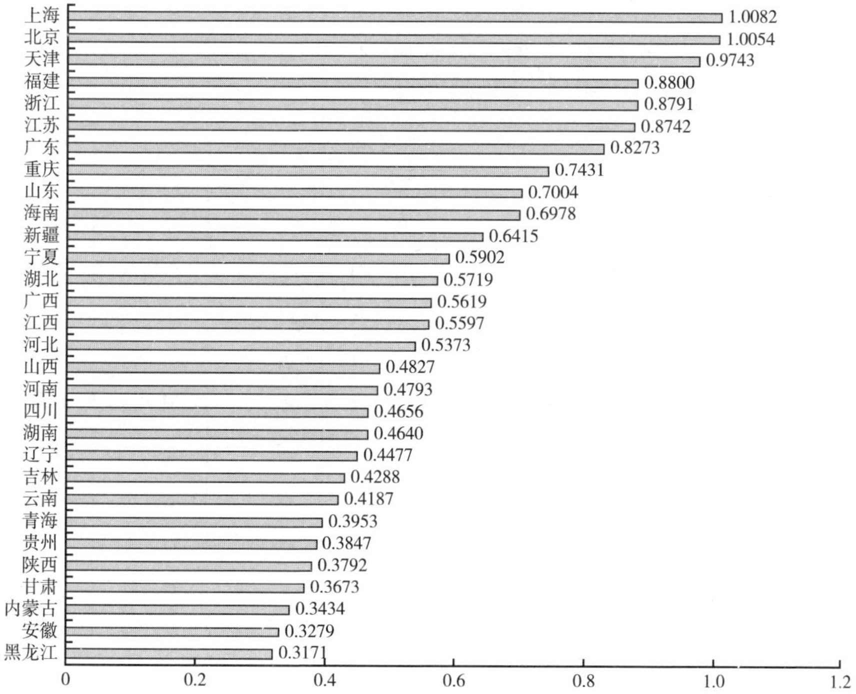

图 6－3　各地区生活环境质量一体化指数排序

2. 2011～2012 年排序变化

与 2011 年相比，2012 年有 14 个省份的排序未发生变动，16 个排序发生变动的省份，其变动幅度很小，仅为 1～2 个位次（见表 6－7）。

表 6-7 各地区生活环境质量一体化指数排序

排序	2006 年	2007 年	2008 年	2009 年	2010 年	2011 年	2012 年
1	上海	上海	上海	上海	上海	上海	上海
2	天津	天津	天津	天津	天津	北京	北京
3	北京	北京	北京	北京	北京	天津	天津
4	浙江	浙江	浙江	浙江	浙江	浙江	福建
5	广西	广东	广东	福建	福建	福建	浙江
6	福建	江苏	江苏	江苏	江苏	江苏	江苏
7	江苏	福建	福建	广东	广东	广东	广东
8	重庆	山东	山东	山东	重庆	重庆	重庆
9	山东	重庆	重庆	重庆	山东	山东	山东
10	河北	河北	海南	海南	海南	海南	海南
11	海南	海南	河北	河北	新疆	新疆	新疆
12	山西	河南	河南	湖北	广西	宁夏	宁夏
13	河南	山西	山西	广西	湖北	湖北	湖北
14	广东	广西	广西	河南	河北	河北	广西
15	湖北	湖北	湖北	山西	江西	江西	江西
16	湖南	新疆	江西	江西	宁夏	广西	河北
17	云南	青海	青海	湖南	河南	河南	山西
18	江西	湖南	湖南	宁夏	山西	山西	河南
19	新疆	江西	云南	新疆	湖南	湖南	四川
20	青海	云南	新疆	青海	四川	四川	湖南
21	四川	四川	宁夏	云南	云南	辽宁	辽宁
22	黑龙江	黑龙江	陕西	四川	辽宁	云南	吉林
23	辽宁	辽宁	四川	陕西	青海	吉林	云南
24	贵州	贵州	辽宁	辽宁	吉林	陕西	青海
25	陕西	宁夏	贵州	贵州	陕西	青海	贵州
26	宁夏	吉林	黑龙江	吉林	贵州	甘肃	陕西
27	安徽	甘肃	甘肃	黑龙江	甘肃	贵州	甘肃
28	甘肃	陕西	吉林	甘肃	黑龙江	黑龙江	内蒙古
29	吉林	安徽	安徽	安徽	安徽	安徽	安徽
30	内蒙古	内蒙古	内蒙古	内蒙古	内蒙古	内蒙古	黑龙江

3. 2006～2012 年排序变化

2006～2012 年，除 2006 年广西和重庆排序前 10 位外，其余年份前 10 位中只有重庆来自西部省份，其余均为东部地区的省份；东部地区的省份除辽宁的排序较为靠后，以及河北的排序有所下降外，其余省份排名靠前且排位相对稳定，东部地区处于前列的地位更加巩固（见表 6－7）。

2006～2012 年，西部地区整体地位略微上升。重庆始终稳定地处于前 10 名之列。虽然广西的排序下降幅度较大，下降了 9 个位次，但宁夏和新疆的排序上升幅度较大，分别上升了 14 个位次和 8 个位次。总体上看，西部地区排序靠后（见表 6－7）。

（二）中国及各地区生活环境质量一体化进展

1. 2011～2012 年：生活环境质量一体化水平缓慢提升

2012 年，全国生活环境质量一体化水平比 2011 年提高了 5.7%，比 2011 年进展快 1.6 个百分点，但比 2006～2012 年平均进展慢 1.9 个百分点，进展较为缓慢。有 15 个省份的进展超过 2011 年，中、西部地区进展快于东部地区。东部地区有 9 个省份的进展低于全国平均水平，中部地区仅河南低于全国平均水平。有 6 个省份的进展超过 10%，其中仅辽宁来自东部地区（见表 6－9）。

表 6－8　中国及各地区生活环境质量一体化指数分值

项　目	2006 年	2007 年	2008 年	2009 年	2010 年	2011 年	2012 年
北　京	0.7400	0.7704	0.8221	0.8874	0.9733	1.0046	1.0054
天　津	0.9052	0.8881	0.9166	0.9299	0.9855	0.9715	0.9743
河　北	0.4628	0.4701	0.4848	0.4956	0.5060	0.5115	0.5373
山　西	0.4029	0.4022	0.4281	0.4323	0.4293	0.4480	0.4827
内蒙古	0.0000	0.0199	0.0623	0.1180	0.1917	0.2778	0.3434
辽　宁	0.1880	0.2157	0.2621	0.3086	0.3613	0.4028	0.4477
吉　林	0.1364	0.1858	0.2172	0.2684	0.3595	0.3938	0.4288
黑龙江	0.2090	0.2286	0.2402	0.2580	0.2915	0.2955	0.3171
上　海	1.0000	1.0033	1.0060	1.0071	1.0137	1.0082	1.0082
江　苏	0.6288	0.6613	0.7057	0.7489	0.7979	0.8377	0.8742
浙　江	0.7234	0.7538	0.7885	0.8258	0.8534	0.8573	0.8791
安　徽	0.1416	0.1156	0.1470	0.1933	0.2421	0.2778	0.3279

续表

项　目	2006 年	2007 年	2008 年	2009 年	2010 年	2011 年	2012 年
福　建	0.6303	0.6567	0.7052	0.7503	0.8089	0.8486	0.8800
江　西	0.2764	0.3230	0.3569	0.3983	0.4597	0.5113	0.5597
山　东	0.4875	0.5446	0.5771	0.6170	0.6587	0.6805	0.7004
河　南	0.3911	0.4120	0.4463	0.4357	0.4342	0.4787	0.4793
湖　北	0.3241	0.3660	0.4207	0.4803	0.5312	0.5275	0.5719
湖　南	0.2928	0.3280	0.3476	0.3855	0.4245	0.4312	0.4640
广　东	0.3438	0.6917	0.7092	0.7424	0.7884	0.7973	0.8273
广　西	0.6468	0.3855	0.4266	0.4755	0.5490	0.4826	0.5619
海　南	0.4335	0.4531	0.5032	0.5609	0.6391	0.6545	0.6978
重　庆	0.4937	0.5234	0.5585	0.6074	0.6847	0.7301	0.7431
四　川	0.2126	0.2348	0.2758	0.3415	0.3960	0.4300	0.4656
贵　州	0.1801	0.2057	0.2433	0.2706	0.3154	0.3301	0.3847
云　南	0.2784	0.2977	0.3198	0.3475	0.3793	0.4025	0.4187
陕　西	0.1570	0.1617	0.2799	0.3252	0.3501	0.3727	0.3792
甘　肃	0.1404	0.1652	0.2276	0.2573	0.3061	0.3601	0.3673
青　海	0.2180	0.3284	0.3517	0.3574	0.3605	0.3651	0.3953
宁　夏	0.1455	0.1976	0.2986	0.3772	0.4546	0.5372	0.5902
新　疆	0.2681	0.3397	0.3161	0.3621	0.5872	0.5744	0.6415
平　均	0.3819	0.4110	0.4482	0.4855	0.5378	0.5600	0.5918

2. 2006～2012 年：生活环境质量一体化水平有所提高，但近几年提升速度有所减缓，中、西部地区进展明显快于东部地区

2006～2012 年，全国生活环境质量一体化水平提高了 55%，年均增长为 7.6%，但 2011 年和 2012 年进展明显减缓（见表 6－9）。

东、中、西部地区年均增长分别为 5.1%、8.9% 和 11.6%，中、西部地区增长速度明显快于东部地区。

分省份看，年均增长速度超过 10% 的 12 个省份中有 10 个来自中、西部地区，其中，宁夏年均增长高达 26.3%，而广西为负增长（见表 6－9）。

表 6-9　中国及各地区生活环境质量一体化进展（环比增长）

单位：%

项　目	2007 年	2008 年	2009 年	2010 年	2011 年	2012 年	2012 年比 2006 年增长	2006～2012 年年均增长
北　京	4.1	6.7	8.0	9.7	3.2	0.1	35.9	5.2
天　津	-1.9	3.2	1.5	6.0	-1.4	0.3	7.6	1.2
河　北	1.6	3.1	2.2	2.1	1.1	5.0	16.1	2.5
山　西	-0.2	6.4	1.0	-0.7	4.4	7.7	19.8	3.0
内蒙古	—	213.8	89.2	62.5	44.9	23.6	—	—
辽　宁	14.8	21.5	17.8	17.1	11.5	11.2	138.2	15.6
吉　林	36.2	16.9	23.6	33.9	9.5	8.9	214.3	21.0
黑龙江	9.4	5.1	7.4	13.0	1.4	7.3	51.7	7.2
上　海	0.3	0.3	0.1	0.7	-0.5	0.0	0.8	0.1
江　苏	5.2	6.7	6.1	6.6	5.0	4.4	39.0	5.7
浙　江	4.2	4.6	4.7	3.3	0.5	2.6	21.5	3.3
安　徽	-18.4	27.2	31.5	25.2	14.8	18.0	131.6	15.0
福　建	4.2	7.4	6.4	7.8	4.9	3.7	39.6	5.7
江　西	16.8	10.5	11.6	15.4	11.2	9.5	102.5	12.5
山　东	11.7	6.0	6.9	6.8	3.3	2.9	43.7	6.2
河　南	5.3	8.3	-2.4	-0.3	10.2	0.1	22.5	3.4
湖　北	13.0	14.9	14.2	10.6	-0.7	8.4	76.5	9.9
湖　南	12.0	6.0	10.9	10.1	1.6	7.6	58.5	8.0
广　东	101.2	2.5	4.7	6.2	1.1	3.8	140.6	15.7
广　西	-40.4	10.7	11.5	15.5	-12.1	16.4	-13.1	-1.3
海　南	4.5	11.1	11.5	13.9	2.4	6.6	61.0	8.2
重　庆	6.0	6.7	8.8	12.7	6.6	1.8	50.5	7.1
四　川	10.5	17.4	23.9	15.9	8.6	8.3	119.0	13.9
贵　州	14.2	18.3	11.2	16.6	4.7	16.5	113.6	13.5
云　南	6.9	7.4	8.7	9.1	6.1	4.0	50.4	7.1
陕　西	3.0	73.1	16.2	7.7	6.4	1.7	141.5	15.8
甘　肃	17.7	37.7	13.1	18.9	17.7	2.0	161.6	17.4
青　海	50.7	7.1	1.6	0.9	1.3	8.3	81.4	10.4
宁　夏	35.8	51.1	26.3	20.5	18.2	9.9	305.5	26.3
新　疆	26.7	-6.9	14.6	62.2	-2.2	11.7	139.3	15.7
平　均	7.6	9.1	8.3	10.8	4.1	5.7	55.0	7.6

四　信息化普及率指数排序与进展

（一）各地区信息化普及率指数排序及变化

1. 2012 年排序

2012 年，北京、上海、浙江、广东、福建、天津、江苏、山东等经济发达省份的信息化普及率位居全国前 8；排列前 10 位中，前 9 位为东部地区省份，第 10 位为中部地区的山西。总体上看，西部地区排名靠后，后 10 位中，有 7 个为西部地区的省份，且后 6 位均为西部地区的省份（见图 6－4）。

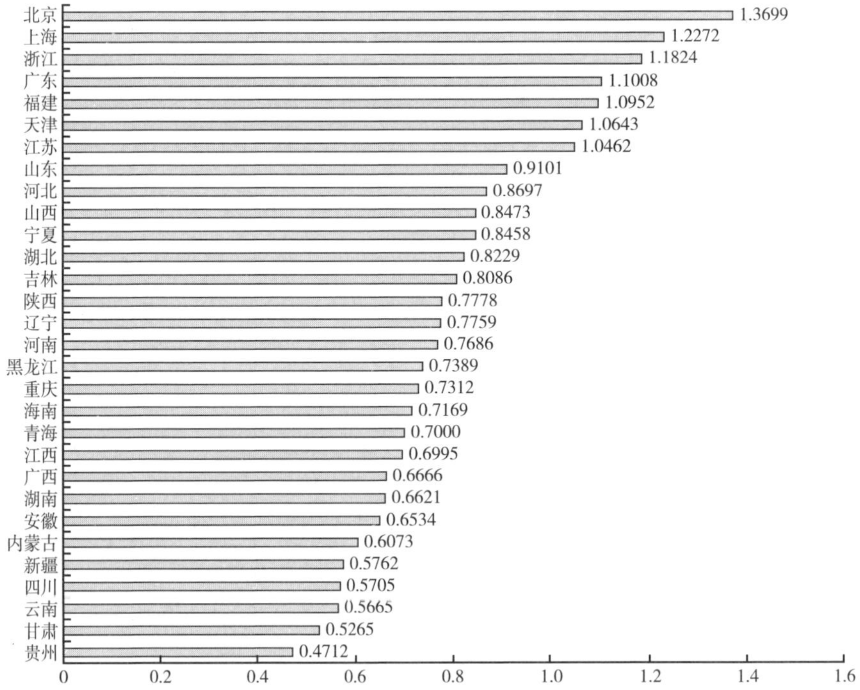

图 6－4　2012 年各地区信息化普及率指数排序

2. 2011～2012 年排序变化

与 2011 年相比，2012 年 12 个省份排序未变动；其他排序变动的省份，变动的幅度很小，仅有重庆变动幅度稍大，也只是上升了 3 个位次，其他省份排序变动均为 1～2 个位次（见表 6－10）。

表 6-10　各地区信息化普及率排序

排序	2006 年	2007 年	2008 年	2009 年	2010 年	2011 年	2012 年
1	上　海	北　京	北　京	北　京	北　京	北　京	北　京
2	北　京	上　海	上　海	上　海	上　海	浙　江	上　海
3	浙　江	浙　江	浙　江	浙　江	浙　江	上　海	浙　江
4	江　苏	江　苏	福　建	福　建	福　建	广　东	广　东
5	广　东	福　建	广　东	广　东	广　东	天　津	福　建
6	福　建	广　东	江　苏	山　东	山　东	福　建	天　津
7	天　津	天　津	天　津	黑龙江	宁　夏	江　苏	江　苏
8	湖　北	黑龙江	黑龙江	江　苏	江　苏	河　北	山　东
9	辽　宁	湖　北	湖　北	宁　夏	黑龙江	山　东	河　北
10	黑龙江	河　南	山　东	天　津	河　南	山　西	山　西
11	陕　西	吉　林	河　南	吉　林	天　津	宁　夏	宁　夏
12	江　西	陕　西	吉　林	湖　北	湖　北	湖　北	湖　北
13	河　南	江　西	宁　夏	陕　西	安　徽	吉　林	吉　林
14	吉　林	山　东	陕　西	河　南	吉　林	河　南	陕　西
15	广　西	辽　宁	安　徽	青　海	江　西	陕　西	辽　宁
16	安　徽	山　西	江　西	江　西	山　西	黑龙江	河　南
17	四　川	四　川	四　川	山　西	河　北	辽　宁	黑龙江
18	湖　南	海　南	青　海	安　徽	辽　宁	海　南	重　庆
19	内蒙古	宁　夏	辽　宁	四　川	陕　西	青　海	海　南
20	山　东	安　徽	山　西	辽　宁	广　西	江　西	青　海
21	海　南	广　西	内蒙古	内蒙古	重　庆	重　庆	江　西
22	山　西	内蒙古	海　南	广　西	海　南	湖　南	广　西
23	宁　夏	重　庆	湖　南	湖　南	青　海	广　西	湖　南
24	河　北	湖　南	重　庆	海　南	湖　南	安　徽	安　徽
25	重　庆	河　北	广　西	河　北	云　南	内蒙古	内蒙古
26	青　海	青　海	云　南	云　南	四　川	新　疆	新　疆
27	云　南	云　南	河　北	甘　肃	内蒙古	云　南	四　川
28	甘　肃	甘　肃	甘　肃	重　庆	甘　肃	四　川	云　南
29	贵　州	贵　州	贵　州	新　疆	新　疆	甘　肃	甘　肃
30	新　疆	新　疆	新　疆	贵　州	贵　州	贵　州	贵　州

3. 2006~2012 年排序变化

2006~2012 年，总体上看，东部地区的省份基本占据着前 10 位，2011 年后，前 10 位中有 9 个来自东部地区的省份；后 10 位中，除云南、甘肃、新疆和贵州始终位列其中外，其余替换较大。分省看，河北上升幅度较大，上升了 15 个位次，山西、宁夏、山东均上升了 12 个位次；下降幅度较大的是四川、江西和安徽，分别下降了 10 个位次、9 个位次和 8 个位次，黑龙江和广西均下降了 7 个位次（见表 6-10）。

（二）中国及各地区信息化普及率进展

1. 2011～2012年：信息化普及率较快提升，但速度相对缓慢

2012年，全国信息化普及率比2011年提高了16.8%，比2011年快7.6个百分点，但比2006～2012年平均进展慢2.9个百分点，也慢于其他年份进展。有20个省份进展快于2011年，其中9个省份扭转了2011年负增长的态势，但只有8个省份的进展快于2006～2012年全国平均水平（见表6－12）。

表6－11　中国及各地区信息化普及率指数分值

项　目	2006年	2007年	2008年	2009年	2010年	2011年	2012年
北　京	0.9216	1.0681	1.2481	1.3089	1.3198	1.2290	1.3699
天　津	0.4297	0.4841	0.5097	0.5442	0.6752	0.9538	1.0643
河　北	0.1323	0.2069	0.2334	0.3470	0.5786	0.7747	0.8697
山　西	0.1473	0.2580	0.2952	0.4165	0.5985	0.7363	0.8473
内蒙古	0.1615	0.2381	0.2906	0.3766	0.3880	0.4984	0.6073
辽　宁	0.2770	0.2632	0.3285	0.4025	0.5767	0.6547	0.7759
吉　林	0.2109	0.3370	0.4060	0.5350	0.6323	0.6888	0.8086
黑龙江	0.2532	0.3652	0.4632	0.5760	0.7041	0.6588	0.7389
上　海	0.9306	0.9377	1.0003	1.1163	1.1866	0.9853	1.2272
江　苏	0.6124	0.7581	0.5163	0.5664	0.7602	0.9083	1.0462
浙　江	0.6761	0.7689	0.8731	0.9935	1.0899	1.0572	1.1824
安　徽	0.1844	0.2508	0.3664	0.4114	0.6475	0.5668	0.6534
福　建	0.5064	0.6078	0.6851	0.7726	0.8918	0.9217	1.0952
江　西	0.2320	0.2952	0.3432	0.4403	0.6106	0.6093	0.6995
山　东	0.1538	0.2690	0.4254	0.5778	0.7748	0.7488	0.9101
河　南	0.2246	0.3506	0.4087	0.4626	0.6890	0.6867	0.7686
湖　北	0.3219	0.3527	0.4302	0.5182	0.6519	0.6969	0.8229
湖　南	0.1668	0.2085	0.2813	0.3667	0.4526	0.5717	0.6621
广　东	0.5085	0.6015	0.6659	0.7560	0.8834	0.9743	1.1008
广　西	0.1856	0.2426	0.2681	0.3764	0.4912	0.5690	0.6666
海　南	0.1495	0.2525	0.2838	0.3550	0.4763	0.6193	0.7169
重　庆	0.0989	0.2099	0.2755	0.3207	0.4874	0.5933	0.7312
四　川	0.1797	0.2536	0.3421	0.4031	0.4154	0.4574	0.5705
贵　州	0.0373	0.0850	0.1530	0.2085	0.2348	0.3553	0.4712
云　南	0.0692	0.1602	0.2439	0.3383	0.4252	0.4648	0.5665
陕　西	0.2342	0.3289	0.3905	0.4812	0.5762	0.6607	0.7778
甘　肃	0.0580	0.1281	0.2205	0.3369	0.3805	0.4433	0.5265
青　海	0.0961	0.2025	0.3330	0.4429	0.4585	0.6130	0.7000
宁　夏	0.1348	0.2523	0.3908	0.5581	0.7635	0.7155	0.8458
新　疆	0.0035	0.0573	0.1225	0.2105	0.3092	0.4713	0.5762
平　均	0.2766	0.3598	0.4265	0.5173	0.6376	0.6961	0.8133

2. 2006～2012 年：信息化普及率高速提升，区域差距明显缩小

2006～2012 年，全国信息化普及率提高了 194.1%，年均增长 19.7%，在城乡发展一体化所有指数中增长得最快。特别地，西部地区增长极为迅速，年均增长高达 33.2%，分别比东部和中部地区高出 19.6 个和 10.3 个百分点，西部地区所有省份年均增长速度超过全国平均水平，其中有 7 个省份的年均增长超过 30%（见表 6－12），由此，西部地区与东部地区之间的差距明显缩小，2006 年东部地区分值是西部地区的 4.2 倍，2012 年急剧缩小到 1.6 倍。

表 6－12　中国及各地区信息化普及率进展（环比增长）

单位：%

项　目	2007 年	2008 年	2009 年	2010 年	2011 年	2012 年	2012 年比 2006 年增长	2006～2012 年年均增长
北　京	15.9	16.9	4.9	0.8	-6.9	11.5	48.6	6.8
天　津	12.7	5.3	6.8	24.1	41.3	11.6	147.7	16.3
河　北	56.4	12.9	48.7	66.8	33.9	12.3	557.6	36.9
山　西	75.2	14.4	41.1	43.7	23.0	15.1	475.4	33.9
内蒙古	47.4	22.0	29.6	3.0	28.5	21.9	276.0	24.7
辽　宁	-5.0	24.8	22.6	43.3	13.5	18.5	180.1	18.7
吉　林	59.8	20.5	31.8	18.2	8.9	17.4	283.4	25.1
黑龙江	44.3	26.8	24.4	22.2	-6.4	12.2	191.8	19.5
上　海	0.8	6.7	11.6	6.3	-17.0	24.6	31.9	4.7
江　苏	23.8	-31.9	9.7	34.2	19.5	15.2	70.8	9.3
浙　江	13.7	13.6	13.8	9.7	-3.0	11.8	74.9	9.8
安　徽	36.0	46.1	12.3	57.4	-12.5	15.3	254.4	23.5
福　建	20.0	12.7	12.8	15.4	3.4	18.8	116.3	13.7
江　西	27.3	16.3	28.3	38.7	-0.2	14.8	201.5	20.2
山　东	74.9	58.2	35.8	34.1	-3.4	21.5	491.9	34.5
河　南	56.1	16.6	13.2	48.9	-0.3	11.9	242.2	22.8
湖　北	9.6	22.0	20.5	25.8	6.9	18.1	155.7	16.9
湖　南	25.0	34.9	30.4	23.4	26.3	15.8	297.0	25.8
广　东	18.3	10.7	13.5	16.9	10.3	13.0	116.5	13.7
广　西	30.7	10.5	40.4	30.5	15.8	17.2	259.2	23.7
海　南	68.9	12.4	25.1	34.2	30.0	15.8	379.5	29.9
重　庆	112.3	31.2	16.4	52.0	21.7	23.2	639.5	39.6
四　川	41.1	34.9	17.8	3.0	10.1	24.7	217.4	21.2
贵　州	128.0	79.9	36.3	12.6	51.3	32.6	1163.9	52.6
云　南	131.5	52.2	38.7	25.7	9.3	21.9	718.5	42.0
陕　西	40.4	18.7	23.2	19.7	14.7	17.7	232.2	22.2
甘　肃	120.8	72.1	52.8	12.9	16.5	18.8	807.1	44.4
青　海	110.8	64.5	33.0	3.5	33.7	14.2	628.8	39.2
宁　夏	87.2	54.9	42.8	36.8	-6.3	18.2	527.5	35.8
新　疆	1524.5	113.9	71.8	46.9	52.4	22.3	16248.9	133.6
平　均	30.1	18.5	21.3	23.3	9.2	16.8	194.1	19.7

五　简要评价

总结起来，城乡生活水平一体化指数的变化和空间分布具有以下几方面的特征。

第一，从时间变化来看，城乡生活水平一体化指数分值在逐年增长。从各省份的指数分值和二级指标分值来看，2006 年以来，除极个别年份外，各个指标分值都在逐年增长。从全国平均水平来看，生活水平一体化指数的全国平均值从 2006 年的 0.3549 增长到 2012 年的 0.6901，年均增长 11.7%。这表明 2006 年以来，随着城乡居民收入增长、民生公共投资增加以及信息化技术的快速发展和应用，全国城乡生活水平一体化水平在不断提高。

第二，从空间分布来看，城乡生活水平一体化指数分值表现出比较明显的梯度特征。东部地区多数省份城乡生活水平一体化水平在全国排在前列，尤其是北京、上海、天津、浙江、江苏、福建、广东、山东稳定地居于前 8 位。中部地区的大部分省份排名居于中间位置，西部地区大部分省份排名靠后，尤其是受自然条件等因素制约的甘肃、贵州等省份一直排在最后。不过，从增长幅度来看，东部地区多数省份的增长幅度要低于中、西部地区，而中、西部地区多数省份增长幅度较大，表现出中、西部地区省份在竞争中追赶东部地区的特点。

第三，从指数构成来看，信息化普及率的提升幅度最大，城乡收入消费水平和生活环境质量的增长幅度大体相当。这说明城乡生活水平一体化在受到城乡居民收入增加尤其是农民收入增长提速、居家生活条件改善等因素影响的同时，也受到互联网、计算机、宽带、移动通信等信息化技术的快速发展和普及应用的影响。

第七章
中国及各地区生态环境一体化指数

一 生态环境一体化指数排序与进展

（一）各地区生态环境一体化指数排序及变化

1. 2012年排序

2012年，中国各地区生态环境一体化指数排序中，排名前5位的全部是东部地区省份，依次为北京、天津、浙江、上海和山东；排名前10位的省份中有9个来自东部地区，中、西部地区只有重庆进入前10位，而且排第10位（见图7-1）。

2012年，生态环境一体化指数排名后5位的全部是西部地区省份，依次为贵州、云南、新疆、甘肃和宁夏；排名后10位的省份中，西部地区占了7位，中部地区占了3位，分别是吉林、山西和湖北（见图7-1）。

重庆是西部地区中生态环境一体化指数排名最高的省份，位于全国第10名；河南是中部地区中排名最高的省份，位于第12名；广东是东部地区中排名最靠后的省份，位于全国第18名。

总体来看，2012年中国各地区生态环境一体化指数的排序体现出东、中、西部逐渐降低的趋势，东部地区排名明显领先。

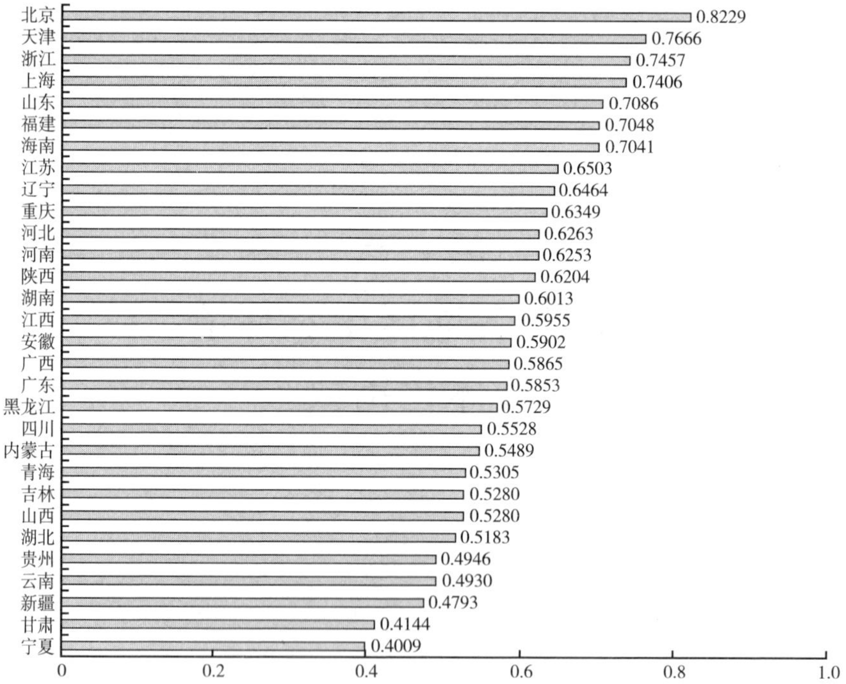

图 7-1 2012 年各地区生态环境一体化指数排序

2. 2011~2012 年排序变化

与 2011 年相比，2012 年有 16 个省份的排序没有发生变化；7 个省份排序上升，但上升幅度都不大，最多上升 2 个位次；有 7 个省份排序下降，下降幅度也不大，只有陕西下降了 3 个位次（见表 7-1）。

表 7-1 各地区生态环境一体化指数排序

排序	2006 年	2007 年	2008 年	2009 年	2010 年	2011 年	2012 年
1	北　京	北　京	北　京	北　京	北　京	北　京	北　京
2	天　津	天　津	天　津	天　津	天　津	天　津	天　津
3	浙　江	上　海	上　海	浙　江	浙　江	浙　江	浙　江
4	上　海	浙　江	浙　江	上　海	上　海	山　东	上　海
5	江　苏	山　东	福　建	山　东	山　东	福　建	山　东
6	山　东	福　建	山　东	福　建	福　建	上　海	福　建
7	海　南	江　苏	江　苏	江　苏	江　苏	海　南	海　南
8	福　建	海　南	海　南	重　庆	重　庆	江　苏	江　苏

续表

排序	2006年	2007年	2008年	2009年	2010年	2011年	2012年
9	河　北	河　北	重　庆	海　南	海　南	重　庆	辽　宁
10	辽　宁	重　庆	河　北	河　北	河　南	陕　西	重　庆
11	广　东	广　东	河　南	河　南	河　北	辽　宁	河　北
12	青　海	辽　宁	辽　宁	辽　宁	辽　宁	河　南	河　南
13	河　南	青　海	江　西	江　西	陕　西	河　北	陕　西
14	陕　西	河　南	广　东	广　东	江　西	江　西	湖　南
15	黑龙江	江　西	四　川	陕　西	广　东	湖　南	江　西
16	重　庆	吉　林	陕　西	四　川	湖　南	安　徽	安　徽
17	四　川	云　南	黑龙江	广　西	四　川	广　西	广　西
18	江　西	四　川	湖　南	湖　南	黑龙江	广　东	广　东
19	湖　南	黑龙江	云　南	黑龙江	广　西	四　川	黑龙江
20	吉　林	陕　西	吉　林	云　南	内蒙古	黑龙江	四　川
21	安　徽	湖　南	安　徽	安　徽	云　南	内蒙古	内蒙古
22	湖　北	安　徽	广　西	内蒙古	吉　林	青　海	青　海
23	内蒙古	内蒙古	湖　北	吉　林	安　徽	吉　林	吉　林
24	广　西	广　西	青　海	湖　北	山　西	山　西	山　西
25	云　南	湖　北	内蒙古	山　西	湖　北	湖　北	湖　北
26	甘　肃	甘　肃	山　西	贵　州	贵　州	新　疆	贵　州
27	贵　州	山　西	新　疆	青　海	宁　夏	贵　州	云　南
28	新　疆	贵　州	贵　州	新　疆	新　疆	云　南	新　疆
29	山　西	新　疆	甘　肃	甘　肃	青　海	甘　肃	甘　肃
30	宁　夏	宁　夏	宁　夏	宁　夏	甘　肃	宁　夏	宁　夏

3. 2006～2012年排序变化

2006～2012年，北京、天津始终占据生态环境一体化指数排名的前2位，浙江和上海基本在第3与第4名之间轮换，山东、福建、江苏和海南基本在第5至第8名之间变换，上升和下降的幅度很小；排在前10位的基本上是东部省份；广东省是东部地区唯一没有进入过前10名的省份，而且排序呈逐步下降趋势（见表7－1）。

2006～2012年，中、西部地区的省份，特别是西部地区的多数省份的排序处于下游的总体格局没有发生大的变化，但部分省份排序变化较大。西部地区的重庆和广西排序上升幅度较大，重庆由第16位上升至第10位，上升了6个位次，最高时曾上升至第8位；广西由第24位上升至第17位，上升了7个位次；而青海则由第12位下降至第22位，下降了10个位次，最低时曾下降至倒数第2位。中部地区整体排序呈上升趋势，其中，湖南、安徽和山西排序均上升了5个位次（见表7－1）。

与2006年相比，2012年有7个省份的排名没有发生变化；有10个省份的排名下降，其中下降幅度最大的是青海，下降了10个位次，其次是广东下降了7个位次；有13个省份的排名上升，其中上升幅度最大的是广西，上升了7个位次，上升超过5个位次的还有重庆、湖南、安徽和山西（见表7－1）。

（二）中国及各地区生态环境一体化进展

1. 2011～2012年：生态环境一体化水平继续缓慢提升

2012年，全国生态环境一体化水平比2011年提高了3.4%，比2011年进展快2.4个百分点；分省看，除新疆以外，其他省份均有不同程度的增长，其中有20个省份进展快于2011年。相比2011年，2012年全国生态环境一体化进展有所加快（见表7－3）。

但是，2012年生态环境一体化进展慢于2006～2012年平均进展1.2个百分点，进展速度仅快于2011年；有19个省份的进展慢于2006～2012年平均水平（见表7－3）。

2. 2006～2012年：生态环境一体化水平提升缓慢，滞后于其他一体化进展

2006～2012年，全国生态环境一体化水平仅提高了31.2%，年均增长4.6%，在四个一体化中进展最慢；同时，近两年来，进展有所减缓（见表7－3）。

分省看，所有省份的生态环境一体化均实现了增长，其中，山西和广西进展较快，年均进展分别为11.8%和10%，但有12个省份年均增长速度低于全国平均水平（见表7－3）。

分地域看，中、西部地区进展较快，东部地区进展较慢。东、中、西部地区年均增长分别为2.4%、6.6%和6.6%。

表7－2　中国及各地区生态环境一体化指数分值

项　目	2006年	2007年	2008年	2009年	2010年	2011年	2012年
北　京	0.7769	0.7905	0.7868	0.8120	0.8000	0.8048	0.8229
天　津	0.7325	0.7628	0.7635	0.7426	0.7633	0.7661	0.7666
河　北	0.5044	0.5318	0.5532	0.5810	0.6026	0.5969	0.6263
山　西	0.2704	0.3372	0.3839	0.4452	0.4929	0.4989	0.5280

续表

项　目	2006 年	2007 年	2008 年	2009 年	2010 年	2011 年	2012 年
内蒙古	0. 3606	0. 4075	0. 4117	0. 4826	0. 5271	0. 5355	0. 5489
辽　宁	0. 4925	0. 5066	0. 5339	0. 5530	0. 5925	0. 6173	0. 6464
吉　林	0. 3957	0. 4740	0. 4566	0. 4619	0. 5138	0. 5246	0. 5280
黑龙江	0. 4500	0. 4582	0. 4785	0. 4983	0. 5443	0. 5484	0. 5729
上　海	0. 6728	0. 7442	0. 7327	0. 7196	0. 7318	0. 6654	0. 7406
江　苏	0. 6089	0. 6218	0. 6354	0. 6375	0. 6465	0. 6465	0. 6503
浙　江	0. 6927	0. 7002	0. 7096	0. 7384	0. 7460	0. 7363	0. 7457
安　徽	0. 3646	0. 4318	0. 4544	0. 4851	0. 5015	0. 5689	0. 5902
福　建	0. 5464	0. 6243	0. 6513	0. 6837	0. 6814	0. 6717	0. 7048
江　西	0. 4053	0. 4795	0. 5244	0. 5530	0. 5682	0. 5881	0. 5955
山　东	0. 6058	0. 6482	0. 6431	0. 6860	0. 6898	0. 6897	0. 7086
河　南	0. 4563	0. 4885	0. 5413	0. 5795	0. 6103	0. 6149	0. 6253
湖　北	0. 3629	0. 3978	0. 4388	0. 4569	0. 4878	0. 4858	0. 5183
湖　南	0. 4002	0. 4325	0. 4689	0. 5062	0. 5603	0. 5722	0. 6013
广　东	0. 4917	0. 5115	0. 5160	0. 5434	0. 5678	0. 5610	0. 5853
广　西	0. 3311	0. 3983	0. 4509	0. 5069	0. 5330	0. 5631	0. 5865
海　南	0. 5663	0. 5834	0. 5995	0. 6082	0. 6224	0. 6580	0. 7041
重　庆	0. 4364	0. 5241	0. 5548	0. 6093	0. 6232	0. 6273	0. 6349
四　川	0. 4191	0. 4674	0. 5158	0. 5362	0. 5487	0. 5515	0. 5528
贵　州	0. 2972	0. 3301	0. 3686	0. 4194	0. 4646	0. 4636	0. 4946
云　南	0. 3130	0. 4709	0. 4653	0. 4889	0. 5207	0. 4626	0. 4930
陕　西	0. 4544	0. 4432	0. 5020	0. 5395	0. 5794	0. 6201	0. 6204
甘　肃	0. 3011	0. 3470	0. 3467	0. 3569	0. 3936	0. 4041	0. 4144
青　海	0. 4837	0. 4928	0. 4380	0. 4175	0. 4338	0. 5277	0. 5305
宁　夏	0. 2487	0. 2693	0. 3017	0. 2899	0. 4507	0. 3696	0. 4009
新　疆	0. 2871	0. 2949	0. 3788	0. 4104	0. 4471	0. 4819	0. 4793
平　均	0. 4576	0. 4990	0. 5202	0. 5450	0. 5748	0. 5808	0. 6006

表 7－3　中国及各地区生态环境一体化进展（环比增长）

单位：%

项　目	2007 年	2008 年	2009 年	2010 年	2011 年	2012 年	2012 年比 2006 年增长	2006～2012 年年均增长
北　京	1. 8	－0. 5	3. 2	－1. 5	0. 6	2. 2	5. 9	1. 0
天　津	4. 1	0. 1	－2. 7	2. 8	0. 4	0. 1	4. 7	0. 8
河　北	5. 4	4. 0	5. 0	3. 7	－0. 9	4. 9	24. 2	3. 7
山　西	24. 7	13. 8	16. 0	10. 7	1. 2	5. 8	95. 2	11. 8

续表

项　目	2007 年	2008 年	2009 年	2010 年	2011 年	2012 年	2012 年比 2006 年增长	2006～2012 年年均增长
内蒙古	13.0	1.0	17.2	9.2	1.6	2.5	52.2	7.3
辽　宁	2.9	5.4	3.6	7.1	4.2	4.7	31.3	4.6
吉　林	19.8	-3.7	1.2	11.2	2.1	0.6	33.4	4.9
黑龙江	1.8	4.4	4.1	9.2	0.8	4.5	27.3	4.1
上　海	10.6	-1.5	-1.8	1.7	-9.1	11.3	10.1	1.6
江　苏	2.1	2.2	0.3	1.4	0.0	0.6	6.8	1.1
浙　江	1.1	1.3	4.1	1.0	-1.3	1.3	7.7	1.2
安　徽	18.4	5.2	6.8	3.4	13.4	3.7	61.9	8.4
福　建	14.3	4.3	5.0	-0.3	-1.4	4.9	29.0	4.3
江　西	18.3	9.4	5.5	2.7	3.5	1.3	46.9	6.6
山　东	7.0	-0.8	6.7	0.6	0.0	2.7	17.0	2.6
河　南	7.1	10.8	7.1	5.3	0.8	1.7	37.0	5.4
湖　北	9.6	10.3	4.1	6.8	-0.4	6.7	42.8	6.1
湖　南	8.1	8.4	8.0	10.7	2.1	5.1	50.2	7.0
广　东	4.0	0.9	5.3	4.5	-1.2	4.3	19.0	2.9
广　西	20.3	13.2	12.4	5.1	5.6	4.2	77.1	10.0
海　南	3.0	2.8	1.5	2.3	5.7	7.0	24.3	3.7
重　庆	20.1	5.9	9.8	2.3	0.7	1.2	45.5	6.4
四　川	11.5	10.4	4.0	2.3	0.5	0.2	31.9	4.7
贵　州	11.1	11.7	13.8	10.8	-0.2	6.7	66.4	8.9
云　南	50.4	-1.2	5.1	6.5	-11.2	6.6	57.5	7.9
陕　西	-2.5	13.3	7.5	7.4	7.0	0.0	36.5	5.3
甘　肃	15.2	-0.1	2.9	10.3	2.7	2.5	37.6	5.5
青　海	1.9	-11.1	-4.7	3.9	21.6	0.5	9.7	1.6
宁　夏	8.3	12.0	-3.9	55.5	-18.0	8.5	61.2	8.3
新　疆	2.7	28.5	8.3	8.9	7.8	-0.5	67.0	8.9
平　均	9.0	4.2	4.8	5.5	1.0	3.4	31.2	4.6

二　水资源利用指数排序

水资源利用效率的计算采用的是农业用水效率（农田灌溉水有效利用系

数），但由于该指标缺乏年度数据，同时，在年际变化很小，可以使用某个年份情况大体表示一个较短时期内各年份的情况。因此，水资源利用水平不存在年际变化，差异只体现在省级之间。

2006～2012年，水资源利用效率排名前5位的是上海、北京、天津、河北和山东，均为东部地区的省份；排名前10位中有8个是东部地区的省份，中部地区的河南和黑龙江进入前10位行列，西部地区的省份则无一入选。

2006～2012年，水资源利用效率排名后5位的是云南、青海、四川、广西和贵州，均为西部地区的省份；排名后10位中有7个是西部地区的省份，中部地区的湖南和江西进入后10名行列，东部地区的广东也进入后10名，位于全国第24位。

2006～2012年，水资源利用效率处于中游水平的省份中，东部地区占了2个，中部地区占了4个，西部地区占了4个。

总体来看，水资源利用水平体现出东、中、西部地区逐步降低的特征。

表7－4　各地区水资源利用指数排序与分值

省　份	分值	排名	省　份	分值	排名
上　海	1.0000	1	山　西	0.3469	16
北　京	0.9694	2	安　徽	0.3027	17
天　津	0.8435	3	新　疆	0.2789	18
河　北	0.8129	4	内蒙古	0.2483	19
山　东	0.6701	5	湖　北	0.2449	20
河　南	0.5680	6	湖　南	0.2007	21
浙　江	0.5340	7	重　庆	0.1939	22
江　苏	0.5340	8	江　西	0.1837	23
辽　宁	0.5272	9	广　东	0.1463	24
黑龙江	0.5102	10	宁　夏	0.1054	25
海　南	0.4728	11	贵　州	0.0646	26
陕　西	0.4524	12	广　西	0.0510	27
吉　林	0.4456	13	四　川	0.0408	28
甘　肃	0.3707	14	青　海	0.0000	29
福　建	0.3503	15	云　南	0.0000	29

三　环境质量指数排序与进展

（一）各地区环境质量指数排序及变化

1. 2012 年排序

2012 年，在环境质量指数排序中，排名前 5 位的全部是东部地区的省份，依次为天津、上海、山东、江苏和浙江；排名前 10 位的省份中有 8 个来自东部地区，中部地区的安徽和西部地区的重庆进入前 10 位，但排名靠后，分别为第 9 名和第 10 名（见图 7－2）。

排在后 5 位的全部是西部地区的省份，为云南、甘肃、贵州、新疆和宁夏；排名后 10 位的省份中、西部地区占了 8 位，但东部地区的辽宁和河北也位列其中，是东部地区排名最低的省份（见图 7－2）。

总体来看，2012 年各地区环境质量指数的排序体现出东、中、西部逐渐降低的趋势。

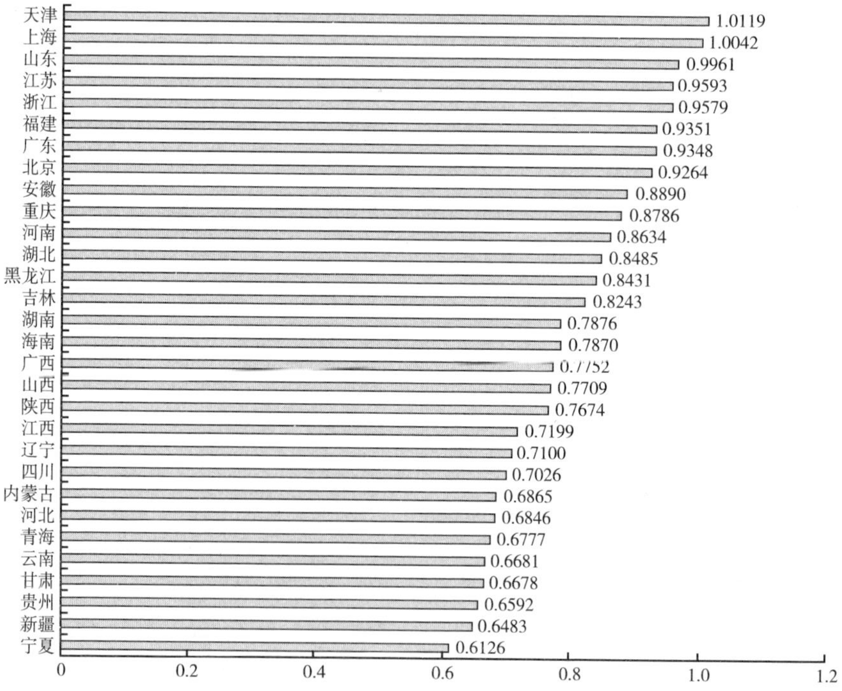

图 7－2　2012 年各地区环境质量指数排序

2. 2011～2012 年排序变化

与 2011 年相比，2012 年有 8 个省份排序未发生改变；10 个省份排序上升，其中福建和山西上升幅度较大，分别上升了 6 个位次和 4 个位次，福建重新进入前 10 名行列；12 个省份排序下降，其中内蒙古下降幅度较大，下降了 6 个位次（见表 7－5）。

3. 2006～2012 年排序变化

2006～2012 年，环境质量指数排在前 5 位的全部都是东部地区的省份，其中，排在前 2 名的始终是天津和上海；排在前 10 位的绝大多数是东部地区的省份；排在后 5 位的全部都是西部地区的省份；排在后 10 位的绝大部分是西部地区的省份，重庆是西部地区唯一没有进入过后 10 名的省份。

但是，各省份排序变化较大。与 2006 年相比，2012 年只有 4 个省份的排名没有发生变化；有 12 个省份的排名下降，其中下降幅度较大的是河北、新疆和云南，分别下降了 9 个位次、8 个位次和 7 个位次；有 14 个省份的排名上升，其中上升幅度较大的是广西和山西，分别上升了 11 个位次和 7 个位次。相对而言，排名前 10 位的省份变化较小，而排名后 10 位的省份变化较大（见表 7－5）。

表 7－5　各地区环境质量指数排序

排序	2006 年	2007 年	2008 年	2009 年	2010 年	2011 年	2012 年
1	天　津	天　津	天　津	天　津	天　津	天　津	天　津
2	上　海	上　海	上　海	上　海	上　海	上　海	上　海
3	江　苏	江　苏	江　苏	江　苏	江　苏	江　苏	山　东
4	广　东	山　东	浙　江	山　东	浙　江	山　东	江　苏
5	北　京	浙　江	山　东	浙　江	山　东	浙　江	浙　江
6	浙　江	北　京	广　东	广　东	广　东	广　东	福　建
7	山　东	广　东	北　京	福　建	福　建	北　京	广　东
8	福　建	海　南	海　南	北　京	安　徽	安　徽	北　京
9	安　徽	安　徽	安　徽	安　徽	海　南	湖　北	安　徽
10	海　南	福　建	福　建	海　南	北　京	河　南	重　庆
11	黑龙江	湖　北	河　南	河　南	湖　北	重　庆	河　南
12	河　南	黑龙江	湖　北	重　庆	河　南	福　建	湖　北
13	湖　北	河　南	重　庆	湖　北	重　庆	黑龙江	黑龙江
14	重　庆	重　庆	黑龙江	河　北	黑龙江	湖　南	吉　林
15	河　北	河　北	湖　南	黑龙江	湖　南	吉　林	湖　南

续表

排序	2006 年	2007 年	2008 年	2009 年	2010 年	2011 年	2012 年
16	吉　林	湖　南	河　北	湖　南	吉　林	陕　西	海　南
17	湖　南	吉　林	吉　林	吉　林	河　北	内蒙古	广　西
18	四　川	四　川	四　川	四　川	山　西	广　西	山　西
19	云　南	内蒙古	辽　宁	陕　西	陕　西	海　南	陕　西
20	辽　宁	云　南	云　南	辽　宁	四　川	江　西	江　西
21	新　疆	辽　宁	山　西	云　南	内蒙古	四　川	辽　宁
22	陕　西	陕　西	内蒙古	内蒙古	辽　宁	山　西	四　川
23	江　西	新　疆	陕　西	山　西	云　南	河　北	内蒙古
24	内蒙古	山　西	新　疆	江　西	江　西	辽　宁	河　北
25	山　西	江　西	江　西	广　西	广　西	青　海	青　海
26	甘　肃	甘　肃	甘　肃	新　疆	甘　肃	云　南	云　南
27	青　海	广　西	广　西	甘　肃	新　疆	新　疆	甘　肃
28	广　西	青　海	青　海	宁　夏	青　海	甘　肃	贵　州
29	贵　州	宁　夏	宁　夏	青　海	贵　州	贵　州	新　疆
30	宁　夏	贵　州	贵　州	贵　州	宁　夏	宁　夏	宁　夏

（二）中国及各地区环境质量进展

1. 2011～2012 年：环境质量全面扭转了 2011 年负增长态势，进展相对较快

2012 年，全国环境质量指数比 2011 年提高了 3.6%，全面扭转了 2011 年负增长的态势，也高于 2006～2012 年平均进展 0.3 个百分点；有 20 个省份进展快于 2011 年，山西、福建、海南、贵州和宁夏进展较快，均超过 10%，但河北、内蒙古、江苏和湖北进展出现倒退（见表 7－7）。

2. 2006～2012 年：环境质量缓慢改善，西部地区进展明显快于东部地区和中部地区

2006～2012 年，全国环境质量指数提高了 21.4%，年均增长 3.3%，相对于其他方面进展较慢。

从区域看，东部地区进展最慢，年均进展只有 0.9%，除辽宁外，其余省份进展均慢于全国平均进展，河北则为负增长；西部地区进展最快，年均增长 6.8%，是全国平均进展的一倍，虽然四川、云南和新疆进展低于全国平均进展，但广西、贵州和宁夏年均进展超过 10%（见表 7－7）。

表 7-6　中国及各地区环境质量指数分值

项　目	2006 年	2007 年	2008 年	2009 年	2010 年	2011 年	2012 年
北　京	0.9166	0.9274	0.8867	0.8944	0.8619	0.8656	0.9264
天　津	0.9527	0.9675	0.9822	0.9872	0.9958	1.0069	1.0119
河　北	0.6969	0.7203	0.7564	0.8060	0.7500	0.6907	0.6846
山　西	0.4959	0.5647	0.6305	0.6664	0.7178	0.6913	0.7709
内蒙古	0.5143	0.6258	0.6263	0.6691	0.7065	0.7310	0.6865
辽　宁	0.5692	0.6037	0.6698	0.6895	0.7039	0.6729	0.7100
吉　林	0.6686	0.7126	0.7177	0.7583	0.7869	0.7687	0.8243
黑龙江	0.7453	0.7601	0.7882	0.7974	0.8359	0.8021	0.8431
上　海	0.9454	0.9539	0.9704	0.9829	0.9912	0.9978	1.0042
江　苏	0.9277	0.9535	0.9664	0.9725	0.9748	0.9718	0.9593
浙　江	0.9164	0.9321	0.9428	0.9472	0.9683	0.9544	0.9579
安　徽	0.7903	0.8144	0.8408	0.8655	0.8830	0.8571	0.8890
福　建	0.8013	0.8072	0.8317	0.9000	0.8974	0.8282	0.9351
江　西	0.5157	0.5475	0.5946	0.6259	0.6674	0.7084	0.7199
山　东	0.9123	0.9439	0.9406	0.9708	0.9677	0.9614	0.9661
河　南	0.7409	0.7558	0.8077	0.8249	0.8527	0.8479	0.8634
湖　北	0.7340	0.7846	0.8043	0.8166	0.8567	0.8541	0.8485
湖　南	0.6683	0.7128	0.7693	0.7892	0.8351	0.7867	0.7876
广　东	0.9268	0.9102	0.9150	0.9453	0.9515	0.9297	0.9348
广　西	0.3764	0.5049	0.5328	0.6089	0.6506	0.7136	0.7752
海　南	0.7788	0.8522	0.8830	0.8535	0.8751	0.7128	0.7870
重　庆	0.7012	0.7511	0.7927	0.8225	0.8459	0.8444	0.8786
四　川	0.6072	0.6328	0.6996	0.7012	0.7070	0.6948	0.7026
贵　州	0.2459	0.3357	0.4169	0.4916	0.5564	0.5786	0.6592
云　南	0.5753	0.6063	0.6525	0.6761	0.6998	0.6520	0.6681
陕　西	0.5208	0.5775	0.6030	0.6959	0.7175	0.7418	0.7674
甘　肃	0.4495	0.5289	0.5437	0.5581	0.6319	0.6258	0.6678
青　海	0.4224	0.4530	0.4904	0.5399	0.5764	0.6629	0.6777
宁　夏	0.2425	0.3641	0.4405	0.5513	0.5370	0.5353	0.6126
新　疆	0.5504	0.5696	0.5952	0.6079	0.6243	0.6476	0.6483
平　均	0.6636	0.7058	0.7364	0.7672	0.7875	0.7779	0.8056

表 7－7 中国及各地区环境质量进展（环比增长）

单位：%

项 目	2007 年	2008 年	2009 年	2010 年	2011 年	2012 年	2012 年比 2006 年增长	2006～2012 年年均增长
北 京	1.2	-4.4	0.9	-3.6	0.4	7.0	1.1	0.2
天 津	1.6	1.5	0.5	0.9	1.1	0.5	6.2	1.0
河 北	3.4	5.0	6.6	-6.9	-7.9	-0.9	-1.8	-0.3
山 西	13.9	11.7	5.7	7.7	-3.7	11.5	55.5	7.6
内蒙古	21.7	0.1	6.8	5.6	3.5	-6.1	33.5	4.9
辽 宁	6.1	10.9	2.9	2.1	-4.4	5.5	24.7	3.8
吉 林	6.6	0.7	5.7	3.8	-2.3	7.2	23.3	3.6
黑龙江	2.0	3.7	1.2	4.8	-4.0	5.1	13.1	2.1
上 海	0.9	1.7	1.3	0.8	0.7	0.6	6.2	1.0
江 苏	2.8	1.4	0.6	0.2	-0.3	-1.3	3.4	0.6
浙 江	1.7	1.1	0.5	2.2	-1.4	0.4	4.5	0.7
安 徽	3.0	3.2	2.9	2.0	-2.9	3.7	12.5	2.0
福 建	0.7	3.0	8.2	-0.3	-7.7	12.9	16.7	2.6
江 西	6.2	8.6	5.3	6.6	6.1	1.6	39.6	5.7
山 东	3.5	-0.3	3.2	-0.3	-0.7	0.5	5.9	1.0
河 南	2.0	6.9	2.1	3.4	-0.6	1.8	16.5	2.6
湖 北	6.9	2.5	1.5	4.9	-0.3	-0.7	15.6	2.4
湖 南	6.7	7.9	2.6	5.8	-5.8	0.1	17.9	2.8
广 东	-1.8	0.5	3.3	0.7	-2.3	0.5	0.9	0.1
广 西	34.1	5.5	14.3	6.8	9.7	8.6	106.0	12.8
海 南	9.4	3.6	-3.3	2.5	-18.5	10.4	1.1	0.2
重 庆	7.1	5.5	3.8	2.8	-0.2	4.1	25.3	3.8
四 川	4.2	10.6	0.2	0.8	-1.7	1.1	15.7	2.5
贵 州	36.5	24.2	17.9	13.2	4.0	13.9	168.0	17.9
云 南	5.4	7.6	3.6	3.5	-6.8	2.5	16.1	2.5
陕 西	10.9	4.4	15.4	3.1	3.4	3.5	47.4	6.7
甘 肃	17.7	2.8	2.6	13.2	-1.0	6.7	48.6	6.8
青 海	7.2	8.3	10.1	6.8	15.0	2.2	60.4	8.2
宁 夏	50.1	21.0	25.2	-2.6	-0.3	14.4	152.6	16.7
新 疆	3.5	4.5	2.1	2.7	3.7	0.1	17.8	2.8
平 均	6.4	4.3	4.2	2.6	-1.2	3.6	21.4	3.3

四　垃圾处理指数排序与进展

（一）各地区垃圾处理指数排序及变化

1. 2012 年排序

2012 年，各地区垃圾处理指数排序中，排名前 5 位的有 4 个是东部地区的省份，按照排名先后依次为海南、天津、北京和浙江，西部地区的重庆位于第 3 名；排名前 10 位的省份中有 7 个来自东部地区，经济发达的上海和广东排名较为靠后；中部地区的湖南和西部地区的广西也进入了前 10 位，但排名相对靠后，分别为第 10 名和第 7 名。后 10 名中，中、西部地区各占 4 个，中部地区的黑龙江和吉林分别列倒数第 3 位和倒数第 2 位，总体上看，中部地区整体排序相对靠后（见图 7－3）。

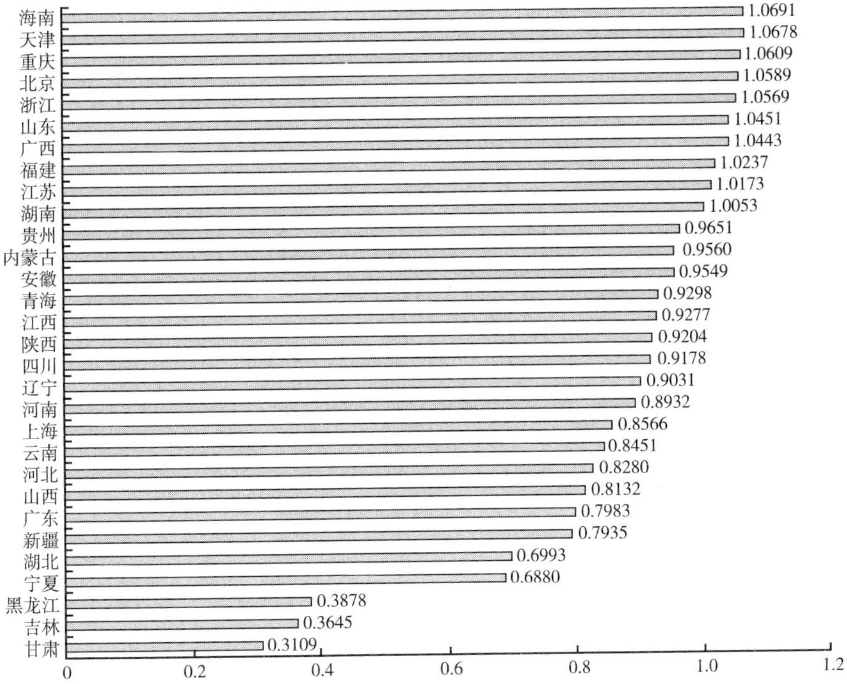

图 7－3　2012 年各地区垃圾处理指数排序

2. 2011～2012 年排序变化

与 2011 年相比，2012 年各地区垃圾处理指数排序发生了较大变化，除广东和甘肃外，所有省份的排序均发生了变化。11 个省份排序上升，其中，海南上升幅度最大，上升了 8 个位次，由第 9 位跃居到首位；湖南、内蒙古和上海升幅也较大，均上升了 6 个位次。有 17 个省份排序下降，其中陕西和新疆下降幅度较大，分别下降了 6 个位次和 5 个位次（见表 7－8）。

表 7－8 各地区垃圾处理指数排序

排序	2006 年	2007 年	2008 年	2009 年	2010 年	2011 年	2012 年
1	青　海	北　京	北　京	北　京	天　津	天　津	海　南
2	北　京	青　海	天　津	浙　江	重　庆	重　庆	天　津
3	浙　江	天　津	江　苏	重　庆	浙　江	北　京	重　庆
4	天　津	浙　江	浙　江	天　津	北　京	浙　江	北　京
5	江　苏	江　苏	重　庆	福　建	江　苏	广　西	浙　江
6	山　东	重　庆	福　建	江　苏	宁　夏	福　建	山　东
7	贵　州	福　建	广　西	山　东	福　建	江　苏	广　西
8	海　南	山　东	四　川	广　西	山　东	山　东	福　建
9	陕　西	云　南	云　南	江　西	广　西	海　南	江　苏
10	重　庆	上　海	江　西	四　川	贵　州	陕　西	湖　南
11	福　建	贵　州	山　东	贵　州	云　南	青　海	贵　州
12	上　海	江　西	贵　州	云　南	四　川	贵　州	内蒙古
13	广　西	四　川	青　海	上　海	江　西	四　川	安　徽
14	四　川	广　西	上　海	河　南	内蒙古	江　西	青　海
15	广　东	广　东	陕　西	内蒙古	河　南	安　徽	江　西
16	宁　夏	海　南	河　南	陕　西	上　海	湖　南	陕　西
17	辽　宁	辽　宁	海　南	湖　南	陕　西	河　南	四　川
18	江　西	河　南	广　东	广　东	湖　南	内蒙古	辽　宁
19	内蒙古	内蒙古	辽　宁	青　海	山　西	辽　宁	河　南
20	河　北	河　北	湖　南	海　南	广　东	新　疆	上　海
21	河　南	湖　南	河　北	山　西	辽　宁	山　西	云　南
22	湖　南	陕　西	宁　夏	安　徽	新　疆	云　南	河　北
23	湖　北	宁　夏	内蒙古	新　疆	河　北	河　北	山　西
24	云　南	安　徽	安　徽	辽　宁	海　南	广　东	广　东
25	安　徽	湖　北	湖　北	河　北	青　海	宁　夏	新　疆
26	新　疆	吉　林	新　疆	湖　北	安　徽	上　海	湖　北
27	黑龙江	山　西	山　西	宁　夏	湖　北	湖　北	宁　夏
28	山　西	新　疆	吉　林	吉　林	吉　林	吉　林	黑龙江
29	甘　肃	甘　肃	甘　肃	甘　肃	黑龙江	黑龙江	吉　林
30	吉　林	黑龙江	黑龙江	黑龙江	甘　肃	甘　肃	甘　肃

3. 2006～2012 年排序变化

与2006年相比，2012年除山东省外，所有省份的排序均发生了变化，即使是山东，其排序在年际也是不断变换的。有14个省份排序上升，其中，湖南、安徽上升幅度较大，均上升了12个位次，上升幅度较大的还有海南、重庆、内蒙古，均上升了7个位次。15个省份排序下降，其中青海和宁夏下降幅度较大，分别下降了13个位次和11个位次，上海和陕西下降幅度也较大，分别下降了8个位次和7个位次（见表7－8）。

分区域看，中部地区整体排序上升，西部地区整体排序略有下降。与2006年相比，2012年西部地区排名前10位的省份由4个减少到2个，而在后10名中的省份由3个增加到4个。2006年，中部地区没有1个省份进入前10名中，只有江西进入前20名以内，排在第18位，而到2012年，湖南位列第10，有4个省份进入20名以内；同期，中部地区排在后10位的省份由7个减少到4个（见表7－8）。

（二）中国及各地区垃圾处理进展

1. 2011～2012 年：垃圾处理水平缓慢提升

2012年，全国垃圾处理水平比2011年提高了6.2%，比2011年进展快2.1个百分点，但低于2006～2012年平均进展4.9个百分点，是进展较慢的年份，进展速度仅快于2011年（见表7－10）。

表7－9　中国及各地区垃圾处理指数分值

项　目	2006年	2007年	2008年	2009年	2010年	2011年	2012年
北　京	0.9727	1.0143	1.0404	1.0469	1.0313	1.0469	1.0589
天　津	0.8750	0.9831	0.9857	0.9961	1.0703	1.0703	1.0678
河　北	0.3737	0.4635	0.5130	0.5365	0.6771	0.7135	0.8280
山　西	0.0690	0.2656	0.3867	0.5872	0.7266	0.7773	0.8132
内蒙古	0.3971	0.4714	0.4844	0.7057	0.8464	0.8555	0.9560
辽　宁	0.4727	0.5039	0.5469	0.5482	0.6914	0.8164	0.9031
吉　林	0.0000	0.2656	0.1927	0.2682	0.3477	0.4089	0.3645
黑龙江	0.0716	0.0677	0.1120	0.1576	0.2943	0.3372	0.3878
上　海	0.5221	0.7995	0.7370	0.7943	0.8346	0.5625	0.8566
江　苏	0.8594	0.8997	0.9505	0.9531	0.9870	0.9896	1.0173
浙　江	0.8919	0.9063	0.9349	1.0391	1.0482	1.0234	1.0569

续表

项　目	2006 年	2007 年	2008 年	2009 年	2010 年	2011 年	2012 年
安　徽	0. 1771	0. 4076	0. 4714	0. 5612	0. 6094	0. 9010	0. 9549
福　建	0. 5247	0. 8307	0. 9141	0. 9727	0. 9661	1. 0000	1. 0237
江　西	0. 4284	0. 6862	0. 8060	0. 8672	0. 8867	0. 9180	0. 9277
山　东	0. 6810	0. 8190	0. 8021	0. 9466	0. 9648	0. 9727	1. 0451
河　南	0. 3711	0. 4831	0. 6445	0. 7487	0. 8438	0. 8672	0. 8932
湖　北	0. 2214	0. 3138	0. 4583	0. 4935	0. 5677	0. 5625	0. 6993
湖　南	0. 3711	0. 4557	0. 5430	0. 6354	0. 7969	0. 8932	1. 0053
广　东	0. 4948	0. 5885	0. 6003	0. 6211	0. 7070	0. 7070	0. 7983
广　西	0. 5169	0. 6589	0. 8398	0. 8919	0. 9544	1. 0117	1. 0443
海　南	0. 5820	0. 5768	0. 6107	0. 6146	0. 6536	0. 9583	1. 0691
重　庆	0. 5352	0. 8398	0. 9193	1. 0169	1. 0547	1. 0651	1. 0609
四　川	0. 5104	0. 6784	0. 8177	0. 8555	0. 8997	0. 9193	0. 9178
贵　州	0. 6536	0. 6953	0. 7682	0. 8320	0. 9479	0. 9219	0. 9651
云　南	0. 2148	0. 8151	0. 8099	0. 8216	0. 9180	0. 7331	0. 8451
陕　西	0. 5521	0. 4505	0. 6602	0. 6693	0. 8073	0. 9440	0. 9204
甘　肃	0. 0065	0. 1107	0. 1888	0. 1901	0. 2630	0. 3112	0. 3109
青　海	1. 0000	1. 0039	0. 7474	0. 6159	0. 6445	0. 9336	0. 9298
宁　夏	0. 4896	0. 4505	0. 5039	0. 3151	0. 9727	0. 6406	0. 6880
新　疆	0. 1198	0. 1354	0. 4453	0. 5573	0. 6875	0. 8034	0. 7935
平　均	0. 4652	0. 5880	0. 6478	0. 6953	0. 7900	0. 8222	0. 8734

分省看，有 14 个省份进展快于 2011 年，有 8 个省份出现负增长，有 12 个省份高于全国平均进展（见表 7 - 10）。

2. 2006 ~ 2012 年：垃圾处理水平大幅提升

2006 ~ 2012 年，全国垃圾处理指数提高了 87. 7%，年均增长 11. 1%，在生态环境一体化中增长得最快，在 13 个二级指标中（不包括水资源利用）也增长得较快。分区域看，中部地区增长得最快，年均达到 23. 4%，西部地区与全国平均进展相差不大，东部地区进展则较为缓慢，年均增长只有 6. 7%。分省看，甘肃、山西、新疆、黑龙江、安徽等省份增长迅速；有 14 个省份增长速度低于全国平均水平，其中 9 个为东部地区的省份；青海为负增长，由此导致其从第 1 跌落到第 14 位（见表 7 - 10）。

表 7-10　中国及各地区垃圾处理进展（环比增长）

单位：%

项　目	2007 年	2008 年	2009 年	2010 年	2011 年	2012 年	2012 年比 2006 年增长	2006～2012 年年均增长
北　京	4.3	2.6	0.6	-1.5	1.5	1.1	8.9	1.4
天　津	12.4	0.3	1.1	7.4	0.0	-0.2	22.0	3.4
河　北	24.0	10.7	4.6	26.2	5.4	16.0	121.6	14.2
山　西	284.9	45.6	51.8	23.7	7.0	4.6	1078.3	50.8
内蒙古	18.7	2.8	45.7	19.9	1.1	11.7	140.7	15.7
辽　宁	6.6	8.5	0.2	26.1	18.1	10.6	91.1	11.4
吉　林	—	-27.4	39.2	29.6	17.6	-10.9	—	—
黑龙江	-5.4	65.4	40.7	86.7	14.6	15.0	441.5	32.5
上　海	53.1	-7.8	7.8	5.1	-32.6	52.3	64.1	8.6
江　苏	4.7	5.6	0.3	3.6	0.3	2.8	18.4	2.9
浙　江	1.6	3.2	11.1	0.9	-2.4	3.3	18.5	2.9
安　徽	130.2	15.7	19.0	8.6	47.9	6.0	439.3	32.4
福　建	58.3	10.0	6.4	-0.7	3.5	2.4	95.1	10.8
江　西	60.2	17.5	7.6	2.2	3.5	1.1	116.6	13.7
山　东	20.3	-2.1	18.0	1.9	0.8	7.4	53.5	7.4
河　南	30.2	33.4	16.2	12.7	2.8	3.0	140.7	15.8
湖　北	41.7	46.0	7.7	15.0	-0.9	24.3	215.9	21.1
湖　南	22.8	19.2	17.0	25.4	12.1	12.6	170.9	18.1
广　东	18.9	2.0	3.5	13.8	0.0	12.9	61.3	8.3
广　西	27.5	27.5	6.2	7.0	6.0	3.2	102.0	12.4
海　南	-0.9	5.9	0.6	6.3	46.6	11.6	83.7	10.7
重　庆	56.9	9.5	10.6	3.7	1.0	-0.4	98.3	12.1
四　川	32.9	20.5	4.6	5.2	2.2	-0.2	79.8	10.3
贵　州	6.4	10.5	8.3	13.9	-2.7	4.7	47.7	6.7
云　南	279.5	-0.6	1.4	11.7	-20.1	15.3	293.3	25.6
陕　西	-18.4	46.5	1.4	20.6	16.9	-2.5	66.7	8.9
甘　肃	1603.1	70.6	0.7	38.3	18.3	-0.1	4676.0	90.4
青　海	0.4	-25.6	-17.6	4.6	44.9	-0.4	-7.0	-1.2
宁　夏	-8.0	11.9	-37.5	208.7	-34.1	7.4	40.5	5.8
新　疆	13.0	228.9	25.2	23.4	16.9	-1.2	562.4	37.0
平　均	26.4	10.2	7.3	13.6	4.1	6.2	87.7	11.1

五　自然资源保护指数排序与进展

（一）各地区自然资源保护指数排序及变化

1. 2012 年排序

2012 年，自然资源保护指数排名前 5 位中，有 4 个是中、西部地区的省份，东部地区只有福建进入前 5 位，并且排列最后；排名前 10 位的省份中，有 7 个来自中、西部地区（见图 7－4）。

自然资源保护指数排在后 4 位的全部是东部地区的省份，依次为山东、天津、上海和江苏；排名后 10 位的省份中，东部地区占了 5 位（见图 7－4）。

总体来看，2012 年中国各地区自然资源保护指数的排序体现出东、中、西部逐渐上升的趋势，中、西部地区高于东部地区。

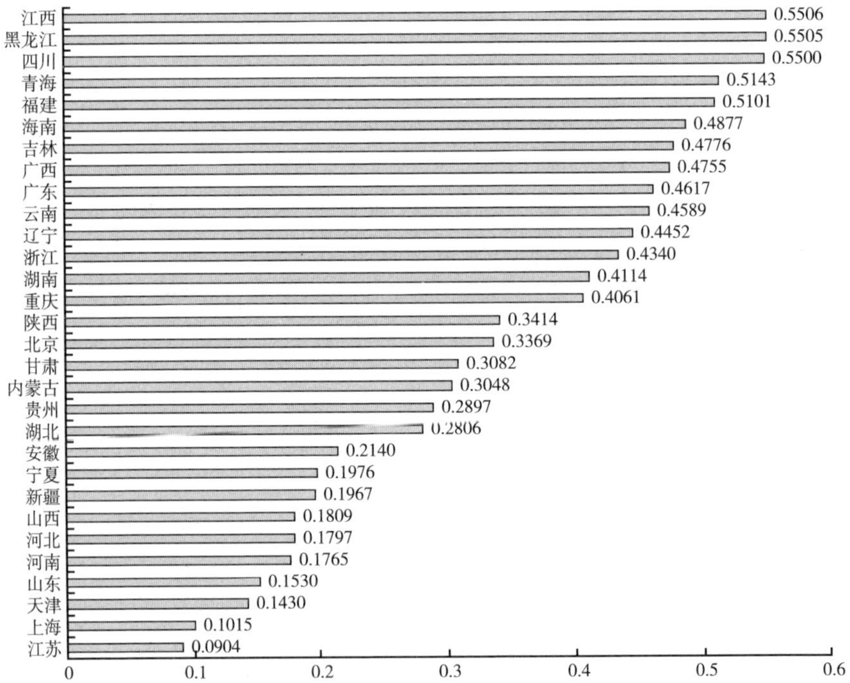

图 7－4　2012 年各地区自然资源保护指数排序

2. 2011～2012 年排序变化

与2011年相比，2012年各地区自然资源保护指数排序变动很小。有20个省份排序未发生变动；排序变动的10个省份，变动幅度都很小，均为1～2个位次（见表7－11）。

表7－11 各地区自然资源保护指数排序

排序	2006年	2007年	2008年	2009年	2010年	2011年	2012年
1	四川	四川	青海	四川	四川	四川	江西
2	青海	青海	江西	江西	黑龙江	黑龙江	黑龙江
3	福建	福建	福建	黑龙江	江西	江西	四川
4	江西	江西	四川	青海	青海	青海	青海
5	黑龙江	黑龙江	黑龙江	福建	福建	福建	福建
6	吉林	吉林	吉林	海南	海南	海南	海南
7	云南	云南	海南	广西	广西	广西	吉林
8	海南	海南	浙江	广东	吉林	吉林	广西
9	浙江	浙江	广东	云南	广东	云南	广东
10	辽宁	广东	云南	辽宁	云南	广东	云南
11	广东	辽宁	辽宁	浙江	辽宁	辽宁	辽宁
12	广西	广西	广西	重庆	浙江	浙江	浙江
13	甘肃	甘肃	湖南	湖南	湖南	湖南	湖南
14	湖南	湖南	重庆	吉林	重庆	重庆	重庆
15	重庆	重庆	陕西	陕西	陕西	陕西	陕西
16	陕西	陕西	内蒙古	北京	北京	北京	北京
17	内蒙古	内蒙古	甘肃	甘肃	甘肃	甘肃	甘肃
18	天津	天津	北京	内蒙古	内蒙古	内蒙古	内蒙古
19	湖北	北京	湖北	贵州	贵州	贵州	贵州
20	北京	湖北	天津	湖北	湖北	湖北	湖北
21	贵州	贵州	贵州	安徽	安徽	安徽	安徽
22	上海	上海	上海	新疆	新疆	新疆	宁夏
23	新疆	安徽	安徽	宁夏	宁夏	宁夏	新疆
24	安徽	新疆	新疆	山西	山西	山西	山西
25	山西	山西	山西	河南	河南	河南	河北
26	山东	山东	山东	河北	河北	河北	河南
27	宁夏	宁夏	宁夏	山东	山东	山东	山东
28	河南	河南	河南	天津	天津	天津	天津
29	河北	河北	河北	上海	上海	上海	上海
30	江苏	江苏	江苏	江苏	江苏	江苏	江苏

3. 2006～2012 年排序变化

2006～2012 年，自然资源保护指数排在前 5 位的省份非常稳定地在四川、青海、江西、黑龙江和福建之间转换，除福建外，其余均为中、西部地区的省份。排在前 10 位的仍是以中、西部地区的省份为主（见表 7－11）。

2006～2012 年，排在后 5 位的以东部地区的省份为主，其中山东、天津、上海和江苏 4 个中国最发达的沿海省份自 2009 年起稳定地占据后 4 位。东部地区的省份在后 10 位中也占据半壁江山（见表 7－11）。

分省看，与 2006 年相比，2012 年只有江苏和新疆的排序未发生变动，特别是江苏在 2006～2012 年都排在最后。有 15 个省份排序上升，但上升幅度不大，上升幅度最大的是宁夏，上升了 5 个位次。有 13 个省份的排名下降，其中下降幅度最大的是天津，下降了 10 个位次；其次是上海，下降了 7 个位次（见表 7－11）。

（二）中国及各地区自然资源保护进展

1. 2011～2012 年：自然资源保护水平停滞不前

2012 年，全国自然资源保护指数比 2011 年提高了 0.1%，略低于 2011 年的进展，也低于 2006～2012 年的平均进展，仅高于 2008 年的进展，处于停滞不前的状态。只有 10 个省份高于 2011 年进展，9 个省份高于 2012 年全国平均进展，多达 14 个省份出现负增长（见表 7－13）。

表 7－12　中国及各地区自然资源保护指数分值

项　目	2006 年	2007 年	2008 年	2009 年	2010 年	2011 年	2012 年
北　京	0.2491	0.2509	0.2509	0.3374	0.3374	0.3374	0.3369
天　津	0.2588	0.2570	0.2425	0.1437	0.1437	0.1437	0.1430
河　北	0.1340	0.1304	0.1304	0.1686	0.1705	0.1705	0.1797
山　西	0.1699	0.1717	0.1717	0.1801	0.1801	0.1801	0.1809
内蒙古	0.2825	0.2844	0.2880	0.3071	0.3071	0.3071	0.3048
辽　宁	0.4008	0.3917	0.3917	0.4472	0.4472	0.4527	0.4452
吉　林	0.4686	0.4722	0.4704	0.3756	0.4752	0.4752	0.4776
黑龙江	0.4730	0.4947	0.5038	0.5279	0.5370	0.5442	0.5505
上　海	0.2235	0.2235	0.2235	0.1012	0.1012	0.1012	0.1015
江　苏	0.1144	0.0999	0.0908	0.0904	0.0904	0.0904	0.0904
浙　江	0.4285	0.4285	0.4266	0.4335	0.4335	0.4335	0.4340

续表

项　目	2006 年	2007 年	2008 年	2009 年	2010 年	2011 年	2012 年
安　徽	0.1882	0.2027	0.2027	0.2111	0.2111	0.2148	0.2140
福　建	0.5091	0.5091	0.5091	0.5117	0.5117	0.5081	0.5101
江　西	0.4935	0.5007	0.5134	0.5352	0.5352	0.5424	0.5506
山　东	0.1598	0.1598	0.1598	0.1565	0.1565	0.1547	0.1530
河　南	0.1451	0.1469	0.1451	0.1765	0.1765	0.1765	0.1765
湖　北	0.2514	0.2477	0.2477	0.2727	0.2817	0.2817	0.2806
湖　南	0.3607	0.3607	0.3626	0.3993	0.4084	0.4084	0.4114
广　东	0.3990	0.4008	0.4026	0.4611	0.4666	0.4611	0.4617
广　西	0.3801	0.3783	0.3801	0.4759	0.4759	0.4759	0.4755
海　南	0.4316	0.4316	0.4316	0.4918	0.4882	0.4882	0.4877
重　庆	0.3154	0.3118	0.3136	0.4039	0.3985	0.4057	0.4061
四　川	0.5178	0.5178	0.5051	0.5475	0.5475	0.5511	0.5500
贵　州	0.2246	0.2246	0.2246	0.2895	0.2895	0.2895	0.2897
云　南	0.4620	0.4620	0.3986	0.4580	0.4653	0.4653	0.4589
陕　西	0.2924	0.2924	0.2924	0.3405	0.3405	0.3423	0.3414
甘　肃	0.3776	0.3776	0.2834	0.3088	0.3088	0.3088	0.3082
青　海	0.5125	0.5143	0.5143	0.5141	0.5141	0.5141	0.5143
宁　夏	0.1571	0.1571	0.1571	0.1878	0.1878	0.1969	0.1976
新　疆	0.1993	0.1957	0.1957	0.1976	0.1976	0.1976	0.1967
平　均	0.3193	0.3199	0.3143	0.3351	0.3395	0.3406	0.3410

2. 2006~2012 年：自然资源保护水平提升十分缓慢，部分地区有所恶化

2006~2012 年，全国自然资源保护指数仅提高了 6.8%，年均增长 1.1%，在所有城乡发展一体化指数中增长得最慢，严重制约了城乡发展一体化进展。有 12 个省份年均增长速度低于全国平均水平，其中天津、上海、江苏、山东、云南、甘肃和新疆为负增长，表明自然资源保护状况不仅没有改善，反而相对恶化（见表 7-13）。

分区域看，东、中、西部地区自然资源保护指数年均增长分别为 0.2%、1.8% 和 1.4%，中、西部地区进展明显快于东部地区。

表 7－13　中国及各地区自然资源保护进展（环比增长）

单位：%

项　目	2007 年	2008 年	2009 年	2010 年	2011 年	2012 年	2012 年比 2006 年增长	2006～2012 年均增长
北　京	0.7	0.0	34.5	0.0	0.0	－0.1	35.2	5.2
天　津	－0.7	－5.6	－40.7	0.0	0.0	－0.5	－44.8	－9.4
河　北	－2.7	0.0	29.3	1.1	0.0	5.4	34.1	5.0
山　西	1.1	0.0	4.9	0.0	0.0	0.4	6.5	1.1
内蒙古	0.7	1.3	6.6	0.0	0.0	－0.7	7.9	1.3
辽　宁	－2.3	0.0	14.2	0.0	1.2	－1.7	11.1	1.8
吉　林	—	－0.4	－20.2	26.5	0.0	0.5	1.9	0.3
黑龙江	4.6	1.8	4.8	1.7	1.3	1.2	16.4	2.6
上　海	0.0	0.0	－54.7	0.0	0.0	0.3	－54.6	－12.3
江　苏	－12.7	－9.1	－0.4	0.0	0.0	0.0	－21.0	－3.8
浙　江	0.0	－0.4	1.6	0.0	0.0	0.1	1.3	0.2
安　徽	7.7	0.0	4.1	0.0	1.8	－0.4	13.7	2.2
福　建	0.0	0.0	0.5	0.0	－0.7	0.4	0.2	0.1
江　西	1.5	2.5	4.2	0.0	1.3	1.5	11.6	1.8
山　东	0.0	0.0	－2.1	0.0	－1.2	－1.1	－4.3	－0.7
河　南	1.2	－1.2	21.6	0.0	0.0	0.0	21.7	3.3
湖　北	－1.5	0.0	10.1	3.3	0.0	－0.4	11.6	1.8
湖　南	0.0	0.5	10.1	2.3	0.0	0.7	14.1	2.2
广　东	0.5	0.4	14.5	1.2	－1.2	0.1	15.7	2.5
广　西	－0.5	0.5	25.2	0.0	0.0	－0.1	25.1	3.8
海　南	0.0	0.0	13.9	－0.7	0.0	－0.1	13.0	2.1
重　庆	－1.1	0.6	28.8	－1.3	1.8	0.1	28.8	4.3
四　川	0.0	－2.5	8.4	0.0	0.7	－0.2	6.2	1.0
贵　州	0.0	0.0	28.9	0.0	0.0	0.1	29.0	4.4
云　南	0.0	－13.7	14.9	1.6	0.0	－1.4	－0.7	－0.1
陕　西	0.0	0.0	16.5	0.0	0.5	－0.3	16.8	2.6
甘　肃	0.0	－24.9	9.0	0.0	0.0	－0.2	－18.4	－3.3
青　海	0.4	0.0	0.0	0.0	0.0	0.0	0.4	0.1
宁　夏	0.0	0.0	19.5	0.0	4.8	0.4	25.8	3.9
新　疆	－1.8	0.0	1.0	0.0	0.0	－0.5	－1.3	－0.2
平　均	0.2	－1.8	6.6	1.3	0.3	0.1	6.8	1.1

附　　录

附录一 北京城乡发展一体化水平排序与进展

一 城乡发展一体化水平排序与变化

1. 2012年：总水平排序高居全国榜首

2012年，北京城乡发展一体化总水平（总指数）居于全国首位（见附表1－1）。

四个一体化中，社会发展一体化、生活水平一体化以及生态环境一体化居于全国首位；经济发展一体化仅次于上海，排名全国第2位（见附表1－1）。

14个二级指标中，11个指标排名全国前5位，其中有2个指标位列全国第1，有6个指标位列全国第2，有2个指标位列全国第3；只有自然资源保护排序较为靠后，位列全国第16；产业协调和环境质量的排序相对靠后，分别位列全国第7和第8（见附表1－1）。

36个三级指标中，有29个指标排序进入全国前5名，其中10个指标位列第1（1个指标并列第1），11个指标位列第2，3个指标位列第3；没有1个指标进入后5位，只有2个指标排序在第10名以后。

2. 2011～2012年变化：总水平排序继续保持全国榜首地位

与2011年相比，2012年北京市城乡发展一体化总水平继续保持榜首地位，四个一体化发展的排序也没有发生变化，但有四个二级指标的排序有所下

附表 1－1　北京城乡发展一体化在全国排序

年　份	2006	2007	2008	2009	2010	2011	2012
总指数	2	1	1	1	1	1	1
经济发展一体化	1	1	2	2	2	2	2
经济发展	2	2	2	2	2	2	2
产业协调	4	5	5	5	7	5	7
要素流动	1	1	1	1	1	1	2
社会发展一体化	2	1	1	1	1	1	1
教育均衡发展	1	1	1	1	1	1	1
卫生均衡发展	3	3	3	2	3	3	3
文化均衡发展	3	1	2	4	5	2	2
社会保障均衡发展	4	6	3	1	2	3	3
生活水平一体化	2	2	1	1	1	1	1
收入消费水平	2	2	1	1	1	2	2
生活环境质量	3	3	3	3	3	2	2
信息化普及率	2	1	1	1	1	1	1
生态环境一体化	1	1	1	1	1	1	1
水资源利用	2	2	2	2	2	2	2
环境质量	5	6	7	8	10	7	8
垃圾处理	2	1	1	1	4	3	4
自然资源保护	20	19	18	16	16	16	16

降，其中，要素流动、环境质量、垃圾处理 3 个指标的排序下降 1 个位次，产业协调排序下降 2 个位次（见附表 1－1）。

3. 2006～2012 年变化：总水平排序自 2007 年起一直稳居全国榜首

2006 年，北京城乡发展一体化总水平排名全国第 2 位，但自 2007 年后则一直稳居榜首。

2006～2009 年，四个一体化中，生态环境一体化一直位列全国第 1；社会发展一体化自 2007 年起、生活水平一体化自 2008 年起均一直牢牢占据第 1 的位置，排序均上升 1 个位次；而经济发展一体化自 2008 年起下降至第 2 位，排序下降了 1 个位次（见附表 1－1）。

2006～2009 年，13 个二级指标中（不包括水资源利用），经济发展、要素流动、教育均衡发展、卫生均衡发展、收入消费水平、生活环境质量、信息化普及率的排序非常稳定，变动很小；文化均衡发展、社会保障均衡发展和自然资源保护排序上升，但上升幅度不大，只有自然资源保护排序上升了 4 个位次，而且年际有所波动；产业协调、环境质量、垃圾处理排序下降，但最大下降幅度也只有 3 个位次（见附表 1－1）。

二　城乡发展一体化进展

1. 2011～2012 年：总水平继续稳步提升

2012 年，北京市城乡发展一体化总水平进一步提升，总指数分值比 2011 年提高了 4.6%，比 2011 年进展快 0.4 个百分点，但低于 2012 年全国平均进展 4.4 个百分点（见附表 1－3）。

四个一体化中，经济发展一体化水平比 2011 年提高 5.2%，既低于 2011 年进展，也低于全国平均进展，进展有所减缓；社会发展一体化水平比 2011 年提高 5.8%，远远低于 2011 年进展和全国平均进展，进展明显减缓；生活水平一体化水平比 2011 年提高 5%，高于 2011 年进展，但远远低于全国平均进展；生态环境一体化水平比 2011 年提高 2.2%，高于 2011 年进展，但低于全国平均进展（见附表 1－3）。

13 个二级指标中（不包括水资源利用），产业协调、要素流动、文化均衡发展、收入消费水平、信息化普及率和环境质量进展快于 2011 年，这些指标中，除环境质量进展高于全国平均进展外，其他均低于全国平均进展；经济发展、教育均衡发展、社会保障均衡发展、生活环境质量和垃圾处理进展慢于 2011 年，除社会保障均衡发展基本与全国平均进展持平外，其他均慢于全国平均进展；卫生均衡发展和自然资源保护出现倒退（见附表 1－3）。

2. 2006～2012 年：总水平稳步均衡提升

总体上看，2006～2012 年，北京市城乡发展一体化总水平进展特点表现为：进展相对较慢，但在相对高的起点上仍在不断提高，城乡发展一体化总水平以及各个方面进展较为均衡。由于基础好、起点高，进展相对较慢并未影响到北京在全国的领先地位。

2006～2012 年，北京市城乡发展一体化总指数分值年均提高 4.5%，低于全国平均进展 3.3 个百分点。总体上看，除个别年份外，北京市城乡发展一体化进展较为均衡，波动不大（见附表 1－3）。

2006～2012年四个一体化进展程度也不及全国平均水平，经济发展一体化、社会发展一体化、生活水平一体化、生态环境一体化分别比全国平均水平低2.7个、1.2个、6.2个和3.6个百分点；但除生态环境一体化外，经济发展一体化、社会发展一体化和生活水平一体化年均提升幅度分别为5.3%、5.8%和5.5%，三者保持了大体一致，城乡发展一体化水平均衡提升（见附表1－3）。

2006～2012年13个二级指标中（不包括水资源利用），只有社会保障均衡发展和自然资源保护两项进展高于全国平均水平。社会保障均衡发展进展最快，年均达到11.5%；环境质量进展最为缓慢，年均只有0.2%（见附表1－3）。

附表1－2 北京城乡发展一体化指数分值

年份	2006	2007	2008	2009	2010	2011	2012
总指数	0.7730	0.8275	0.8667	0.9073	0.9211	0.9594	1.0039
经济发展一体化	0.7812	0.8542	0.8939	0.9248	0.9544	1.0131	1.0654
经济发展	0.9236	1.0449	1.1274	1.1698	1.2445	1.3919	1.4667
产业协调	0.6966	0.7066	0.7359	0.7659	0.7602	0.7784	0.8447
要素流动	0.7236	0.8110	0.8186	0.8387	0.8586	0.8690	0.8847
社会发展一体化	0.6890	0.7376	0.7742	0.8020	0.7985	0.9132	0.9658
教育均衡发展	0.8547	0.9301	0.9824	1.0309	1.1356	1.2495	1.2814
卫生均衡发展	0.6486	0.6557	0.6280	0.6697	0.6498	0.7572	0.7105
文化均衡发展	0.6752	0.6929	0.6439	0.6559	0.6455	0.6569	0.7631
社会保障均衡发展	0.5774	0.6715	0.8426	0.8515	0.7630	0.9894	1.1084
生活水平一体化	0.8448	0.9279	1.0118	1.0902	1.1313	1.1065	1.1617
收入消费水平	0.8726	0.9453	0.9652	1.0744	1.1009	1.0860	1.1097
生活环境质量	0.7400	0.7704	0.8221	0.8874	0.9733	1.0046	1.0054
信息化普及率	0.9216	1.0681	1.2481	1.3089	1.3198	1.2290	1.3699
生态环境一体化	0.7769	0.7905	0.7868	0.8120	0.8000	0.8048	0.8229
水资源利用	0.9694	0.9694	0.9694	0.9694	0.9694	0.9694	0.9694
环境质量	0.9166	0.9274	0.8867	0.8944	0.8619	0.8656	0.9264
垃圾处理	0.9727	1.0143	1.0404	1.0469	1.0313	1.0469	1.0589
自然资源保护	0.2491	0.2509	0.2509	0.3374	0.3374	0.3374	0.3369

附表 1-3　北京城乡发展一体化进展（环比增长）

单位：%

项　目	2007 年	2008 年	2009 年	2010 年	2011 年	2012 年比 2011 年增长		2006～2012 年年均增长	
						北京	全国	北京	全国
总指数	7.1	4.7	4.7	1.5	4.2	4.6	9.0	4.5	7.8
经济发展一体化	9.3	4.6	3.5	3.2	6.2	5.2	7.8	5.3	8.0
经济发展	13.1	7.9	3.8	6.4	11.8	5.4	11.7	8.0	14.7
产业协调	1.4	4.1	4.1	-0.7	2.4	8.5	9.0	3.3	6.7
要素流动	12.1	0.9	2.5	2.4	1.2	1.8	1.9	3.4	3.8
社会发展一体化	7.1	5.0	3.6	-0.4	14.4	5.8	13.7	5.8	7.0
教育均衡发展	8.8	5.6	4.9	10.2	10.0	2.6	12.8	7.0	11.6
卫生均衡发展	1.1	-4.2	6.6	-3.0	16.5	-6.2	1.3	1.5	3.6
文化均衡发展	2.6	-7.1	1.9	-1.6	1.8	16.2	36.2	2.1	3.2
社会保障均衡发展	16.3	25.5	1.1	-10.4	29.7	12.0	11.9	11.5	9.1
生活水平一体化	9.8	9.0	7.7	3.8	-2.2	5.0	11.2	5.5	11.7
收入消费水平	8.3	2.1	11.3	2.5	-1.4	2.2	9.7	4.1	8.6
生活环境质量	4.1	6.7	7.9	9.7	3.2	0.1	5.7	5.2	7.6
信息化普及率	15.9	16.9	4.9	0.8	-6.9	11.5	16.8	6.8	19.7
生态环境一体化	1.8	-0.5	3.2	-1.5	0.6	2.2	3.4	1.0	4.6
水资源利用	0.0	0.0	0.0	0.0	0.0	0.0	0.0	0.0	0.0
环境质量	1.2	-4.4	0.9	-3.6	0.4	7.0	3.6	0.2	3.3
垃圾处理	4.3	2.6	0.6	-1.5	1.5	1.1	6.2	1.4	11.1
自然资源保护	0.7	0.0	34.5	0.0	0.0	-0.1	0.1	5.2	1.1

三　简要评价

总体上看，北京市城乡发展一体化水平始终位居全国前列。但是，北京市城乡发展一体化仍有一些方面并不理想，不仅与其他省份相比存在差距，而且自身城乡差距仍然较为明显，一些指标的排序与其经济发展水平不相匹配。

1. 产业发展、工农关系不够协调，二元经济结构较为突出

2012 年，尽管经济发展一体化水平排列全国第 2，但反映产业协调发展的指标排列第 7，分值比全国最高分值低 26.4%。2012 年，以增加值（2006 年不变价格）计算的农业劳动生产率位列全国第 8，分别比排前 3 位的江苏、浙江和上海低24%、20%和18.2%。特别是反映城乡二元经济结构状况的指标仅位列第23，分值比全国平均水平低33.7%，也就是说，第一产业容纳了相对较多的劳动力，农业相对劳动生产率大大低于非农产业相对劳动生产率。现代农业发展水平排名下降，由2006年的第2位下降到第5位。

2. 金融资金城乡流动和配置不够理想

总体上看，北京市城乡要素流动比较合理。例如，非农劳动力比重很高，财政对农业支持的相对程度也较高，居于全国首位。但北京对农村的信贷支持相对较差，农村金融资金的净流出比重相对较大，不利于农村发展。

3. 社会发展一体化的某些方面城乡差距较大

例如，2012年城乡60岁以上老人健康状况与差异指标仅排全国第20位，分值比全国平均水平低25.0%。

4. 城乡环境一体化建设的某些方面有待进一步加强

例如，2012年固体废弃物综合利用率排全国第10位，在沿海发达地区省份中排名靠后，进而使得环境质量指标的综合排名也不高，仅排名全国第8位。

附录二 天津城乡发展一体化水平排序与进展

一　城乡一体化发展水平排序与变化

1. 2012 年：总水平排序位居全国第 3 名

2012 年，天津市城乡发展一体化总水平（总指数）排全国第 3 名（见附表 2－1）。

四个一体化中，生态环境一体化仅次于北京市，排全国第 2 名；经济发展一体化、社会发展一体化、生活水平一体化均排全国第 3 名（见附表 2－1）。

14 个二级指标中，有 10 个指标排序进入全国前 3 位，其中环境质量列首位，教育均衡发展、卫生均衡发展、社会保障均衡发展和垃圾处理 4 个指标位列第 2；但产业协调和自然资源保护排序靠后，分别列第 22 名和第 28 名（见附表 2－1）。

36 个三级指标中，有 26 个指标排序进入全国前 5 名，其中 4 个指标排第 1（1 个指标并列第 1），4 个指标排第 2 名，10 个指标排第 3 名。但也有 2 个指标处于全国后 5 名，城乡二元经济结构排第 26 位，森林覆盖率排第 28 位。

2. 2011～2012 年变化：总水平排序保持全国第 3 名

与 2011 年相比，2012 年天津市城乡发展一体化总水平继续位居全国第 3 名，社会发展一体化、生活水平一体化和生态环境一体化的排序没有发生变动，经济发展一体化排序上升 1 个位次（见附表 2－1）。

附表 2-1 天津城乡发展一体化在全国排序

年 份	2006	2007	2008	2009	2010	2011	2012
总指数	4	5	4	5	4	3	3
经济发展一体化	7	7	7	5	5	4	3
经济发展	3	3	3	3	3	3	3
产业协调	21	23	23	23	23	21	22
要素流动	6	6	4	4	3	3	3
社会发展一体化	7	5	6	6	3	3	3
教育均衡发展	3	3	3	3	2	2	2
卫生均衡发展	2	2	2	4	1	2	2
文化均衡发展	26	26	25	24	14	6	8
社会保障均衡发展	9	3	7	5	3	1	2
生活水平一体化	4	4	4	4	4	3	3
收入消费水平	4	4	5	6	6	3	3
生活环境质量	2	2	2	2	2	3	3
信息化普及率	7	7	7	10	11	5	6
生态环境一体化	2	2	2	2	2	2	2
水资源利用	3	3	3	3	3	3	3
环境质量	1	1	1	1	1	1	1
垃圾处理	4	3	2	4	1	1	2
自然资源保护	18	18	20	28	28	28	28

13 个二级指标中（不包括水资源利用），有 8 个指标排序没有发生变动；其余 5 个指标排序下降，但除文化均衡发展下降 2 个位次外，其余均只下降 1 个位次（见附表 2-1）。

3. 2006~2012 年变化：总水平排序有所提升并稳居全国前列

2006~2012 年，天津市城乡发展一体化总水平排序由全国第 4 名上升至第 3 名，比最低时的第 5 位上升了 2 个位次（见附表 2-1）。

四个一体化中，生态环境一体化排序未发生任何变动，始终排列全国第 2 名；经济发展一体化和社会发展一体化排序均上升了 4 个位次，均由第 7 名上升至第 3 名；生活水平一体化排序则由第 4 名上升至第 3 名（见附表 2-1）。

13 个二级指标中（不包括水资源利用），环境质量始终位列第 1，经济发展排序始终排第 3 位；产业协调、教育均衡发展、卫生均衡发展、生活环境质量等排序变动幅度很小；要素流动、文化均衡发展、社会保障均衡发展等排序上升幅度较大，特别是文化均衡发展和社会保障均衡发展，分别由第 26 位上升至第 8 位、第 9 位上升至第 2 位；排序下降幅度较大的是自然资源保护，由第 18 位下降至第 28 位（见附表 2－1）。

二　城乡发展一体化进展

1. 2011～2012 年：总水平提高速度明显减缓

2012 年，天津市城乡发展一体化总水平比 2011 年提高了 5.3%，但远远低于 2011 年进展和 2012 年全国平均进展，城乡发展一体化进展明显减缓（见附表 2－3）。

四个一体化中，经济发展一体化进展最快，比 2011 年提高了 8.5%，略高于 2012 年全国平均进展，但明显低于 2011 年进展；生态环境一体化进展最慢，仅提高了 0.1%，略低于 2011 年进展，并远远低于 2012 年全国平均进展；社会发展一体化和生活水平一体化进展均明显低于 2011 年进展以及 2012 年全国平均进展（见附表 2－3）。

13 个二级指标中（不包括水资源利用），只有生活环境质量 1 个指标进展快于 2011 年，产业协调和要素流动快于全国平均进展；卫生均衡发展、垃圾处理和自然资源保护 3 个指标进展倒退（见附表 2－3）。

2. 2006～2012 年：总水平进展在东部地区中较快，但慢于全国平均进展

2006～2012 年，天津城乡发展一体化总水平提高了 48.9%，年均提高 6.9%，相对于东部地区其他省份进展较快，但比全国平均进展低 0.9 个百分点（见附表 2－3）。

四个一体化中，经济发展一体化和社会发展一体化进展快于全国平均进展，分别高出 2 个和 3.9 个百分点。生活水平一体化和生态环境一体化进展则明显慢于全国平均进展，分别低 4.5 个和 3.8 个百分点（见附表 2－3）。

在 13 个二级指标中（不包括水资源利用），只有经济发展一体化中的 3 个指标以及文化均衡发展和社会保障均衡发展进展高于全国平均水平（见附表 2－3）。

附表 2－2　天津城乡发展一体化指数分值

年　　份	2006	2007	2008	2009	2010	2011	2012
总指数	0.5879	0.6258	0.6511	0.6494	0.7299	0.8314	0.8754
经济发展一体化	0.4689	0.5162	0.5584	0.6113	0.6730	0.7652	0.8299
经济发展	0.5815	0.7508	0.8327	0.9192	1.0434	1.2091	1.3370
产业协调	0.3346	0.3072	0.3149	0.3410	0.3767	0.4611	0.5096
要素流动	0.4908	0.4906	0.5277	0.5737	0.5991	0.6253	0.6432
社会发展一体化	0.4736	0.5331	0.5678	0.5221	0.6812	0.8317	0.8788
教育均衡发展	0.5567	0.6328	0.6891	0.7577	0.8284	0.9202	0.9782
卫生均衡发展	0.6519	0.6597	0.6681	0.6563	0.8026	0.7782	0.7142
文化均衡发展	0.1792	0.1212	0.1237	0.1568	0.3311	0.4648	0.5576
社会保障均衡发展	0.5064	0.7186	0.7902	0.5176	0.7625	1.1637	1.2651
生活水平一体化	0.6766	0.6911	0.7148	0.7218	0.8022	0.9625	1.0262
收入消费水平	0.6950	0.7011	0.7179	0.6912	0.7460	0.9620	1.0402
生活环境质量	0.9052	0.8881	0.9166	0.9299	0.9855	0.9715	0.9743
信息化普及率	0.4297	0.4841	0.5097	0.5442	0.6752	0.9538	1.0643
生态环境一体化	0.7325	0.7628	0.7635	0.7426	0.7633	0.7661	0.7666
水资源利用	0.8435	0.8435	0.8435	0.8435	0.8435	0.8435	0.8435
环境质量	0.9527	0.9675	0.9822	0.9872	0.9958	1.0069	1.0119
垃圾处理	0.8750	0.9831	0.9857	0.9961	1.0703	1.0703	1.0678
自然资源保护	0.2588	0.2570	0.2425	0.1437	0.1437	0.1437	0.1430

附表 2－3　天津城乡发展一体化进展（环比增长）

单位：%

项　　目	2007 年	2008 年	2009 年	2010 年	2011 年	2012 年比2011 年增长		2006～2012 年年均增长	
						天津	全国	天津	全国
总指数	6.4	4.0	－0.3	12.4	13.9	5.3	9.0	6.9	7.8
经济发展一体化	10.1	8.2	9.5	10.1	13.7	8.5	7.8	10.0	8.0
经济发展	29.1	10.9	10.4	13.5	15.9	10.6	11.7	14.9	14.7
产业协调	－8.2	2.5	8.3	10.5	22.4	10.5	9.0	7.3	6.7
要素流动	0.0	7.6	8.7	4.4	4.4	2.9	1.9	4.6	3.8
社会发展一体化	12.6	6.5	－8.0	30.5	22.1	5.7	13.7	10.9	7.0
教育均衡发展	13.7	8.9	10.0	9.3	11.1	6.3	12.8	9.9	11.6
卫生均衡发展	1.2	1.3	－1.8	22.3	－3.0	－8.2	1.3	1.6	3.6
文化均衡发展	－32.4	2.1	26.8	111.2	40.4	20.0	36.2	20.8	3.2
社会保障均衡发展	41.9	10.0	－34.5	47.3	52.6	8.7	11.9	16.5	9.1

续表

项　目	2007 年	2008 年	2009 年	2010 年	2011 年	2012 年比 2011 年增长		2006～2012 年年均增长	
						天津	全国	天津	全国
生活水平一体化	2.1	3.4	1.0	11.1	20.0	6.6	11.2	7.2	11.7
收入消费水平	0.9	2.4	-3.7	7.9	29.0	8.1	9.7	7.0	8.6
生活环境质量	-1.9	3.2	1.5	6.0	-1.4	0.3	5.7	1.2	7.6
信息化普及率	12.7	5.3	6.8	24.1	41.3	11.6	16.8	16.3	19.7
生态环境一体化	4.1	0.1	-2.7	2.8	0.4	0.1	3.4	0.8	4.6
水资源利用	0.0	0.0	0.0	0.0	0.0	0.0	0.0	0.0	0.0
环境质量	1.6	1.5	0.5	0.9	1.1	0.5	3.6	1.0	3.3
垃圾处理	12.4	0.3	1.1	7.4	0.0	-0.2	6.2	3.4	11.1
自然资源保护	-0.7	-5.6	-40.7	0.0	0.0	-0.5	0.1	-9.4	1.1

三　简要评价

天津城乡发展一体化水平相对较高，进展也明显快于排在其前面的北京和上海，越来越接近两市的发展水平。但是，天津在城乡发展一体化过程中也存在一些突出问题。

1. 产业发展不协调，城乡二元经济结构十分突出

2012 年，天津市人均 GDP 位列全国第 2，但产业发展很不协调，现代农业发展水平相对不高，城乡二元经济结构十分突出。2012 年，天津市产业协调指标仅排名全国第 22，分值不及全国平均分值；城乡二元经济结构指标排名全国第 26 位，分值比全国平均分值低 47%，农业相对劳动生产率大大低于非农产业相对劳动生产率。现代农业发展也相对滞后，该项指标排名全国第 17 位。现代农业发展水平相对不高表现为：一是技术水平相对不高，农业全要素生产率水平位列全国倒数第 4；二是农业劳动生产率水平相对不高，2012 年，以增加值（2006 年不变价格）计算的农业劳动生产率位列全国第 10，分别比排在前 3 位的江苏、浙江和上海低 26.8%、22.5% 和 21%。但近几年，天津现代农业发展排序有所上升，由 2008 年的第 22 位上升至第 17 位。

2. 自然资源保护建设相对滞后

2012 年，天津市自然资源保护指标仅位列全国第 28（倒数第 3 位），分值逐年下降，比 2006 年下降了 44.8%，同期，全国平均分值增长了 6.8%；排序大幅度下降，由 2006 年的第 18 位下降到第 28 位，下降了 10 个位次。

2012 年，天津市森林覆盖率指标仅位列全国第 28（倒数第 3 位），分值仅比 2006 年增长了 1.9%，同期，全国平均增长了 16.6%；排序也由全国第 24 位下降到第 28 位。

2012 年，天津市自然保护区指标位列全国第 11，分值比 2006 年下降了 54.1%，排序由第 5 位下降到第 11 位。

附录三
河北城乡发展一体化水平排序与进展

一　城乡一体化发展水平排序与变化

1. 2012 年：总水平位于全国中上游，但居东部地区末位

2012 年，河北省城乡发展一体化总水平（总指数）位列全国第 12 名（见附表 3-1），但居东部地区 11 个省份末位。

四个一体化中，生活水平一体化的排序最高，位列全国第 9 名；生态环境一体化，位列第 11 名；经济发展一体化和社会发展一体化分别位列第 14 名和第 15 名（见附表 3-1），经济发展一体化在东部地区 11 个省份中位列最后，社会发展一体化和生态环境一体化均位列东部地区 11 省份的倒数第 2 名。

14 个二级指标中，仅有水资源利用 1 个指标排序进入全国前 5 位，另有 3 个指标进入前 10 位；生态环境一体化的指标排序较为靠后，除水资源利用外，其余 3 个指标排序都在后 20 位（见附表 3-1）。

36 个三级指标中，没有 1 个指标排序进入全国前 3 位，最好的是第 4 位（农业用水效率），另有 10 个指标排序进入前 10 位，但有 11 个指标排在后 20 位，其中，1 个指标位列最后。

附表 3－1　河北城乡发展一体化在全国排序

年　　份	2006	2007	2008	2009	2010	2011	2012
总指数	11	11	12	12	12	12	12
经济发展一体化	18	14	16	14	16	14	14
经济发展	17	16	16	16	19	19	20
产业协调	17	14	15	12	12	11	10
要素流动	22	12	14	13	12	11	11
社会发展一体化	12	17	16	15	14	17	15
教育均衡发展	5	5	6	11	13	11	14
卫生均衡发展	13	15	12	15	20	16	19
文化均衡发展	11	12	15	12	11	17	15
社会保障均衡发展	19	25	25	23	19	14	17
生活水平一体化	10	11	12	13	11	9	9
收入消费水平	8	9	11	11	10	10	10
生活环境质量	10	10	11	11	14	14	16
信息化普及率	24	25	27	25	17	8	9
生态环境一体化	9	9	10	10	11	13	11
水资源利用	4	4	4	4	4	4	4
环境质量	15	15	16	14	17	23	24
垃圾处理	20	20	21	25	23	23	22
自然资源保护	29	29	29	26	26	26	25

2. 2011～2012 年变化：总水平排序保持不变，整体排序略微提升

与2011 年相比，2012 年河北省城乡发展一体化总水平排序没有发生变化，仍然位列第 12 名（见附表 3－1）。

四个一体化中，经济发展一体化和生活水平一体化排序没有发生变化，但社会发展一体化和生态环境一体化排序均提升 2 个位次（见附表 3－1）。

13 个二级指标中（不包括水资源利用），要素流动、收入消费水平排序不变，产业协调、文化均衡发展、垃圾处理和自然资源保护的排序提升，其余 7 个指标排序下降（见附表 3－1）。

3. 2006～2012 年变化：总水平排序非常稳定位居全国中上游

与2006 年相比，2012 年河北省城乡发展一体化总水平排序仅下降 1 个位次，并在 2008 年后一直稳定在第 12 位（见附表 3－1）。

四个一体化中，经济发展一体化和生活水平一体化排序分别上升了 4 个位次和 1 个位次，分别由第 18 位和第 10 位上升至第 14 位和第 9 位；社会发展一体化和生态环境一体化排序则分别下降了 3 个位次和 2 个位次，分别由第 12 位和第 9 位下降到第 15 位和第 11 位（见附表 3－1）。

13 个二级指标中（不包括水资源利用），产业协调、要素流动、社会保障均衡发展、信息化普及率、自然资源保护的排序上升，其中信息化普及率、要素流动和产业协调的排序上升幅度较大，分别上升了 15 个位次、11 个位次和 7 个位次；其余 8 个指标排序下降，其中教育均衡发展、环境质量排序下降幅度较大，均下降了 9 个位次（见附表 3－1）。

二　城乡发展一体化进展

1. 2011～2012 年：总水平继续较快提高

2012 年，河北城乡发展一体化总水平比 2011 年提高了 8.5%，仅低于 2011 年进展 0.8 个百分点，低于 2012 年全国平均水平 0.5 个百分点；但高于 2011 年前所有年份的进展（见附表 3－3），城乡发展一体化水平保持较快提升速度。

四个一体化中，经济发展一体化比 2011 年提高了 8.3%，高于 2011 年进展和全国平均进展；社会发展一体化进展较快，比 2011 年提高 14.0%，与 2011 年进展持平，高于全国平均进展；生活水平一体化比 2011 年提高 8.1%，较 2011 年进展大幅度下降，也低于 2012 年全国平均进展；生态环境一体化比 2011 年提高了 4.9%，高于 2011 年进展和 2012 年全国平均进展（见附表 3－3）。

13 个二级指标中（不包括水资源利用），产业协调、文化均衡发展、生活环境质量、垃圾处理和自然资源保护等进展高于 2011 年进展，除生活环境质量外，其他 4 个指标进展也高于全国平均水平，其中，文化均衡发展、垃圾处理和自然资源保护进展提高幅度较大。在低于 2011 年进展的 7 个指标中，只有经济发展水平进展高于全国平均进展。卫生均衡发展和环境质量进展有所倒退（见附表 3－3）。

2. 2006～2012 年：总水平稳步提高，近期有所加快

2006～2012 年，河北省城乡发展一体化总水平年均提高 7.1%，比全国平均进展低 0.7 个百分点，但年际进展保持着相对均衡，2007 ~ 2010 年进展保持在 5.4% ~ 6.6%；近期进展有所加快，2011 年和 2012 年分别为 9.3% 和 8.5%（见附表 3 – 3）。

四个一体化中，经济发展一体化进展快于全国平均水平 1.9 个百分点；但社会发展一体化、生活水平一体化和生态环境一体化进展均慢于全国平均水平，分别低 2.7 个、0.2 个和 0.9 个百分点（见附表 3 – 3）。

13 个二级指标中（不包括水资源利用），经济发展、产业协调、要素流动、社会保障均衡发展、信息化普及率、垃圾处理和自然资源保护进展快于全国平均水平，特别是信息化普及率、垃圾处理和自然资源保护；文化均衡发展和环境质量进展有所倒退（见附表 3 – 3）。

附表 3 – 2　河北城乡发展一体化指数分值

年　份	2006	2007	2008	2009	2010	2011	2012
总指数	0.3917	0.4159	0.4433	0.4671	0.4981	0.5443	0.5907
经济发展一体化	0.2830	0.3590	0.3706	0.4125	0.4328	0.4617	0.5000
经济发展	0.1513	0.1842	0.2154	0.2462	0.2816	0.3289	0.3728
产业协调	0.4237	0.4857	0.4980	0.5641	0.5838	0.6195	0.6870
要素流动	0.2739	0.4070	0.3982	0.4271	0.4330	0.4368	0.4403
社会发展一体化	0.4149	0.3775	0.4414	0.4150	0.4110	0.4686	0.5340
教育均衡发展	0.4921	0.5471	0.5717	0.5746	0.5666	0.6742	0.7419
卫生均衡发展	0.4180	0.4136	0.4757	0.4519	0.4142	0.4669	0.4596
文化均衡发展	0.4929	0.3523	0.2954	0.3690	0.3899	0.2959	0.4504
社会保障均衡发展	0.2567	0.1973	0.4228	0.2645	0.2732	0.4374	0.4839
生活水平一体化	0.3646	0.3954	0.4080	0.4597	0.5461	0.6499	0.7026
收入消费水平	0.4988	0.5093	0.5058	0.5366	0.5538	0.6635	0.7009
生活环境质量	0.4628	0.4701	0.4848	0.4956	0.5060	0.5115	0.5373
信息化普及率	0.1323	0.2069	0.2334	0.3470	0.5786	0.7747	0.8697
生态环境一体化	0.5044	0.5318	0.5532	0.5810	0.6026	0.5969	0.6263
水资源利用	0.8129	0.8129	0.8129	0.8129	0.8129	0.8129	0.8129
环境质量	0.6969	0.7203	0.7564	0.8060	0.7500	0.6907	0.6846
垃圾处理	0.3737	0.4635	0.5130	0.5365	0.6771	0.7135	0.8280
自然资源保护	0.1340	0.1304	0.1304	0.1686	0.1705	0.1705	0.1797

附表 3－3　河北城乡发展一体化进展（环比增长）

单位：%

项　　目	2007 年	2008 年	2009 年	2010 年	2011 年	2012 年比 2011 年增长		2006～2012 年年均增长	
						河北	全国	河北	全国
总指数	6.2	6.6	5.4	6.6	9.3	8.5	9.0	7.1	7.8
经济发展一体化	26.9	3.2	11.3	4.9	6.7	8.3	7.8	9.9	8.0
经济发展	21.7	16.9	14.3	14.4	16.8	13.3	11.7	16.2	14.7
产业协调	14.6	2.5	13.3	3.5	6.1	10.9	9.0	8.4	6.7
要素流动	48.6	-2.2	7.3	1.4	0.9	0.8	1.9	8.2	3.8
社会发展一体化	-9.0	16.9	-6.0	-1.0	14.0	14.0	13.7	4.3	7.0
教育均衡发展	11.2	4.5	0.5	-1.4	19.0	10.0	12.8	7.1	11.6
卫生均衡发展	-1.1	15.0	-5.0	-8.3	12.7	-1.6	1.3	1.6	3.6
文化均衡发展	-28.5	-16.2	24.9	5.7	-24.1	52.2	36.2	-1.5	3.2
社会保障均衡发展	-23.1	114.3	-37.4	3.3	60.1	10.6	11.9	11.1	9.1
生活水平一体化	8.4	3.2	12.7	18.8	19.0	8.1	11.2	11.5	11.7
收入消费水平	2.1	-0.7	6.1	3.2	19.8	5.6	9.7	5.8	8.6
生活环境质量	1.6	3.1	2.2	2.1	1.1	5.0	5.7	2.5	7.6
信息化普及率	56.4	12.8	48.7	66.7	33.9	12.3	16.8	36.9	19.7
生态环境一体化	5.4	4.0	5.0	3.7	-0.9	4.9	3.4	3.7	4.6
水资源利用	0.0	0.0	0.0	0.0	0.0	0.0	0.0	0.0	0.0
环境质量	3.4	5.0	6.6	-6.9	-7.9	-0.9	3.6	-0.3	3.3
垃圾处理	24.0	10.7	4.6	26.2	5.4	16.0	6.2	14.2	11.1
自然资源保护	-2.7	0.0	29.3	1.1	0.0	5.4	0.1	5.0	1.1

三　简要评价

1. 需要强化生态环境一体化建设

尽管 2012 年生态环境一体化在全国位列第 11，排序相对较高，但相较于 2011 年排序下降了 2 个位次，而且排序相对较高主要是由水资源利用排序很高（第 4 位）拉动的，生态环境一体化其他方面的问题仍十分突出。2012 年，环境质量、垃圾处理、自然资源保护 3 个指标排位很低，分别排名全国第 24 位、第 22 位和第 25 位，特别是环境质量持续倒退，与 2006 年相比倒退了 1.8%，表明环境质量持续恶化，工业污染较为严重、废弃物处理问题突出。

需要大力加强生态系统建设和自然保护区建设。

2. 社会发展一体化相对恶化

2012 年，河北社会发展一体化排序处于全国中游，但无论是排序还是进展都不理想。2006 ~ 2012 年，除社会保障均衡发展进展高于全国平均水平，排序有所上升外，教育均衡发展、卫生均衡发展和文化均衡发展进展均落后于全国平均水平，导致其在全国的排序出现较大幅度的下降（见附表 3 - 1），特别是文化均衡发展出现负值。比较突出的问题是：城乡公共教育资金配置（位列第 20）、城乡卫生资源配置（位列第 27）。另外，虽然社会保障均衡发展进展相对较快，但在全国的排序也不高，其中城乡最低生活保障、基本医疗保障方面的城乡差距还很大。

附录四
山西城乡发展一体化水平排序与进展

一　城乡一体化发展水平排序与变化

1. 2012 年：总水平居全国中下游，中部地区中游

2012 年，山西城乡发展一体化总水平（总指数）位列全国第 19（见附表 4 - 1），在中部地区 8 个省份中位列第 5。

四个一体化中，社会发展一体化和生活水平一体化排序处于中上游，均位列全国第 13；而经济发展一体化和生态环境一体化排序靠后，均位列第 24（见附表 4 - 1）。

14 个二级指标中，教育均衡发展和信息化普及率相对较好，排序进入全国前 10 位，分别位列第 8 和第 10。产业协调、卫生均衡发展、垃圾处理和自然资源保护排序靠后，分别位列第 27、第 23、第 23 和第 24（见附表 4 - 1）。

36 个三级指标中，有 2 个指标进入全国前 5 位，其中 1 个指标并列第 1（互联网覆盖率），另有 3 个指标排名前 10 位；排在后 5 位的有 4 个指标，有 8 个指标排序后 10 位。

2. 2011 ~ 2012 年变化：总水平排序微升

与 2011 年相比，2012 年山西城乡发展一体化总水平排序上升 1 个位次（见附表 4 - 1）。

附表 4－1　山西城乡发展一体化在全国排序

年　　份	2006	2007	2008	2009	2010	2011	2012
总指数	24	16	19	19	19	20	19
经济发展一体化	27	24	24	26	24	25	24
经济发展	13	14	14	14	15	16	16
产业协调	25	26	29	25	25	25	27
要素流动	27	15	9	26	11	12	13
社会发展一体化	14	8	13	8	10	12	13
教育均衡发展	8	10	10	10	11	9	8
卫生均衡发展	19	21	21	18	16	18	23
文化均衡发展	7	6	6	6	9	12	13
社会保障均衡发展	25	9	22	15	16	11	13
生活水平一体化	15	13	14	15	18	19	13
收入消费水平	13	13	14	17	19	21	15
生活环境质量	12	13	13	15	18	18	17
信息化普及率	22	16	20	17	16	10	10
生态环境一体化	29	27	26	25	24	24	24
水资源利用	16	16	16	16	16	16	16
环境质量	25	24	21	23	18	22	18
垃圾处理	28	27	27	21	19	21	23
自然资源保护	25	25	25	24	24	24	24

四个一体化中，经济发展一体化排序提升 1 个位次；生活水平一体化排序提升幅度较大，提升了 6 个位次；生态环境一体化排序没有变化；社会发展一体化排序下降 1 个位次（见附表 4－1）。

13 个二级指标中（不包括水资源利用），教育均衡发展、收入消费水平、生活环境质量和环境质量排序提升，其中收入消费水平排序提升幅度较大，提升了 6 个位次；经济发展、信息化普及率和自然资源保护排序未发生变化；在 6 个排序下降的指标中，卫生均衡发展下降幅度较大，下降了 5 个位次（见附表 4－1）。

3. 2006～2012 年变化：总水平排序上升并基本稳定在中下游

与 2006 年相比，2012 年山西城乡发展一体化总水平排序上升了 5 个位次，并在 2008 年后基本稳定在第 19 位（见附表 4－1）。

四个一体化排序均上升，其中生态环境一体化呈稳步上升趋势，上升了 5 个位次；经济发展一体化排序上升了 3 个位次，并在 2007 年后基本保持稳定；

社会发展一体化排序虽然上升 1 个位次，但自 2009 年后呈逐年下降趋势；生活水平一体化排序上升了 2 个位次，但呈现一定的波动，2007 ~ 2011 年排序呈逐年下降趋势，2012 年排序大幅上升（见附表 4 - 1）。

13 个二级指标中（不包括水资源利用），经济发展排序呈逐年下降趋势，产业协调排序有所下降，教育均衡发展排序先降后升，自然资源保护排序小幅上升，这 4 个指标排序在年际波动较小；其他指标排序波动较大，其中要素流动、社会保障均衡发展、信息化普及率和环境质量排序提升幅度较大，分别提升了 14 个位次、12 个位次、12 个位次和 7 个位次；文化均衡发展、生活环境质量排序下降幅度相对较大，分别下降了 6 个位次和 5 个位次（见附表 4 - 1）。

二　城乡发展一体化进展

1. 2011 ~ 2012 年：总水平继续加快提升

2012 年，山西城乡发展一体化总水平比 2011 年提高了 11.1%，高于 2011 年进展 3 个百分点，也比 2012 年全国平均进展高 2.1 个百分点，城乡发展一体化进展继续加快（见附表 4 - 3）。

四个一体化中，经济发展一体化、生活水平一体化和生态环境一体化分别比 2011 年提高了 8.7%、16.5% 和 5.8%，分别比 2011 年进展高 3.2 个、3.6 个和 4.6 个百分点，分别比 2012 年全国平均进展快 0.9 个、5.3 个和 2.4 个百分点；虽然社会发展一体化依然保持较快进展，比 2011 年提高了 11.8%，但低于 2011 年进展 0.8 个百分点，也比 2012 年全国平均进展低 1.9 个百分点（见附表 4 - 3）。

13 个二级指标中（不包括水资源利用），产业协调、要素流动、文化均衡发展、收入消费水平、生活环境质量、环境质量和自然资源保护进展快于 2011 年，但要素流动和文化均衡发展进展低于全国平均进展；经济发展、教育均衡发展进展虽低于 2011 年，但高于 2012 年全国平均进展；卫生均衡发展有所倒退（见附表 4 - 3）。

2. 2006 ~ 2012 年：总水平提升速度居中部地区首位

2006 ~ 2012 年，山西城乡发展一体化总水平年均增长 10.7%，比全国平均水平高 2.9 个百分点（见附表 4 - 3），年均增长排全国第 6，居中部地区首位。

四个一体化中，经济发展一体化、生活水平一体化和生态环境一体化进展明显快于全国平均水平，特别是经济发展一体化和生态环境一体化，分别高出全国平均进展 3.8 个和 7.2 个百分点；社会发展一体化进展略慢于全国平均进展 0.3 个百分点（见附表 4－3）。

13 个二级指标中（不包括水资源利用），产业协调、要素流动、社会保障均衡发展、收入消费水平、信息化普及率、环境质量和垃圾处理进展快于全国平均水平，特别是垃圾处理、社会保障均衡发展、信息化普及率和要素流动，分别比全国平均进展高出 39.7 个、15.1 个、14.2 个和 9.3 个百分点，进展明显快于全国平均水平；经济发展、教育均衡发展、卫生均衡发展、生活环境质量进展慢于全国平均水平；文化均衡发展倒退（见附表 4－3）。

附表 4－2　山西城乡发展一体化指数分值

年　　份	2006	2007	2008	2009	2010	2011	2012
总指数	0.2884	0.3630	0.3877	0.4129	0.4427	0.4787	0.5316
经济发展一体化	0.2016	0.2700	0.2986	0.2881	0.3435	0.3623	0.3940
经济发展	0.1975	0.2201	0.2546	0.2727	0.3151	0.3691	0.4301
产业协调	0.1980	0.1930	0.1662	0.2739	0.2795	0.2858	0.3134
要素流动	0.2091	0.3968	0.4751	0.3179	0.4360	0.4320	0.4386
社会发展一体化	0.3732	0.4892	0.4821	0.4794	0.4381	0.4933	0.5514
教育均衡发展	0.4170	0.4750	0.5184	0.5757	0.5922	0.6878	0.7795
卫生均衡发展	0.3567	0.3346	0.3801	0.4290	0.4366	0.4505	0.4130
文化均衡发展	0.5761	0.5792	0.5450	0.5995	0.4244	0.3645	0.4866
社会保障均衡发展	0.1431	0.5681	0.4849	0.3133	0.2991	0.4704	0.5264
生活水平一体化	0.3083	0.3557	0.3861	0.4388	0.4963	0.5604	0.6529
收入消费水平	0.3747	0.4070	0.4350	0.4678	0.4611	0.4968	0.6287
生活环境质量	0.4029	0.4022	0.4281	0.4323	0.4293	0.4480	0.4827
信息化普及率	0.1473	0.2580	0.2952	0.4165	0.5985	0.7363	0.8473
生态环境一体化	0.2704	0.3372	0.3839	0.4452	0.4929	0.4989	0.5280
水资源利用	0.3469	0.3469	0.3469	0.3469	0.3469	0.3469	0.3469
环境质量	0.4959	0.5647	0.6305	0.6664	0.7178	0.6913	0.7709
垃圾处理	0.0690	0.2656	0.3867	0.5872	0.7266	0.7773	0.8132
自然资源保护	0.1699	0.1717	0.1717	0.1801	0.1801	0.1801	0.1809

附表 4－3　山西城乡发展一体化进展

单位：%

项　　目	2007 年	2008 年	2009 年	2010 年	2011 年	2012 年比 2011 年增长		2006～2012 年年均增长	
						山西	全国	山西	全国
总指数	25.9	6.8	6.5	7.2	8.1	11.1	9.0	10.7	7.8
经济发展一体化	33.9	10.6	－3.5	19.2	5.5	8.7	7.8	11.8	8.0
经济发展	11.4	15.7	7.1	15.5	17.1	16.5	11.7	13.8	14.7
产业协调	－2.5	－13.9	64.8	2.0	2.3	9.7	9.0	8.0	6.7
要素流动	89.8	19.7	－33.1	37.2	－0.9	1.5	1.9	13.1	3.8
社会发展一体化	31.1	－1.5	－0.6	－8.6	12.6	11.8	13.7	6.7	7.0
教育均衡发展	13.9	9.1	11.1	2.9	16.1	13.3	12.8	11.0	11.6
卫生均衡发展	－6.2	13.6	12.9	1.8	3.2	－8.3	1.3	2.5	3.6
文化均衡发展	0.5	－5.9	10.0	－29.2	－14.1	33.5	36.2	－2.8	3.2
社会保障均衡发展	297.0	－14.6	－35.4	－4.5	57.3	11.9	11.9	24.2	9.1
生活水平一体化	15.4	8.5	13.6	13.1	12.9	16.5	11.2	13.3	11.7
收入消费水平	8.6	6.9	7.5	－1.4	7.7	26.5	9.7	9.0	8.6
生活环境质量	－0.2	6.4	1.0	－0.7	4.4	7.7	5.7	3.0	7.6
信息化普及率	75.2	14.4	41.1	43.7	23.0	15.1	16.8	33.9	19.7
生态环境一体化	24.7	13.8	16.0	10.7	1.2	5.8	3.4	11.8	4.6
水资源利用	0.0	0.0	0.0	0.0	0.0	0.0	0.0	0.0	0.0
环境质量	13.9	11.7	5.7	7.7	－3.7	11.5	3.6	7.6	3.3
垃圾处理	284.9	45.6	51.8	23.7	7.0	4.6	6.2	50.8	11.1
自然资源保护	1.1	0.0	4.9	0.0	0.0	0.4	0.1	1.1	1.1

三　简要评价

1. 城乡发展一体化总水平仍然较低，需进一步加快发展

尽管山西城乡发展一体化进展明显快于全国平均水平，与发达地区的差距不断缩小，但差距依然较大。2012 年，山西城乡发展一体化总水平（总指数）仅为北京市的 53%，为排前 5 位省份的平均水平的 59%，而且不及全国和中部地区的平均水平。四个一体化中，社会发展一体化和生活水平一体化接近全国平均水平，经济发展一体化和生态环境一体化与全国平均水平还有一定距离，特别是经济发展一体化，仅及全国平均水平的 73%。因此，山西城乡发展一体化还需进一步加快。

2. 发展不均衡

四个一体化中，社会发展一体化和生活水平一体化水平相对较高，排序也靠前，但经济发展一体化和生态环境一体化水平较低。另外，四个一体化内部发展也不均衡，尽管社会发展一体化相对水平较高，但存在较为严重的不均衡（后面详述）。

3. 城乡二元经济结构十分突出，产业发展不协调，经济发展一体化落后

与2006年相比，2012年山西城乡二元经济结构有了十分明显的改善，其改善程度仅次于甘肃，位列全国第2。但是，山西二元经济结构仍然十分突出，位列全国第28，反映二元经济结构指标的分值仅为全国平均分值的28.5%；现代农业发展水平也非常低下，2012年，以增加值（2006年不变价格）计算的农业劳动生产率水平位列全国倒数第4，分值仅为全国平均水平的40.8%；农业劳动生产率水平和农业相对劳动生产率水平的低下导致产业发展极不协调，2012年，反映产业协调发展的指标仅位列全国第27。尽管经济发展水平位列全国第16，但经济发展一体化水平仅位列全国第24，分值仅为全国平均水平的73%。

4. 城乡居民生活水平差距较大，生活环境质量改善程度不高

尽管生活水平一体化进展相对加快，在全国的排序也有所提高，由2006年的第15位提高到2012年的第13位，上升了2个位次，但收入消费水平和生活环境质量的排序均有所下降，分别下降了2个位次和5个位次；生活水平一体化进展不均衡，其排序提高主要是由信息化普及率进展较快拉动的（由第22位上升至第10位）。实际上，城乡居民生活水平差距较大，且缩小程度进展不大。2012年，城乡居民收入差距高于全国平均水平，位列第24；无害化卫生厕所普及率分值远远低于全国平均水平，仅位列第26；自来水所普及率6年仅提高了0.4个百分点。

5. 社会发展一体化进展不均衡

尽管山西社会发展一体化相对水平较高，2012年位列全国第13，但内部发展不均衡，表现在卫生均衡发展和文化均衡发展进展均低于全国平均水平，特别是文化均衡发展呈负增长，其排序也下降了6个位次；卫生均衡发展的排序也较低，仅位列第23。同时，尽管社会保障均衡发展进展较快，排序大幅度提升，由2006年的第25位提升至2012年的第13位，提升了12个位次，但内部也不均衡，城乡基本医疗保障与差异的指标排序靠后，仅位列第26。

6. 生态环境一体化建设有待进一步加强

尽管山西生态环境一体化进展远远快于全国平均水平，排序也有所提高，由第 29 位提高到第 24 位，提高了 5 个位次。但近几年进展速度明显减缓，同时，与全国相比，差距仍然巨大。2012 年，二氧化硫排放位列倒数第 3，垃圾处理和森林覆盖率均位列第 23。山西生态环境一体化建设仍需进一步加强。

附录五
内蒙古城乡发展一体化水平排序与进展

一　城乡一体化发展水平排序与变化

1. 2012 年：总水平居全国中游、西部地区第 2 位，发展水平相对较高

2012 年，内蒙古城乡发展一体化总水平（总指数）位列全国第 15（见附表 5 - 1），在西部地区 11 个省份中位居第 2。

四个一体化中，经济发展一体化和社会发展一体化排序靠前，均位列全国第 10；生态环境一体化位列第 21，生活水平一体化排序靠后，仅位列第 27（见附表 5 - 1）。

14 个二级指标中，教育均衡发展排序靠前，位列全国第 4；经济发展排序也较靠前，位列第 8。排序靠后的分别有：生活环境质量，位列第 28；信息化普及率，位列第 25；环境质量，位列第 23；卫生均衡发展，位列第 22；收入消费水平，位列第 21（见附表 5 - 1）。

36 个三级指标中，有两个指标排名全国第 3，另有 7 个指标排序进入前 10 位。有 14 个指标排在后 10 位，其中排在后 5 位的有 5 个指标。

2. 2011 ~ 2012 年变化：总水平排序微幅上升

与 2011 年相比，2012 年内蒙古城乡发展一体化总水平排序提升了 2 个位次（见附表 5 - 1）。

附表 5－1　内蒙古城乡发展一体化在全国排序

年　　份	2006	2007	2008	2009	2010	2011	2012
总指数	16	20	21	20	20	17	15
经济发展一体化	14	18	17	15	12	11	10
经济发展	9	9	8	8	8	8	8
产业协调	22	22	22	22	22	22	21
要素流动	15	21	18	15	14	13	12
社会发展一体化	9	11	11	11	12	7	10
教育均衡发展	7	8	5	4	4	4	4
卫生均衡发展	20	20	20	24	25	15	22
文化均衡发展	4	2	8	10	15	10	12
社会保障均衡发展	20	22	20	11	11	12	11
生活水平一体化	28	28	28	29	28	27	27
收入消费水平	14	16	20	22	21	20	21
生活环境质量	30	30	30	30	30	30	28
信息化普及率	19	22	21	21	27	25	25
生态环境一体化	23	23	25	22	20	21	21
水资源利用	19	19	19	19	19	19	19
环境质量	24	19	22	22	21	17	23
垃圾处理	19	19	23	15	14	18	12
自然资源保护	17	17	16	18	18	18	18

四个一体化中，经济发展一体化排序提升 1 个位次，社会发展一体化排序下降 3 个位次，生活水平一体化和生态环境一体化排序没有发生变化（见附表 5－1）。

13 个二级指标中（不包括水资源利用），产业协调、要素流动、社会保障均衡发展、生活环境质量和垃圾处理排序提升，其中垃圾处理排序提升幅度较大，提升了 6 个位次；卫生均衡发展、文化均衡发展、收入消费水平和环境质量排序下降，其中卫生均衡发展和环境质量排序下降幅度较大，分别下降了 7 个位次和 6 个位次（见附表 5－1）。

3. 2006～2012 年变化：总水平排序逐年上升，提升幅度较大

与 2006 年相比，2012 年内蒙古城乡发展一体化总水平排序上升了 1 个位次，2008 年后基本呈逐年提高态势，与 2008 年最低排位（第 21 位）相比，2012 年排序上升了 6 个位次（见附表 5－1）。

四个一体化中，经济发展一体化的变化幅度较大，2007 年之后逐年提升，与 2007 年相比，2012 年排序大幅提升了 8 个位次；社会发展一体化、生活水平一体化和生态环境一体化排序总体变化幅度不大，特别是 2012 年生活水平一体化比 2006 年提高了 1 个位次，2006 ~ 2012 年生活水平一体化的最高与最低排序仅相差 2 个位次；社会发展一体化和生态环境一体化只是在个别年份出现较大的波动，2011 年社会发展一体化排序比上年提升 5 个位次，但 2012 年又下降 3 个位次（见附表 5 - 1）。

13 个二级指标中（不包括水资源利用），经济发展、产业协调、要素流动、教育均衡发展、社会保障均衡发展等排序基本呈逐年上升趋势；收入消费水平、信息化普及率、自然资源保护等排序基本呈逐年下降趋势；卫生均衡发展、环境质量和垃圾处理的排序波动较大，有升有降。与 2006 年相比，2012 年社会保障均衡发展和垃圾处理排序提升幅度较大，分别提升了 9 个位次和 7 个位次；文化均衡发展、收入消费水平和信息化普及率排序下降幅度相对较大，分别下降了 8 个位次、7 个位次和 6 个位次（见附表 5 - 1）。

二　城乡发展一体化进展

1. 2011 ~ 2012 年：总水平提升幅度下降，但依然较快

2012 年，内蒙古城乡发展一体化总水平比 2011 年提高了 9.4%，比 2011 年进展下降了 4.9 个百分点，但略高于 2012 年全国平均水平，进展依然相对较快（见附表 5 - 3）。

四个一体化中，经济发展一体化比 2011 年提高了 11.4%，既快于 2011 年进展，也快于全国平均进展；社会发展一体化比 2011 年提高了 8.6%，大幅低于 2011 年 24.9% 的进展，也低于全国平均进展，社会发展一体化进展大幅下降是导致总水平进展下降的主要原因。生活水平一体化比 2011 年提高了 16.6%，大幅低于 2011 年 25.7% 的进展，但高于全国平均进展。生态环境一体化比 2011 年提高了 2.5%，略高于 2011 年进展，但低于全国平均进展（见附表 5 - 3）。

13 个二级指标中（不包括水资源利用），只有产业协调、要素流动、文化均衡发展和垃圾处理进展快于 2011 年，其中垃圾处理和产业协调进展较快，分别比 2011 年快 10.6 个和 6.5 个百分点。在进展低于 2011 年的其他 9 个指标中，社会保障均衡发展和生活环境质量进展下降幅度较大，分别下降了 25.4

个和21.3个百分点，而卫生均衡发展、环境质量和自然资源保护进展倒退（见附表5－3）。

附表5－2　内蒙古城乡发展一体化指数分值

年　份	2006	2007	2008	2009	2010	2011	2012
总指数	0.3187	0.3503	0.3799	0.4070	0.4382	0.5008	0.5479
经济发展一体化	0.3083	0.3357	0.3687	0.4050	0.4517	0.4987	0.5554
经济发展	0.2574	0.3192	0.3851	0.4621	0.5454	0.6382	0.7097
产业协调	0.3153	0.3328	0.3525	0.3567	0.3914	0.4374	0.5173
要素流动	0.3522	0.3550	0.3686	0.3963	0.4185	0.4207	0.4392
社会发展一体化	0.4286	0.4480	0.4939	0.4490	0.4330	0.5407	0.5874
教育均衡发展	0.4553	0.5138	0.5787	0.6497	0.6990	0.8200	0.8932
卫生均衡发展	0.3427	0.3464	0.3857	0.3609	0.3852	0.4802	0.4142
文化均衡发展	0.6746	0.6308	0.5183	0.4461	0.3311	0.4020	0.4895
社会保障均衡发展	0.2419	0.3009	0.4927	0.3392	0.3168	0.4605	0.5525
生活水平一体化	0.1772	0.2101	0.2453	0.2913	0.3408	0.4285	0.4998
收入消费水平	0.3700	0.3724	0.3830	0.3793	0.4427	0.5093	0.5486
生活环境质量	0.0000	0.0199	0.0623	0.1180	0.1917	0.2778	0.3434
信息化普及率	0.1615	0.2381	0.2906	0.3766	0.3880	0.4984	0.6073
生态环境一体化	0.3606	0.4075	0.4117	0.4826	0.5271	0.5355	0.5489
水资源利用	0.2483	0.2483	0.2483	0.2483	0.2483	0.2483	0.2483
环境质量	0.5143	0.6258	0.6263	0.6691	0.7065	0.7310	0.6865
垃圾处理	0.3971	0.4714	0.4844	0.7057	0.8464	0.8555	0.9560
自然资源保护	0.2825	0.2844	0.2880	0.3071	0.3071	0.3071	0.3048

2. 2006～2012年：总水平提升速度快于全国平均水平，进展加快，但在西部地区排列倒数第2

2006～2012年，内蒙古城乡发展一体化总水平年均增长9.5%，比全国平均水平高1.7个百分点，2009年以来进展明显加快（见附表5－3）。但与西部地区其他省份相比，内蒙古进展速度较慢，列倒数第2位。

四个一体化中，经济发展一体化进展较为均衡，呈逐年加快趋势，年均增长高于全国平均水平2.3个百分点；社会发展一体化进展低于全国平均水平，且年际大幅波动；生活水平一体化年均增长18.9%，在四个一体化中进展最快，比全国平均水平快7.2个百分点；生态环境一体化进展快于全国平均水平（见附表5－3）。

附表 5-3 内蒙古城乡发展一体化进展

单位：%

项 目	2007 年	2008 年	2009 年	2010 年	2011 年	2012 年比 2011 年增长		2006～2012 年年均增长	
						内蒙古	全国	内蒙古	全国
总指数	9.9	8.4	7.1	7.7	14.3	9.4	9.0	9.5	7.8
经济发展一体化	8.9	9.8	9.8	11.5	10.4	11.4	7.8	10.3	8.0
经济发展	24.0	20.6	20.0	18.0	17.0	11.2	11.7	18.4	14.7
产业协调	5.6	5.9	1.2	9.7	11.8	18.3	9.0	8.6	6.7
要素流动	0.8	3.8	7.5	5.6	0.5	4.4	1.9	3.7	3.8
社会发展一体化	4.5	10.2	-9.0	-3.6	24.9	8.6	13.7	5.4	7.0
教育均衡发展	12.8	12.6	12.3	7.6	17.3	8.9	12.8	11.9	11.6
卫生均衡发展	1.1	11.3	-6.4	6.7	24.7	-13.7	1.3	3.2	3.6
文化均衡发展	-6.5	-17.8	-13.9	-25.8	21.4	21.8	36.2	-5.2	3.2
社会保障均衡发展	24.4	63.7	-31.2	-6.6	45.4	20.0	11.9	14.8	9.1
生活水平一体化	18.6	16.8	18.8	17.0	25.7	16.6	11.2	18.9	11.7
收入消费水平	0.6	2.8	-1.0	16.7	15.0	7.7	9.7	6.8	8.6
生活环境质量	—	213.1	89.4	62.5	44.9	23.6	5.7	—	7.6
信息化普及率	47.4	22.0	29.6	3.0	28.5	21.8	16.8	24.7	19.7
生态环境一体化	13.0	1.0	17.2	9.2	1.6	2.5	3.4	7.3	4.6
水资源利用	0.0	0.0	0.0	0.0	0.0	0.0	0.0	0.0	0.0
环境质量	21.7	0.1	6.8	5.6	3.5	-6.1	3.6	4.9	3.3
垃圾处理	18.7	2.8	45.7	19.9	1.1	11.7	6.2	15.7	11.1
自然资源保护	0.7	1.3	6.6	0.0	0.0	-0.7	0.1	1.2	1.1

12 个二级指标中（不包括生活环境质量和水资源利用），经济发展、产业协调、教育均衡发展、社会保障均衡发展、信息化普及率、环境质量、垃圾处理和自然资源保护进展快于全国平均水平；要素流动、卫生均衡发展、文化均衡发展和收入消费水平进展则慢于全国平均水平，特别是文化均衡发展倒退（见附表 5-3）。

三 简要评价

1. 发展极不均衡

内蒙古城乡发展一体化总水平在全国的排序不断上升，排名也相对较高，但是内蒙古的发展极不均衡。

第一，四个一体化之间发展不均衡。经济发展一体化和社会发展一体化处于全国前10位；而生活水平一体化、生态环境一体化则处于后10位，前者仅排倒数第4，后者排第21。

第二，四个一体化内部发展也极不均衡。经济发展一体化中，经济发展位列第8，而产业协调却位列第21；社会发展一体化排序处于上游，但内部发展也极不均衡，教育均衡发展排序仅次于发达地区的北京、天津和上海之后，位列第4，而相比之下，卫生均衡发展则很不理想，仅位列第22。

2. 经济发展还需要更好地惠及农民、农村

内蒙古经济发展水平相对较高。2012年内蒙古人均GDP和人均地方预算收入分别位列全国第6和第7，均高于沿海发达地区的广东省和福建省，经济发展指标的排序高居全国第8。但是，经济高速发展并没有很好地惠及农民，相关指标排序与经济发展排序严重不匹配。2012年，农民人均纯收入仅位列全国第17，而且城乡居民收入差距较大，该指标仅位列第21。虽然生活水平一体化进展在四个一体化中最快，也远快于全国平均水平，但由于基础太差，2006年生活水平一体化分值仅及全国平均水平的49.9%，与全国差距依然较大。2006～2011年，生活环境质量一直位列全国最后，虽然与2006年相比，2012年生活环境质量有了非常大的改善（例如，2006年，农村自来水普及率和无害化卫生厕所普及率分别只有30.6%和4.1%，到2012年分别提高到65.3%和21.1%），排序也有所提升，但仍位列倒数第3，其分值仅为全国平均水平的58%，与同区域的省份（如新疆、青海、宁夏）相比也有一定的差距，特别是与新疆和宁夏相比，差距较大。社会保障均衡发展方面，最低生活保障、医疗保障水平的城乡差距较大，两个指标排序分别为第15位和第25位。

3. 城乡二元经济结构突出，产业发展不协调

虽然经济发展一体化排序较高，但产业发展不够协调，反映产业协调的指标仅位列第21；二元经济结构十分明显，反映二元经济结构的指标位列第27，分值仅为全国平均水平的50%。

附录六 辽宁城乡发展一体化水平排序与进展

一 城乡一体化发展水平排序与变化

1. 2012 年：总水平排名全国第 9 位

2012 年，辽宁城乡发展一体化总水平（总指数）位列全国第 9，但在东部地区 11 个省份中排序较为靠后，仅排在海南和河北之前，列第 9 位，在沿海发达省份中排名最后（见附表 6-1）。

四个一体化中，经济发展一体化、社会发展一体化和生态环境一体化排序与总水平排序基本一致，分别位列第 8 位、第 8 位和第 9 位；生活水平一体化排序则落后于总水平排序，排名第 14 位（见附表 6-1）。

14 个二级指标中，有 8 个指标排序进入全国前 10 位，但没有 1 个指标进入前 5 位。社会保障均衡发展、生活环境质量、信息化普及率、环境质量和垃圾处理排序相对靠后，与总水平排序差距较大，分别列第 19 位、第 21 位、第 15 位、第 21 位和第 18 位；其余指标排序与总水平排序大体相当（见附表 6-1）。

36 个三级指标中，有 21 个指标进入全国前 10 位，但仅有 4 个指标进入前 5 位，其中进入前 3 位的有 2 个指标，1 个指标并列第 1，1 个指标排第 3；排列后 10 位的有 5 个指标，其中 2 个指标位列倒数第 2。

附表 6－1　辽宁城乡发展一体化在全国排序

年　份	2006	2007	2008	2009	2010	2011	2012
总指数	10	10	11	10	9	9	9
经济发展一体化	9	9	8	8	8	8	8
经济发展	7	7	7	7	7	7	6
产业协调	12	9	11	9	10	8	9
要素流动	11	10	11	9	8	8	8
社会发展一体化	8	10	10	9	8	8	8
教育均衡发展	16	17	13	13	8	12	10
卫生均衡发展	8	7	8	9	6	7	8
文化均衡发展	6	8	7	7	7	5	9
社会保障均衡发展	11	13	21	17	22	17	19
生活水平一体化	11	14	13	14	15	13	14
收入消费水平	6	7	7	7	7	9	8
生活环境质量	23	23	24	24	22	21	21
信息化普及率	9	15	19	20	18	17	15
生态环境一体化	10	12	12	12	12	11	9
水资源利用	9	9	9	9	9	9	9
环境质量	20	21	19	20	22	24	21
垃圾处理	17	17	19	24	21	19	18
自然资源保护	10	11	11	10	11	11	11

2. 2011～2012 年变化：总水平排序不变

与 2011 年相比，2012 年辽宁城乡发展一体化总水平排序没有变化（见附表 6－1）。

四个一体化中，经济发展一体化和社会发展一体化排序保持不变；生态环境一体化排序提升 2 个位次，主要是由于环境质量改善所致；生活水平一体化排序下降 1 个位次（见附表 6－1），主要是由于城乡居民收入与差距排序下降。

13 个二级指标中（不包括水资源利用），经济发展、教育均衡发展、收入消费水平、信息化普及率、环境质量和垃圾处理等排序提升，但提升幅度不大，提升幅度最大的是环境质量，提升了 3 个位次；产业协调、卫生均衡发展、文化均衡发展、社会保障均衡发展等排序下降，其中文化均衡发展排序下降幅度最大，下降了 4 个位次（见附表 6－1）。

3. 2006～2012 年变化：总水平排序基本稳定，略微提升

与 2006 年相比，2012 年辽宁城乡发展一体化总水平排序上升了 1 个位次；

除2008年外，各年份排序较为稳定，仅在第9和第10位变动；最高排序与最低排序仅相差2个位次；2010年之后则稳定在第9位（见附表6-1）。

2006~2012年四个一体化中，经济发展一体化排序上升1个位次，且非常稳定；2012年社会发展一体化排序与2007年的第10位相比上升了2个位次，且呈逐步提升趋势，排序年际的波动变化也很小；2012年生态环境一体化排序与2007年的第12位相比提升了3个位次，也是呈逐步提升趋势；生活水平一体化排序下降了3个位次（见附表6-1）。

13个二级指标中（不包括水资源利用），经济发展、产业协调、要素流动、教育均衡发展、生活环境质量等排序提升，除教育均衡发展排序提升6个位次外，其他升幅不大；文化均衡发展、社会保障均衡发展、收入消费水平、信息化普及率、环境质量、垃圾处理和自然资源保护等排序下降，其中社会保障均衡发展和信息化普及率排序波动较大，下降幅度也较大，分别下降了8个位次和6个位次（见附表6-1）。

二　城乡发展一体化进展

1. 2011~2012年：总水平继续加快提高

2012年，辽宁城乡发展一体化总水平比2011年提高了9.0%，比2011年进展快0.6个百分点，与2012年全国平均水平持平，城乡发展一体化进展继续加快（见附表6-3）。

四个一体化中，经济发展一体化比2011年提高了8.2%，比2011年进展慢1个百分点，但略快于全国平均进展；社会发展一体化比2011年提高11.1%，略快于2011年进展，但慢于全国平均水平；生活水平一体化比2011年提高12.7%，比2011年进展快2.7个百分点，也快于全国平均进展；生态环境一体化比2011年提高了4.7%，快于2011年进展和全国平均进展（见附表6-3）。

13个二级指标中（不包括水资源利用），产业协调、教育均衡发展、文化均衡发展、收入消费水平、信息化普及率和环境质量等进展快于2011年，其中信息化普及率提高幅度最大，比2011年快5个百分点。在进展慢于2011年的指标中，社会保障均衡发展进展下降幅度最大，而要素流动和自然资源保护则出现倒退（见附表6-3）。

附表 6－2　辽宁省城乡一体化发展进展

年　份	2006	2007	2008	2009	2010	2011	2012
总指数	0.4262	0.4436	0.4756	0.5005	0.5403	0.5857	0.6386
经济发展一体化	0.4059	0.4472	0.4804	0.5191	0.5596	0.6110	0.6608
经济发展	0.3481	0.3972	0.4519	0.5013	0.5814	0.6859	0.7679
产业协调	0.4748	0.5272	0.5422	0.5967	0.6191	0.6765	0.7491
要素流动	0.3950	0.4172	0.4471	0.4593	0.4783	0.4705	0.4655
社会发展一体化	0.4648	0.4695	0.4963	0.4716	0.4832	0.5359	0.5954
教育均衡发展	0.3491	0.4178	0.4658	0.5199	0.5994	0.6691	0.7771
卫生均衡发展	0.5120	0.5214	0.5153	0.5305	0.5448	0.5656	0.5786
文化均衡发展	0.5787	0.5025	0.5188	0.5342	0.5204	0.4823	0.5561
社会保障均衡发展	0.4196	0.4363	0.4854	0.3019	0.2684	0.4267	0.4698
生活水平一体化	0.3414	0.3510	0.3917	0.4583	0.5260	0.5785	0.6517
收入消费水平	0.5592	0.5741	0.5845	0.6638	0.6401	0.6779	0.7313
生活环境质量	0.1880	0.2157	0.2621	0.3086	0.3613	0.4028	0.4477
信息化普及率	0.2770	0.2632	0.3285	0.4025	0.5767	0.6547	0.7759
生态环境一体化	0.4925	0.5066	0.5339	0.5530	0.5925	0.6173	0.6464
水资源利用	0.5272	0.5272	0.5272	0.5272	0.5272	0.5272	0.5272
环境质量	0.5692	0.6037	0.6698	0.6895	0.7039	0.6729	0.7100
垃圾处理	0.4727	0.5039	0.5469	0.5482	0.6914	0.8164	0.9031
自然资源保护	0.4008	0.3917	0.3917	0.4472	0.4472	0.4527	0.4452

2. 2006～2012 年：总水平提升，总体呈逐年加快之势

2006～2012 年，除 2009 年外，辽宁城乡发展一体化总水平进展呈逐年加快之势，年均增长 7%，虽然比全国平均水平低 0.8 个百分点，但在东部地区 11 个省份中是进展较快的（见附表 6－3）。虽然辽宁城乡发展一体化进展慢于全国平均水平，但由于与排在其后的省份有一定差距，对其排序并没有产生影响。

四个一体化中，经济发展一体化进展略快于全国平均水平，年际波动相对较小；生态环境一体化进展与全国平均水平持平；社会发展一体化和生活水平一体化进展均慢于全国平均水平，且年际波动较大（见附表 6－3）。

附表 6－3　辽宁城乡发展一体化进展（环比增长）

单位：%

项　目	2007 年	2008 年	2009 年	2010 年	2011 年	2012 年比 2011 年增长		2006～2012 年年均增长	
						辽宁	全国	辽宁	全国
总指数	4.1	7.2	5.2	8.0	8.4	9.0	9.0	7.0	7.8
经济发展一体化	10.2	7.4	8.1	7.8	9.2	8.2	7.8	8.5	8.0
经济发展	14.1	13.8	10.9	16.0	18.0	12.0	11.7	14.1	14.7
产业协调	11.0	2.8	10.1	3.8	9.3	10.7	9.0	7.9	6.7
要素流动	5.6	7.2	2.7	4.1	－1.6	－1.1	1.9	2.8	3.8
社会发展一体化	1.0	0.0	－5.0	2.5	10.9	11.1	13.7	4.2	7.0
教育均衡发展	19.7	11.5	11.6	15.3	11.6	16.1	12.8	14.3	11.6
卫生均衡发展	1.8	－1.2	2.9	2.7	3.8	2.3	1.3	2.1	3.6
文化均衡发展	－13.2	3.2	3.0	－2.6	－7.3	15.3	36.2	－0.6	3.2
社会保障均衡发展	4.0	11.3	－37.8	－11.1	59.0	10.1	11.9	1.9	9.1
生活水平一体化	2.8	11.6	17.0	14.8	10.0	12.7	11.2	11.3	11.7
收入消费水平	2.7	1.8	13.6	－3.6	5.9	7.9	9.7	4.6	8.6
生活环境质量	14.7	21.5	17.7	17.1	11.5	11.1	5.7	15.6	7.6
信息化普及率	－5.0	24.8	22.5	43.3	13.5	18.5	16.8	18.7	19.7
生态环境一体化	2.9	5.4	3.6	7.1	4.2	4.7	3.4	4.6	4.6
水资源利用	0.0	0.0	0.0	0.0	0.0	0.0	0.0	0.0	0.0
环境质量	6.1	10.9	2.9	2.1	－4.4	5.5	3.6	3.7	3.3
垃圾处理	6.6	8.5	0.2	26.1	18.1	10.6	6.2	11.4	11.1
自然资源保护	－2.3	0.0	14.2	0.0	1.2	－1.7	0.1	1.8	1.1

13 个二级指标中（不包括水资源利用），产业协调、教育均衡发展、生活环境质量、环境质量、垃圾处理和自然资源保护进展快于全国平均水平，但只有生活环境质量进展明显快于全国平均水平，高 8 个百分点，其他没有明显差异；经济发展、要素流动、卫生均衡发展、文化均衡发展、社会保障均衡发展、收入消费水平、信息化普及率进展则慢于全国平均水平，其中社会保障均衡发展和收入消费水平进展与全国平均水平差距较大，分别低 7.2 个和 4 个百分点（见附表 6－3）。

三　简要评价

1. 城乡发展一体化需进一步加快

虽然辽宁城乡发展一体化总水平逐年提升，但仍慢于全国平均水平；尽管2012年总水平排名全国第9，但在东部地区排序靠后，总水平相对较低；不仅与排名靠前的东部地区的其他省份（不包括北京、上海和天津3个直辖市）有一定差距，分值比浙江省低21.1%，而且低于东部地区（不包括北京、上海和天津3个直辖市）平均水平，仅比全国平均水平高6.3%，城乡发展一体化需进一步加快。

2. 发展略显不均衡，农民生活环境条件有待改善

辽宁省四个一体化中经济发展一体化、社会发展一体化和生态环境一体化的排序与城乡发展一体化总水平的排序较为一致，而生活水平一体化的排序则较为背离，相差5个位次。

生活水平一体化排序的背离主要是由生活环境质量排序背离所导致的，该指标仅排名第21位。反映生活环境质量的两个指标——安全饮用水和卫生厕所的排序分别为第18位和第22位，分值分别比全国平均分值低9.4%和44.5%；2012年，农村自来水普及率和无害化卫生厕所普及率分别只有73.3%和29.6%，农民生活环境条件需要进一步改善。

3. 城乡社会保障水平差距较大

2012年虽然社会发展一体化排序进入全国前10位，但社会保障均衡发展仅排名第19位，特别是社会保障的城乡差距大于全国平均水平。例如，城乡最低生活保障水平差距位列第20，分值只有全国平均分值的82%；基本养老保险的城乡差距更大，仅位列第24，分值仅为全国平均分值的19.2%。

4. 环境质量有待改善

尽管生态环境一体化排序位列前10，但环境质量不理想，仅位列第21。反映环境质量的指标中，二氧化硫排放指标排名第18位，分值仅比全国平均分值高2.5%；固体废弃物处理指标位列倒数第2，分值仅为全国平均值的三分之一。

附录七 吉林城乡发展一体化水平排序与进展

一　城乡发展一体化水平排序与变化

1. 2012 年：总水平位于全国中游，中部地区上游

2012 年，吉林城乡发展一体化总水平位于全国第 14（见附表 7－1）、中部地区第 3。

四个一体化中，社会发展一体化排位最高，位于全国第 12；经济发展一体化和生活水平一体化均位于全国第 15；生态环境一体化位于全国第 23，远远低于总水平排位，处于全国下游，显著拉低了总水平的排名（见附表 7－1）。

14 个二级指标中，教育均衡发展、卫生均衡发展、文化均衡发展和自然资源保护排位较为靠前，而要素流动、生活环境质量、社会保障均衡发展、垃圾处理排位靠后，尤其是社会保障均衡发展与垃圾处理分别排在最后和倒数第 2 位（见附表 7－1）。

36 个三级指标中，多数指标排位处于中游。有 11 个指标进入全国前 10 位，但仅有 2 个指标进入前 5 位；有 6 个指标指标处于后 10 位，排序后 5 位的有 5 个指标，其中有 2 个指标位于倒数第 1。

附表 7－1　吉林城乡发展一体化在全国排序

年　　份	2006	2007	2008	2009	2010	2011	2012
总指数	13	12	13	13	14	13	14
经济发展一体化	11	12	12	13	15	15	15
经济发展	11	12	12	11	12	12	12
产业协调	8	10	9	10	13	15	11
要素流动	19	24	22	22	21	23	23
社会发展一体化	4	9	9	7	9	9	12
教育均衡发展	6	7	8	7	7	6	6
卫生均衡发展	6	8	7	6	9	8	9
文化均衡发展	8	9	12	8	8	11	6
社会保障均衡发展	14	12	17	25	21	20	30
生活水平一体化	18	15	15	11	14	11	15
收入消费水平	11	11	9	8	8	7	11
生活环境质量	29	26	28	26	24	23	22
信息化普及率	14	11	12	11	14	13	13
生态环境一体化	20	16	20	23	22	23	23
水资源利用	13	13	13	13	13	13	13
环境质量	16	17	17	17	16	15	14
垃圾处理	30	26	28	28	28	28	29
自然资源保护	6	6	6	14	8	8	7

2. 2011～2012 年变化：总水平排序下降 1 位

与 2011 年相比，2012 年吉林城乡发展一体化总水平的排序下降 1 个位次（见附表 7－1）。

四个一体化中，经济发展一体化和生态环境一体化排名没有变化，但社会发展一体化和生活水平一体化排位明显下降，分别下降了 3 个位次和 4 个位次（见附表 7－1）。

13 个二级指标中（不包括水资源利用），有 4 个指标排名没有变化；5 个指标排名上升，其中产业协调和文化均衡发展排位上升幅度相对较大，分别上升了 4 个位次和 5 个位次；有 4 个指标排名下降，其中，下降最为明显的是社会保障均衡发展，由第 20 位下降到了第 30 位，是社会发展一体化排位明显下降的最主要原因（见附表 7－1）。

3. 2006～2012 年变化：总水平排序略微下降但基本在中上游徘徊

2006～2012 年，除 2007 年外，吉林城乡发展一体化总水平在第 13 位和第

14位之间徘徊，2012年仅比2006年下降1个位次（见附表7－1）。

四个一体化中，经济发展一体化、社会发展一体化和生态环境一体化排位基本处于逐步下降的趋势，其中，经济发展一体化和生态环境一体化排位下降幅度较为缓慢，分别下降了4个位次和3个位次；社会发展一体化排位下降的幅度较为明显，下降了8个位次，但从整体上看，2012年社会发展一体化排位与大多数年份相比，也仅下降了3个位次。生活水平一体化排位大致处于上升趋势，上升了3个位次，但年际起伏较大（见附表7－1）。

二　城乡发展一体化进展

1. 2011～2012年：总水平继续稳定提升

与2011年相比，2012年吉林城乡发展一体化总水平提高了7.0%，比2011年进展高0.2个百分点，进展较为稳定，但低于全国平均进展2个百分点（见附表7－3）。

四个一体化中，经济发展一体化比2011年提高了9.6%，比2011年进展快5.2个百分点，比2012年全国平均进展快1.8个百分点，进展明显加快；社会发展一体化提高了10%，进展快于2011年，但慢于2012年全国平均进展；生活水平一体化和生态环境一体化分别提高了7.8%和0.6%，均慢于2011年进展和2012年全国平均进展（见附表7－3）。

13个二级指标中（不包括水资源利用），有6个指标进展高于2011年，其中文化均衡发展进展大幅提升；有9个指标进展高于全国平均进展；有3个指标进展出现倒退，其中社会保障均衡发展和垃圾处理进展倒退幅度较大（见附表7－3）。

2. 2006～2012年：总水平进展较为缓慢，但稳定而均衡

2006～2012年，吉林城乡发展一体化总水平年均增长7.0%，低于7.8%的全国平均水平，在中部地区8个省份中增长速度最慢。但是，进展较为均衡，自2008年以来基本呈持续加快的趋势（见附表7－3）。

四个一体化中，经济发展一体化进展低于全国平均水平1.6个百分点；社会发展一体化进展最慢，比全国平均进展低4.2个百分点，进展十分缓慢，导致社会发展一体化全国排位出现下降；生活水平一体化和生态环境一体化进展高于全国平均进展（见附表7－3）。

13个二级指标中（不包括水资源利用），只有生活环境质量、信息化普及率和环境质量3个指标进展高于全国平均水平，社会保障均衡发展进展出现倒退（见附表7－3）。

附表7－2　吉林城乡发展一体化指数分值

年　　份	2006	2007	2008	2009	2010	2011	2012
总指数	0.3750	0.4142	0.4369	0.4609	0.4922	0.5259	0.5625
经济发展一体化	0.3442	0.3652	0.4034	0.4230	0.4367	0.4561	0.4999
经济发展	0.2259	0.2562	0.2929	0.3232	0.3640	0.4299	0.4879
产业协调	0.5045	0.5251	0.5757	0.5927	0.5816	0.5880	0.6532
要素流动	0.3020	0.3141	0.3415	0.3531	0.3646	0.3504	0.3586
社会发展一体化	0.4892	0.4856	0.5053	0.4845	0.4831	0.5241	0.5767
教育均衡发展	0.4667	0.5173	0.5703	0.6130	0.6446	0.7270	0.8025
卫生均衡发展	0.5458	0.5164	0.5509	0.5771	0.5084	0.5628	0.5736
文化均衡发展	0.5518	0.4656	0.3973	0.4873	0.5075	0.3910	0.5967
社会保障均衡发展	0.3926	0.4429	0.5026	0.2606	0.2719	0.4158	0.3340
生活水平一体化	0.2711	0.3319	0.3824	0.4743	0.5349	0.5987	0.6453
收入消费水平	0.4661	0.4730	0.5239	0.6195	0.6131	0.7134	0.6987
生活环境质量	0.1364	0.1858	0.2172	0.2684	0.3595	0.3938	0.4288
信息化普及率	0.2109	0.3370	0.4060	0.5350	0.6323	0.6888	0.8086
生态环境一体化	0.3957	0.4740	0.4566	0.4619	0.5138	0.5246	0.5280
水资源利用	0.4456	0.4456	0.4456	0.4456	0.4456	0.4456	0.4456
环境质量	0.6686	0.7126	0.7177	0.7583	0.7869	0.7687	0.8243
垃圾处理	0.0000	0.2656	0.1927	0.2682	0.3477	0.4089	0.3645
自然资源保护	0.4686	0.4722	0.4704	0.3756	0.4752	0.4752	0.4776

附表7－3　吉林城乡发展一体化进展（环比增长）

单位：%

项　　目	2007年	2008年	2009年	2010年	2011年	2012年比2011年增长		2006～2012年年均增长	
						吉林	全国	吉林	全国
总指数	10.4	5.5	5.5	6.8	6.8	7.0	9.0	7.0	7.8
经济发展一体化	6.1	10.5	4.9	3.2	4.4	9.6	7.8	6.4	8.0
经济发展	13.4	14.3	10.3	12.6	18.1	13.5	11.7	13.7	14.7
产业协调	4.1	9.6	3.0	－1.9	1.1	11.1	9.0	4.4	6.7
要素流动	4.0	8.7	3.4	3.3	－3.9	2.3	1.9	2.9	3.8

续表

项目	2007 年	2008 年	2009 年	2010 年	2011 年	2012 年比 2011 年增长		2006～2012 年年均增长	
						吉林	全国	吉林	全国
社会发展一体化	-0.7	4.1	-4.1	-0.3	8.5	10.0	13.7	2.8	7.0
教育均衡发展	10.9	10.2	7.5	5.2	12.8	10.4	12.8	9.5	11.6
卫生均衡发展	-5.4	6.7	4.8	-11.9	10.7	1.9	1.3	0.8	3.6
文化均衡发展	-15.6	-14.7	22.6	4.1	-23.0	52.6	36.2	1.3	1.3
社会保障均衡发展	12.8	13.5	-48.1	4.3	52.9	-19.7	11.9	-2.7	9.1
生活水平一体化	22.4	15.2	24.0	12.8	11.9	7.8	11.2	15.5	11.7
收入消费水平	1.5	10.8	18.3	-1.0	16.4	-2.1	9.7	7.0	8.6
生活环境质量	36.2	16.9	23.6	33.9	9.5	8.9	5.7	21.0	7.6
信息化普及率	59.8	20.5	31.8	18.2	8.9	17.4	16.8	25.1	19.7
生态环境一体化	19.8	-3.7	1.2	11.2	2.1	0.6	3.4	4.9	4.6
水资源利用	0.0	0.0	0.0	0.0	0.0	0.0	0.0	0.0	0.0
环境质量	6.6	0.7	5.7	3.8	-2.3	7.2	3.6	3.6	3.3
垃圾处理	—	-27.5	39.2	29.6	17.6	-10.9	6.2	—	11.1
自然资源保护	0.8	-0.4	-20.2	26.5	0.0	0.5	0.1	0.3	1.1

三　简要评价

1. 发展不均衡

在四个一体化层面上表现为生态环境一体化较为滞后。但是，吉林城乡发展一体化不均衡主要体现在四个一体化内部。经济发展一体化中，相对于经济发展和产业协调，要素流动的排位靠后；社会发展一体化中，教育均衡发展和文化均衡发展位于全国前列，卫生均衡发展排位也较为靠前，但社会保障均衡发展位列全国倒数第 1；生态环境一体化中，自然资源保护位居全国前列，但垃圾处理位列全国倒数第 2。

2. 农村社会保障水平低，城乡差距大

2012 年，吉林农村社会保障水平和城乡社会保障差距指标均排在全国倒数第 1，分值分别仅为全国平均水平的 8% 和 52%。

3. 生活环境质量城乡差距较大

2012 年，吉林农村生活环境质量的全国排名是第 22 位，分值低于全国平均水平 27.5%，其中主要原因是农村卫生厕所普及率低，排名靠后，仅处于全国第 28 位，分值低于全国平均水平 76.2%。

4. 城乡生活垃圾处理率有待提高

2012 年，吉林城市生活垃圾处理率排列全国第 29 位，分值比全国平均水平低 58.3%。

附录八 黑龙江城乡发展一体化水平排序与进展

一 城乡发展一体化水平排序与变化

1. 2012 年：总水平位于全国中游，中部地区首位

2012 年，黑龙江城乡发展一体化总水平居全国第 13（见附表 8－1）、中部地区首位。

四个一体化中，经济发展一体化和社会发展一体化分别位于全国第 12 和第 9，高于总水平的全国排序；生活水平一体化和生态环境一体化均位于全国第 19，远低于总水平的全国排序（见附表 8－1）。

14 个二级指标中，产业协调、文化均衡发展、收入消费水平和自然资源保护排序位于前列，其中自然资源保护位列第 2；而垃圾处理、要素流动和生活环境质量排序非常靠后，分别排第 28 位、第 29 位和第 30 位，另外，社会保障均衡发展的排序也较低，排第 22 位（见附表 8－1）。

36 个三级指标中，有 10 个指标进入全国前 10 位，其中位于全国排序前 5 位的有 5 个指标；有 9 个指标处于后 10 位，其中列后 5 位的有 4 个指标。

2. 2011～2012 年变化：总水平排序提升 1 个位次

与 2011 年相比，2012 年黑龙江城乡发展一体化总水平在全国和中部地区的排序均上升 1 个位次（见附表 8－1）。

附表 8－1　黑龙江城乡发展一体化在全国排序

年　份	2006	2007	2008	2009	2010	2011	2012
总指数	12	13	9	9	10	14	13
经济发展一体化	13	17	15	17	17	13	12
经济发展	10	11	11	12	13	13	13
产业协调	18	19	17	13	14	9	6
要素流动	16	23	23	24	23	27	29
社会发展一体化	13	13	2	5	6	10	9
教育均衡发展	9	9	9	8	12	10	9
卫生均衡发展	9	9	9	10	10	11	10
文化均衡发展	12	11	1	1	3	8	5
社会保障均衡发展	17	17	1	6	8	24	22
生活水平一体化	12	9	9	9	9	17	19
收入消费水平	7	6	4	4	5	6	6
生活环境质量	22	22	26	27	28	28	30
信息化普及率	10	8	8	7	9	16	17
生态环境一体化	15	19	17	19	18	20	19
水资源利用	10	10	10	10	10	10	10
环境质量	11	12	14	15	14	13	13
垃圾处理	27	30	30	30	29	29	28
自然资源保护	5	5	5	3	2	2	2

四个一体化中，经济发展一体化、社会发展一体化和生态环境一体化排序均上升 1 个位次，生活水平一体化排序则下降了 2 个位次（见附表 8－1）。

13 个二级指标中（不包括水资源利用），有 4 个指标排序没有变化；6 个指标排序上升，但变化幅度不大；3 个指标排序下降，下降幅度也不大（见附表 8－1）。

3. 2006～2012 年变化：总水平排序在波动中微降，基本居于全国中游和中部地区首位

2006～2012 年，黑龙江城乡发展一体化总水平排序经历了缓慢上升而后下降的过程，最高排位达到第 9，与最低排位相差 5 个位次（见附表 8－1），基本居于全国中游和中部地区首位。

四个一体化的排位也呈现波动状态。经济发展一体化经历了先降后升的过程，社会发展一体化排位经历了先大幅上升而后又大幅下降的过程，但最终较2006年上升了4个位次；生活水平一体化排位经历了先上升而后大幅下降的过程；生态环境一体化的变化趋势则相对平稳，但基本呈下降趋势（见附表8－1）。

13个二级指标中（不包括水资源利用），8个指标排位下降，其中要素流动、生活环境质量和信息化普及率排位下降幅度较大，分别下降了13个位次、8个位次和7个位次；4个指标排位上升，其中产业协调和文化均衡发展排位上升幅度较大，分别上升了12个位次和7个位次（见附表8－1）。

二　城乡发展一体化进展

1. 2011～2012年：总水平进展明显加快

与2011年相比，2012年黑龙江城乡发展一体化总水平提高了10.9%，扭转了2011年负增长的态势，也高于9.0%的全国平均进展，城乡发展一体化进程明显加快（见附表8－3）。

四个一体化中，除了生活水平一体化进展程度（8.9%）低于全国平均进展（11.2%）外，其余3个一体化进展程度均大幅高于2011年进展和2012年全国平均进展，特别是社会发展一体化和生活水平一体化均扭转了2011年负增长的趋势（见附表8－3）。

13个二级指标中（不包括水资源利用），有7个指标进展高于2011年，有9个指标进展高于全国平均进展，其中产业协调和文化均衡发展进展较快；要素流动进展出现倒退（见附表8－3）。

2. 2006～2012年：总水平进展低于全国平均水平，进展缓慢

2006～2012年，黑龙江城乡发展一体化总水平年均增长7.4%，低于全国平均水平0.4个百分点，在中部地区进展仅快于吉林。总体上看，黑龙江城乡发展一体化进展波动较大，其中有两个年份出现负增长（见附表8－3）。

四个一体化中，除经济发展一体化外，其余3个一体化进展均略低于全国平均水平。经济发展一体化进展快于全国平均水平，基本呈稳步加快的趋势（见附表8－3）。

13个二级指标中（不包括水资源利用），只有4个指标进展平均增速高于全国平均水平，其中垃圾处理进展较快；9个指标低于全国平均水平，特别是要素流动进展出现倒退（见附表8－3）。

附表 8－2 黑龙江城乡发展一体化指数分值

年 份	2006	2007	2008	2009	2010	2011	2012
总指数	0.3789	0.4116	0.5172	0.5023	0.5253	0.5231	0.5802
经济发展一体化	0.3182	0.3468	0.3713	0.3980	0.4254	0.4653	0.5384
经济发展	0.2376	0.2594	0.2988	0.3226	0.3563	0.4105	0.4517
产业协调	0.3960	0.4528	0.4938	0.5431	0.5638	0.6594	0.8482
要素流动	0.3211	0.3283	0.3213	0.3282	0.3560	0.3262	0.3151
社会发展一体化	0.4095	0.4346	0.7443	0.5792	0.5471	0.5141	0.5945
教育均衡发展	0.4151	0.4862	0.5262	0.5825	0.5902	0.6818	0.7792
卫生均衡发展	0.5078	0.4980	0.5090	0.5238	0.4969	0.5302	0.5411
文化均衡发展	0.4333	0.4127	0.6905	0.7623	0.7741	0.4447	0.6066
社会保障均衡发展	0.2816	0.3413	1.2516	0.4483	0.3273	0.3996	0.4509
生活水平一体化	0.3379	0.4066	0.4744	0.5339	0.5845	0.5647	0.6149
收入消费水平	0.5516	0.6260	0.7199	0.7677	0.7579	0.7397	0.7888
生活环境质量	0.2090	0.2286	0.2402	0.2580	0.2915	0.2955	0.3171
信息化普及率	0.2532	0.3652	0.4632	0.5760	0.7041	0.6588	0.7389
生态环境一体化	0.4500	0.4582	0.4785	0.4983	0.5443	0.5484	0.5729
水资源利用	0.5102	0.5102	0.5102	0.5102	0.5102	0.5102	0.5102
环境质量	0.7453	0.7601	0.7882	0.7974	0.8359	0.8021	0.8431
垃圾处理	0.0716	0.0677	0.1120	0.1576	0.2943	0.3372	0.3878
自然资源保护	0.4730	0.4947	0.5038	0.5279	0.5370	0.5442	0.5505

附表 8－3 黑龙江城乡发展一体化进展（环比增长）

单位：%

项 目	2007 年	2008 年	2009 年	2010 年	2011 年	2012 年比 2011 年增长		2006～2012 年年均增长	
						黑龙江	全国	黑龙江	全国
总指数	8.6	25.7	－2.9	4.6	－0.4	10.9	9.0	7.4	7.8
经济发展一体化	9.0	7.1	7.2	6.9	9.4	15.7	7.8	9.2	8.0
经济发展	9.2	15.2	8.0	10.5	15.2	10.1	11.7	11.3	14.7
产业协调	14.3	9.1	10.0	3.8	17.0	28.6	9.0	13.5	6.7
要素流动	2.2	－2.1	2.1	8.5	－8.4	－3.4	1.9	－0.3	3.8
社会发展一体化	6.1	71.3	－22.2	－5.5	－6.0	15.6	13.7	6.4	7.0
教育均衡发展	17.1	8.2	10.7	1.3	15.5	14.3	12.8	11.1	11.6
卫生均衡发展	－1.9	2.2	2.9	－5.1	6.7	2.1	1.3	1.1	3.6
文化均衡发展	－4.7	67.3	10.4	1.6	－42.6	36.4	36.2	5.8	1.3
社会保障均衡发展	21.2	266.7	－64.2	－27.0	22.1	12.8	11.9	8.2	9.1

续表

项目	2007 年	2008 年	2009 年	2010 年	2011 年	2012 年比 2011 年增长		2006～2012 年年均增长	
						黑龙江	全国	黑龙江	全国
生活水平一体化	20.3	16.7	12.5	9.5	-3.4	8.9	11.2	10.5	11.7
收入消费水平	13.5	15.0	6.6	-1.3	-2.4	6.6	9.7	6.1	8.6
生活环境质量	9.4	5.1	7.4	13.0	1.4	7.3	5.7	7.2	7.6
信息化普及率	44.2	26.8	24.4	22.2	-6.4	12.2	16.8	19.5	19.7
生态环境一体化	1.8	4.4	4.1	9.2	0.8	4.5	3.4	4.1	4.6
水资源利用	0.0	0.0	0.0	0.0	0.0	0.0	0.0	0.0	0.0
环境质量	2.0	3.7	1.2	4.8	-4.0	5.1	3.6	2.1	3.3
垃圾处理	-5.5	65.4	40.7	86.8	14.6	15.0	6.2	32.5	11.1
自然资源保护	4.6	1.8	4.8	1.7	1.3	1.2	0.1	2.6	1.1

三　简要评价

1. 发展不均衡

2012 年黑龙江发展不均衡表现在三个方面。一是总水平进展不稳定，波动较大。二是四个一体化发展不均衡，社会发展一体化水平相对较高，进入前 10 位行列，而生活水平一体化和生态环境一体化相对滞后，靠近后 10 位。三是各个一体化内部发展不均衡，即使是排位相对靠前的社会发展一体化中，社会保障均衡发展的排位也比较靠后，与排第 5 位的文化均衡发展相差 17 个位次；经济发展一体化中，最高与最低的排位相差 23 个位次；生活水平一体化中，最高与最低的排位相差 24 个位次；生态环境一体化中，最高与最低的排位相差 26 个位次。

2. 部分要素城乡流动和配置不尽合理

总体上看，黑龙江城乡要素流动和配置不太合理，自 2006 年以来该指标排名始终呈下降的趋势，2012 年排名倒数第 2。虽然财政支农相对程度不高，但农村金融资金流出相对较少，总体上看，资金流动和配置的合理性相对较高。要素流动和配置不合理主要是土地和劳动力的流动和配置不合理。一是土地利用效率较低，2012 年该指标排名第 26，分值低于全国平均水平 9.6%；二是劳动力流动滞后，2012 年该指标排名倒数第 1，低于全国平均水平 55.4%。

3. 农村生活环境质量需要大力改善

总体上看，黑龙江的农村生活环境质量较差，特别是农村无害化卫生厕所普及率过低，位列全国倒数第 2，分值仅及全国平均水平的 20%；安全饮用水的普及率也不高。

附录九 上海城乡发展一体化水平排序与进展

一 城乡发展一体化水平排序与变化

1. 2012 年：总水平高居全国第 2 位

2012 年，上海城乡发展一体化总水平居全国第 2 位（见附表 9－1）。

四个一体化中，经济发展一体化排序高居榜首，社会发展一体化和生活水平一体化居全国第 2 位，生态环境一体化水平居全国第 4 位（见附表 9－1）。

14 个二级指标中，有 11 个指标位居前 3，其中有 7 个指标高居榜首，是全国排行第 1 最多的省份；但也有 2 个指标排位靠后，垃圾处理和自然资源保护分别排在第 20 位和倒数第 2（见附表 9－1）。

36 个三级指标中，排全国前 5 位的有 26 个指标，其中居全国第 1 位的有 11 个指标（1 个指标并列第 1），第 2 位的有 10 个指标，第 3 位的有 2 个指标；居后 10 位的有 4 个指标，其中排序后 5 位的只有 1 个指标。

2. 2011～2012 年变化：总水平排序保持不变

与 2011 年相比，2012 年上海城乡发展一体化总水平的排序保持不变（见附表 9－1）。

四个一体化中，经济发展一体化、社会发展一体化和生活水平一体化排序

附表 9-1　上海城乡发展一体化在全国排序

年　　份	2006	2007	2008	2009	2010	2011	2012
总指数	1	2	2	2	2	2	2
经济发展一体化	2	2	1	1	1	1	1
经济发展	1	1	1	1	1	1	1
产业协调	2	4	4	3	2	1	5
要素流动	2	2	2	2	2	2	1
社会发展一体化	1	2	3	2	2	2	2
教育均衡发展	2	2	2	2	3	3	3
卫生均衡发展	1	1	1	1	8	1	1
文化均衡发展	2	3	5	5	2	3	3
社会保障均衡发展	3	7	11	2	1	1	1
生活水平一体化	1	1	2	2	2	2	2
收入消费水平	1	1	2	2	2	1	1
生活环境质量	1	1	1	1	1	1	1
信息化普及率	1	2	2	2	2	3	2
生态环境一体化	4	3	3	4	4	6	4
水资源利用	1	1	1	1	1	1	1
环境质量	2	2	2	2	2	2	2
垃圾处理	12	10	14	13	16	26	20
自然资源保护	22	22	22	29	29	29	29

没有变化，只有生态环境一体化排序上升了 2 个位次（见附表 9-1）。

13 个二级指标（不包括水资源利用）的变化也很小，只有产业协调和垃圾处理两个指标变化幅度相对较大，前者下降了 4 个位次，后者上升了 6 个位次（见附表 9-1）。

3. 2006～2012 年变化：总水平排序稳定地保持在全国第 2 位

2006～2012 年，上海城乡发展一体化总水平除 2006 年排在第 1 外，其他年份均稳定地保持在第 2 位（见附表 9-1）。

四个一体化排序的变化也很小，只有生态环境一体化排序略有波动。经济发展一体化自 2008 年起稳居全国第 1，社会发展一体化和生活水平一体化分别自2009年和2008年起保持在全国第2位，生态环境一体化指数大多数年份排全国第4（见附表9-1）。

二　城乡发展一体化进展

1. 2011~2012年：总水平进展加速

2012年，上海城乡发展一体化总水平进一步提高，比2011年增长了7.8%，比2011年进展高6.9个百分点，进展明显加快，是所有年份中进展最快的，但低于全国平均进展1.2个百分点（见附表9-3）。

2012年上海城乡发展一体化进展明显加快主要得益于生活水平一体化和生态环境一体化进展的明显加快。生活水平一体化比2011年提高了10.2%，扭转了2011年的负增长态势，但低于2012年全国平均进展；生态环境一体化比2011年提高了11.3%，同样扭转了2011年负增长的态势，也远远高于2012年全国平均进展；经济发展一体化和社会发展一体化分别比2011年提高1.9%和9.8%，均低于2011年进展和2012年全国平均进展（见附表9-3）。

13个二级指标中（不包括水资源利用），有9个指标进展高于2011年，其中，社会保障均衡发展、信息化普及率和垃圾处理进展较快；有5个指标进展高于全国平均进展；但产业协调和卫生均衡发展进展均出现倒退（见附表9-3）。

2. 2006~2012年：总水平进展虽慢，但在高起点基础上不断提升

2006~2012年，上海城乡发展一体化总水平年均增长4.1%，低于全国平均进展3.7个百分点（见附表9-3）。虽然上海城乡发展一体化总水平增长远远低于全国平均水平，但由于与其他省份，特别是中、西部地区的省份相比优势明显，低增长并未动摇其在全国的领先地位。

四个一体化进展也均不及全国平均水平，特别是生活水平一体化进展比全国平均水平低8.8个百分点（见附表9-3）。

13个二级指标中（不包括水资源利用），只有要素流动、社会保障均衡发展两个指标进展高于全国平均水平，其他指标进展均低于全国平均水平，其中经济发展、教育均衡发展、生活环境质量、信息化普及率以及自然资源保护进展大幅落后于全国平均水平（见附表9-3）。

附表 9－2　上海城乡发展一体化指数分值

年　　份	2006	2007	2008	2009	2010	2011	2012
总指数	0.7781	0.8211	0.8251	0.8709	0.9112	0.9195	0.9913
经济发展一体化	0.7727	0.8462	0.9000	0.9431	1.0740	1.1084	1.1294
经济发展	1.0000	1.1456	1.2095	1.2506	1.3273	1.4469	1.5281
产业协调	0.7431	0.7689	0.8535	0.8930	1.0642	1.0851	0.9688
要素流动	0.5750	0.6243	0.6371	0.6857	0.8307	0.7930	0.8913
社会发展一体化	0.7109	0.7277	0.6930	0.7752	0.7580	0.8753	0.9610
教育均衡发展	0.7183	0.8534	0.7840	0.8429	0.8283	0.8689	0.9592
卫生均衡发展	0.8294	0.7723	0.7664	0.8610	0.5373	0.9468	0.8890
文化均衡发展	0.6958	0.6147	0.5581	0.6139	0.7785	0.6486	0.6947
社会保障均衡发展	0.6002	0.6704	0.6633	0.7828	0.8878	1.0369	1.3011
生活水平一体化	0.9561	0.9662	0.9747	1.0459	1.0812	1.0289	1.1344
收入消费水平	0.9378	0.9576	0.9178	1.0143	1.0432	1.0933	1.1676
生活环境质量	1.0000	1.0033	1.0060	1.0071	1.0137	1.0082	1.0082
信息化普及率	0.9306	0.9377	1.0003	1.1163	1.1866	0.9853	1.2272
生态环境一体化	0.6728	0.7442	0.7327	0.7196	0.7318	0.6654	0.7406
水资源利用	1.0000	1.0000	1.0000	1.0000	1.0000	1.0000	1.0000
环境质量	0.9454	0.9539	0.9704	0.9829	0.9912	0.9978	1.0042
垃圾处理	0.5221	0.7995	0.7370	0.7943	0.8346	0.5625	0.8566
自然资源保护	0.2235	0.2235	0.2235	0.1012	0.1012	0.1012	0.1015

附表 9－3　上海城乡发展一体化进展（环比增长）

单位：%

项　　目	2007 年	2008 年	2009 年	2010 年	2011 年	2012 年比 2011 年增长		2006～2012 年年均增长	
						上海	全国	上海	全国
总指数	5.5	0.5	5.6	4.6	0.9	7.8	9.0	4.1	7.8
经济发展一体化	9.5	6.4	4.8	13.9	3.2	1.9	7.8	6.5	8.0
经济发展	14.6	5.6	3.4	6.1	9.0	5.6	11.7	7.3	14.7
产业协调	3.5	11.0	4.6	19.2	2.0	－10.7	9.0	4.5	6.7
要素流动	8.6	2.0	7.6	21.1	－4.5	12.4	1.9	7.6	3.8
社会发展一体化	2.4	－4.8	11.9	－2.2	15.5	9.8	13.7	5.2	7.0
教育均衡发展	18.8	－8.1	7.5	－1.7	4.9	10.4	12.8	4.9	11.6
卫生均衡发展	－6.9	－0.8	12.3	－37.6	76.2	－6.1	1.3	1.2	3.6
文化均衡发展	－11.7	－9.2	10.0	26.8	－16.7	7.1	36.2	0.0	1.3
社会保障均衡发展	11.7	－1.1	18.0	13.4	16.8	25.5	11.9	13.8	9.1

续表

项　　目	2007 年	2008 年	2009 年	2010 年	2011 年	2012 年比 2011 年增长		2006～2012 年年均增长	
						上海	全国	上海	全国
生活水平一体化	1.1	0.9	7.3	3.4	-4.8	10.2	11.2	2.9	11.7
收入消费水平	2.1	-4.2	10.5	2.8	4.8	6.8	9.7	3.7	8.6
生活环境质量	0.3	0.3	0.1	0.7	-0.5	0.0	5.7	0.1	7.6
信息化普及率	0.8	6.7	11.6	6.3	-17.0	24.6	16.8	4.7	19.7
生态环境一体化	10.6	-1.5	-1.8	1.7	-9.1	11.3	3.4	1.6	4.6
水资源利用	0.0	0.0	0.0	0.0	0.0	0.0	0.0	0.0	0.0
环境质量	0.9	1.7	1.3	0.8	0.7	0.6	3.6	1.0	3.3
垃圾处理	53.1	-7.8	7.8	5.1	-32.6	52.3	6.2	8.6	11.1
自然资源保护	0.0	0.0	-54.7	0.0	0.0	0.4	0.1	-12.3	1.1

三　简要评价

1. 二元经济结构比较突出

上海现代农业发展水平很高，居全国第 2 位，无论是农业劳动生产率还是科技进步对农业生产的贡献率均居全国前列。但是，城乡二元经济结构仍然较为突出。2012 年，该指标仅列全国第 24 位，分值比全国平均水平低 38.5%，农业相对劳动生产率远远低于非农产业相对劳动生产率。因此，从城乡一体化的角度出发，上海市消除城乡二元经济结构的任务更为艰巨。

2. 土地利用效率有待提高

总体上看，上海城乡要素流动比较合理，2012 年位于全国第 1，此前 6 年也都居全国第 2 位。但是，上海的城镇化的土地利用效率相对偏低，2012 年该指标居全国第 19 位，分别低于全国平均水平和全国最高水平 1.8 个和 20.5 个百分点。

3. 城乡环境一体化建设有待加强

在四个一体化指标中，上海的生态环境一体化一直相对落后。虽然上海的水资源利用和环境质量指标在全国处于前列，但是垃圾处理和自然资源保护指标排名严重靠后，需要加大改善力度。特别是，相较于其他省份而言，上海森林覆盖率提高速度较快，但分值依然偏低，还需要进一步加大建设力度。

附录十
江苏城乡发展一体化水平排序与进展

一　城乡发展一体化水平排序与变化

1. 2012年：总水平均居全国和东部地区第5位

2012年，江苏城乡发展一体化总水平位于全国第5（见附表10-1）、东部地区第5。

四个一体化中，经济发展一体化和社会发展一体化均居全国第4位；生活水平一体化位列全国第5；生态环境一体化排位相对较低，列第8位（见附表10-1）。

14个二级指标中，除自然资源保护外，其他均位于前10以内，其中8个指标位于前5，有两个指标居全国首位；但自然资源保护的排名位于全国最后（见附表10-1）。

附表10-1　江苏城乡发展一体化在全国排序

年　　份	2006	2007	2008	2009	2010	2011	2012
总指数	5	4	5	4	5	4	5
经济发展一体化	6	3	3	3	3	3	4
经济发展	6	6	6	5	4	4	4
产业协调	5	1	1	1	1	3	1
要素流动	9	8	8	7	7	7	7

续表

年　　份	2006	2007	2008	2009	2010	2011	2012
社会发展一体化	5	4	5	4	4	4	4
教育均衡发展	10	6	4	5	5	5	5
卫生均衡发展	7	6	6	5	4	5	5
文化均衡发展	9	7	3	3	1	1	1
社会保障均衡发展	8	4	8	3	5	3	5
生活水平一体化	5	5	6	6	5	5	5
收入消费水平	5	5	6	5	4	5	5
生活环境质量	7	6	6	6	6	6	6
信息化普及率	4	4	6	8	8	7	7
生态环境一体化	5	7	7	7	7	8	8
水资源利用	8	8	8	8	8	8	8
环境质量	3	3	3	3	3	3	4
垃圾处理	5	5	3	6	5	7	9
自然资源保护	30	30	30	30	30	30	30

36 个三级指标中，排序位于全国前 5 的有 14 个指标，其中 5 个指标排第 1（1 个指标并列第 1），排第 2 和第 3 的各 1 个指标；排后 10 位的有 3 个指标，其中只有 1 个指标排后 5 位。

2. 2011～2012 年变化：总水平排序下降 1 位

与 2011 年相比，2012 年江苏城乡发展一体化总水平的排序下降 1 个位次（见附表 10－1）。

四个一体化中，经济发展一体化排名下降 1 个位次，其他 3 个一体化排名均没有变化（见附表 10－1）。

13 个二级指标中（不包括水资源利用），有 9 个指标排名没有变化；产业协调排名上升；有 3 个指标排名下降，但下降幅度都很小（见附表 10－1）。

3. 2006～2012 年变化：总水平排序始终在第 4 位和第 5 位中轮换

2006～2012 年，江苏城乡发展一体化总水平排序都是在第 4 位和第 5 位之间隔年均衡轮换（见附表 10－1）。

四个一体化中，经济发展一体化和社会发展一体化排序小幅上升；生活水平一体化排名基本稳定，大致保持在第5位；生态环境一体化排序则稳定下降，由第5位下降到第8位（见附表10-1）。

二　城乡发展一体化进展

1. 2011～2012年：总水平进展加快

与2011年相比，2012年江苏城乡发展一体化总水平提高了7.8%，比2011年进展提高3.1个百分点，进展有所加快，但低于全国平均进展1.2个百分点（见附表10-3）。

四个一体化中，经济发展一体化提高了7.8%，比2011年进展提高7个百分点，速度明显加快，并与全国平均进展持平；社会发展一体化提高了12.4%，比2011年进展快8.6个百分点，速度同样明显加快，但低于全国平均进展；生活水平一体化提高了9.5%，慢于2011年进展和2012年全国平均进展；生态环境一体化提高了0.6%，速度最慢，略高于2011年进展，但低于2012年全国平均进展（见附表10-3）。

13个二级指标中（不包括水资源利用），有5个指标进展高于2011年，其中文化均衡发展进展较快；只有2个指标进展高于全国平均进展；有11个指标进展低于全国平均进展，要素流动和环境质量进展倒退（见附表10-3）。

2. 2006～2012年：总水平在高起点上缓慢提升，但呈逐年加快之势

2006～2012年，江苏城乡发展一体化总水平年均增长6.4%，虽低于全国平均进展，但总体上看，自2008年以来，总水平进展呈不断加速的趋势（见附表10-3）。

四个一体化中，经济发展一体化和社会发展一体化进展快于全国平均水平，分别高出1.3个和0.6个百分点；生活水平一体化和生态环境一体化进展分别比全国平均水平低4个和3.5个百分点（见附表10-3）。

13个二级指标中（不包括水资源利用），有5个指标进展高于全国平均水平，这5个指标均属于进展快于全国平均进展的经济发展一体化和社会发展一体化的二级指标，其中经济发展进展相对较快；有8个指标低于全国平均进展；自然资源保护进展出现倒退（见附表10-3）。

附表 10-2 江苏城乡发展一体化指数分值

年　份	2006	2007	2008	2009	2010	2011	2012
总指数	0.5500	0.6273	0.6417	0.6602	0.7095	0.7425	0.8002
经济发展一体化	0.4855	0.6129	0.6596	0.7055	0.7633	0.7694	0.8293
经济发展	0.3641	0.4315	0.4921	0.5563	0.6650	0.7644	0.8437
产业协调	0.6917	0.9277	1.0081	1.0752	1.1116	1.0457	1.1487
要素流动	0.4008	0.4794	0.4787	0.4849	0.5132	0.4981	0.4955
社会发展一体化	0.4888	0.5877	0.6412	0.6190	0.6498	0.6748	0.7587
教育均衡发展	0.3974	0.5265	0.5903	0.6352	0.6788	0.7397	0.8210
卫生均衡发展	0.5159	0.5451	0.5589	0.5846	0.6473	0.6504	0.7040
文化均衡发展	0.5333	0.5727	0.6309	0.7019	0.8245	0.6781	0.8751
社会保障均衡发展	0.5086	0.7064	0.7847	0.5544	0.4484	0.6311	0.6349
生活水平一体化	0.6168	0.6869	0.6306	0.6789	0.7785	0.8794	0.9627
收入消费水平	0.6092	0.6414	0.6699	0.7213	0.7775	0.8921	0.9677
生活环境质量	0.6288	0.6613	0.7057	0.7489	0.7979	0.8377	0.8742
信息化普及率	0.6124	0.7581	0.5163	0.5664	0.7602	0.9083	1.0462
生态环境一体化	0.6089	0.6218	0.6354	0.6375	0.6465	0.6465	0.6503
水资源利用	0.5340	0.5340	0.5340	0.5340	0.5340	0.5340	0.5340
环境质量	0.9277	0.9535	0.9664	0.9725	0.9748	0.9718	0.9593
垃圾处理	0.8594	0.8997	0.9505	0.9531	0.9870	0.9896	1.0173
自然资源保护	0.1144	0.0999	0.0908	0.0904	0.0904	0.0904	0.0904

附表 10-3 江苏城乡发展一体化进展（环比增长）

单位：%

项　目	2007 年	2008 年	2009 年	2010 年	2011 年	2012 年比 2011 年增长		2006～2012 年年均增长	
						江苏	全国	江苏	全国
总指数	14.1	2.3	2.9	7.5	4.7	7.8	9.0	6.4	7.8
经济发展一体化	26.2	7.6	7.0	8.2	0.8	7.8	7.8	9.3	8.0
经济发展	18.5	14.0	13.0	19.5	14.9	10.4	11.7	15.0	14.7
产业协调	34.1	8.7	6.7	3.4	-5.9	9.8	9.0	8.8	6.7
要素流动	19.6	-0.1	1.3	5.8	-2.9	-0.5	1.9	3.6	3.8
社会发展一体化	20.2	9.1	-3.5	5.0	3.8	12.4	13.7	7.6	7.0
教育均衡发展	32.5	12.1	7.6	6.9	9.0	11.0	12.8	12.9	11.6
卫生均衡发展	5.7	2.5	4.6	10.7	0.5	8.2	1.3	5.3	3.6
文化均衡发展	7.4	10.2	11.3	17.5	-17.8	29.1	36.2	8.6	1.3
社会保障均衡发展	38.9	11.1	-29.3	-19.1	40.7	0.6	11.9	3.8	9.1

续表

项目	2007 年	2008 年	2009 年	2010 年	2011 年	2012 年比 2011 年增长		2006～2012 年年均增长	
						江苏	全国	江苏	全国
生活水平一体化	11.4	-8.2	7.7	14.7	13.0	9.5	11.2	7.7	11.7
收入消费水平	5.3	4.4	7.7	7.8	14.7	8.5	9.7	8.0	8.6
生活环境质量	5.2	6.7	6.1	6.5	5.0	4.4	5.7	5.6	7.6
信息化普及率	23.8	-31.9	9.7	34.2	19.5	15.2	16.8	9.3	19.7
生态环境一体化	2.1	2.2	0.3	1.4	0.0	0.6	3.4	1.1	4.6
水资源利用	0.0	0.0	0.0	0.0	0.0	0.0	0.0	0.0	0.0
环境质量	2.8	1.4	0.6	0.2	-0.3	-1.3	3.6	0.6	3.3
垃圾处理	4.7	5.6	0.3	3.6	0.3	2.8	6.2	2.9	11.1
自然资源保护	-12.7	-9.1	-0.4	0.0	0.0	0.0	0.1	-3.8	1.1

三 简要评价

1. 城乡要素流动不够理想

总体上看，江苏城乡劳动力流动较为合理，但土地和资金流动与配置有待改善。城镇化的土地利用效率不高，2012 年该指标位于全国第 21，分值不及全国平均水平。城乡资金流动与配置方面，虽然财政支农相对程度较高，但农村金融资金净流出较为严重，该指标位于全国倒数第 1，表明对农村的信贷支持相对较差。

2. 社会保障的某些方面城乡差距较大

总体上看，江苏农村社会保障较好，但在某些方面的城乡差距仍然较大，主要表现在与其他发达的经济省（市）相比，江苏基本医疗保障水平和基本养老保险水平的城乡差距相对较大。2012 年，从衡量城乡基本医疗保障水平差距的指标的排名和分值来看，江苏排列第 20 位，分值仅为全国平均水平的 64%。同期，从衡量城乡基本养老保险水平差距的指标的排名和分值来看，江苏仅排列第 25 位，分值仅为全国平均水平的 17%。

3. 自然资源保护建设有待加强

2012 年，江苏生态环境一体化在全国的排位在四个一体化中相对靠后，这主要是由于自然资源保护相对较差。2012 年，江苏自然资源保护排序位列全国倒数第 1，与其城乡发展一体化排序位于全国前列相比，形成巨大反差。其中，江苏森林覆盖率位于全国第 24，而且在森林覆盖率很低的情况下 2006 ~ 2012 年仅提高 3 个百分点，提高的速度也仅列全国第 18 位，这与其经济发展水平较高不相匹配。

附录十一 浙江城乡发展一体化水平排序与进展

一 城乡发展一体化水平排序与变化

1. 2012 年：总水平均居全国和东部地区第 4 位

2012 年，浙江城乡发展一体化总水平居全国第 4 位（见附表 11－1）、东部地区第 4 位，仅次于沿海地区的北京、上海和天津 3 个直辖市。

四个一体化中，经济发展一体化和社会发展一体化均居全国第 5 位；生活水平一体化、生态环境一体化水平分别居全国第 4 位和第 3 位（见附表 11－1）。

14 个二级指标中，有 10 个指标列全国前 5 位，教育均衡发展和自然资源保护排名相对靠后，分别列第 11 位和第 12 位（见附表 11－1）。

附表 11－1 浙江城乡发展一体化在全国排序

年 份	2006	2007	2008	2009	2010	2011	2012
总指数	3	3	3	3	3	5	4
经济发展一体化	3	4	4	4	4	7	5
经济发展	5	4	4	4	5	5	5
产业协调	6	6	6	6	5	7	3
要素流动	4	4	5	6	5	5	5

续表

年　　份	2006	2007	2008	2009	2010	2011	2012
社会发展一体化	3	3	4	3	5	5	5
教育均衡发展	4	4	7	6	6	7	11
卫生均衡发展	4	4	4	3	5	6	6
文化均衡发展	1	4	4	2	4	4	4
社会保障均衡发展	2	1	2	4	4	4	4
生活水平一体化	3	3	3	3	3	4	4
收入消费水平	3	3	3	3	3	4	4
生活环境质量	4	4	4	4	4	4	5
信息化普及率	3	3	3	3	3	2	3
生态环境一体化	3	4	4	3	3	3	3
水资源利用	7	7	7	7	7	7	7
环境质量	6	5	4	5	4	5	5
垃圾处理	3	4	4	2	3	4	5
自然资源保护	9	9	8	11	12	12	12

36 个三级指标中，位于前 5 的有 19 个指标，其中排第 1 的有 3 个指标，排第 2 和第 3 的分别有 3 个指标和 5 个指标；排后 10 位的有 3 个指标，且全部居后 5 位，其中有 1 个指标位于最后。

2. 2011～2012 年变化：总水平排序上升 1 位

与 2011 年相比，2012 年浙江城乡一体化总水平的排序上升 1 个位次（见附表 11－1）。

四个一体化中，经济发展一体化排名上升 2 个位次，社会发展一体化、生活水平一体化和生态环境一体化排名则没有变化（见附表 11－1）。

13 个二级指标中（不包括水资源利用），有 8 个指标排名没有变化，1 个指标排名上升，其余 4 个指标排名下降；排位变化比较明显的是产业协调和教育均衡发展，分别上升了 4 个位次和下降了 4 个位次（见附表 11－1）。

3. 2006～2012 年变化：总水平排序略微下降

2006～2010 年，浙江城乡发展一体化总水平一直保持在第 3 位，但自 2011 年后略微下降（见附表 11－1）。

四个一体化中，除生态环境一体化排序基本保持不变外，其余 3 个一体化排序基本呈微降之势（见附表 11 - 1）。

13 个二级指标中（不包括水资源利用），除经济发展和信息化普及率排序保持不变，以及产业协调、环境质量排序上升外，多数指标排序出现不同程度的下降，其中，教育均衡发展排序下降幅度较大，下降了 7 个位次（见附表 11 - 1）。

二 城乡发展一体化进展

1. 2011 ~ 2012 年：总水平进展加速

与 2011 年相比，2012 年浙江城乡发展一体化总水平提高了 9.2%，扭转了 2011 年负增长的态势，是 2006 年以来进展最快的年份，速度明显加快，也比全国平均水平快 0.2 个百分点（见附表 11 - 3）。

四个一体化中，经济发展一体化提高了 22.2%，速度最快，不仅扭转了 2011 年负增长的态势，而且远远高于全国平均速度；社会发展一体化提高了 7.8%，比 2011 年快 2.7 个百分点，但慢于全国平均速度；生活水平一体化和生态环境一体化分别提高了 7.4% 和 1.3%，均扭转了 2011 年负增长的态势，但均慢于全国平均进展（见附表 11 - 3）。

13 个二级指标中（不包括水资源利用），有 9 个指标进展高于 2011 年，其中产业协调进展较快；只有 1 个指标进展高于全国平均进展（见附表 11 - 3）。

2. 2006 ~ 2012 年：总水平在高起点上逐年缓慢加快进展

2006 ~ 2012 年，浙江城乡发展一体化总水平年均增长 4.3%，低于全国平均水平 3.5 个百分点。无论是在东部地区还是在全国，其进展都是排列倒数第 2 位，仅快于上海。但自 2008 年以来，除 2011 年为负增长外，浙江总水平进展基本呈逐年加快的趋势（见附表 11 - 3）。

四个一体化中，除经济发展一体化进展与全国平均进展大体相当外，其余 3 个一体化进展均远远不及全国平均水平，分别比全国平均水平低 5.2 个、5.3 个和 3.4 个百分点（见附表 11 - 3）。

13 个二级指标中（不包括水资源利用），只有产业协调 1 个指标进展高于全国平均水平，文化均衡发展进展出现倒退（见附表 11 - 3）。

附表 11－2　浙江城乡发展一体化指数分值

年　　份	2006	2007	2008	2009	2010	2011	2012
总指数	0. 6288	0. 6821	0. 6966	0. 7172	0. 7458	0. 7409	0. 8093
经济发展一体化	0. 5149	0. 5657	0. 5887	0. 6208	0. 6844	0. 6529	0. 7979
经济发展	0. 4267	0. 4869	0. 5327	0. 5702	0. 6507	0. 7203	0. 7746
产业协调	0. 6263	0. 6695	0. 7125	0. 7644	0. 8356	0. 6834	1. 0546
要素流动	0. 4917	0. 5406	0. 5209	0. 5278	0. 5669	0. 5548	0. 5645
社会发展一体化	0. 6091	0. 6959	0. 6710	0. 6309	0. 5997	0. 6302	0. 6793
教育均衡发展	0. 4937	0. 5487	0. 5715	0. 6145	0. 6676	0. 7149	0. 7578
卫生均衡发展	0. 6150	0. 6149	0. 6277	0. 6606	0. 6112	0. 6316	0. 6297
文化均衡发展	0. 7122	0. 6113	0. 5851	0. 7096	0. 6614	0. 5675	0. 6900
社会保障均衡发展	0. 6156	1. 0088	0. 8995	0. 5391	0. 4586	0. 6068	0. 6396
生活水平一体化	0. 6983	0. 7664	0. 8170	0. 8786	0. 9532	0. 9442	1. 0142
收入消费水平	0. 6955	0. 7766	0. 7894	0. 8165	0. 9164	0. 9182	0. 9811
生活环境质量	0. 7234	0. 7538	0. 7885	0. 8258	0. 8534	0. 8573	0. 8791
信息化普及率	0. 6761	0. 7689	0. 8731	0. 9935	1. 0899	1. 0572	1. 1824
生态环境一体化	0. 6927	0. 7002	0. 7096	0. 7384	0. 7460	0. 7363	0. 7457
水资源利用	0. 5340	0. 5340	0. 5340	0. 5340	0. 5340	0. 5340	0. 5340
环境质量	0. 9164	0. 9321	0. 9428	0. 9472	0. 9683	0. 9544	0. 9579
垃圾处理	0. 8919	0. 9063	0. 9349	1. 0391	1. 0482	1. 0234	1. 0569
自然资源保护	0. 4285	0. 4285	0. 4266	0. 4335	0. 4335	0. 4335	0. 4340

附表 11－3　浙江城乡发展一体化指数进展（环比增长）

单位：%

项　　目	2007 年	2008 年	2009 年	2010 年	2011 年	2012 年比 2011 年增长		2006～2012 年年均增长	
						浙江	全国	浙江	全国
总指数	8. 5	2. 1	3. 0	4. 0	－0. 7	9. 2	9. 0	4. 3	7. 8
经济发展一体化	9. 9	4. 1	5. 5	10. 2	－4. 6	22. 2	7. 8	7. 6	8. 0
经济发展	14. 1	9. 4	7. 0	14. 1	10. 7	7. 5	11. 7	10. 4	14. 7
产业协调	6. 9	6. 4	7. 3	9. 3	－18. 2	54. 3	9. 0	9. 1	6. 7
要素流动	9. 9	－3. 6	1. 3	7. 4	－2. 1	1. 7	1. 9	2. 3	3. 8
社会发展一体化	14. 2	－3. 6	－6. 0	－5. 0	5. 1	7. 8	13. 7	1. 8	7. 0
教育均衡发展	11. 1	4. 2	7. 5	8. 6	7. 1	6. 0	12. 8	7. 4	11. 6
卫生均衡发展	0. 0	2. 1	5. 2	－7. 5	3. 3	－0. 3	1. 3	0. 4	3. 6
文化均衡发展	－14. 2	－4. 3	21. 3	－6. 8	－14. 2	21. 6	36. 2	－0. 5	1. 3
社会保障均衡发展	63. 9	－10. 8	－40. 1	－14. 9	32. 3	5. 4	11. 9	0. 6	9. 1

续表

项　　目	2007 年	2008 年	2009 年	2010 年	2011 年	2012 年比 2011 年增长		2006～2012 年年均增长	
						浙江	全国	浙江	全国
生活水平一体化	9.8	6.6	7.5	8.5	-0.9	7.4	11.2	6.4	11.7
收入消费水平	11.7	1.6	3.4	12.2	0.2	6.8	9.7	5.9	8.6
生活环境质量	4.2	4.6	4.7	3.3	0.5	2.5	5.7	3.3	7.6
信息化普及率	13.7	13.6	13.8	9.7	-3.0	11.8	16.8	9.8	19.7
生态环境一体化	1.1	1.3	4.1	1.0	-1.3	1.3	3.4	1.2	4.6
水资源利用	0.0	0.0	0.0	0.0	0.0	0.0	0.0	0.0	0.0
环境质量	1.7	1.1	0.5	2.2	-1.4	0.4	3.6	0.7	3.3
垃圾处理	1.6	3.2	11.1	0.9	-2.4	3.3	6.2	2.9	11.1
自然资源保护	0.0	-0.4	1.6	0.0	0.0	0.1	0.1	0.2	1.1

三　简要评价

1. 土地利用效率不够理想

总体上看，浙江城乡要素流动与城乡一体化发展水平比较匹配。特别是劳动力流动指标在2006～2012年始终排名全国第1，城乡资金流动和配置也相对较为合理，与其经济发展水平比较匹配。但是，相比较而言，浙江土地利用效率较低，2012年该指标仅排第28位，分值仅为全国平均水平的73%。尤其值得关注的是，浙江的土地利用效率指标在全国的排位从2006年以来呈逐步下降的趋势。

2. 农村基本养老保险制度有待改善，城乡差距有待缩小

总体上，浙江农村社会保障以及社会保障的城乡差距相对较小，处于全国前列，但城乡基本养老保障制度还需要进一步完善。2012年，从衡量城乡基本养老保险水平与城乡差距的指标来看，浙江仅排列全国第26位，主要是由于新农保试点参保率较低以及基本养老水平城乡差距相对较大。

3. 自然资源保护有待进一步加强

2012年，浙江自然资源保护指数位于全国第12，明显低于城乡一体化水平的全国排名。这一排名靠后的主要原因是自然保护区面积占全省面积比重太低，2012年浙江自然保护区面积占国土面积比重在全国排最后1位。

附录十二 安徽城乡发展一体化水平排序与进展

一　城乡发展一体化水平排序与变化

1. 2012 年：总水平处于全国下游，中部地区末位

2012 年，安徽城乡发展一体化总水平居全国第 23 位（见附表 12－1）、中部地区末位。

四个一体化中，经济发展一体化、社会发展一体化和生态环境一体化水平分别居全国第 21 位、第 22 位和第 16 位，均高于总水平在全国的排序，其中，生态环境一体化排序相对较高；生活水平一体化水平居全国第 25 位，低于总水平在全国的排序（见附表 12－1）。

14 个二级指标中，有 8 个指标排位高于总水平在全国的排位，其中生态环境一体化下的所有指标排位均高于总水平在全国的排位（见附表 12－1）。

附表 12－1　安徽城乡发展一体化在全国排序

年　份	2006	2007	2008	2009	2010	2011	2012
总指数	23	23	20	23	22	23	23
经济发展一体化	23	23	23	22	19	22	21
经济发展	25	25	24	24	24	24	24
产业协调	14	17	14	17	15	17	16
要素流动	30	30	27	25	28	26	25

续表

年　　份	2006	2007	2008	2009	2010	2011	2012
社会发展一体化	19	20	14	19	22	23	22
教育均衡发展	25	26	23	24	23	20	23
卫生均衡发展	21	19	22	22	24	24	20
文化均衡发展	10	17	14	15	19	24	25
社会保障均衡发展	24	18	5	16	24	16	16
生活水平一体化	19	25	24	25	21	25	25
收入消费水平	12	14	15	14	14	17	19
生活环境质量	27	29	29	29	29	29	29
信息化普及率	16	20	15	18	13	21	24
生态环境一体化	21	22	21	21	23	16	16
水资源利用	17	17	17	17	17	17	17
环境质量	9	9	9	9	8	8	9
垃圾处理	25	24	24	22	26	15	13
自然资源保护	24	23	23	21	21	21	21

在36个三级指标中，进入全国前10位的只有6个指标，其中居前5位的只有1个指标（并列第1）；而列后10位的则有16个指标，其中有6个指标处于后5位，位列第30和第29的各有1个指标。

2. 2011～2012年变化：总水平排序保持不变

与2011年相比，2012年安徽城乡发展一体化总水平的排序没有变化，依然居全国第23位和中部地区末位（见附表12－1）。

四个一体化中，生活水平一体化和生态环境一体化排名没有变化，经济发展一体化和社会发展一体化均上升了1个位次（见附表12－1）。

13个二级指标中（不包括水资源利用），有5个指标排名没有变化，4个指标排名上升，其余4个指标排名下降；变化幅度都不大（见附表12－1）。

3. 2006～2012年变化：总水平排序基本稳定于全国第23位和中部地区末位

2006～2012年，安徽城乡发展一体化总水平大多数年份处于全国第23位（见附表12－1），其在中部地区的排名在末位和倒数第2位之间轮换。

四个一体化中，经济发展一体化和生态环境一体化的排位呈上升趋势，生态环境一体化排位上升幅度较大，上升了5个位次，与最低排位时相比则上升了7个位次；社会发展一体化和生态环境一体化的排位总体表现出下降趋势

（见附表 12－1）。

13 个二级指标中（不包括水资源利用），经济发展、生活环境质量以及环境质量排位较为稳定；要素流动、教育均衡发展、社会保障均衡发展、垃圾处理以及自然资源保护排位则表现为稳定或波动中上升，其中社会保障均衡发展和垃圾处理排位上升幅度较大；其余指标排位下降，其中文化均衡发展、收入消费水平和信息化普及率排位下降幅度较大（见附表 12－1）。

二 城乡发展一体化进展

1. 2011～2012 年：总水平进展继续加快

与 2011 年相比，2012 年安徽城乡发展一体化总水平提高了 10.6%，比 2011 年进展高出 1.8 个百分点，也高于 2012 年全国平均进展（见附表 12－3）。

四个一体化中，经济发展一体化提高了 9.7%，高于 2011 年进展和全国平均进展；社会发展一体化提高了 17.7%，低于 2011 年进展，但高于全国平均进展；生活水平一体化提高了 13.5%，扭转了 2011 年负增长的趋势，也高于全国平均进展；生态环境一体化提高了 3.7%，大幅低于 2011 年进展，但高于全国平均进展（见附表 12－3）。

13 个二级指标中（不包括水资源利用），分别有 8 个指标进展高于 2011 年进展和 2012 年全国平均进展，其中文化均衡发展进展较快（见附表 12－3）。

2. 2006～2012 年：总水平进展较快，进展速度在中部地区排名第 2 位

2006～2012 年，安徽城乡发展一体化总水平年均增长 9.5%，高于全国平均进展 1.7 个百分点，且自 2010 年来呈逐年加快的趋势（见附表 12－3），速度在中部地区仅次于山西。

四个一体化中，生活水平一体化进展最快，年均增长 13.7%，比全国平均进展快 2 个百分点；经济发展一体化年均增长 10.1%，比全国平均进展快 2.1 个百分点；生态环境一体化进展比全国平均进展快 3.8 个百分点；社会发展一体化进展最慢，比全国平均进展慢 0.5 个百分点（见附表 12－3）。

13 个二级指标中（不包括水资源利用），有 9 个指标进展高于全国平均水平，其中经济发展、要素流动、社会保障均衡发展、生活环境质量、信息化普及率以及垃圾处理大幅高于全国平均进展，但文化均衡发展进展倒退（见附表 12－3）。

附表 12－2　安徽城乡发展一体化指数分值

年　　份	2006	2007	2008	2009	2010	2011	2012
总指数	0. 2919	0. 3276	0. 3860	0. 3843	0. 4174	0. 4541	0. 5021
经济发展一体化	0. 2349	0. 2901	0. 3132	0. 3384	0. 3685	0. 3822	0. 4194
经济发展	0. 0870	0. 1143	0. 1474	0. 1780	0. 2251	0. 2736	0. 3231
产业协调	0. 4458	0. 4729	0. 5036	0. 5113	0. 5456	0. 5458	0. 5907
要素流动	0. 1718	0. 2832	0. 2886	0. 3258	0. 3347	0. 3274	0. 3443
社会发展一体化	0. 3251	0. 3341	0. 4655	0. 3524	0. 3358	0. 4036	0. 4750
教育均衡发展	0. 2680	0. 3534	0. 3886	0. 4262	0. 4479	0. 5447	0. 6231
卫生均衡发展	0. 3240	0. 3547	0. 3610	0. 3699	0. 3894	0. 4038	0. 4511
文化均衡发展	0. 5275	0. 2944	0. 3058	0. 3075	0. 2439	0. 2370	0. 3391
社会保障均衡发展	0. 1810	0. 3340	0. 8068	0. 3060	0. 2619	0. 4289	0. 4865
生活水平一体化	0. 2431	0. 2544	0. 3109	0. 3614	0. 4639	0. 4618	0. 5239
收入消费水平	0. 4034	0. 3968	0. 4193	0. 4795	0. 5021	0. 5409	0. 5906
生活环境质量	0. 1416	0. 1156	0. 1470	0. 1933	0. 2421	0. 2778	0. 3279
信息化普及率	0. 1844	0. 2508	0. 3664	0. 4114	0. 6475	0. 5668	0. 6534
生态环境一体化	0. 3646	0. 4318	0. 4544	0. 4851	0. 5015	0. 5689	0. 5902
水资源利用	0. 3027	0. 3027	0. 3027	0. 3027	0. 3027	0. 3027	0. 3027
环境质量	0. 7903	0. 8144	0. 8408	0. 8655	0. 8830	0. 8571	0. 8890
垃圾处理	0. 1771	0. 4076	0. 4714	0. 5612	0. 6094	0. 9010	0. 9549
自然资源保护	0. 1882	0. 2027	0. 2027	0. 2111	0. 2111	0. 2148	0. 2140

附表 12－3　安徽城乡发展一体化进展（环比增长）

单位：%

项　　目	2007 年	2008 年	2009 年	2010 年	2011 年	2012 年比 2011 年增长		2006～2012 年年均增长	
						安徽	全国	安徽	全国
总指数	12. 2	17. 8	－0. 4	8. 6	8. 8	10. 6	9. 0	9. 5	7. 8
经济发展一体化	23. 5	7. 9	8. 0	8. 9	3. 7	9. 7	7. 8	10. 1	8. 0
经济发展	31. 4	29. 0	20. 7	26. 5	21. 6	18. 1	11. 7	24. 4	14. 7
产业协调	6. 1	6. 5	1. 5	6. 7	0. 0	8. 2	9. 0	4. 8	6. 7
要素流动	64. 8	1. 9	12. 9	2. 7	－2. 2	5. 2	1. 9	12. 3	3. 8
社会发展一体化	2. 8	39. 3	－24. 3	－4. 7	20. 2	17. 7	13. 7	6. 5	7. 0
教育均衡发展	31. 9	9. 9	9. 7	5. 1	21. 6	14. 4	12. 8	15. 1	11. 6
卫生均衡发展	9. 5	1. 8	2. 5	5. 3	3. 7	11. 7	1. 3	5. 7	3. 6
文化均衡发展	－44. 2	3. 9	0. 6	－20. 7	－2. 8	43. 1	36. 2	－7. 1	1. 3
社会保障均衡发展	84. 6	141. 6	－62. 1	－14. 4	63. 8	13. 4	11. 9	17. 9	9. 1

续表

项　目	2007 年	2008 年	2009 年	2010 年	2011 年	2012 年比2011 年增长		2006～2012 年年均增长	
						安徽	全国	安徽	全国
生活水平一体化	4.6	22.2	16.2	28.3	-0.4	13.5	11.2	13.7	11.7
收入消费水平	-1.6	5.7	14.4	4.7	7.7	9.2	9.7	6.6	8.6
生活环境质量	-18.4	27.2	31.5	25.2	14.8	18.0	5.7	15.0	7.6
信息化普及率	36.0	46.1	12.3	57.4	-12.5	15.3	16.8	23.5	19.7
生态环境一体化	18.5	5.2	6.8	3.4	13.4	3.7	3.4	8.4	4.6
水资源利用	0.0	0.0	0.0	0.0	0.0	0.0	0.0	0.0	0.0
环境质量	3.1	3.2	2.9	2.0	-2.9	3.7	3.6	2.0	3.3
垃圾处理	130.1	15.7	19.1	8.6	47.9	6.0	6.2	32.4	11.1
自然资源保护	7.7	0.0	4.2	0.0	1.7	-0.3	0.1	2.2	1.1

三　简要评价

近年来，安徽的城乡发展一体化进程加快。2006～2012 年，安徽城乡一体化排序在中部地区仅次于山西，但由于基础较差，总体上依然落后。

1. 经济发展水平和城镇化率低制约了城乡发展一体化

经济发展、城镇化是城乡发展一体化的基础。安徽的经济发展水平和城镇化水平低下，很大程度上决定了其城乡发展一体化水平也较为落后。2012 年，安徽人均 GDP 水平列全国第 26 位、中部地区末位；城镇化率排第 23 位，在中部地区仅高于河南。

2. 城乡要素流动和配置不尽合理

2012 年，安徽衡量城乡要素流动和配置的指标的排名仅列第 25 位，特别是土地和资金要素的城乡流动和配置不合理。2012 年，安徽城镇化土地利用效率指标仅位列第 25，分值不及全国的平均水平；特别是资金的城乡配置不合理，农村金融资金净流出比例较大，该指标排倒数第 3 位，分值仅为全国平均水平的 2.5%。另外，安徽财政对农业的相对支持程度也较低，该指标仅列第 26 位，分值仅为全国平均水平的 44.6%。安徽的资金配置情况不利于农业、农村发展。

3. 社会发展一体化城乡差距较大

社会发展一体化中教育和文化均衡发展需要重点关注。2012 年，安徽教育均衡发展全国排名第23位，分值比全国平均水平低14.8%；其中城乡人口受教育年限比值排名全国第25位，比全国平均水平低44.5%。安徽文化均衡发展在2012年排名全国第25位，分值低于全国平均水平28.5%，其中有线广播电视覆盖率城乡差距和文化消费城乡差距分别居全国第27位和第22位。

4. 农村生活环境质量有待提高

2012年在四个一体化中，生活水平一体化的排位相对最低，仅排在第25位，其中最为显著的是生活环境质量城乡差距指标位列倒数第2，主要表现在农村自来水普及率过低、无害化卫生厕所普及率也不高。2012年，安徽农村安全饮用水普及率的全国排名是第29位，分值低于全国平均水平49%。

附录十三 福建城乡发展一体化水平排序与进展

一 城乡发展一体化水平排序与变化

1. 2012 年：总水平居全国第 6 位

2012 年，福建城乡发展一体化总水平（总指数）排全国第 6 位（见附表 13－1），也居东部地区第 6 位。

四个一体化中，经济发展一体化、生活水平一体化以及生态环境一体化与总水平排序一致，均居全国第 6 位；社会发展一体化排序相对靠后，列第 11 位（见附表 13－1）。

14 个二级指标中，教育均衡发展、卫生均衡发展、收入消费水平和水资源利用分别排在全国第 12 位、第 14 位、第 13 位和第 15 位，排名相对靠后，其余 10 个指标均位列全国前 10，其中 4 个指标进入前 5 位，分别是产业协调、生活环境质量、信息化普及率和自然资源保护（见附表 13－1）。

36 个三级指标中，有 21 个指标进入全国前 10 位，其中有 10 个指标进入前 5 位，2 个指标排第 1（1 个指标并列第 1）；但也有 6 个指标排在后 10 位，其中，有 3 个指标排在后 5 位。

2. 2011～2012 年变化：总水平排序不变

与 2011 年相比，2012 年福建城乡发展一体化总水平的排序没有发生变化（见附表 13－1）。

附表 13-1　福建城乡发展一体化在全国排序

年　　份	2006	2007	2008	2009	2010	2011	2012
总指数	6	6	6	6	6	6	6
经济发展一体化	5	5	5	6	6	5	6
经济发展	8	8	9	9	9	9	9
产业协调	3	3	3	4	4	4	4
要素流动	7	5	6	5	6	6	6
社会发展一体化	11	6	8	14	13	15	11
教育均衡发展	18	16	14	14	14	13	12
卫生均衡发展	10	12	10	8	12	19	14
文化均衡发展	21	19	16	14	10	9	10
社会保障均衡发展	5	2	4	13	18	26	10
生活水平一体化	6	6	5	5	6	6	6
收入消费水平	10	10	10	10	11	13	13
生活环境质量	6	7	7	5	5	5	4
信息化普及率	6	5	4	4	4	6	5
生态环境一体化	8	6	5	6	6	5	6
水资源利用	15	15	15	15	15	15	15
环境质量	8	10	10	7	7	12	6
垃圾处理	11	7	6	5	7	6	8
自然资源保护	3	3	3	5	5	5	5

四个一体化中，生活水平一体化的排序没有变化，经济发展一体化和生态环境一体化排序均下降 1 个位次，社会发展一体化则由第 15 位提高至第 11 位，上升 4 个位次（见附表 13-1）。

13 个二级指标中（不包括水资源利用），卫生均衡发展、社会保障均衡发展和环境质量 3 个指标排名提升幅度较大，分别提升了 5 个位次、16 个位次和 6 个位次；其他指标排序有升有降，但变化幅度均较小（见附表 13-1）。

3. 2006~2012 年变化：总水平始终稳居全国第 6 位

2006~2012 年，福建城乡发展一体化总水平排序非常稳定，始终排全国第 6 位（见附表 13-1）。

四个一体化中，经济发展一体化、生活水平一体化和生态环境一体化的排序也较为稳定，其中，经济发展一体化排序下降 1 个位次，生态环境一体化排序上升 2 个位次；社会发展一体化排序虽然与 2006 年相比没有发生变化，但年际波动较大，2007~2011 年基本呈逐步下降的趋势（见附表 13-1）。

13个二级指标中（不包括水资源利用），经济发展一体化中的指标排序变化不大，一直较为稳定。生活水平一体化和生态环境一体化中，除个别指标外，大多数指标排序也较为稳定，变化不大。社会发展一体化中的指标排序变化较大，其中教育均衡发展和文化均衡发展的排序基本呈逐年上升趋势，前者上升了6个位次，后者大幅度上升了11个位次；卫生均衡发展和社会保障均衡发展分别下降了4个位次和5个位次（见附表13-1）。

二　城乡发展一体化进展

1. 2011~2012年：总水平提升继续加快

2012年，福建城乡发展一体化总水平比2011年提高了10.6%，高于2011年进展5.6个百分点，高于全国平均水平1.6个百分点，城乡发展一体化进展进一步加快（见附表13-3）。

四个一体化中，经济发展一体化比2011年提高了7%，慢于2011年进展和全国平均进展；社会发展一体化比2011年提高了23.1%，远远高于2011年进展和全国平均进展；生活水平一体化比2011年提高了11.1%，高于2011年进展6.1个百分点，与全国平均进展基本持平；生态环境一体化比2011年提高了4.9%，扭转了2011年负增长的态势，也高于全国平均进展（见附表13-3）。

13个二级指标中（不包括水资源利用），经济发展、产业协调、教育均衡发展、生活环境质量和垃圾处理进展低于2011年，其他均高于2011年进展（见附表13-3）。

2. 2006~2012年：总水平进展低于全国平均水平，但自2009年以后呈逐年加快趋势

2006~2012年，福建城乡发展一体化总水平年均增长6.5%，低于全国平均水平1.3个百分点；但是，2009年以来呈逐年加快趋势（见附表13-3）。

四个一体化进展程度均不及全国平均水平，但经济发展一体化和生态环境一体化进展与全国平均水平比较接近，社会发展一体化和生活水平一体化进展与全国平均水平差距较大，特别是后者（见附表13-3）。

13个二级指标中（不包括水资源利用），只有经济发展、教育均衡发展、文化均衡发展、社会保障均衡发展和垃圾处理5个指标进展快于全国平均水平，特别是文化均衡发展进展远远快于全国平均水平（见附表13-3）。

附表 13－2　福建城乡发展一体化指数分值

年　　份	2006	2007	2008	2009	2010	2011	2012
总指数	0.5009	0.5680	0.5959	0.6000	0.6246	0.6556	0.7252
经济发展一体化	0.4951	0.5465	0.5809	0.6059	0.6401	0.6904	0.7387
经济发展	0.2617	0.3211	0.3666	0.4115	0.4761	0.5499	0.6177
产业协调	0.7390	0.8047	0.8588	0.8592	0.8846	0.9689	1.0354
要素流动	0.4845	0.5138	0.5172	0.5471	0.5596	0.5524	0.5630
社会发展一体化	0.4210	0.5191	0.5149	0.4227	0.4254	0.4713	0.5803
教育均衡发展	0.3360	0.4216	0.4632	0.5037	0.5356	0.6426	0.7553
卫生均衡发展	0.5053	0.4427	0.4858	0.5458	0.4831	0.4486	0.4756
文化均衡发展	0.2679	0.2612	0.2933	0.3198	0.3906	0.4086	0.5277
社会保障均衡发展	0.5749	0.9511	0.8174	0.3214	0.2921	0.3856	0.5628
生活水平一体化	0.5411	0.5822	0.6366	0.6877	0.7515	0.7892	0.8771
收入消费水平	0.4866	0.4819	0.5195	0.5401	0.5537	0.5973	0.6561
生活环境质量	0.6303	0.6567	0.7052	0.7503	0.8089	0.8486	0.8800
信息化普及率	0.5064	0.6078	0.6851	0.7726	0.8918	0.9217	1.0952
生态环境一体化	0.5464	0.6243	0.6513	0.6837	0.6814	0.6717	0.7048
水资源利用	0.3503	0.3503	0.3503	0.3503	0.3503	0.3503	0.3503
环境质量	0.8013	0.8072	0.8317	0.9000	0.8974	0.8282	0.9351
垃圾处理	0.5247	0.8307	0.9141	0.9727	0.9661	1.0000	1.0237
自然资源保护	0.5091	0.5091	0.5091	0.5117	0.5117	0.5081	0.5101

附表 13－3　福建城乡发展一体化进展（环比增长）

单位：%

项　　目	2007 年	2008 年	2009 年	2010 年	2011 年	2012 年比 2011 年增长		2006～2012 年年均增长	
						福建	全国	福建	全国
总指数	13.4	4.9	0.7	4.1	5.0	10.6	9.0	6.5	7.8
经济发展一体化	10.4	6.3	4.3	5.6	7.9	7.0	7.8	6.9	8.0
经济发展	22.7	14.2	12.3	15.7	15.5	12.3	11.7	15.4	14.7
产业协调	8.9	6.7	0.1	3.0	9.5	6.9	9.0	5.8	6.7
要素流动	6.1	0.7	5.8	2.3	－1.3	1.9	1.9	2.6	3.8
社会发展一体化	23.3	－0.8	－17.9	0.6	10.8	23.1	13.7	5.5	7.0
教育均衡发展	25.5	9.9	8.7	6.3	20.0	17.5	12.8	14.7	11.6
卫生均衡发展	－12.4	9.7	12.4	－11.5	－7.1	6.0	1.3	－0.5	3.6
文化均衡发展	－2.5	12.3	9.0	22.1	4.6	29.2	36.2	12.0	1.3
社会保障均衡发展	65.4	－14.1	－60.7	－9.1	32.0	46.0	11.9	9.9	9.1

续表

项目	2007年	2008年	2009年	2010年	2011年	2012年比2011年增长		2006~2012年年均增长	
						福建	全国	福建	全国
生活水平一体化	7.6	9.3	8.0	9.3	5.0	11.1	11.2	8.4	11.7
收入消费	-1.0	7.8	4.0	2.5	7.9	9.8	9.7	5.2	8.6
生活环境质量	4.2	7.4	6.4	7.8	4.9	3.7	5.7	5.7	7.6
信息化普及率	20.0	12.7	12.8	15.4	3.4	18.8	16.8	13.9	19.7
生态环境一体化	14.3	4.3	5.0	-0.3	-1.4	4.9	3.4	4.5	4.6
水资源利用	0.0	0.0	0.0	0.0	0.0	0.0	0.0	0.0	0.0
环境质量	0.7	3.0	8.2	-0.3	-7.7	12.9	3.6	2.8	3.3
垃圾处理	58.3	10.0	6.4	-0.7	3.5	2.4	6.2	13.3	11.1
自然资源保护	0.0	0.0	0.5	0.0	-0.7	0.4	0.1	0.1	1.1

三　简要评价

1. 发展略显不均衡

一体化发展不均衡主要体现为：在四个一体化中，社会发展一体化相对滞后，在东部地区中排位靠后，特别是卫生均衡发展和社会保障均衡发展的某些方面。2012年，福建衡量卫生人力资源、医疗卫生条件城乡差距的指标的排位较为靠后。例如，城乡卫生技术人员拥有量与差异指标仅排全国第23位，分值仅为全国平均水平的52.9%。社会保障均衡发展方面，基本医疗保障、基本养老保险的城乡差距较大，排序均较为靠后，前者列全国第24位，分值仅为全国平均分值的61%，后者列全国第22位，分值仅为全国平均分值的21.4%。

2. 城乡要素流动某些方面不均衡

城乡要素流动的不均衡主要体现在城乡资金配置方面。2012年，福建反映资金要素城乡合理流动、配置的指标的排序仅列全国第26位。其中，金融资金的城乡不合理流动较为严重，表现为农村金融资金净流出情况较为严重，该指标排全国第26位，其分值仅为全国平均水平的5%；财政支农相对程度在沿海发达省份中也最差，该项分值仅为全国平均水平的57%。

附录十四
江西城乡发展一体化水平排序与进展

一　城乡发展一体化水平排序与变化

1. 2012 年：总水平位列全国中下游、中部地区中游

2012 年，江西城乡发展一体化总水平（总指数）居全国第 18 位（见附表 14－1）、中部地区第 4 位。

四个一体化中，生态环境一体化排序相对较高，列全国第 15 位；经济发展一体化、社会发展一体化、生活水平一体化与总水平排序基本一致，分别列全国第 19 位、第 19 位和第 18 位（见附表 14－1）。

14 个二级指标中，自然资源保护排序居全国首位；产业协调、要素流动、卫生均衡发展、文化均衡发展、收入消费水平、生活环境质量和垃圾处理排位与总水平排序相同或略高于总水平排序，其他指标的排序均低于总水平排序（见附表 14－1）。

36 个三级指标中，有 5 个指标进入全国前 10 位，其中有 3 个指标进入前 5 位；有 15 个指标排在后 10 位，其中，有 2 个指标进入后 5 位。

2. 2011～2012 年变化：总水平排序不变

与 2011 年相比，2012 年江西城乡发展一体化总水平的排序没有发生变化，依然保持在第 18 位（见附表 14－1）。

附表 14-1 江西城乡发展一体化在全国排序

年 份	2006	2007	2008	2009	2010	2011	2012
总指数	17	17	16	17	17	18	18
经济发展一体化	19	19	18	19	20	20	19
经济发展	23	23	23	23	23	23	22
产业协调	11	19	18	18	20	20	18
要素流动	26	19	19	19	17	19	16
社会发展一体化	21	19	20	20	21	18	19
教育均衡发展	27	24	26	26	26	30	24
卫生均衡发展	16	17	17	16	22	20	18
文化均衡发展	17	18	20	23	21	21	17
社会保障均衡发展	22	20	16	12	15	8	21
生活水平一体化	17	16	18	16	16	18	18
收入消费水平	18	20	19	18	16	16	18
生活环境质量	18	19	16	16	15	15	15
信息化普及率	12	13	16	16	15	20	21
生态环境一体化	18	15	13	13	14	14	15
水资源利用	23	23	23	23	23	23	23
环境质量	23	25	25	24	24	20	20
垃圾处理	18	12	10	9	13	14	15
自然资源保护	4	4	2	2	3	3	1

四个一体化总体变化很小，其中，生活水平一体化的排序没有变化，经济发展一体化排序上升 1 个位次，社会发展一体化和生态环境一体化排序均下降 1 个位次（见附表 14-1）。

13 个二级指标（不包括水资源利用）中，有 7 个指标排位有所上升，其特点表现为：一是经济发展一体化下的指标的排序均不同程度地上升；二是教育均衡发展的排序提升幅度较大，提升了 6 个位次；三是自然资源保护排序跃居全国第 1。下降的指标中，最突出的是社会保障均衡发展排序下降了 13 个位次（见附表 14-1）。

3. 2006~2012 年变化：总水平位置稳中微幅下降

2006~2010 年，江西城乡发展一体化总水平排序除 2008 年排第 16 位外，其余年份均排第 17 位，2011 年下降 1 个位次，排第 18 位（见附表 14-1）。

四个一体化中，生态环境一体化排序上升3个位次，社会发展一体化排位提升2个位次，生活水平一体化排序下降1个位次，经济发展一体化排序不变（见附表14－1）。

13个二级指标中（不包括水资源利用），要素流动、生活环境质量、环境质量、自然资源保护等排位总体呈不断上升趋势，其中要素流动排位上升了10个位次；信息化普及率排位呈不断下降趋势，且下降幅度较大，下降了9个位次；其他指标排序则出现不同的波动（见附表14－1）。

二　城乡发展一体化进展

1. 2011～2012年：总水平继续较快提升

2012年，江西城乡发展一体化总水平依然保持了较快的提升速度，比2011年提高了9.4%，与2011年进展基本持平，略高于全国平均进展（见附表14－3）。

四个一体化中，经济发展一体化提高了11%，远高于2011年进展和全国平均进展；社会发展一体化提高了16.5%，低于2011年进展，但高于全国平均进展；生活水平一体化提高了11.5%，高于2011年进展和全国平均进展；生态环境一体化进展较慢，仅提高1.3%，低于2011年进展和全国平均进展（见附表14－3）。

13个二级指标中（不包括水资源利用），产业协调、要素流动、教育均衡发展、文化均衡发展、信息化普及率和自然资源保护进展高于2011年，其余指标进展慢于2011年，其中，社会保障均衡发展出现负增长（见附表14－3）。

2. 2006～2012年：总水平提升速度快于全国平均水平以及多数中部地区省份

2006～2012年，江西城乡发展一体化总水平年均增长9.1%，高于全国平均水平1.3个百分点（见附表14－3），进展在中部地区中排列第3位。

四个一体化进展全部高于全国平均水平，分别比全国平均水平高0.3个、1.6个、2.3个和2.2个百分点（见附表14－3）。

13个二级指标中（不包括水资源利用），只有产业协调和卫生均衡发展的进展低于全国平均水平；经济发展、要素流动、教育均衡发展、社会保障均衡发展进展较快（见附表14－3）。

附表 14－2　江西城乡发展一体化指数分值

年　　份	2006	2007	2008	2009	2010	2011	2012
总指数	0. 3180	0. 3629	0. 4016	0. 4200	0. 4474	0. 4901	0. 5362
经济发展一体化	0. 2689	0. 3133	0. 3337	0. 3499	0. 3641	0. 3880	0. 4308
经济发展	0. 1041	0. 1283	0. 1577	0. 1890	0. 2277	0. 2784	0. 3344
产业协调	0. 4895	0. 4497	0. 4777	0. 4962	0. 4851	0. 5156	0. 5703
要素流动	0. 2131	0. 3619	0. 3656	0. 3644	0. 3797	0. 3698	0. 3877
社会发展一体化	0. 3119	0. 3371	0. 3866	0. 3439	0. 3406	0. 4238	0. 4937
教育均衡发展	0. 2423	0. 3734	0. 3669	0. 4015	0. 4324	0. 4865	0. 6192
卫生均衡发展	0. 3901	0. 3873	0. 4170	0. 4488	0. 4054	0. 4325	0. 4607
文化均衡发展	0. 3838	0. 2760	0. 2461	0. 1904	0. 2236	0. 2552	0. 4428
社会保障均衡发展	0. 2314	0. 3117	0. 5164	0. 3349	0. 3010	0. 5209	0. 4521
生活水平一体化	0. 2860	0. 3216	0. 3617	0. 4333	0. 5167	0. 5607	0. 6249
收入消费水平	0. 3496	0. 3467	0. 3849	0. 4612	0. 4797	0. 5615	0. 6155
生活环境质量	0. 2764	0. 3230	0. 3569	0. 3983	0. 4597	0. 5113	0. 5597
信息化普及率	0. 2320	0. 2952	0. 3432	0. 4403	0. 6106	0. 6093	0. 6995
生态环境一体化	0. 4053	0. 4795	0. 5244	0. 553	0. 5682	0. 5881	0. 5955
水资源利用	0. 1837	0. 1837	0. 1837	0. 1837	0. 1837	0. 1837	0. 1837
环境质量	0. 5157	0. 5475	0. 5946	0. 6259	0. 6674	0. 7084	0. 7199
垃圾处理	0. 4284	0. 6862	0. 8060	0. 8672	0. 8867	0. 9180	0. 9277
自然资源保护	0. 4935	0. 5007	0. 5134	0. 5352	0. 5352	0. 5424	0. 5506

附表 14－3　江西城乡发展一体化进展（环比增长）

单位：%

项　　目	2007 年	2008 年	2009 年	2010 年	2011 年	2012 年比 2011 年增长		2006～2012 年年均增长	
						江西	全国	江西	全国
总指数	14. 1	10. 66	4. 58	6. 5	9. 5	9. 4	9. 0	9. 1	7. 8
经济发展一体化	16. 5	6. 5	4. 9	4. 1	6. 6	11. 0	7. 8	8. 3	8. 0
经济发展	23. 3	22. 9	19. 9	20. 5	22. 3	20. 1	11. 7	21. 5	14. 7
产业协调	－8. 1	6. 2	3. 9	－2. 2	6. 3	10. 6	9. 0	2. 8	6. 7
要素流动	69. 8	1. 0	－0. 3	4. 2	－2. 6	4. 8	1. 9	12. 8	3. 8
社会发展一体化	8. 1	14. 7	－11. 1	－1. 0	24. 4	16. 5	13. 7	8. 6	7. 0
教育均衡发展	54. 1	－1. 7	9. 4	7. 7	12. 5	27. 3	12. 8	18. 2	11. 6
卫生均衡发展	－0. 7	7. 7	7. 6	－9. 7	6. 7	6. 5	1. 3	3. 0	3. 6
文化均衡发展	－28. 1	－10. 8	－22. 6	17. 4	14. 1	73. 5	36. 2	2. 4	1. 3
社会保障均衡发展	34. 7	65. 7	－35. 2	－10. 1	73. 1	－13. 2	11. 9	19. 2	9. 1

续表

项　　目	2007 年	2008 年	2009 年	2010 年	2011 年	2012 年比2011 年增长		2006～2012 年年均增长	
						江西	全国	江西	全国
生活水平一体化	12.5	12.5	19.8	19.3	8.5	11.5	11.2	14.0	11.7
收入消费水平	-0.8	11.0	19.8	4.0	17.1	9.6	9.7	10.1	8.6
生活环境质量	16.9	10.5	11.6	15.4	11.2	9.5	5.7	12.5	7.6
信息化普及率	27.2	16.3	28.3	38.7	-0.2	14.8	16.8	20.8	19.7
生态环境一体化	18.3	9.4	5.5	2.8	3.5	1.3	3.4	6.8	4.6
水资源利用	0.0	0.0	0.0	0.0	0.0	0.0	0.0	0.0	0.0
环境质量	6.2	8.6	5.3	6.6	6.1	1.6	3.6	5.7	3.3
垃圾处理	60.2	17.5	7.6	2.3	3.5	1.1	6.2	15.3	11.1
自然资源保护	1.5	2.5	4.3	0.0	1.4	1.5	0.1	1.9	1.1

三　简要评价

总体上看，江西城乡发展一体化的相对水平要高于其经济发展的相对水平。2012 年江西人均 GDP 仅居全国第 25 位，但是城乡发展一体化总水平以及四个一体化排位均高于 GDP 排位，某种程度上说明江西经济发展与城乡发展一体化相对较为协调。但是，江西经济发展水平低下，严重制约了城乡发展一体化水平的提高。

1. 现代农业发展水平不高

江西省是农业大省，但现代农业发展水平不高，需要大力提升。现代农业发展水平较低具体表现在：第一，第一产业劳动生产率较低，2012 年以增加值（2006 年不变价格）计算的第一产业劳动生产率排全国第 16 位，其分值比全国平均分值低 17.5%；第二，农业技术水平不高，2012 年农业全要素生产率指标的分值仅为全国平均分值的 42.5%；第三，农业用水效率不高，农田灌溉水有效利用系数为 0.46，低于全国平均水平（0.52）。

2. 土地利用效率需要提高

江西经济发展的土地消耗的代价较大，衡量土地利用效率的指标的排位较低，仅列全国第 22 位。

3. 社会发展的某些方面城乡差距较大

江西经济发展水平制约了社会事业的发展，社会发展的城乡差距较大。义务教育、医疗卫生、社会保障等方面的人力资源、设施条件的城乡差距的排位不高，分值与全国相比差距较大。例如，最低生活保障的城乡支出差距排列全国倒数第 4 位，分值仅为全国平均水平的 66%。

附录十五 山东城乡发展一体化水平排序与进展

一 城乡发展一体化水平排序与变化

1. 2012 年：总水平居全国第 7 位

2012 年，山东城乡发展一体化总水平（总指数）位列全国第 7（见附表 15－1），也位居东部地区第 7。

四个一体化中，经济发展一体化排序与总水平排序相差较大，社会发展一体化、生活水平一体化及生态环境一体化排序与总水平排序大体一致，分别列全国第 6 位、第 8 位和第 5 位（见附表 15－1）。

14 个二级指标中，高于总水平排序的有 4 个指标，分别是卫生均衡发展、水资源利用、环境质量和垃圾处理；自然资源保护排序非常靠后，排在全国第 27 位；产业协调、教育均衡发展的排序也相对靠后（见附表 15－1）。

36 个三级指标中，有 22 个指标进入全国前 10 位，其中 8 个指标进入前 5 位（1 个指标并列第 1 位），只有 3 个指标排序在后 10 位，没有 1 个指标排在后 5 位。

2. 2011～2012 年变化：总水平排序略微上升

与 2011 年相比，2012 年山东城乡发展一体化总水平的排序上升 1 个位次（见附表 15－1）。

附表 15－1　山东城乡发展一体化在全国排序

年　　份	2006	2007	2008	2009	2010	2011	2012
总指数	7	7	8	7	7	8	7
经济发展一体化	12	10	10	10	10	10	11
经济发展	12	10	10	10	10	11	11
产业协调	16	11	11	10	10	14	14
要素流动	10	9	10	8	10	10	9
社会发展一体化	6	7	12	10	7	6	6
教育均衡发展	13	15	18	16	18	18	13
卫生均衡发展	5	5	5	7	2	4	4
文化均衡发展	5	5	9	11	6	7	7
社会保障均衡发展	13	15	23	10	13	9	7
生活水平一体化	8	8	8	8	8	8	8
收入消费水平	9	8	8	9	9	8	7
生活环境质量	9	8	8	8	9	9	9
信息化普及率	20	14	10	6	6	9	8
生态环境一体化	6	5	6	5	5	4	5
水资源利用	5	5	5	5	5	5	5
环境质量	7	4	5	4	5	4	3
垃圾处理	6	8	11	7	8	8	6
自然资源保护	26	26	26	27	27	27	27

四个一体化中，社会发展一体化和生活水平一体化的排序没有变化，经济发展一体化和生态环境一体化排序均下降 1 个位次（见附表 15－1）。

13 个二级指标中（不包括水资源利用），没有任何指标的排序下降，有 7 个指标的排位有所上升，但总体上升幅度不大，只有教育均衡发展排序上升了 5 个位次（见附表 15－1）。

3. 2006～2012 年变化：总水平排序非常稳定

2006～2012 年，山东城乡发展一体化总水平除 2008 年和 2011 年有细微变化外，其余年份均居全国第 7 位（见附表 15－1）。

四个一体化的排位相对稳定，变化不大。生活水平一体化排序没有发生任何变化，非常稳定地排在第 8 位；经济发展一体化和生态环境一体化排位变化很小；社会发展一体化的排位除 2008 年和 2009 年外，全部在第 6 位和第 7 位间轮换（见附表 15－1）。

13 个二级指标中（不包括水资源利用），排序变化主要表现在社会保障均衡发展和信息化普及率的排序有较大幅度的上升，分别上升了6个位次和12个位次，其他指标除教育均衡发展、文化均衡发展和垃圾处理的排位在某些年份有所波动外，变化均不大（见附表15－1）。

二　城乡发展一体化进展

1. 2011～2012年：总水平大幅提升

2012年，山东城乡发展一体化总水平比2011年提高了9.4%，比2011年进展高出4.4个百分点，也高于全国平均水平0.4个百分点，进展明显加快（见附表15－3）。

四个一体化中，经济发展一体化提高了7%，远高于2011年进展，但低于全国平均进展；社会发展一体化和生活水平一体化进展较快，分别提高了16.6%和12.1%，均高于2011年进展和全国平均进展；生态环境一体化进展虽相对较慢，但扭转了2011年负增长的态势，提高了2.7%，略低于全国平均进展（见附表15－3）。

13个二级指标中（不包括水资源利用），有7个指标的进展高于2011年，其中有5个指标进展扭转了2011年负增长的态势；自然资源保护出现负增长（见附表15－3）。

2. 2006～2012年：总水平提升速度低于全国平均水平，但在沿海发达省份中居前列，并基本呈逐年加快之势

2006～2012年，山东城乡发展一体化总水平年均增长7.0%，低于全国平均水平0.8个百分点，但自2008年以来，基本呈逐年加快之势（见附表15－3）；在沿海发达省份中，进展仅次于广东。

四个一体化中，经济发展一体化和生活水平一体化进展相对较快，年均增长分别为8.5%和13.2%，分别比全国平均水平高0.5个和1.5个百分点；社会发展一体化和生态环境一体化进展较慢，年均增长分别为5.6%和2.7%，分别比全国平均水平低1.4个和1.9个百分点（见附表15－3）。

13个二级指标中（不包括水资源利用），经济发展、教育均衡发展和信息化普及率进展较快，年均增长分别为19.7%、12.3%和36.9%，分别比全国平均水平高5个、0.7个和17.2个百分点；有7个指标的进展低于全国平均水平，其中，文化均衡发展和自然资源保护为负增长（见附表15－3）。

附表 15－2　山东城乡发展一体化指数分值

年　　份	2006	2007	2008	2009	2010	2011	2012
总指数	0.4505	0.5019	0.5230	0.5534	0.5882	0.6174	0.6757
经济发展一体化	0.3412	0.4240	0.4456	0.4735	0.4974	0.5134	0.5492
经济发展	0.2008	0.3059	0.3446	0.3833	0.4413	0.5067	0.5672
产业协调	0.4251	0.5163	0.5413	0.5768	0.6048	0.5926	0.6312
要素流动	0.3977	0.4498	0.4508	0.4604	0.4460	0.4408	0.4491
社会发展一体化	0.4789	0.4898	0.4874	0.4624	0.4975	0.5625	0.6556
教育均衡发展	0.3849	0.4328	0.4252	0.4681	0.4756	0.5884	0.7509
卫生均衡发展	0.5466	0.5474	0.5774	0.5752	0.6769	0.6951	0.7104
文化均衡发展	0.5790	0.5813	0.4887	0.4360	0.5261	0.4579	0.5623
社会保障均衡发展	0.4050	0.3976	0.4583	0.3703	0.3115	0.5086	0.5988
生活水平一体化	0.3762	0.4454	0.5158	0.5917	0.6682	0.7041	0.7894
收入消费水平	0.4872	0.5228	0.5448	0.5804	0.5712	0.6830	0.7577
生活环境质量	0.4875	0.5446	0.5771	0.6170	0.6587	0.6805	0.7004
信息化普及率	0.1538	0.2690	0.4254	0.5778	0.7748	0.7488	0.9101
生态环境一体化	0.6058	0.6482	0.6431	0.686	0.6898	0.6897	0.7086
水资源利用	0.6701	0.6701	0.6701	0.6701	0.6701	0.6701	0.6701
环境质量	0.9123	0.9439	0.9406	0.9708	0.9677	0.9614	0.9661
垃圾处理	0.6810	0.8190	0.8021	0.9466	0.9648	0.9727	1.0451
自然资源保护	0.1598	0.1598	0.1598	0.1565	0.1565	0.1547	0.1530

附表 15－3　山东城乡发展一体化进展（环比增长）

单位：%

项　　目	2007 年	2008 年	2009 年	2010 年	2011 年	2012 年比 2011 年增长		2006～2012 年年均增长	
						山东	全国	山东	全国
总指数	11.4	4.2	5.8	6.29	4.96	9.4	9.0	7.0	7.8
经济发展一体化	24.3	5.1	6.3	5.1	3.2	7.0	7.8	8.5	8.0
经济发展	52.3	12.7	11.2	15.1	14.8	11.9	11.7	19.7	14.7
产业协调	21.5	4.8	6.6	4.9	－2.0	6.5	9.0	7.0	6.7
要素流动	13.1	0.2	2.1	－3.1	－1.17	1.9	1.9	2.17	3.8
社会发展一体化	2.3	－0.5	－5.1	7.6	13.1	16.6	13.7	5.6	7.0
教育均衡发展	12.4	－1.8	10.1	1.6	23.7	27.6	12.8	12.3	11.6
卫生均衡发展	0.15	5.5	－0.4	17.7	2.7	2.2	1.3	4.6	3.6
文化均衡发展	0.4	－15.9	－10.8	20.7	－13.0	22.8	36.2	－0.5	1.3
社会保障均衡发展	－1.8	15.3	－19.2	－15.9	63.3	17.7	11.9	9.9	9.1

续表

项　目	2007年	2008年	2009年	2010年	2011年	2012年比2011年增长		2006~2012年年均增长	
						山东	全国	山东	全国
生活水平一体化	18.4	15.8	14.7	12.9	5.4	12.1	11.2	13.2	11.7
收入消费水平	7.3	4.2	6.5	-1.59	19.6	10.9	9.7	7.8	8.6
生活环境质量	11.7	6.0	6.9	6.8	3.3	2.9	5.7	6.3	7.6
信息化普及率	74.9	58.1	35.8	34.1	-3.4	21.5	16.8	36.9	19.7
生态环境一体化	7.0	-0.8	6.7	0.6	0.0	2.7	3.4	2.7	4.6
水资源利用	0.0	0.0	0.0	0.0	0.0	0.0	0.0	0.0	0.0
环境质量	3.5	-0.4	3.2	-0.3	-0.7	0.5	3.6	1.0	3.3
垃圾处理	20.3	-2.1	18.0	1.9	0.8	7.4	6.2	7.7	11.1
自然资源保护	0.0	0.0	-2.1	0.0	-1.2	-1.1	0.1	-0.7	1.1

三　简要评价

1. 二元经济结构较为明显

山东经济发展水平较高，但城乡二元经济结构特征较为明显。2012年，山东反映城乡二元经济结构的指标排全国第15位，分值也低于全国平均水平。作为经济发达地区和农业大省，山东省的现代农业发展水平也相对不高，反映现代农业发展的指标排位不高，基本位于东部发达省份最后。山东农业劳动生产率相对较低，2012年以增加值（2006年不变价格）计算的农业劳动生产率列全国第15位，但在东部地区中位列最后；农业技术应用水平在东部地区中排位也比较靠后。此外，山东反映城乡金融资金合理流动的指标仅居全国第24位，农村资金流出情况严重。

2. 自然资源保护建设进展缓慢

得益于水资源利用水平较高、环境质量相对较好，山东生态环境一体化水平位居全国前列，但是，自然资源保护建设城乡一体化不仅水平较低，而且进展很不理想，2006~2012年自然资源保护进展为负增长，分值列全国倒数第4位，仅及全国平均水平的44.9%。森林覆盖率在全国排列第22位，提升速度较慢；自然保护区面积占全省面积的比重排第24位，而且比重呈下降趋势。因此，山东需要加快自然资源保护的步伐。

附录十六
河南城乡发展一体化水平排序与进展

一　城乡发展一体化水平排序与变化

1. 2012 年：总水平居全国中下游、中部地区第 3 位

2012 年，河南城乡发展一体化总水平（总指数）位列全国第 17（见附表 16－1）、中部地区第 3。

四个一体化中，社会发展一体化和生活水平一体化与总水平在全国的排位相当，分别列第 18 位和第 17 位；经济发展一体化位列第 22，大大低于总水平在全国的排位；生态环境一体化位列第 12，远高于总水平在全国的排位（见附表 16－1）。

14 个二级指标中，仅有水资源利用的排序比较靠前，排在全国第 6 名，其他指标排序均比较靠后，特别是经济发展和自然资源保护均排全国后 5 名（见附表 16－1）。

36 个三级指标中，有 7 个指标进入全国前 10 位，其中 3 个指标进入前 5 位（1 个指标并列第 1）；有 11 个指标排在后 10 位，其中，有 7 个指标进入后 5 位。

2. 2011～2012 年变化：总水平排序略微下降

与 2011 年相比，2012 年河南城乡发展一体化总水平排序下降 1 个位次（见附表 16－1）。

附表 16－1　河南城乡发展一体化在全国排序

年　　份	2006	2007	2008	2009	2010	2011	2012
总指数	14	14	14	14	15	16	17
经济发展一体化	21	21	19	20	22	17	22
经济发展	26	24	25	25	26	26	26
产业协调	19	20	20	20	18	10	19
要素流动	17	20	12	16	26	17	15
社会发展一体化	22	15	18	17	18	22	18
教育均衡发展	19	18	22	22	25	24	20
卫生均衡发展	15	13	14	13	15	17	13
文化均衡发展	20	20	21	19	23	27	21
社会保障均衡发展	21	11	14	19	12	15	18
生活水平一体化	14	10	10	12	13	12	17
收入消费水平	17	12	12	12	15	15	12
生活环境质量	13	12	12	14	17	17	18
信息化普及率	13	10	11	14	10	14	16
生态环境一体化	13	14	11	11	10	12	12
水资源利用	6	6	6	6	6	6	6
环境质量	12	13	11	11	12	10	11
垃圾处理	21	18	16	14	15	17	19
自然资源保护	28	28	28	25	25	25	26

2012 年，虽然总水平的排序仅发生较小变化，但四个一体化的排序变化较大，除生态环境一体化排序保持不变外，经济发展一体化和生活水平一体化排序均下降 5 个位次，而社会发展一体化的排序上升 4 个位次（见附表 16－1）。

13 个二级指标中（不包括水资源利用），有 7 个指标的排序下降，其中，产业协调排序下降幅度较大，下降了 9 个位次；有 5 个指标的排序上升，其中，教育均衡发展、卫生均衡发展排序均上升 4 个位次，文化均衡发展排序上升 6 个位次（见附表 16－1）。

3. 2006～2012 年变化：总水平排序呈逐步下降的趋势

2006～2009 年，河南城乡发展一体化总水平排序一直稳定在第 14 位，但 2009 年后开始逐年下降，由 2009 年的第 14 位下降到 2012 年的第 17 位，下降了 3 个位次（见附表 16－1）。

与总水平的排序变化不同，四个一体化的排序变化没有规律，年际波动较大。与 2006 年相比，2012 年经济发展一体化和生活水平一体化的排序分别下降了1个位次和3个位次，社会发展一体化和生态环境一体化排序分别上升了4个位次和1个位次（见附表16-1）。

13个二级指标中（不包括水资源利用），有7个指标的排位有所上升，有4个指标的排位有所下降；经济发展、卫生均衡发展、环境质量和自然资源保护等指标的排序变动幅度较小（见附表16-1）。

二　城乡发展一体化进展

1. 2011~2012年：总水平进展减缓

2012年，河南城乡发展一体化总水平进一步提高，比2011年提高了6.8%，比2011年低2.5个百分点，也低于全国平均进展2.2个百分点，速度明显减缓（见附表16-3）。

四个一体化中，经济发展一体化在2011年高速增长（22.1%）的基础上出现负增长，比2011年下降4.7%，这是导致河南城乡发展一体化进展排序出现较大幅度下降的主要原因。社会发展一体化比2011年大幅提高了23.5%，远高于2011年进展和全国平均进展。生活水平一体化和生态环境一体化分别比2011年提高8.9%和1.7%，均高于2011年进展、低于全国平均进展（见附表16-3）。

13个二级指标中（不包括水资源利用），产业协调出现负增长，这是导致经济发展一体化出现负增长的主要原因。教育均衡发展、卫生均衡发展、文化均衡发展、信息化普及率、环境质量和垃圾处理进展快于2011年，特别是教育均衡发展和文化均衡发展出现大幅增长（见附表16-3）。

2. 2006~2012年：总水平进展高于全国平均水平，但相对缓慢

2006~2012年，河南城乡发展一体化总水平年均增长8.4%，仅比全国平均进展快0.6个百分点（见附表16-3），在中部地区8省份中仅快于吉林和黑龙江，进展相对较慢。

四个一体化进展虽均高于全国平均水平，但只有社会发展一体化进展较快于全国平均水平（2.4个百分点），其他3个一体化进展仅略快于全国平均水平（见附表16-3）。

13个二级指标中（不包括水资源利用），仅有生活环境质量和环境质量两个指标的进展低于全国平均水平，经济发展、社会保障均衡发展和信息化普及率一体化水平大幅提升（见附表16-3）。

附表 16－2　河南城乡发展一体化指数分值

年　　份	2006	2007	2008	2009	2010	2011	2012
总指数	0.3373	0.3965	0.4309	0.4375	0.4660	0.5093	0.5438
经济发展一体化	0.2596	0.2932	0.3328	0.3428	0.3541	0.4323	0.4120
经济发展	0.0833	0.1161	0.1448	0.1714	0.2046	0.2508	0.2914
产业协调	0.3747	0.4058	0.4459	0.4764	0.5190	0.6590	0.5525
要素流动	0.3208	0.3575	0.4076	0.3806	0.3386	0.3870	0.3920
社会发展一体化	0.3100	0.4014	0.4116	0.3577	0.3595	0.4073	0.5031
教育均衡发展	0.3265	0.3999	0.3928	0.4364	0.4452	0.5347	0.6544
卫生均衡发展	0.4007	0.4278	0.4451	0.4701	0.4569	0.4615	0.5042
文化均衡发展	0.2744	0.2564	0.2140	0.2414	0.2199	0.2018	0.3749
社会保障均衡发展	0.2384	0.5213	0.5945	0.2829	0.3162	0.4311	0.4789
生活水平一体化	0.3234	0.4032	0.438	0.4702	0.5401	0.5829	0.6347
收入消费水平	0.3546	0.4469	0.4591	0.5121	0.4970	0.5835	0.6562
生活环境质量	0.3911	0.4120	0.4463	0.4357	0.4342	0.4787	0.4793
信息化普及率	0.2246	0.3506	0.4087	0.4626	0.6890	0.6867	0.7686
生态化环境一体化	0.4563	0.4885	0.5413	0.5795	0.6103	0.6149	0.6253
水资源利用	0.5680	0.5680	0.5680	0.5680	0.5680	0.5680	0.5680
环境质量	0.7409	0.7558	0.8077	0.8249	0.8527	0.8479	0.8634
垃圾处理	0.3711	0.4831	0.6445	0.7487	0.8438	0.8672	0.8932
自然资源保护	0.1451	0.1469	0.1451	0.1765	0.1765	0.1765	0.1765

附表 16－3　河南城乡发展一体化进展（环比增长）

单位：%

项　　目	2007 年	2008 年	2009 年	2010 年	2011 年	2012 年比 2011 年增长		2006～2012 年年均增长	
						河南	全国	河南	全国
总指数	17.6	8.7	1.5	6.5	9.3	6.8	9.0	8.4	7.8
经济发展一体化	12.9	13.5	3.0	3.3	22.1	－4.7	7.8	8.4	8.0
经济发展	39.4	24.7	18.4	19.4	22.6	16.2	11.7	23.4	14.7
产业协调	8.3	9.9	6.8	8.9	27.0	－16.2	9.0	7.5	6.7
要素流动	11.4	14.0	－6.6	－11.0	14.3	1.3	1.9	3.9	3.8
社会发展一体化	29.5	2.5	－13.1	0.5	13.3	23.5	13.7	9.4	7.0
教育均衡发展	22.5	－1.8	11.1	2.0	20.1	22.4	12.8	12.7	11.6
卫生均衡发展	6.8	4.0	5.6	－2.8	1.0	9.3	1.3	4.0	3.6
文化均衡发展	－6.6	－16.5	12.8	－8.9	－8.2	85.8	36.2	5.3	1.3
社会保障均衡发展	118.7	14.0	－52.4	11.8	36.3	11.1	11.9	23.3	9.1

续表

项目	2007年	2008年	2009年	2010年	2011年	2012年比2011年增长		2006~2012年年均增长	
						河南	全国	河南	全国
生活水平一体化	24.68	8.6	7.4	14.9	7.9	8.9	11.2	12.1	11.7
收入消费水平	26.0	2.7	11.5	-3.0	17.4	12.5	9.7	11.2	8.6
生活环境质量	5.3	8.3	-2.4	-0.3	10.3	0.1	5.7	3.55	7.6
信息化普及率	56.1	16.57	13.19	48.9	-0.3	11.9	16.8	24.4	19.7
生态环境一体化	7.1	10.8	7.1	5.3	0.8	1.7	3.4	5.5	4.6
水资源利用	0.0	0.0	0.0	0.0	0.0	0.0	0.0	0.0	0.0
环境质量	2.0	6.9	2.1	3.4	-0.6	1.8	3.6	2.6	3.3
垃圾处理	30.2	33.4	16.2	12.7	2.8	3.0	6.2	16.4	11.1
自然资源保护	1.2	-1.2	21.6	0.0	0.0	0.0	0.1	3.6	1.1

三　简要评价

1. 加快经济发展、提高城市化水平以促进城乡发展一体化

河南经济发展落后，相关指标在中部地区中位列最后，甚至在全国排序中位于许多西部地区的省份之后。2012年，人均GDP、城镇化率和地方财政状况分别排在全国第17位、倒数第4位和倒数第2位。经济发展水平、城镇化水平以及财政收入低下极大地制约了河南的城乡发展一体化。

2. 提高现代农业发展水平

作为农业大省，河南省现代农业发展水平不高，2012年，河南衡量现代农业发展水平的指标列全国第20位，分值只有全国平均分值的85.4%；以增加值（2006年不变价格）计算的第一产业劳动生产率仅列第22位，分值仅及全国平均水平的67%。另外，与其他省份相比，河南城乡金融资金流动情况相对较好，但财政对农业的支持不足，仅列第23位。

3. 自然资源保护方面有待加强

2006年以来，河南森林覆盖率提高速度相对较快，但覆盖率仍然较低，仅列全国第20位；自然保护区面积占全省面积比重仅排名第25位。自然资源保护的综合指标排名非常靠后，仅排全国第26位。因此，河南需要进一步加强保护自然资源的力度。

附录十七 湖北城乡发展一体化水平排序与进展

一 城乡发展一体化水平排序与变化

1. 2012 年：总水平位列全国和中部地区下游

2012 年，湖北城乡发展一体化总水平（总指数）居全国第 20 位（见附表 17－1）、中部地区第 6 位。

四个一体化中，生活水平一体化列第 10 位，远高于总水平在全国的排序；社会发展一体化排序与总水平在全国的排序一致；经济发展一体化和生态环境一体化的排位低于总水平在全国的排位，分别列全国第 23 位和 25 位（见附表 17－1）。

14 个二级指标中，仅有收入消费水平排序进入全国前 10 位，排在第 9 位。低于总水平排序的有 5 个指标，其中产业协调、社会保障均衡发展和垃圾处理排位靠后，分别位列第 24、第 26 和第 26（见附表 17－1）。

36 个三级指标中，有 4 个指标进入全国前 10 位，但没有 1 个指标进入前 5 位；有 8 个指标排在后 10 位，其中，有 5 个指标进入后 5 位。

2. 2011～2012 年变化：总水平排序略为上升

与 2011 年相比，2012 年湖北城乡发展一体化总水平排序上升 1 个位次，列全国第 20 位（见附表 17－1）。

附表 17－1　湖北城乡发展一体化在全国排序

年　份	2006	2007	2008	2009	2010	2011	2012
总指数	15	20	17	19	19	21	20
经济发展一体化	20	23	23	23	21	23	23
经济发展	16	17	17	18	17	17	17
产业协调	23	23	22	23	23	24	24
要素流动	14	13	17	14	13	14	21
社会发展一体化	17	22	19	18	19	19	20
教育均衡发展	26	19	20	19	20	25	19
卫生均衡发展	14	14	15	14	19	23	21
文化均衡发展	14	15	17	21	16	16	14
社会保障均衡发展	18	27	19	18	25	18	26
生活水平一体化	13	12	11	10	10	10	10
收入消费水平	15	19	13	16	12	11	9
生活环境质量	15	15	15	12	13	13	13
信息化普及率	8	9	9	12	12	12	12
生态环境一体化	22	25	23	24	25	25	25
水资源利用	20	20	20	20	20	20	20
环境质量	13	11	12	13	11	9	12
垃圾处理	23	25	25	26	27	27	26
自然资源保护	19	20	19	20	20	20	20

四个一体化中，只有社会发展一体化的排序下降 1 个位次，其他 3 个一体化的排序均没有发生变化（见附表 17－1）。

13 个二级指标中（不包括水资源利用），5 个指标的排序没有发生变化。要素流动、社会保障均衡发展和教育均衡发展的排序变化较大，其中，要素流动和社会保障均衡发展排序分别下降 7 个位次和 8 个位次，教育均衡发展排序上升 6 个位次（见附表 17－1）。

3. 2006～2012 年变化：总水平排序基本呈下降趋势

2006～2012 年，湖北城乡发展一体化总水平排序基本呈逐步下降的趋势，由第 15 位下降到第 20 位，下降了 5 个位次（见附表 17－1）。

四个一体化中，生活水平一体化排序呈不断上升的趋势，由第 13 位上升至第 10 位，上升了 3 个位次；经济发展一体化、社会发展一体化和生态环境一体化的排序均下降了 3 个位次（见附表 17－1）。

13 个二级指标中（不包括水资源利用），有 8 个指标的排位下降，其中下降幅度较大的是要素流动、卫生均衡发展和社会保障均衡发展，分别下降了 7 个位次、7 个位次和 8 个位次。排位上升的指标中，教育均衡发展和收入消费水平的上升幅度较大，分别上升了 7 个位次和 6 个位次（见附表 17－1）。

二　城乡发展一体化进展

1. 2011～2012 年：总水平进展有所加快

2012 年，湖北城乡发展一体化总水平进一步提高，比 2011 年提高了 10.3%，比 2011 年进展快 2.6 个百分点，也高于全国平均进展 1.3 个百分点，速度有所加快（见附表 17－3）。

四个一体化中，经济发展一体化进展较慢，比 2011 年提高了 3.4%，比 2011 年进展和全国平均进展慢；社会发展一体化比 2011 年提高 17.3%，与 2011 年进展基本持平，但高于全国平均进展；生活水平一体化和生态环境一体化分别比 2011 年提高 12.5% 和 6.7%，均高于 2011 年进展和全国平均进展（见附表 17－3）。

13 个二级指标中（不包括水资源利用），产业协调、教育均衡发展、文化均衡发展、生活环境质量、信息化普及率和垃圾处理快于 2011 年进展，且增长幅度较大；要素流动、环境质量和自然资源保护出现负增长（见附表 17－3）。

2. 2006～2012 年：总水平进展高于全国平均进展且呈加快趋势

2006～2012 年，湖北城乡发展一体化总水平年均增长 8.4%，高于全国平均进展 0.6 个百分点，自 2010 年以来，速度呈加快趋势（见附表 17－3）。

四个一体化中，受近几年产业协调和要素流动进展缓慢甚至出现负增长的影响，经济发展一体化进展减缓，2006～2012 年经济发展一体化进展低于全国平均水平 1 个百分点；其他 3 个一体化的进展均略高于全国平均水平（见附表 17－3）。

13 个二级指标中（不包括水资源利用），仅要素流动、卫生均衡发展、信息化普及率和环境质量的进展低于全国平均水平，其他均高于全国平均水平（见附表 17－3）。

附表 17－2　湖北城乡发展一体化指数分值

年　　份	2006	2007	2008	2009	2010	2011	2012
总指数	0.3255	0.3408	0.3955	0.4071	0.4424	0.4765	0.5254
经济发展一体化	0.2627	0.2828	0.3090	0.3255	0.3619	0.3816	0.3945
经济发展	0.1544	0.1797	0.2080	0.2365	0.2927	0.3651	0.4161
产业协调	0.2697	0.2635	0.3361	0.3237	0.3613	0.3605	0.3967
要素流动	0.3641	0.4051	0.3830	0.4162	0.4316	0.4193	0.3708
社会发展一体化	0.3414	0.3217	0.4040	0.3566	0.3548	0.4170	0.4893
教育均衡发展	0.2626	0.3947	0.4116	0.4539	0.4721	0.5256	0.6548
卫生均衡发展	0.4146	0.4222	0.4351	0.4567	0.4155	0.4186	0.4217
文化均衡发展	0.4195	0.3238	0.2739	0.2194	0.2773	0.3001	0.4534
社会保障均衡发展	0.2690	0.1462	0.4956	0.2964	0.2542	0.4237	0.4273
生活水平一体化	0.3351	0.3609	0.4302	0.4896	0.5652	0.6216	0.6994
收入消费水平	0.3595	0.3638	0.4397	0.4703	0.5124	0.6404	0.7033
生活环境质量	0.3241	0.3660	0.4207	0.4803	0.5312	0.5275	0.5719
信息化普及率	0.3219	0.3527	0.4302	0.5182	0.6519	0.6969	0.8229
生态环境一体化	0.3629	0.3978	0.4388	0.4569	0.4878	0.4858	0.5183
水资源利用	0.2449	0.2449	0.2449	0.2449	0.2449	0.2449	0.2449
环境质量	0.7340	0.7846	0.8043	0.8166	0.8567	0.8541	0.8485
垃圾处理	0.2214	0.3138	0.4583	0.4935	0.5677	0.5625	0.6993
自然资源保护	0.2514	0.2477	0.2477	0.2727	0.2817	0.2817	0.2806

附表 17－3　湖北城乡发展一体化进展（环比增长）

单位：%

项　　目	2007 年	2008 年	2009 年	2010 年	2011 年	2012 年比 2011 年增长		2006～2012 年年均增长	
						湖北	全国	湖北	全国
总指数	4.7	16.1	2.9	8.7	7.7	10.3	9.0	8.4	7.8
经济发展一体化	7.7	9.3	5.3	11.2	5.4	3.4	7.8	7.0	8.0
经济发展	16.4	15.8	13.7	23.8	24.7	14.0	11.7	18.1	14.7
产业协调	－2.3	27.6	－3.7	11.6	－0.2	10.0	9.0	7.2	6.7
要素流动	11.3	－5.5	8.7	3.7	－2.9	－11.6	1.9	0.6	3.8
社会发展一体化	－5.8	25.6	－11.7	－0.5	17.5	17.3	13.7	7.1	7.0
教育均衡发展	50.3	4.3	10.3	4.0	11.3	24.6	12.8	17.5	11.6
卫生均衡发展	1.8	3.1	5.0	－9.0	0.8	0.7	1.3	0.4	3.6
文化均衡发展	－22.8	－15.4	－19.9	26.4	8.2	51.1	36.2	1.3	1.3
社会保障均衡发展	－45.7	239.0	－40.2	－14.2	66.7	0.9	11.9	34.4	9.1

续表

项　目	2007 年	2008 年	2009 年	2010 年	2011 年	2012 年比 2011 年增长		2006～2012 年年均增长	
						湖北	全国	湖北	全国
生活水平一体化	7.7	19.2	13.8	15.4	10.0	12.5	11.2	13.1	11.7
收入消费水平	1.2	20.9	7.0	9.0	25.0	9.8	9.7	12.1	8.6
生活环境质量	12.9	15.0	14.2	10.6	-0.7	8.4	5.7	10.1	7.6
信息化普及率	9.6	22.0	20.5	25.8	6.9	18.1	16.8	17.1	19.7
生态环境一体化	9.6	10.3	4.1	6.8	-0.4	6.7	3.4	6.18	4.6
水资源利用	0.0	0.0	0.0	0.0	0.0	0.0	0.0	0.0	0.0
环境质量	6.9	2.5	1.5	4.9	-0.3	-0.7	3.6	2.5	3.3
垃圾处理	41.7	46.1	7.7	15.0	-0.9	24.3	6.2	22.3	11.1
自然资源保护	-1.5	0.0	10.1	3.3	0.0	-0.4	0.1	1.9	1.1

三　简要评价

1. 现代农业发展水平较低

2012 年，湖北衡量现代农业发展水平的综合指标仅列全国第 25 位、中部地区最后，分值仅为全国平均水平的 56%；以增加值（2006 年不变价格）计算的农业劳动生产率仅列全国第 20 位，特别是农业技术应用水平低，技术进步对农业的贡献率较低，该指标仅列全国第 20 位、中部地区末位。

2. 城乡资金配置不合理，不利于农业、农村发展

与其他省份比较，湖北省无论是金融资金还是财政资金对农业和农村的支持都相对不足，城乡资金流动与配置不合理。湖北无论是衡量农村金融资金流出还是财政对农业的相对支持程度的指标均仅列全国第 25 位。此外，湖北城乡公共教育资金配置也不尽合理，仅列第 22 位。

3. 社会保障一体化滞后，城乡差距较大

2012 年，湖北衡量社会保障均衡发展及城乡差距的指标仅列全国第 26 位，分值仅为全国平均水平的 75%。特别是湖北最低生活保障水平低且城乡差距相对较大，2012 年该指标位列全国倒数第 3。2012 年，湖北农村最低生活保障水平列全国第 21 位，但城乡差距指标列全国第 28 位。湖北城乡基本养老保险水平也较低，城乡差距较大。

附录十八 湖南城乡发展一体化水平排序与进展

一 城乡发展一体化水平排序与变化

1. 2012 年：总水平均居全国和中部地区下游

2012 年，湖南城乡发展一体化总水平（总指数）列全国第 22 位（见附表 18－1）、中部地区倒数第 2 位（仅高于安徽）。

四个一体化中，生态环境一体化和经济发展一体化排位相对靠前，分别列全国第 14 位和第 17 位（见附表 18－1），分别列中部地区第 2 位和第 3 位。社会发展一体化和生活水平一体化排序靠后，分别列全国第 26 位和第 24 位（见附表 18－1），分别位列中部地区最后和倒数第 2。

14 个二级指标中，产业协调、环境质量、垃圾处理和自然资源保护的排序相对靠前，其他指标排序比较靠后（见附表 18－1）。

36 个三级指标中，有 4 个指标进入全国前 10 位，但没有 1 个指标进入前 5 位；有 15 个指标排名后 10 位，其中，有 6 个指标排名后 5 位。

2. 2011～2012 年变化：总水平排序不变

与 2011 年相比，2012 年湖南城乡发展一体化总水平排序没有发生变化（见附表 18－1）。

附表 18－1　湖南城乡发展一体化在全国排序

年　　份	2006	2007	2008	2009	2010	2011	2012
总指数	18	15	22	22	23	22	22
经济发展一体化	16	18	17	18	17	18	17
经济发展	22	21	21	21	22	22	23
产业协调	9	14	15	17	16	12	13
要素流动	21	22	21	20	18	21	19
社会发展一体化	23	14	23	21	25	25	26
教育均衡发展	12	11	15	15	16	21	26
卫生均衡发展	22	26	25	26	28	28	25
文化均衡发展	13	21	18	17	20	20	20
社会保障均衡发展	28	5	27	28	23	23	24
生活水平一体化	20	22	22	24	25	23	24
收入消费水平	24	24	25	24	25	25	25
生活环境质量	16	18	18	17	19	19	20
信息化普及率	18	24	23	23	24	22	23
生态环境一体化	19	21	18	18	16	15	14
水资源利用	21	21	21	21	21	21	21
环境质量	17	16	15	16	15	14	15
垃圾处理	22	21	20	17	18	16	10
自然资源保护	14	14	13	13	13	13	13

四个一体化的排序均发生了较小变化，表现为“两升两降”，经济发展一体化和生态环境一体化排序均上升 1 个位次，社会发展一体化和生活水平一体化排序均下降 1 个位次（见附表 18－1）。

13 个二级指标中（不包括水资源利用），文化均衡发展、收入消费水平和自然资源保护的排序没有发生变化；要素流动、卫生均衡发展和垃圾处理的排序上升，其中垃圾处理排序上升了 6 个位次；其余指标的排序下降（见附表 18－1）。

3. 2006～2012 年变化：总水平排序呈下降趋势

2006～2012 年，湖南城乡发展一体化总水平排序呈下降趋势，2012 年比 2006 年下降了 4 个位次，比排位最高时（2007 年）下降了 7 个位次（见附表 18－1）。

四个一体化中，经济发展一体化排位下降 1 个位次，保持相对稳定；社会发展一体化排位下降了 3 个位次，年际波动较大；生活水平一体化排位基本呈逐步下降趋势，下降了 4 个位次；生态环境一体化排位基本呈逐年上升趋势，上升了 5 个位次（见附表 18 -1）。

13 个二级指标中（不包括水资源利用），有 5 个指标的排位上升，其中垃圾处理和社会保障均衡发展的排位上升幅度较大，分别上升了 12 个位次和 4 个位次；8 个指标的排位有不同程度的下降，其中，教育均衡发展、文化均衡发展和信息化普及率的排位下降幅度较大，分别下降了 14 个位次、7 个位次和 5 个位次（见附表 18 -1）。

二　城乡发展一体化进展

1. 2011 ~2012 年：总水平进展减缓，但与全国平均水平相比依然较快

2012 年，湖南城乡发展一体化总水平进一步提高，比 2011 年提高了 9.6%，低于 2011 年进展 2.7 个百分点，速度有所减缓，但远高于 2008 ~2010 年所有年份的进展，也高于 2012 年全国平均进展 0.6 个百分点，速度依然相对较快（见附表 18 -3）。

四个一体化中，除生态环境一体化进展快于 2011 年外，其他 3 个一体化进展速度均明显减缓。经济发展一体化比 2011 年提高了 6.1%，分别比 2011 年进展和 2012 年全国平均进展低 6.1 个和 1.7 个百分点；社会发展一体化比 2011 年提高了 15.8%，比 2011 年进展低 5.8 个百分点，但高于全国平均进展；生活水平一体化比 2011 年提高了 12.8%，比 2011 年进展低 6.1 个百分点，但高于全国平均进展；生态环境一体化比 2011 年提高了 5.1%，比 2011 年进展高 3 个百分点，也高于全国平均进展（见附表 18 -3）。

13 个二级指标（不包括水资源利用）全部实现增长，其中 8 个指标进展快于 2011 年，8 个指标进展快于全国平均进展（见附表 18 -3）。

2. 2006 ~2012 年：总水平进展高于全国平均水平，但增速较中、西部地区的其他省份相对较慢

2006 ~2012 年，湖南城乡发展一体化总水平年均增长 8.9%，高于全国平均水平 1.1 个百分点（见附表 18 -3）；由于基础较差，增速慢于大部分中、西部地区的其他省份，总水平排位下降。

四个一体化中，经济发展一体化的进展低于全国平均进展 0.7 个百分点，社会发展一体化、生活水平一体化和生态环境一体化进展均高于全国平均水平，分别高出 1.8 个、3.1 个和 2.5 个百分点（见附表 18 -3）。

13个二级指标中（不包括水资源利用），只有产业协调、教育均衡发展、文化均衡发展和环境质量的进展低于全国平均水平，其中文化均衡发展为负增长；其他指标的进展均高于全国平均水平，特别是经济发展、社会保障均衡发展、信息化普及率和垃圾处理一体化进展较快（见附表18－3）。

附表18－2　湖南城乡发展一体化指数分值

年　　份	2006	2007	2008	2009	2010	2011	2012
总指数	0.3091	0.3631	0.3707	0.3914	0.4168	0.4680	0.5128
经济发展一体化	0.2951	0.3251	0.3386	0.3552	0.3773	0.4235	0.4495
经济发展	0.1133	0.1445	0.1751	0.2039	0.2349	0.2899	0.3324
产业协调	0.4946	0.4849	0.4971	0.4996	0.5235	0.6163	0.6322
要素流动	0.2775	0.3460	0.3437	0.3621	0.3735	0.3645	0.3839
社会发展一体化	0.3023	0.4274	0.3613	0.3385	0.3236	0.3935	0.4558
教育均衡发展	0.3942	0.4637	0.4597	0.4995	0.5015	0.5429	0.6067
卫生均衡发展	0.3228	0.3110	0.3273	0.3440	0.3300	0.3527	0.3952
文化均衡发展	0.4215	0.2496	0.2676	0.2754	0.2434	0.2687	0.3793
社会保障均衡发展	0.0709	0.6852	0.3906	0.2350	0.2196	0.4097	0.4419
生活水平一体化	0.2389	0.2673	0.3139	0.3656	0.4062	0.4829	0.5447
收入消费水平	0.2571	0.2655	0.3127	0.3445	0.3415	0.4457	0.5082
生活环境质量	0.2928	0.3280	0.3476	0.3855	0.4245	0.4312	0.4640
信息化普及率	0.1668	0.2085	0.2813	0.3667	0.4526	0.5717	0.6621
生态环境一体化	0.4002	0.4325	0.4689	0.5062	0.5603	0.5722	0.6013
水资源利用	0.2007	0.2007	0.2007	0.2007	0.2007	0.2007	0.2007
环境质量	0.6683	0.7128	0.7693	0.7892	0.8351	0.7867	0.7876
垃圾处理	0.3711	0.4557	0.5430	0.6354	0.7969	0.8932	1.0053
自然资源保护	0.3607	0.3607	0.3626	0.3993	0.4084	0.4084	0.4114

附表18－3　湖南城乡发展一体化进展（环比增长）

单位：%

项　　目	2007年	2008年	2009年	2010年	2011年	2012年比2011年增长		2006～2012年年均增长	
						湖南	全国	湖南	全国
总指数	17.5	2.1	5.6	6.5	12.3	9.6	9.0	8.9	7.8
经济发展一体化	10.2	4.2	4.9	6.2	12.2	6.1	7.8	7.3	8.0
经济发展	27.5	21.2	16.5	15.2	23.4	14.7	11.7	19.7	14.7
产业协调	－2.0	2.5	0.5	4.8	17.7	2.6	9.0	4.4	6.7
要素流动	24.7	－0.7	5.4	3.2	－2.4	5.3	1.9	5.9	3.8

续表

项目	2007年	2008年	2009年	2010年	2011年	2012年比2011年增长		2006～2012年年均增长	
						湖南	全国	湖南	全国
社会发展一体化	41.4	-15.5	-6.3	-4.4	21.6	15.8	13.7	8.8	7.0
教育均衡发展	17.6	-0.9	8.7	0.4	8.3	11.8	12.8	7.6	11.6
卫生均衡发展	-3.7	5.2	5.1	-4.1	6.9	12.1	1.3	3.6	3.6
文化均衡发展	-40.8	7.2	2.9	-11.6	10.4	41.2	36.2	-1.8	1.3
社会保障均衡发展	866.4	-43.0	-39.8	-6.6	86.6	7.9	11.9	35.7	9.1
生活水平一体化	11.9	17.4	16.5	11.1	18.9	12.8	11.2	14.8	11.7
收入消费水平	3.3	17.8	10.2	-0.9	30.5	14.0	9.7	12.5	8.6
生活环境质量	12.0	6.0	10.9	10.1	1.6	7.6	5.7	8.0	7.6
信息化普及率	25.0	34.9	30.4	23.4	26.3	15.8	16.8	26.0	19.7
生态环境一体化	8.1	8.4	8.0	10.7	2.1	5.1	3.4	7.1	4.6
水资源利用	0.0	0.0	0.0	0.0	0.0	0.0	0.0	0.0	0.0
环境质量	6.7	7.9	2.6	5.8	-5.8	0.1	3.6	2.9	3.3
垃圾处理	22.8	19.2	17.0	25.4	12.1	12.6	6.2	18.2	11.1
自然资源保护	0.0	0.5	10.1	2.3	0.0	0.7	0.1	2.3	1.1

三　简要评价

1. 城乡资金配置不尽合理，不利于农业、农村发展

与其他省份比较，湖南无论是金融资金还是财政资金对农业和农村的支持力度相对不足，城乡资金流动与配置不尽合理。湖南农村金融资金流出比重相对较大，该指标列全国第20位、中部地区倒数第3位；衡量财政对农业的相对支持程度的指标均仅列全国第27位、中部地区最后。此外，湖南城乡公共教育资金配置也不尽合理，城乡差距相对较大，该指标仅列全国第23位、中部地区倒数第2位。

2. 社会发展一体化进程需加快

总体上看，湖南社会发展一体化相对于其他3个一体化来说，发展较为落后，这种发展滞后表现在各个方面，许多指标排在全国后5位。湖南教育均衡发展的相对滞后表现在人力资源、资金投入的城乡差距相对较大，城乡一体化发展明显滞后于其他省份，导致其排位大幅度下降；卫生均衡发展的滞后主要体现在人力资源和设施条件的城乡差距上；尽管社会保障发展较快，相关指标在全国的排位也有所上升，但城乡差距依然巨大。

3. 经济发展亟待加快

经济发展水平较低是导致湖南省社会发展一体化落后的一个重要原因。另一个更为重要的原因在于，湖南地方财政收入水平较低，2012 年该指标列全国倒数第 4 位。

4. 一体化发展不均衡

湖南四个一体化中，社会发展一体化和生活水平一体化水平严重滞后，不仅在全国排位靠后，而且与生态环境和经济发展一体化水平以及总水平不匹配。

附录十九 广东城乡发展一体化水平排序与进展

一　城乡一体化发展水平排序与变化

1. 2012 年：总水平居全国第 8 位

2012 年，广东城乡发展一体化总水平（总指数）居全国第 8 位（见附表 19－1），在东部地区 11 个省份中排序较为靠后，居第 8 位。

四个一体化中，经济发展一体化和生活水平一体化排序与总水平在全国的排序大体一致，均位列全国第 7；但社会发展一体化和生态环境一体化排序与总水平在全国的排序差距较大，相对靠后，分别列全国第 16 位和第 18 位（见附表 19－1）。

14 个二级指标中，要素流动和信息化普及率排位靠前，均位列第 4；教育均衡发展、卫生均衡发展、文化均衡发展、收入消费水平、水资源利用、垃圾处理排位较为靠后（见附表 19－1）。

36 个三级指标中，有 21 个指标进入全国前 10 位，其中有 8 个指标进入前 5 位，2 个指标排第 1（1 个指标并列第 1）；排在后 10 位的有 8 个指标，其中有 4 个指标排在后 5 位，并全部位列倒数第 1。

2. 2011～2012 年变化：总水平排序下降 1 个位次

与 2011 年相比，2012 年广东城乡发展一体化总水平排名下降 1 个位次，主要是受到经济发展一体化和社会发展一体化排序下降的影响（见附表 19－1）。

附表 19 – 1 广东城乡发展一体化在全国排序

年 份	2006	2007	2008	2009	2010	2011	2012
总指数	8	8	7	8	8	7	8
经济发展一体化	4	6	6	7	7	6	7
经济发展	4	5	5	6	6	6	7
产业协调	7	8	7	7	8	6	8
要素流动	3	3	3	3	4	4	4
社会发展一体化	15	16	17	16	17	14	16
教育均衡发展	14	13	17	18	19	19	17
卫生均衡发展	12	10	13	11	13	13	15
文化均衡发展	24	28	26	26	18	14	16
社会保障均衡发展	10	10	9	9	10	7	12
生活水平一体化	7	7	7	7	7	7	7
收入消费水平	19	21	18	20	18	19	20
生活环境质量	14	5	5	7	7	7	7
信息化普及率	5	6	5	5	5	4	4
生态环境一体化	11	11	14	14	15	18	18
水资源利用	24	24	24	24	24	24	24
环境质量	4	7	6	6	6	6	7
垃圾处理	15	15	18	18	20	24	24
自然资源保护	11	10	9	8	9	10	9

四个一体化中，经济发展一体化排名下降了 1 个位次，社会发展一体化排名下降了 2 个位次；社会发展一体化排序下降主要是受到社会保障均衡发展排位出现较大幅度下降的影响。生活水平一体化和生态环境一体化排名没有发生变化（见附表 19 – 1）。

13 个二级指标中（不包括水资源利用），教育均衡发展和自然资源保护排位提升，但提升幅度很小；要素流动、生活环境质量、信息化普及率和垃圾处理等排位不变；其他 7 个指标排位均下降，其中社会保障均衡发展排位下降幅度较大，下降了 5 个位次（见附表 19 – 1）。

3. 2006 ~ 2012 年变化：总水平排位非常稳定

2006 ~ 2012 年，广东城乡发展一体化总水平排位非常稳定，除 2008 年和 2011 年排在第 7 位外，其他年份均保持在第 8 位（见附表 19 – 1）。

四个一体化中，生活水平一体化排位始终保持在第 7 位；经济发展一体化和社会发展一体化的变动幅度较小，排位略微下降；生态环境一体化排位则呈逐步下降的趋势，下降了 7 个位次（见附表 19 – 1）。

13个二级指标中，文化均衡发展、生活环境质量、信息化普及率、自然资源保护排位上升，其中，文化均衡发展和生活环境质量排位提升幅度较大，分别提升了8个位次和7个位次。排位下降的指标中，垃圾处理的排位下降幅度较大，下降了9个位次。经济发展一体化的二级指标的排位变化均较小（见附表19－1）。

二 城乡发展一体化进展

1. 2011～2012年：总水平进展有所放缓

2012年，广东城乡发展一体化总水平比2011年提高了6.9%，低于2011年进展1.4个百分点，也低于全国平均进展，反映出广东城乡发展一体化进程有所放缓（见附表19－3）。

四个一体化中，经济发展一体化比2011年提高了5.2%，均低于2011年进展和2012年的全国平均进展；社会发展一体化提高了10.1%，慢于2011年28.1%的进展水平，也慢于2012年的全国平均进展；生活水平一体化提高了8.8%，快于2011年进展，但慢于2012年的全国平均进展；生态环境一体化提高了4.3%，改变了2011年负增长的情况，也快于2012年的全国平均进展（见附表19－3）。

13个二级指标中（不包括水资源利用），要素流动、文化均衡发展、生活环境质量、信息化普及率、环境质量和垃圾处理等进展快于2011年，其中文化均衡发展和垃圾处理进展较快，分别比2011年快12.6个和12.9个百分点。卫生均衡发展和社会保障均衡发展则出现倒退的现象（见附表19－3）。

2. 2006～2012年：总水平进展低于全国平均水平，但高于其他沿海发达省份

2006～2012年，广东城乡发展一体化总水平年均增长7.0%，低于同期全国平均水平0.8个百分点（见附表19－3）；在东部地区11个省份中，进展仅略低于河北，在沿海发达省份中进展最快。

四个一体化中，生活水平一体化进展快于全国平均水平，其他3个一体化进展均慢于全国平均水平。经济发展一体化、社会发展一体化、生活水平一体化和生态环境一体化进展的年均增长速度分别为5.7%、6.2%、13.1%和2.9%，可以看出生态环境一体化方面的进展相对缓慢（见附表19－3）。

13个二级指标中（不包括水资源利用），只有文化均衡发展、收入消费水平、生活环境质量和自然资源保护 4 个指标的进展高于全国平均水平。生活环境质量、文化均衡发展、信息化普及率、教育均衡发展和经济发展这 5 个指标进展相对较快，分别达到 15.8%、14.2%、13.7%、9.9%、9.4%；而环境质量、卫生均衡发展、要素流动、自然资源保护和社会保障均衡发展进展较慢（见附表 19－3）。

附表 19－2　广东城乡发展一体化指数分值

年　　份	2006	2007	2008	2009	2010	2011	2012
总指数	0.4401	0.4913	0.5265	0.5318	0.5702	0.6178	0.6604
经济发展一体化	0.5021	0.5372	0.5651	0.5844	0.6240	0.6657	0.7005
经济发展	0.4341	0.4842	0.5234	0.5519	0.6240	0.6893	0.7448
产业协调	0.5410	0.5581	0.5922	0.6065	0.6554	0.7245	0.7571
要素流动	0.5314	0.5691	0.5796	0.5949	0.5927	0.5834	0.5997
社会发展一体化	0.3702	0.3805	0.4367	0.3601	0.3770	0.4828	0.5314
教育均衡发展	0.3802	0.4490	0.4383	0.4602	0.4735	0.5701	0.6707
卫生均衡发展	0.4476	0.4586	0.4664	0.4832	0.4645	0.4893	0.4494
文化均衡发展	0.2028	0.0826	0.1185	0.1181	0.2527	0.3216	0.4500
社会保障均衡发展	0.4504	0.5316	0.7236	0.3787	0.3171	0.5503	0.5393
生活水平一体化	0.3962	0.5361	0.5882	0.6393	0.7121	0.7615	0.8285
收入消费水平	0.3362	0.3151	0.3896	0.4196	0.4644	0.5130	0.5575
生活环境质量	0.3438	0.6917	0.7092	0.7424	0.7884	0.7973	0.8273
信息化普及率	0.5085	0.6015	0.6659	0.7560	0.8834	0.9743	1.1008
生态环境一体化	0.4917	0.5115	0.5160	0.5434	0.5678	0.5610	0.5853
水资源利用	0.1463	0.1463	0.1463	0.1463	0.1463	0.1463	0.1463
环境质量	0.9268	0.9102	0.9150	0.9453	0.9515	0.9297	0.9348
垃圾处理	0.4948	0.5885	0.6003	0.6211	0.7070	0.7070	0.7983
自然资源保护	0.3990	0.4008	0.4026	0.4611	0.4666	0.4611	0.4617

附表 19－3　广东城乡发展一体化进展（环比增长）

单位：%

项　　目	2007 年	2008 年	2009 年	2010 年	2011 年	2012 年比 2011 年增长		2006～2012 年年均增长	
						广东	全国	广东	全国
总指数	11.6	7.2	1.0	7.2	8.3	6.9	9.0	7.0	7.8
经济发展一体化	7.0	5.2	3.4	6.8	6.7	5.2	7.8	5.7	8.0
经济发展	11.5	8.1	5.4	13.1	10.5	8.1	11.7	9.4	14.7
产业协调	3.2	6.1	2.4	8.1	10.5	4.5	9.0	5.8	6.7
要素流动	7.1	1.8	2.6	－0.4	－1.6	2.8	1.9	2.0	3.8

续表

项　　目	2007 年	2008 年	2009 年	2010 年	2011 年	2012 年比 2011 年增长		2006～2012 年年均增长	
						广东	全国	广东	全国
社会发展一体化	2.8	14.8	-17.5	4.7	28.1	10.1	13.7	6.2	7.0
教育均衡发展	18.1	-2.4	5.0	2.9	20.4	17.6	12.8	9.9	11.6
卫生均衡发展	2.5	1.7	3.6	-3.9	5.3	-8.2	1.3	0.1	3.6
文化均衡发展	-59.3	43.5	-0.3	114.0	27.3	39.9	36.2	14.2	1.3
社会保障均衡发展	18.0	36.1	-47.7	-16.3	73.5	-2.0	11.9	3.0	9.1
生活水平一体化	35.3	9.7	8.7	11.4	6.9	8.8	11.2	13.1	11.7
收入消费水平	-6.3	23.6	7.7	10.7	10.5	8.7	9.7	8.8	8.6
生活环境质量	101.2	2.5	4.7	6.2	1.1	3.8	5.7	15.8	7.6
信息化普及率	18.3	10.7	13.5	16.9	10.3	13.0	16.8	13.7	19.7
生态环境一体化	4.0	0.9	5.3	4.5	-1.2	4.3	3.4	2.9	4.6
水资源利用	0.0	0.0	0.0	0.0	0.0	0.0	0.0	0.0	0.0
环境质量	-1.8	0.5	3.3	0.7	-2.3	0.5	3.6	0.1	3.3
垃圾处理	18.9	2.0	3.5	13.8	0.0	12.9	6.2	8.3	11.1
自然资源保护	0.5	0.4	14.5	1.2	-1.2	0.1	0.1	2.5	1.1

三　简要评价

总体上看，广东城乡发展一体化水平位于全国上游行列。但是，无论是与排名前列的省（市）相比，还是从城乡一体化的各个方面来看，广东仍存在许多差距，城乡差距仍然比较明显。

1. 一体化发展不均衡

相对于城乡发展一体化总水平和经济发展水平较高而言，广东社会发展一体化和生态环境一体化的水平不高，排位较为靠后。广东既有许多指标的排名处于全国前列，也有一些指标排名位于全国最后。

2. 城乡社会发展一体化相对落后

2012 年广东社会发展一体化水平仅列全国第 16 位，与经济发展一体化、生活水平一体化水平以及总水平的排名相比落差很大。衡量社会发展一体化的 4 个指标中，除社会保障均衡发展排位与总水平排位差距相对较小外，其他 3 个指标与总水平排位差距均在 7 个位次以上，社会发展一体化的一些三级指标甚至排列全国最后，反映出城乡社会发展一体化相对滞后，这是广东城乡发展一体化总水平在东部地区排位靠后的主要原因。社会发展一体化相对落后的主要原因在于公共资源的城乡配置不合理。例如，人力资源城乡配置、公共教育资金的城乡配置等方面存在不均衡的问题。

3. 城乡二元经济结构特征仍然比较明显

广东经济发展总体水平比较高，但是城乡二元经济结构特征仍十分明显。2012 年，广东反映城乡二元经济结构的指标仅列全国第 20 位，分值仅为全国平均水平的 76%；农业劳动生产率相对较低，以增加值（2006 年不变价格）计算的农业劳动生产率在东部地区 11 个省份中排位较为靠后。

4. 生活方面的城乡差距与经济发展水平不相匹配

不匹配主要表现在城乡居民收入差距、城乡居民消费差距、城乡最低生活保障差距、城乡基本医疗保障差距等均相对较大，广东以上指标中除个别指标排位高于河北等外，其他指标基本位于东部地区 11 个省份的最后。

5. 金融资金城乡流动和配置不够理想

总体上看，广东城乡要素流动比较合理。例如，非农劳动力比重很高，财政对农业支持的相对程度也较高。但广东对农村的信贷支持力度相对较弱，农村金融资金的净流出比重相对较大，反映城乡金融资金流动的指标列全国第 27 位。

6. 生态环境一体化建设有待进一步加强

2012 年，与城乡发展一体化总体水平在全国排名第 8 位相比，广东生态环境一体化水平列全国第 18 位，两者排名落差较大。这种落差也可以从二级指标的排名中得到反映，例如，2012 年水资源利用、垃圾处理等指标均排在全国第 24 位。

附录二十 广西城乡发展一体化水平排序与进展

一 城乡一体化发展水平排序与变化

1. 2012 年：总水平居全国下游、西部地区第 5 位

2012 年，广西城乡发展一体化总水平（总指数）位列全国第 24（见附表 20－1）、西部地区第 5。

四个一体化中，排位最前的是生态环境一体化，排名第 17 位、西部地区第 3 位；经济发展一体化列全国第 25 位，社会发展一体化和生活水平一体化均列全国第 23 位（见附表 20－1）。经济发展一体化、社会发展一体化、生活水平一体化的排名与总水平在全国的排名大体一致，生态环境一体化水平的排名则较总水平在全国的排名更靠前。

14 个二级指标中，垃圾处理和自然资源保护排位较靠前，分别列第 7 位和第 8 位；经济发展、文化均衡发展、社会保障均衡发展、收入消费水平和水资源利用 5 个指标则均列后 5 位（见附表 20－1）。

36 个三级指标中，只有 4 个指标排位进入全国前 10 位，其中仅有 1 个指标进入前 5 位；排在后 10 位的有 19 个指标，其中有 10 个指标排在后 5 位。

2. 2011～2012 年变化：总水平排序上升 1 个位次

与 2011 年相比，2012 年广西城乡发展一体化总水平排名提升 1 个位次（见附表 20－1）。

附表 20－1　广西城乡发展一体化在全国排序

年　　份	2006	2007	2008	2009	2010	2011	2012
总指数	21	24	26	24	26	25	24
经济发展一体化	22	20	21	22	23	24	25
经济发展	27	27	27	27	27	27	27
产业协调	10	12	12	19	19	19	20
要素流动	28	26	26	23	24	25	24
社会发展一体化	27	28	30	28	28	28	23
教育均衡发展	23	27	27	28	27	22	22
卫生均衡发展	17	16	18	20	14	14	12
文化均衡发展	22	27	28	25	27	29	26
社会保障均衡发展	30	29	30	30	30	30	27
生活水平一体化	9	19	25	23	23	24	23
收入消费水平	23	27	28	30	29	27	27
生活环境质量	5	14	14	13	12	16	14
信息化普及率	15	21	25	22	20	23	22
生态环境一体化	24	24	22	17	19	17	17
水资源利用	27	27	27	27	27	27	27
环境质量	28	27	27	25	25	18	17
垃圾处理	13	14	7	8	9	5	7
自然资源保护	12	12	12	7	7	7	8

四个一体化中，经济发展一体化排名下降了 1 个位次；社会发展一体化排名上升幅度较大，上升了 5 个位次；生活水平一体化排名上升了 1 个位次；生态环境一体化水平排名没有发生变化（见附表 20－1）。

13 二级指标中（不包括水资源利用），要素流动、卫生均衡发展、文化均衡发展、社会保障均衡发展、生活环境质量、信息化普及率和环境质量排位上升，但升幅不大，其中文化均衡发展和社会保障均衡发展的排名上升了 3 个位次；产业协调、垃圾处理和自然资源保护排位略有下降（见附表 20－1）。

3. 2006～2012 年变化：总水平排序下降 3 个位次，基本在第 24 至第 26 位之间徘徊

与 2006 年相比，2012 年城乡发展一体化总水平排名由第 21 名下降到第 24 名，下降了 3 个位次（见附表 20－1）。

四个一体化中，经济发展一体化排名基本呈逐步下降趋势；社会发展一体化排位基本在第 27 至第 30 位之间徘徊，但 2012 年排位大幅度上升，比 2006

年上升了4个位次；生活水平一体化排名下降14个位次，但除2006年和2007年外，其他年份变化幅度并不大，基本在第23至第25位之间徘徊；生态环境一体化排名基本呈上升趋势，上升了7个位次（见附表20-1）。

二　城乡发展一体化进展

1. 2011～2012年：总水平继续保持加快发展势头

2012年，广西城乡发展一体化总水平比2011年提高了12.4%，高于2011年进展，比全国平均进展高出3.4个百分点，继续保持了较快的发展势头（见附表20-3）。

四个一体化中，经济发展一体化提高了6.1%，快于2011年进展，但慢于2012年的全国平均进展；社会发展一体化提高了26.5%，远远快于2012年的全国平均进展，而且是在2011年26.8%高增长基础上的增长；生活水平一体化提高了15.9%，大幅高于2011年进展和2012年的全国平均进展；生态环境一体化提高幅度最小，仅提高了4.2%，慢于2011年进展，但快于2012年的全国平均进展（见附表20-3）。

13个二级指标中（不包括水资源利用），要素流动、卫生均衡发展、文化均衡发展、生活环境质量、信息化普及率进展快于2011年，其中文化均衡发展进展大幅度加快；慢于2011年进展的指标中，教育均衡发展、社会保障均衡发展和收入消费水平进展下降幅度较大；自然资源保护则出现了负增长（见附表20-3）。

2. 2006～2012年：总水平基本呈逐步加快的趋势，高于全国平均水平，但在西部地区中进展最慢

2006～2012年，广西城乡发展一体化总水平年均提高9.3%，高于同期全国平均水平1.5个百分点，且基本呈逐年加快的势头（见附表20-3）；但在西部地区中进展最慢。

四个一体化中，经济发展一体化、生活水平一体化进展不及全国平均水平，而且生活水平一体化进展的年际波动较大；社会发展一体化进展波动较大，近两年出现大幅提高，因而大幅度高于全国平均水平；生态环境一体化进展虽呈逐年下降趋势，但仍远远高于全国平均水平（见附表20-3）。

在12个二级指标中（不包括社会保障均衡发展和水资源利用），多数指标的进展高于全国平均水平，其中经济发展、信息化普及率的进展较快，年均增长分别达到24.8%、23.8%；产业协调、生活环境质量进展低于全国平均水平，其中生活环境质量出现负增长（见附表20-3）。

附表20-2 广西城乡发展一体化指数分值

年份	2006	2007	2008	2009	2010	2011	2012
总指数	0.2948	0.3043	0.3342	0.3705	0.4021	0.4462	0.5016
经济发展一体化	0.2568	0.3056	0.3153	0.3314	0.3474	0.3661	0.3886
经济发展	0.0748	0.1004	0.1295	0.1559	0.1947	0.2386	0.2825
产业协调	0.4941	0.5069	0.5096	0.4909	0.4928	0.5194	0.5326
要素流动	0.2015	0.3096	0.3069	0.3475	0.3548	0.3402	0.3507
社会发展一体化	0.2235	0.2238	0.2727	0.2729	0.2945	0.3733	0.4722
教育均衡发展	0.2920	0.3141	0.3446	0.3768	0.3983	0.5429	0.6300
卫生均衡发展	0.3714	0.3970	0.3987	0.4005	0.4588	0.4818	0.5153
文化均衡发展	0.2305	0.0861	0.0779	0.1375	0.1176	0.1440	0.3354
社会保障均衡发展	0.0000	0.0979	0.2695	0.1770	0.2031	0.3247	0.4081
生活水平一体化	0.3677	0.2896	0.2978	0.3708	0.4336	0.4825	0.5592
收入消费水平	0.2707	0.2408	0.1987	0.2605	0.2605	0.3958	0.4490
生活环境质量	0.6468	0.3855	0.4266	0.4755	0.5490	0.4826	0.5619
信息化普及率	0.1856	0.2426	0.2681	0.3764	0.4912	0.5690	0.6666
生态环境一体化	0.3311	0.3983	0.4509	0.5069	0.5330	0.5631	0.5865
水资源利用	0.0510	0.0510	0.0510	0.0510	0.0510	0.0510	0.0510
环境质量	0.3764	0.5049	0.5328	0.6089	0.6506	0.7136	0.7752
垃圾处理	0.5169	0.6589	0.8398	0.8919	0.9544	1.0117	1.0443
自然资源保护	0.3801	0.3783	0.3801	0.4759	0.4759	0.4759	0.4755

附表20-3 广西城乡发展一体化进展（环比增长）

单位：%

项目	2007年	2008年	2009年	2010年	2011年	2012年比2011年增长		2006~2012年年均增长	
						广西	全国	广西	全国
总指数	3.2	9.8	10.9	8.5	11.0	12.4	9.0	9.3	7.8
经济发展一体化	19.0	3.2	5.1	4.8	5.4	6.1	7.8	7.1	8.0
经济发展	34.2	29.0	20.4	24.9	22.5	18.4	11.7	24.8	14.7
产业协调	2.6	0.5	-3.7	0.4	5.4	2.5	9.0	1.3	6.7
要素流动	53.6	-0.9	13.2	2.1	-4.1	3.1	1.9	9.7	3.8

续表

项　目	2007年	2008年	2009年	2010年	2011年	2012年比2011年增长		2006～2012年年均增长	
						广西	全国	广西	全国
社会发展一体化	0.1	21.8	0.1	7.9	26.8	26.5	13.7	13.3	7.0
教育均衡发展	7.6	9.7	9.3	5.7	36.3	16.0	12.8	13.7	11.6
卫生均衡发展	6.9	0.4	0.5	14.6	5.0	7.0	1.3	5.6	3.6
文化均衡发展	-62.6	-9.5	76.5	-14.5	22.4	132.9	36.2	6.5	1.3
社会保障均衡发展	—	175.3	-34.3	14.7	59.9	25.7	11.9	—	9.1
生活水平一体化	-21.2	2.8	24.5	16.9	11.3	15.9	11.2	7.2	11.7
收入消费水平	-11.0	-17.5	31.1	0.0	51.9	13.4	9.7	8.8	8.6
生活环境质量	-40.4	10.7	11.5	15.5	-12.1	16.4	5.7	-2.3	7.6
信息化普及率	30.7	10.5	40.4	30.5	15.8	17.2	16.8	23.8	19.7
生态环境一体化	20.3	13.2	12.4	5.1	5.6	4.2	3.4	10.0	4.6
水资源利用	0.0	0.0	0.0	0.0	0.0	0.0	0.0	0.0	0.0
环境质量	34.1	5.5	14.3	6.8	9.7	8.6	3.6	12.8	3.3
垃圾处理	27.5	27.5	6.2	7.0	6.0	3.2	6.2	12.4	11.1
自然资源保护	-0.5	0.5	25.2	0.0	0.0	-0.1	0.1	3.8	1.1

三　简要评价

总体上看，广西城乡发展一体化整体水平处于全国下游的位置，2007年以来，城乡发展一体化总水平徘徊在全国第24至第26位之间。广西虽然进展不断加快，远远高于全国平均水平，但由于基础较差，进展也低于西部地区的其他省份，增长速度并不突出，排名靠后的情况并没有发生多大改观。广西不仅与排名前列的省（市）相比存在巨大差距，而且与全国平均水平相比也存在一定差距，2012年城乡发展一体化总水平分值为全国平均分值的83.5%。同时，广西除生态环境一体化排位相对靠前外，其他3个一体化的排位靠后，因此，发展进程需要加快。

1. 经济发展水平和城镇化水平低是广西城乡发展一体化水平落后的主要原因

广西经济发展水平低下，导致城镇化水平低、财政状况不佳。2012年，广西人均GDP水平列全国第27位，分值仅为全国平均水平的52.7%；城镇化率为 43.5%，比全国平均水平低 9.1 个百分点；人均地方一般预算收入列全国第 28 位，分值仅为全国平均水平的 42.5%；非农产业就业比重低，排名第 28 位，分值仅为全国平均水平的 47.6%。经济发展是城乡发展一体化的基础，经济发展水平落后是制约广西城乡发展一体化的主要因素。

2. 社会保障、居民生活水平的城乡差距较大

农民收入水平较低，城乡收入差距较大。2012 年，广西农民人均纯收入排全国第 24 位，分值仅为全国平均水平的 54%，且城乡收入差距较大，城乡居民收入比达到 3.54，远远高于全国平均水平，分值仅为全国平均水平的 46%。

城乡最低生活保障与差距、城乡基本医疗保障与差距、城乡基本养老保险与差距 3 个指标的排名分别为第 23 位、第 24 位和第 29 位，分值分别只有全国平均水平的 74.2%、70.7% 和 68.5%。

3. 城乡资源配置不尽合理

广西城乡资源配置不尽合理主要表现在，财政对农业的支持程度较低，该指标列全国第 29 位；城乡公共教育资金配置指标列全国第 27 位；金融资金对农村的支持力度也不足。

附录二十一
海南城乡发展一体化水平排序与进展

一 城乡一体化发展水平排序与变化

1. 2012 年：总水平居全国第 11 位、东部地区第 10 位

2012 年，海南城乡发展一体化总水平（总指数）位列全国第 11 名（见附表 21 - 1），在东部地区位列第 10 名。

四个一体化中，生态环境一体化和经济发展一体化排名较总水平在全国的排名更靠前，其中生态环境一体化排名列全国第 7 位；经济发展一体化排名列全国第 9 位。社会发展一体化和生活水平一体化排名较总水平在全国的排名更靠后，特别是社会发展一体化排名仅列全国第 24 位（见附表 21 - 1）。

14 个二级指标中，排名最为靠前的是垃圾处理和产业协调，分别名列全国第 1 位和第 2 位；自然资源保护也名列前茅，居第 6 位；而文化均衡发展、卫生均衡发展和教育均衡发展分别列第 29 位、第 27 位和第 18 位，与总水平在全国的排位相比差距较大；收入消费水平、要素流动的排位与总水平在全国的排位相比落差也较大（见附表 21 - 1）。

36 个三级指标中，只有 10 个指标进入全国前 10 位，其中仅有 4 个指标进入前 5 位，有 2 个指标排名第 1；共有 13 个指标排在后 10 位，其中有 5 个指标排在后 5 位。

附表 21－1　海南城乡发展一体化在全国排序

年　　份	2006	2007	2008	2009	2010	2011	2012
总指数	9	9	10	11	11	10	11
经济发展一体化	8	8	9	9	9	9	9
经济发展	15	15	15	15	14	15	15
产业协调	1	2	2	2	3	2	2
要素流动	25	27	28	28	27	28	26
社会发展一体化	10	12	7	12	15	21	24
教育均衡发展	15	25	25	20	17	16	18
卫生均衡发展	11	11	11	12	18	26	27
文化均衡发展	18	16	11	13	13	28	29
社会保障均衡发展	7	8	6	7	6	13	14
生活水平一体化	16	17	16	18	17	15	16
收入消费水平	22	26	23	23	22	24	26
生活环境质量	11	11	10	10	10	10	10
信息化普及率	21	18	22	24	22	18	19
生态环境一体化	7	8	8	9	9	7	7
水资源利用	11	11	11	11	11	11	11
环境质量	10	8	8	10	9	19	16
垃圾处理	8	16	17	20	24	9	1
自然资源保护	8	8	7	6	6	6	6

2. 2011～2012 年变化：总水平排位下降 1 个位次

与 2011 年相比，2012 年海南城乡发展一体化总水平排名下降 1 个位次（见附表 21－1）。

四个一体化中，经济发展一体化和生态环境一体化排名保持不变，社会发展一体化和生活水平一体化排名分别下降了 3 个位次和 1 个位次（见附表 21－1）。

13 个二级指标中（不包括水资源利用），经济发展、产业协调、生活环境质量和自然资源保护排位保持不变；要素流动、环境质量和垃圾处理排位提升，其中垃圾处理排位提升幅度较大，由第 9 位上升至第 1 位；教育均衡发展等指标排位下降，但下降幅度都不大（见附表 21－1）。

3. 2006～2012 年变化：总水平排序基本呈微幅下降趋势

2006～2012 年，海南城乡发展一体化总水平排名基本呈逐步下降的趋势，但下降幅度很小，由第 9 名下降到第 11 名，仅下降了 2 个位次（见附表 21－1）。

四个一体化中，经济发展一体化排名非常稳定，自 2008 年较 2007 年下降了 1 个位次后保持在第 9 位；社会发展一体化排名除个别年份外，基本呈逐年下降趋势，且下降幅度较大，由第 10 位下降到第 24 位，下降了 14 个位次；生活水平一体化排名相对稳定，基本在第 15 至第 18 位之间徘徊；生态环境一体化排名也比较稳定，基本在第 7 至第 9 位之间徘徊（见附表 21 -1）。

13 个二级指标中（不包括水资源利用），经济发展、产业协调、生活环境质量、自然资源保护 4 个指标排名较为稳定；而卫生均衡发展、文化均衡发展、社会保障均衡发展、环境质量、垃圾处理等指标排名波动幅度大，其中垃圾处理排名上升，其他排名均大幅度下降（见附表 21 -1）。

二　城乡发展一体化进展

1. 2011 ~2012 年：总水平继续保持较快发展势头

2012 年，海南城乡发展一体化总水平比 2011 年提高了 8.5%，高于 2011 年进展，但低于全国 9.0% 的平均水平（见附表 21 -3）。虽然与全国相比，海南城乡发展一体化进展速度不快，但与自身相比进展仍然较快，保持了自 2010 年以来加速发展的势头。

四个一体化中，经济发展一体化进展最慢，仅比 2011 年提高了 4%，速度明显降低，分别比 2011 年进展和 2012 年的全国平均进展低 2.1 个和 3.8 个百分点；社会发展一体化进展最快，比 2011 年提高了 13.9%，比 2011 年进展快 10 个百分点，速度明显加快，也略快于 2012 年的全国平均进展；生活水平一体化比 2011 年提高 10.8%，低于 2011 年进展和 2012 年的全国平均进展；生态环境一体化比 2011 年提高了 7%，明显高于 2011 年进展和 2012 年的全国平均进展（见附表 21 -3）。

13 个二级指标中（不包括水资源利用），要素流动、卫生均衡发展、文化均衡发展、生活环境质量和环境质量进展快于 2011 年，其中文化均衡发展和环境质量增长幅度较大；教育均衡发展、社会保障均衡发展、信息化普及率和垃圾处理增速下降幅度较大；而自然资源保护进展则出现了微幅倒退（见附表 21 -3）。

2. 2006 ~2012 年：总水平基本呈加快发展趋势，但总体增幅不大，低于全国平均水平

2006 ~2012 年，海南城乡发展一体化总水平年均增长 6.0%，除 2009 年出现微小的负增长外，增长基本呈逐年加快的趋势，但总体增长幅度较小，年均增长水平仅列全国第27位，低于同期全国平均水平1.8个百分点（见附表21-3）。

四个一体化中，经济发展一体化、社会发展一体化、生态环境一体化的进展均不及全国平均水平，特别是社会发展一体化进展远远低于全国平均进展5.5个百分点；相比之下，生活水平一体化保持了较高的增速，比全国平均水平高2.2个百分点（见附表21-3）。

13个二级指标中（不包括水资源利用），经济发展、要素流动、收入消费水平、生活环境质量、信息化普及率、自然资源保护进展高于全国平均水平，特别是信息化普及率进展较快，比全国平均水平快10.2个百分点；其余指标进展低于全国平均水平，特别是社会保障均衡发展几乎没有任何进展，而卫生均衡发展、文化均衡发展则出现倒退（见附表21-3）。

附表21-2　海南城乡发展一体化指数分值

年　　份	2006	2007	2008	2009	2010	2011	2012
总指数	0.4281	0.4524	0.4922	0.4914	0.5207	0.5587	0.6060
经济发展一体化	0.4271	0.4607	0.4766	0.5015	0.5553	0.5893	0.6128
经济发展	0.1702	0.2010	0.2330	0.2674	0.3360	0.3891	0.4407
产业协调	0.8440	0.8807	0.9216	0.9445	0.9947	1.0587	1.0609
要素流动	0.2671	0.3005	0.2751	0.2925	0.3352	0.3202	0.3368
社会发展一体化	0.4268	0.4477	0.5197	0.4320	0.3951	0.4106	0.4676
教育均衡发展	0.3554	0.3718	0.3813	0.4489	0.4893	0.6147	0.6566
卫生均衡发展	0.4495	0.4566	0.4758	0.4777	0.4178	0.3853	0.3925
文化均衡发展	0.3812	0.3179	0.4251	0.3668	0.3410	0.1872	0.2987
社会保障均衡发展	0.5211	0.6445	0.7967	0.4348	0.3325	0.4551	0.5225
生活水平一体化	0.2922	0.3180	0.3728	0.4240	0.5097	0.5770	0.6394
收入消费水平	0.2936	0.2484	0.3314	0.3562	0.4138	0.4573	0.5036
生活环境质量	0.4335	0.4531	0.5032	0.5609	0.6391	0.6545	0.6978
信息化普及率	0.1495	0.2525	0.2838	0.3550	0.4763	0.6193	0.7169
生态环境一体化	0.5663	0.5834	0.5995	0.6082	0.6224	0.6580	0.7041
水资源利用	0.4728	0.4728	0.4728	0.4728	0.4728	0.4728	0.4728
环境质量	0.7788	0.8522	0.8830	0.8535	0.8751	0.7128	0.7870
垃圾处理	0.5820	0.5768	0.6107	0.6146	0.6536	0.9583	1.0691
自然资源保护	0.4316	0.4316	0.4316	0.4918	0.4882	0.4882	0.4877

附表 21-3　海南城乡发展一体化进展（环比增长）

单位：%

项　目	2007 年	2008 年	2009 年	2010 年	2011 年	2012 年比 2011 年增长		2006~2012 年年均增长	
						海南	全国	海南	全国
总指数	5.7	8.8	-0.2	6.0	7.3	8.5	9.0	6.0	7.8
经济发展一体化	7.9	3.5	5.2	10.7	6.1	4.0	7.8	6.2	8.0
经济发展	18.1	15.9	14.8	25.7	15.8	13.3	11.7	17.2	14.7
产业协调	4.3	4.6	2.5	5.3	6.4	0.2	9.0	3.9	6.7
要素流动	12.5	-8.5	6.3	14.6	-4.5	5.2	1.9	3.9	3.8
社会发展一体化	4.9	16.1	-16.9	-8.5	3.9	13.9	13.7	1.5	7.0
教育均衡发展	4.6	2.6	17.7	9.0	25.6	6.8	12.8	10.8	11.6
卫生均衡发展	1.6	4.2	0.4	-12.5	-7.8	1.9	1.3	-2.2	3.6
文化均衡发展	-16.6	33.7	-13.7	-7.0	-45.1	59.6	36.2	-4.0	1.3
社会保障均衡发展	23.7	23.6	-45.4	-23.5	36.9	14.8	11.9	0.0	9.1
生活水平一体化	8.8	17.2	13.7	20.2	13.2	10.8	11.2	13.9	11.7
收入消费水平	-15.4	33.4	7.5	16.2	10.5	10.1	9.7	9.4	8.6
生活环境质量	4.5	11.1	11.5	13.9	2.4	6.6	5.7	8.3	7.6
信息化普及率	68.9	12.4	25.1	34.2	30.0	15.8	16.8	29.9	19.7
生态环境一体化	3.0	2.8	1.5	2.3	5.7	7.0	3.4	3.7	4.6
水资源利用	0.0	0.0	0.0	0.0	0.0	0.0	0.0	0.0	0.0
环境质量	9.4	3.6	-3.3	2.5	-18.5	10.4	3.6	0.2	3.3
垃圾处理	-0.9	5.9	0.6	6.3	46.6	11.6	6.2	10.7	11.1
自然资源保护	0.0	0.0	13.9	-0.7	0.0	-0.1	0.1	2.1	1.1

三　简要评价

总体上说，海南城乡发展一体化水平相对较高，特别是产业结构较为协调，现代农业发展水平也较高，生态环境较好。但是，海南城乡发展一体化仍存在许多问题。

1. 城乡发展一体化整体水平不高，还需加快发展

虽然海南城乡发展一体化总水平一直处于全国上游行列，但在东部地区处于末端位置，2012 年，总水平分值仅略高于全国平均水平 0.9%。四个一体化中，经济发展一体化和生态环境一体化分值分别仅比全国平均水平高 13.5%

和 17.2%，但社会发展一体化和生活水平一体化分值分别比全国平均水平低 18.3% 和 7.3%。14 个二级指标中，仅有产业协调、生活环境质量、水资源利用、垃圾处理和自然资源保护等 5 个指标分值高于全国平均水平。因此，海南必须加快发展，提高城乡发展一体化整体水平。

2. 发展不均衡，城乡社会发展一体化水平相对落后

2012 年海南社会发展一体化水平在全国排名第 24 位，与城乡发展一体化总水平排名相差 13 个位次，与生态环境一体化排位更是相差 17 个位次。反映社会发展一体化的 4 个二级指标中，教育均衡发展进展和水平均低于全国平均进展和水平，但差距不大；卫生均衡发展、文化均衡发展和社会保障均衡发展 3 个指标，2006 年以来的进展与全国平均水平相比有较大差距。另外值得注意的是，自 2006 年以来社会发展一体化排名下降了 14 个位次，其中卫生均衡发展排位下降了 16 个位次，文化均衡发展排名下降了 11 个位次。2012 年，社会发展一体化中的许多三级指标的排名都在第 20 名之后。城乡社会发展一体化进展缓慢直接影响了海南城乡一体化总体水平的提升。

3. 城乡劳动力市场整合程度低

2006 年以来，海南城乡要素流动的排名一直很低，2012 年排在第 26 名。导致城乡要素流动排位较低的主要原因是劳动力市场整合度低。具体而言，依据非农产业劳动力比重和城镇新增农村劳动力就业率计算的劳动力流动指标的分值不高，仅排全国第 27 位。

附录二十二 重庆城乡发展一体化水平排序与进展

一　城乡一体化发展水平排序与变化

1. 2012 年：总水平居全国第 10 位，中、西部地区首位

2012 年，重庆城乡发展一体化总水平（总指数）居全国第 10 名（见附表 22 -1），中、西部地区首位。

四个一体化中，社会发展一体化排名最高，列第 7 位；生态环境一体化排名位列全国第 10；生活水平一体化和经济发展一体化排名分别列全国第 11 位和第 13 位（见附表 22 -1）。四个一体化的排名比较均衡，与总水平在全国的排名相差不大。

14 个二级指标中，垃圾处理、卫生均衡发展、社会保障均衡发展、生活环境质量排位较高，只有收入消费水平和水资源利用排在后 10 位（见附表 22 -1）。

36 个三级指标排位较为均衡，进入全国前 10 位和排在后 10 位的指标数量相差不大。进入前 10 位的有 13 个指标，其中 4 个指标进入前 5 位；排在后 10 位的有 11 个指标，其中排在后 5 位的有 2 个指标。

2. 2011 ~2012 年变化：总水平排序继续上升

与 2011 年相比，2012 年重庆城乡发展一体化总水平排名上升了 1 个位次（见附表 22 -1）。

附表 22－1　重庆城乡发展一体化在全国排序

年　　份	2006	2007	2008	2009	2010	2011	2012
总指数	19	19	16	15	13	11	10
经济发展一体化	15	15	14	12	13	12	13
经济发展	14	13	13	13	11	10	10
产业协调	20	18	18	16	16	18	17
要素流动	12	18	13	12	9	9	10
社会发展一体化	26	26	26	26	16	11	7
教育均衡发展	17	22	24	23	22	17	15
卫生均衡发展	25	25	24	27	7	9	7
文化均衡发展	29	25	24	22	17	13	11
社会保障均衡发展	16	26	18	24	7	6	6
生活水平一体化	21	20	21	22	19	16	11
收入消费水平	29	29	29	28	27	26	24
生活环境质量	8	9	9	9	8	8	8
信息化普及率	25	23	24	28	21	21	18
生态环境一体化	16	10	9	8	8	9	10
水资源利用	22	22	22	22	22	22	22
环境质量	14	14	13	12	13	11	10
垃圾处理	10	6	5	3	2	2	3
自然资源保护	15	15	14	12	14	14	14

四个一体化中，经济发展一体化和生态环境一体化排名均下降了 1 个位次，社会发展一体化和生活水平一体化排名大幅上升，分别上升了 4 个位次和 5 个位次（见附表 22－1）。

13 个二级指标中（不包括水资源利用），除要素流动和垃圾处理排名下降 1 个位次外，其余指标排名上升或保持稳定，其中卫生均衡发展排名上升幅度较大，上升了 2 个位次（见附表 22－1）。

3. 2006～2012 年变化：总水平排序逐年稳步上升，且上升幅度较大

2006～2012 年，重庆城乡发展一体化总水平排序逐年稳步提升，2012 年比 2006 年大幅提升了 9 个位次，进入前 10 位的行列（见附表 22－1）。

四个一体化排名均稳步提升，其中，社会发展一体化和生活水平一体化排名提升幅度大，前者提升了 19 个位次，后者提升了 10 个位次；生态环境一体化排名提升了 6 个位次；相比之下，经济发展一体化排名提升幅度较小，仅上升了 2 个位次，但这与其在 2006 年的排位已经相对较高有关（见附表 22－1）。

13 个二级指标中（不包括水资源利用），除生活环境质量排位保持不变外，其余指标排位都有不同程度的提升，其中卫生均衡发展、文化均衡发展、社会保障均衡发展和垃圾处理排位提升幅度较大，表明重庆城乡发展一体化水平得到全面提升（见附表 22－1）。

二　城乡发展一体化进展

1. 2011～2012 年：总水平依然保持较快进展

2012 年，重庆城乡发展一体化总水平比 2011 年提高了 11%，略低于 2011 年进展，高于全国平均水平 2 个百分点，城乡一体化进展仍然较快（见附表 22－3）。

四个一体化中，经济发展一体化比 2011 年提高了 6.9%，与 2011 年进展基本持平，但低于 2012 年的全国平均进展；社会发展一体化在 2011 年大幅提高了 29.4% 的基础上继续大幅提高了 21.4%，也远远高于 2012 年的全国平均进展；生活水平一体化进展虽低于 2011 年，但依然保持了较高水平，提高了 15.8%；相比之下，生态环境一体化进展最慢，仅提高了 1.2%，虽然快于 2011 年进展，但慢于 2012 年的全国平均进展（见附表 22－3）。

13 个二级指标中（不包括水资源利用），产业协调、卫生均衡发展、文化均衡发展、信息化普及率和环境质量进展快于 2011 年，其他指标进展均慢于 2011 年，个别指标甚至出现负增长（见附表 22－3）。

2. 2006～2012 年：总水平进展快速，仅次于贵州，位列全国第 2

2006～2012 年，重庆城乡发展一体化总水平年均增长 12.4%，高于同期全国平均水平 4.6 个百分点（见附表 22－3），呈快速发展态势，仅次于贵州，位列全国第 2。由于 2006 年重庆城乡发展一体化总水平排位相对较低，快速发展使其在全国的排位大幅提升。

经济发展一体化、社会发展一体化、生活水平一体化和生态环境一体化进展速度分别为 9.7%、17.1%、19.0% 和 6.4%，社会发展一体化和生活水平一体化的进展比较快，其他两方面进展相对较慢。但四个一体化的进展都高于 2012 年的全国平均水平，特别是社会发展一体化和生活水平一体化进展远高于 2012 年的全国平均进展，分别高出全国平均水平 10.1 个和 7.3 个百分点（见附表 22－3）。

13 个二级指标中（不包括水资源利用），文化均衡发展、信息化普及率、收入消费水平、经济发展的进展速度分别达到50.7%、39.6%、29.4%和20.4%，说明2006年以来重庆在这些方面取得的进展较为突出。此外，只有要素流动和生活环境质量进展低于全国平均水平，其余指标进展均高于全国平均水平（见附表22－3）。

附表22－2　重庆城乡发展一体化指数分值

年　　份	2006	2007	2008	2009	2010	2011	2012
总指数	0.3042	0.3518	0.4076	0.4348	0.4938	0.5525	0.6130
经济发展一体化	0.3048	0.3532	0.3906	0.4233	0.4661	0.4980	0.5323
经济发展	0.1881	0.2318	0.2774	0.3158	0.3920	0.5092	0.5739
产业协调	0.3447	0.4585	0.4919	0.5173	0.5431	0.5320	0.5749
要素流动	0.3814	0.3694	0.4024	0.4368	0.4632	0.4529	0.4480
社会发展一体化	0.2411	0.2460	0.3417	0.3101	0.3948	0.5110	0.6201
教育均衡发展	0.3391	0.3892	0.3875	0.4343	0.4496	0.5975	0.7147
卫生均衡发展	0.2906	0.3117	0.3367	0.3415	0.5423	0.5498	0.6191
文化均衡发展	0.0443	0.1259	0.1415	0.2039	0.2550	0.3349	0.5186
社会保障均衡发展	0.2903	0.1572	0.5013	0.2608	0.3322	0.5616	0.6279
生活水平一体化	0.2344	0.2839	0.3432	0.3966	0.4909	0.5739	0.6647
收入消费水平	0.1106	0.1183	0.1956	0.2616	0.3007	0.3982	0.5197
生活环境质量	0.4937	0.5234	0.5585	0.6074	0.6847	0.7301	0.7431
信息化普及率	0.0989	0.2099	0.2755	0.3207	0.4874	0.5933	0.7312
生态环境一体化	0.4364	0.5241	0.5548	0.6093	0.6232	0.6273	0.6349
水资源利用	0.1939	0.1939	0.1939	0.1939	0.1939	0.1939	0.1939
环境质量	0.7012	0.7511	0.7927	0.8225	0.8459	0.8444	0.8786
垃圾处理	0.5352	0.8398	0.9193	1.0169	1.0547	1.0651	1.0609
自然资源保护	0.3154	0.3118	0.3136	0.4039	0.3985	0.4057	0.4061

附表22－3　重庆城乡发展一体化进展（环比增长）

单位：%

项　　目	2007年	2008年	2009年	2010年	2011年	2012年比2011年增长		2006～2012年年均增长	
						重庆	全国	重庆	全国
总指数	15.6	15.9	6.7	13.6	11.9	11.0	9.0	12.4	7.8
经济发展一体化	15.9	10.6	8.4	10.1	6.8	6.9	7.8	9.7	8.0
经济发展	23.2	19.7	13.8	24.1	29.9	12.7	11.7	20.4	14.7
产业协调	33.0	7.3	5.2	5.0	－2.0	8.1	9.0	8.9	6.7
要素流动	－3.1	8.9	8.5	6.0	－2.2	－1.1	1.9	2.7	3.8

续表

项目	2007年	2008年	2009年	2010年	2011年	2012年比2011年增长		2006~2012年年均增长	
						重庆	全国	重庆	全国
社会发展一体化	2.0	38.9	-9.2	27.3	29.4	21.4	13.7	17.1	7.0
教育均衡发展	14.8	-0.4	12.1	3.5	32.9	19.6	12.8	13.2	11.6
卫生均衡发展	7.3	8.0	1.4	58.8	1.4	12.6	1.3	13.4	3.6
文化均衡发展	184.2	12.4	44.1	25.1	31.3	54.9	36.2	50.7	1.3
社会保障均衡发展	-45.8	218.9	-48.0	27.4	69.1	11.8	11.9	13.7	9.1
生活水平一体化	21.1	20.9	15.6	23.8	16.9	15.8	11.2	19.0	11.7
收入消费水平	7.0	65.3	33.7	14.9	32.4	30.5	9.7	29.4	8.6
生活环境质量	6.0	6.7	8.8	12.7	6.6	1.8	5.7	7.1	7.6
信息化普及率	112.2	31.3	16.4	52.0	21.7	23.2	16.8	39.6	19.7
生态环境一体化	20.1	5.9	9.8	2.3	0.7	1.2	3.4	6.4	4.6
水资源利用	0.0	0.0	0.0	0.0	0.0	0.0	0.0	0.0	0.0
环境质量	7.1	5.5	3.8	2.8	-0.2	4.1	3.6	3.8	3.3
垃圾处理	56.9	9.5	10.6	3.7	1.0	-0.4	6.2	12.1	11.1
自然资源保护	-1.1	0.6	28.8	-1.3	1.8	0.1	0.1	4.3	1.1

三　简要评价

总体上看，重庆城乡发展一体化水平处于全国上游行列，2006年以来城乡一体化进展速度比较快，四个一体化水平都有较大幅度的提升，城乡发展一体化表现出全面提升的良好态势。但是，重庆在一些方面仍然存在比较突出的问题。

1. 产业协调度有待进一步提升

重庆经济发展总体水平比较高，但是城乡二元经济结构特征仍十分明显。例如，2012年城乡二元经济结构对比系数在全国排名第22位，分值仅为全国平均分值的67%，农业相对劳动生产率大大低于非农产业相对劳动生产率。农业劳动生产率水平不高，2012年以增加值（2006年不变价格）计算的农业劳动生产率仅列全国第19位，分值仅为全国平均分值的74%。因此，城乡经济发展一体化仍有很大的提升空间。

2. 城乡居民收入消费差距较大

2006年以来，重庆农民收入消费水平增长较快，城乡居民收入差距也大大缩小，城乡居民收入消费水平一体化程度提升较快。但是农民收入水平依然较低，城乡收入差距相对较大。2012 年，重庆农民人均纯收入水平排列全国第 15 位，低于人均 GDP 的排位；同时城乡居民收入差距仅排名全国第 22 位，实际差距略高于全国平均水平。城乡居民消费差距更大，该指标排位全国最后。如何提升城乡居民收入消费水平并缩小城乡居民收入消费差距，是重庆全面推进城乡发展一体化面临的一个重要课题。

附录二十三
四川城乡发展一体化水平排序与进展

一　城乡一体化发展水平排序与变化

1. 2012年：总水平位于全国下游、西部地区中游

2012年，四川城乡发展一体化总水平（总指数）列全国第25位（见附表23-1）、西部地区第6位。

四个一体化中，经济发展一体化排位最前，列全国第18位；生态环境一体化列全国第20位；社会发展一体化和生活水平一体化排名在后5位，分别列全国第27位和第26位（见附表23-1）。

14个二级指标中，有9个指标排名高于总水平排名，仅自然资源保护排名进入全国前10位，位列第3；8个指标排在后10位，其中4个指标排在后5位（见附表23-1）。

36个三级指标中，仅有3个指标排名进入全国前10位，其中2个指标进入前5位；排名后10位的有20个指标，其中11个指标排在后5位。

2. 2011~2012年变化：总水平排序下降1个位次

与2011年相比，2012年四川城乡发展一体化总水平排名下降了1个位次（见附表23-1）。

附表 23－1　四川城乡发展一体化在全国排序

年　份	2006	2007	2008	2009	2010	2011	2012
总指数	25	21	23	21	24	24	25
经济发展一体化	17	16	21	18	20	19	18
经济发展	24	26	26	26	25	25	25
产业协调	13	7	10	15	18	16	15
要素流动	18	17	24	18	19	18	18
社会发展一体化	28	24	28	27	24	26	27
教育均衡发展	22	23	19	21	21	23	28
卫生均衡发展	26	27	27	25	23	22	16
文化均衡发展	28	29	27	29	25	23	22
社会保障均衡发展	26	14	26	21	20	29	28
生活水平一体化	24	27	23	21	26	26	26
收入消费水平	26	25	24	15	24	22	23
生活环境质量	21	21	23	22	20	20	19
信息化普及率	17	17	17	19	26	28	27
生态环境一体化	17	18	15	16	17	19	20
水资源利用	28	28	28	28	28	28	28
环境质量	18	18	18	18	20	21	22
垃圾处理	14	13	8	10	12	13	17
自然资源保护	1	1	4	1	1	1	3

四个一体化中，经济发展一体化排名上升了 1 个位次，社会发展一体化和生态环境一体化排名均下降了 1 个位次，生活水平一体化排名保持不变（见附表 23－1）。

13 个二级指标中（不包括水资源利用），产业协调、卫生均衡发展、文化均衡发展、社会保障均衡发展、生活环境质量、信息化普及率排位有所上升，其中卫生均衡发展的排名上升幅度较大，上升了 6 个位次；教育均衡发展、收入消费水平、环境质量、垃圾处理以及自然资源保护的排名下降，其中教育均衡发展和垃圾处理的排名下降幅度较大，分别下降了 5 个位次和 4 个位次（见附表 23－1）。

3. 2006～2012 年变化：总水平排序在小幅波动中保持不变

2006 年以来，四川城乡发展一体化总水平排序小幅波动，在第 21 至第 25 位之间徘徊，2010 年以来基本稳定在第 24 位或第 25 位的位置，与 2006 年相比，2012 年排序没有发生变化，依然处于全国下游行列（见附表 23－1）。

四个一体化的排序基本没有发生大的变化，经济发展一体化排名下降了1个位次，社会发展一体化排名上升了1个位次，生活水平一体化和生态环境一体化排名分别下降了2个位次和3个位次（见附表23－1）。

13个二级指标中，排位变化相对较大的是教育均衡发展、卫生均衡发展、文化均衡发展和信息化普及率，其中，教育均衡发展、信息化普及率排名分别下降了6个位次、10个位次，卫生均衡发展和文化均衡发展排名分别提升了10个位次和6个位次（见附表23－1）。

二　城乡发展一体化进展

1. 2011～2012年：总水平进展减缓

2012年，四川城乡发展一体化总水平比2011年提高了8.7%，低于2011年进展1.1个百分点，也低于全国平均水平0.3个百分点（见附表23－3），城乡发展一体化进程减缓。

四个一体化程度继续提高，但进展均比2011年有所减缓，其中社会发展一体化进展减缓幅度相对较大，但仍比2011年进展慢4.2个百分点。2012年，社会发展一体化和生活水平一体化进展快于全国平均进展，但经济发展一体化和生态环境一体化进展慢于全国平均进展（见附表23－3）。

13个二级指标中（不包括水资源利用），只有卫生均衡发展、文化均衡发展、信息化普及率和环境质量进展快于2011年，垃圾处理和自然资源保护进展出现倒退（见附表23－3）。

2. 2006～2012年：总水平进展快于全国平均水平，但慢于西部地区的多数省份

2006～2012年，四川城乡发展一体化总水平年均增长9.5%，高于同期全国平均水平1.7个百分点（见附表23－3），但在西部地区11个省份中，进展仅快于广西和内蒙古。

四个一体化中，经济发展一体化、社会发展一体化、生活水平一体化和生态环境一体化年均增长分别为7.0%、12.6%、16.6%和4.7%，生活水平一体化和社会发展一体化的进展相对较快，远远快于全国平均水平；而经济发展一体化和生态环境一体化进展相对较慢，其中经济发展一体化进展慢于全国平均水平（见附表23－3）。

13个二级指标中（不包括水资源利用），经济发展、信息化普及率、社会保障均衡发展、收入消费水平、文化均衡发展和生活环境质量的年均增长速度分别达到23.2%、21.2%、20.1%、14.8%、14.1%和14.0%，均明显高于全国平均水平。进展比较慢的有自然资源保护、环境质量和要素流动。其余指标进展与全国平均水平相差不大（见附表23－3）。

附表23－2　四川城乡发展一体化指数分值

年　　份	2006	2007	2008	2009	2010	2011	2012
总指数	0.2844	0.3399	0.3643	0.3966	0.4107	0.4508	0.4899
经济发展一体化	0.2901	0.3480	0.3315	0.3578	0.3694	0.4043	0.4345
经济发展	0.0911	0.1091	0.1392	0.1667	0.2145	0.2703	0.3182
产业协调	0.4685	0.5603	0.5459	0.5331	0.5234	0.5649	0.6005
要素流动	0.3105	0.3746	0.3094	0.3735	0.3704	0.3778	0.3848
社会发展一体化	0.2214	0.2950	0.2978	0.2862	0.3256	0.3906	0.4523
教育均衡发展	0.3042	0.3868	0.4154	0.4458	0.4608	0.5424	0.5907
卫生均衡发展	0.2870	0.2832	0.2857	0.3485	0.4004	0.4202	0.4646
文化均衡发展	0.1623	0.0783	0.0856	0.0773	0.1692	0.2414	0.3582
社会保障均衡发展	0.1321	0.4317	0.4046	0.2735	0.2720	0.3585	0.3956
生活水平一体化	0.2072	0.2493	0.3120	0.4062	0.3989	0.4568	0.5201
收入消费水平	0.2291	0.2595	0.3180	0.4741	0.3854	0.4830	0.5242
生活环境质量	0.2126	0.2348	0.2758	0.3415	0.3960	0.4300	0.4656
信息化普及率	0.1797	0.2536	0.3421	0.4031	0.4154	0.4574	0.5705
生态环境一体化	0.4191	0.4674	0.5158	0.5362	0.5487	0.5515	0.5528
水资源利用	0.0408	0.0408	0.0408	0.0408	0.0408	0.0408	0.0408
环境质量	0.6072	0.6328	0.6996	0.7012	0.7070	0.6948	0.7026
垃圾处理	0.5104	0.6784	0.8177	0.8555	0.8997	0.9193	0.9178
自然资源保护	0.5178	0.5178	0.5051	0.5475	0.5475	0.5511	0.5500

附表23－3　四川城乡发展一体化进展（环比增长）

单位：%

项　　目	2007年	2008年	2009年	2010年	2011年	2012年比2011年增长		2006～2012年年均增长	
						四川	全国	四川	全国
总指数	19.5	7.2	8.9	3.6	9.8	8.7	9.0	9.5	7.8
经济发展一体化	20.0	-4.7	7.9	3.2	9.4	7.5	7.8	7.0	8.0
经济发展	19.8	27.6	19.8	28.7	26.0	17.7	11.7	23.2	14.7
产业协调	19.6	-2.6	-2.3	-1.8	7.9	6.3	9.0	4.2	6.7
要素流动	20.6	-17.4	20.7	-0.8	2.0	1.9	1.9	3.6	3.8

续表

项　目	2007 年	2008 年	2009 年	2010 年	2011 年	2012 年比 2011 年增长		2006～2012 年年均增长	
						四川	全国	四川	全国
社会发展一体化	33.2	0.9	-3.9	13.8	20.0	15.8	13.7	12.6	7.0
教育均衡发展	27.2	7.4	7.3	3.4	17.7	8.9	12.8	11.7	11.6
卫生均衡发展	-1.3	0.9	22.0	14.9	4.9	10.6	1.3	8.4	3.6
文化均衡发展	-51.8	9.3	-9.7	118.9	42.7	48.4	36.2	14.1	1.3
社会保障均衡发展	226.8	-6.3	-32.4	-0.5	31.8	10.3	11.9	20.1	9.1
生活水平一体化	20.3	25.2	30.2	-1.8	14.5	13.9	11.2	16.6	11.7
收入消费水平	13.3	22.5	49.1	-18.7	25.3	8.5	9.7	14.8	8.6
生活环境质量	10.4	17.5	23.8	16.0	8.6	8.3	5.7	14.0	7.6
信息化普及率	41.1	34.9	17.8	3.1	10.1	24.7	16.8	21.2	19.7
生态环境一体化	11.5	10.4	4.0	2.3	0.5	0.2	3.4	4.7	4.6
水资源利用	0.0	0.0	0.0	0.0	0.0	0.0	0.0	0.0	0.0
环境质量	4.2	10.6	0.2	0.8	-1.7	1.1	3.6	2.5	3.3
垃圾处理	32.9	20.5	4.6	5.2	2.2	-0.2	6.2	10.3	11.1
自然资源保护	0.0	-2.5	8.4	0.0	0.7	-0.2	0.1	1.0	1.1

三　简要评价

从总体上看，四川城乡发展一体化水平处于全国下游行列，2006 年以来城乡一体化进展相对缓慢，城乡发展一体化整体水平较低。

1. 经济发展水平以及城镇化水平低从根本上制约了城乡发展一体化进程

四川经济发展一体化的排名一直高于城乡发展一体化总水平的排名，说明城乡经济一体化进展相对保持了较好的势头。但是，经济发展一体化的排名不高，与发达地区相比，甚至与全国平均水平相比存在巨大差距。2012 年，四川经济发展一体化分值仅为全国平均水平的 80.5%。经济发展一体化排名较为靠后主要是受到经济发展水平，特别是城镇化水平低下的影响。2012 年，四川人均 GDP、城镇化率和人均地方预算收入排名分别列全国第 23 位、第 26 位和第 22 位，分值分别仅为全国平均水平的 59.3%、59.5% 和 53.6%。经济发展水平和城镇化水平低不仅严重影响了经济发展一体化水平，而且影响了社会发展一体化水平，最终影响到城乡发展一体化总水平。对于人口大省来说，四川城镇化进程缓慢极大地制约了其城乡发展一体化的进程。

2. 城乡社会发展一体化进程比较落后

四川社会发展一体化的排名一直比较落后，2012 年排在第 27 名。特别是教育均衡发展和社会保障均衡发展的排名都在第 28 位，文化均衡发展的排位也较为靠后（第 22 位）。人口受教育程度低，城乡差距大，该指标仅列全国第 24 位，分值仅为全国平均水平的 9.2%。社会保障水平也较低，城乡差距较大；衡量社会保障一体化的指标——最低生活保障与差距、基本医疗保障与差距和基本养老保险与差距的排名分别为全国第 26 位、第 23 位和第 23 位；农村最低生活保障支出水平仅列全国第 28 位，城乡最低生活保障支出比排列全国第 21 位，分值分别仅为全国平均水平的 37.6% 和 81.4%。对于经济不是很发达的人口大省来说，四川推进城乡社会发展一体化面临着十分艰巨的任务。

3. 城乡居民生活水平一体化水平较低

2010 ~ 2012 年，四川城乡居民生活水平一体化的排名一直维持在第 26 名。农民收入和消费水平较低，虽然农民人均纯收入在全国的排位高于人均 GDP 的排位，但收入水平依然较低，远远低于全国平均水平，所幸的是城乡居民收入差距相对较小；消费方面的情况也是如此。另外，农村生活条件和生活环境质量不高，自来水普及率位列全国倒数第 3；信息化普及率较低，互联网行政村覆盖率、城乡计算机普及率、城乡宽带普及率、城乡移动电话普及率排名都较低。城乡居民消费水平差距大和信息化普及率低，影响了城乡生活水平一体化水平的提高。

附录二十四 贵州城乡发展一体化水平排序与进展

一 城乡一体化发展水平排序与变化

1. 2012 年：总水平位列全国最后

2012 年，贵州城乡发展一体化总水平（总指数）名列全国最后（见附表 24－1）。

四个一体化中，经济发展一体化、社会发展一体化、生活水平一体化也均位居全国最后，生态环境一体化列第 26 位（见附表 24－1）。

14 个二级指标中，排位靠前的是垃圾处理，列第 11 位；自然资源保护列第 19 位；其他指标均排列靠后，其中有 5 个指标位列最后（见附表 24－1）。

36 个三级指标中，没有 1 个指标进入全国前 10 位；排在后 10 位的有 29 个指标，其中 20 个指标排在后 5 位，位列最后的有 6 个指标。

2. 2011～2012 年变化：总水平排序保持不变

与 2011 年相比，2012 年贵州城乡发展一体化总水平排序没有发生变化；四个一体化中，仅生态环境一体化排位提升 1 个位次，其他 3 个一体化排位也没有发生变化；13 个二级指标（不包括水资源利用）变化也不大，经济发展、卫生均衡发展、文化均衡发展、生活环境质量、环境质量和垃圾处理排位提升，但提升幅度只有 1～2 个位次；要素流动、教育均衡发展、社会保障均衡发

附表 24－1　贵州城乡发展一体化在全国排序

年　　份	2006	2007	2008	2009	2010	2011	2012
总指数	30	30	30	30	30	30	30
经济发展一体化	29	28	28	28	29	30	30
经济发展	30	30	30	30	30	30	29
产业协调	30	25	26	29	29	30	30
要素流动	20	14	20	21	25	24	30
社会发展一体化	29	29	29	29	30	30	30
教育均衡发展	29	30	30	30	30	29	30
卫生均衡发展	29	29	29	29	29	29	28
文化均衡发展	23	24	29	30	29	30	28
社会保障均衡发展	15	21	12	8	26	27	29
生活水平一体化	30	30	30	30	30	30	30
收入消费水平	30	30	30	29	30	30	30
生活环境质量	24	24	25	25	26	27	25
信息化普及率	29	29	29	30	30	30	30
生态环境一体化	27	28	28	26	26	27	26
水资源利用	26	26	26	26	26	26	26
环境质量	29	30	30	30	29	29	28
垃圾处理	7	11	12	11	10	12	11
自然资源保护	21	21	21	19	19	19	19

展排位下降，其中，要素流动下降幅度较大，下降了 6 个位次（见附表 24－1）。

3. 2006～2012 年变化：总水平排序始终位列最后

2006～2012 年，贵州城乡发展一体化总水平以及四个一体化排序几乎没有发生变化。总水平和生活水平一体化始终位列最后；经济发展一体化和社会发展一体化均由 2006 年的第 29 位下降到 2012 年的第 30 位；只有生态环境一体化排位略微上升，由 2006 年的第 27 位上升到 2012 年的第 26 位（见附表 24－1）。

13 个二级指标（不包括水资源利用）排位也变化不大，排位变化以下降为主要特征。经济发展、卫生均衡发展、环境质量和自然资源保护排位略微上升 1～2 个位次，产业协调、收入消费水平排位没有发生变化，其他指标排位下降，其中要素流动、文化均衡发展和社会保障均衡发展排序下降幅度较大（见附表 24－1）。

二　城乡发展一体化进展

1. 2011～2012 年：总水平进展明显加快

2012 年，贵州城乡发展一体化总水平比 2011 年提高了 14.6%，比 2011 年进展快 4.3 个百分点，高于全国平均水平 5.6 个百分点，2012 年城乡发展一体化进程明显加快（见附表 24－3）。

四个一体化中，经济发展一体化和生态环境一体化虽然仅分别提高了 5.4% 和 6.7%，但双双扭转了 2011 年负增长的态势；生活水平一体化提高 24.3%，继续保持高增长态势，分别比 2011 年进展和 2012 年的全国平均进展高出 5.5 个和 13.1 个百分点；社会发展一体化比 2011 年提高了 21.9%，虽然低于 2011 年进展，但是在上年 36.8% 高增长基础上的高增长，也远高于 2012 年的全国平均进展（见附表 24－3）。

13 个二级指标中（不包括水资源利用），经济发展、产业协调、文化均衡发展、收入消费水平、信息化普及率等高速增长；除要素流动、社会保障均衡发展和垃圾处理外，其余指标进展均快于或等于全国平均进展（见附表 24－3）。

2. 2006～2012 年：总水平快速提升，为全国进展最快的省份

2006～2012 年，贵州城乡发展一体化总水平年均增长 13.3%，高于同期全国平均水平 5.5 个百分点（见附表 24－3），是 30 个省份中进展最快的。

经济发展一体化、社会发展一体化、生活水平一体化、生态环境一体化年均增长分别为 11.3%、11.3%、27.7% 和 8.9%，分别比全国平均进展快 3.3 个、4.3 个、16 个和 4.3 个百分点（见附表 24－3），其中，生活水平一体化进展是全国最快的，生态环境一体化进展位居全国第 2，经济发展一体化和社会发展一体化进展均位居全国第 5。

13 个二级指标中（不包括水资源利用），除要素流动、社会保障均衡发展、垃圾处理外，其余指标进展都高于全国平均水平，特别是经济发展、教育均衡发展、收入消费水平、信息化普及率和环境质量的进展远远高于全国平均进展（见附表 24－3）。

附表 24－2 贵州城乡发展一体化指数分值

年 份	2006	2007	2008	2009	2010	2011	2012
总指数	0.1788	0.2204	0.2619	0.2836	0.2995	0.3303	0.3785
经济发展一体化	0.1143	0.2060	0.2003	0.2046	0.2213	0.2060	0.2172
经济发展	0.0027	0.0219	0.0414	0.0625	0.1102	0.1597	0.2105
产业协调	0.0621	0.1960	0.2019	0.1931	0.2110	0.1108	0.1386
要素流动	0.2781	0.4001	0.3575	0.3581	0.3428	0.3474	0.3025
社会发展一体化	0.2122	0.2197	0.2954	0.2638	0.2423	0.3314	0.4041
教育均衡发展	0.1680	0.2243	0.2662	0.3275	0.3421	0.4906	0.5533
卫生均衡发展	0.1732	0.2070	0.2334	0.2380	0.2765	0.3296	0.3688
文化均衡发展	0.2075	0.1408	0.0671	0.0714	0.1017	0.1341	0.3017
社会保障均衡发展	0.3000	0.3068	0.6150	0.4185	0.2488	0.3712	0.3926
生活水平一体化	0.0916	0.1260	0.1832	0.2467	0.2696	0.3203	0.3981
收入消费水平	0.0575	0.0874	0.1532	0.2610	0.2587	0.2754	0.3383
生活环境质量	0.1801	0.2057	0.2433	0.2706	0.3154	0.3301	0.3847
信息化普及率	0.0373	0.0850	0.1530	0.2085	0.2348	0.3553	0.4712
生态环境一体化	0.2972	0.3301	0.3686	0.4194	0.4646	0.4636	0.4946
水资源利用	0.0646	0.0646	0.0646	0.0646	0.0646	0.0646	0.0646
环境质量	0.2459	0.3357	0.4169	0.4916	0.5564	0.5786	0.6592
垃圾处理	0.6536	0.6953	0.7682	0.8320	0.9479	0.9219	0.9651
自然资源保护	0.2246	0.2246	0.2246	0.2895	0.2895	0.2895	0.2897

附表 24－3 贵州城乡发展一体化进展（环比增长）

单位：%

项 目	2007 年	2008 年	2009 年	2010 年	2011 年	2012 年比 2011 年增长		2006～2012 年年均增长	
						贵州	全国	贵州	全国
总指数	23.3	18.8	8.3	5.6	10.3	14.6	9.0	13.3	7.8
经济发展一体化	80.2	－2.8	2.1	8.2	－6.9	5.4	7.8	11.3	8.0
经济发展	711.1	89.0	51.0	76.3	44.9	31.8	11.7	106.7	14.7
产业协调	215.6	3.0	－4.4	9.3	－47.5	25.1	9.0	14.3	6.7
要素流动	43.9	－10.6	0.2	－4.3	1.3	－12.9	1.9	1.4	3.8
社会发展一体化	3.5	34.5	－10.7	－8.2	36.8	21.9	13.7	11.3	7.0
教育均衡发展	33.5	18.7	23.0	4.5	43.4	12.8	12.8	22.0	11.6
卫生均衡发展	19.5	12.8	2.0	16.2	19.2	11.9	1.3	13.4	3.6
文化均衡发展	－32.1	－52.3	6.4	42.4	31.9	125.0	36.2	6.4	1.3
社会保障均衡发展	2.3	100.5	－32.0	－40.5	49.2	5.8	11.9	4.6	9.1

续表

项　　目	2007年	2008年	2009年	2010年	2011年	2012年比2011年增长		2006～2012年年均增长	
						贵州	全国	贵州	全国
生活水平一体化	37.6	45.4	34.7	9.3	18.8	24.3	11.2	27.7	11.7
收入消费水平	52.0	75.3	70.4	-0.9	6.5	22.8	9.7	34.4	8.6
生活环境质量	14.2	18.3	11.2	16.6	4.7	16.5	5.7	13.5	7.6
信息化普及率	127.9	80.0	36.3	12.6	51.3	32.6	16.8	52.6	19.7
生态环境一体化	11.1	11.7	13.8	10.8	-0.2	6.7	3.4	8.9	4.6
水资源利用	0.0	0.0	0.0	0.0	0.0	0.0	0.0	0.0	0.0
环境质量	36.5	24.2	17.9	13.2	4.0	13.9	3.6	17.9	3.3
垃圾处理	6.4	10.5	8.3	13.9	-2.7	4.7	6.2	6.7	11.1
自然资源保护	0.0	0.0	28.9	0.0	0.0	0.1	0.1	4.3	1.1

三　简要评价

1. 城乡发展一体化水平低

从总体上看，尽管贵州城乡发展一体化进展十分迅速，发展速度是30个省份中最快的，各方面均有较大幅度的改善和提高，但由于基础太差，与发达省份的差距过大，贵州城乡发展一体化水平依然十分落后，排位处于全国末端的情况难以改变。而且，贵州城乡发展一体化表现为全方位落后，如前面所述，大多数指标排位靠后，除生态环境一体化外，其他3个一体化排位全部处于全国末端。因此，贵州城乡发展一体化的建设需要全面加强，而不仅仅是某一个方面。

2. 经济发展水平以及城镇化水平低从根本上制约了城乡发展一体化水平

经济发展和城镇化水平是城乡发展一体化的基础。贵州城乡发展一体化水平落后的主要原因在于经济发展水平和城镇化水平低下。2006年以来，贵州人均GDP、城镇化率排位一直居30个省份的末端，人均地方预算收入排名相对有了较大幅度的提高，由最低时的第30位提高到2012年的第24位，但排位依然较为靠后。2012年，贵州人均GDP的分值仅为全国平均水平的27.4%，城镇化率分值仅为全国平均水平的33.1%，虽然财政状况的差距稍好，但其分值也仅为全国平均水平的51.7%。因此，贵州城乡一体化发展以及缩小与其他省份，特别是发达省份的差距，首先需要大力发展经济；其次，也需要中央政府加大转移支付力度来缩小社会发展方面的差距。

3. 产业结构极不协调，二元经济结构突出

贵州不仅经济发展水平低，而且产业结构不协调，二元经济结构突出，现代农业发展水平低。2012 年，贵州反映城乡二元经济结构的指标排列倒数第 1，分值仅为全国平均水平的 6.9%；现代农业发展的指标列第 28 位，分值仅为全国平均分值的 27.9%；以增加值（2006 年不变价格）计算的农业劳动生产率水平位列全国倒数第 1，分值仅为全国平均水平的 20.6%；农业劳动生产率水平和农业相对劳动生产率水平的低下导致产业发展极不协调，反映产业协调发展的指标位列倒数第 1。

4. 农民收入水平低，城乡居民收入差距大

贵州农民收入水平很低，城乡差距大。2012 年，无论是农民人均纯收入还是城乡居民收入比排位均居全国倒数第 1。农民人均纯收入分值仅为全国平均水平的 29.6%，城乡居民收入比远远高于全国平均水平，分值仅为全国平均水平的 25.8%。除收入水平低外，农村居民生活条件、生活质量、社会保障均衡发展水平也很低，城乡差距也较大。

附录二十五 云南城乡发展一体化水平排序与进展

一 城乡发展一体化水平排序与变化

1. 2012 年：总水平处于全国倒数第 3 位

2012 年，云南城乡发展一体化总水平（总指数）列全国倒数第 3 位（见附表 25 - 1）。

四个一体化的排位也非常靠后，经济发展一体化和社会发展一体化均位于倒数第 2，生活水平一体化和生态环境一体化分别排倒数第 3 位和倒数第 4 位，仅生态环境一体化排名高出总水平排名 1 个位次（见附表 25 - 1）。

14 个二级指标中，自然资源保护排位最高，进入全国前 10 位，此外，社会保障均衡发展排在第 20 位；其余 12 个指标均排在全国第 20 位以后。其中有 7 个指标排在全国后 3 位（见附表 25 - 1）。

36 个三级指标中，仅有 1 个指标排名进入全国前 10 位；有 26 个指标排名后 10 位，其中有 19 个指标处于后 5 位；排名倒数第 1 的有 5 个指标、倒数第 2 的有 2 个指标、倒数第 3 的有 5 个指标。

2. 2011 ~ 2012 年变化：总水平排序不变

与 2011 年相比，2012 年云南城乡发展一体化总水平排序没有发生变化（见附表 25 - 1）。

附表 25－1　云南城乡发展一体化在全国排序

年　　份	2006	2007	2008	2009	2010	2011	2012
总指数	29	25	28	28	28	28	28
经济发展一体化	30	30	30	30	30	29	29
经济发展	28	28	28	28	28	28	28
产业协调	29	30	30	30	30	28	28
要素流动	29	29	30	29	29	30	28
社会发展一体化	25	23	27	25	27	29	29
教育均衡发展	28	28	29	27	29	28	29
卫生均衡发展	27	23	26	23	26	27	26
文化均衡发展	19	13	19	18	24	26	27
社会保障均衡发展	23	19	24	22	27	28	20
生活水平一体化	27	26	26	27	27	28	28
收入消费水平	27	22	26	27	26	29	29
生活环境质量	17	20	19	21	21	22	23
信息化普及率	27	27	26	26	25	27	28
生态环境一体化	25	17	19	20	21	28	27
水资源利用	30	30	30	30	30	30	30
环境质量	19	20	20	21	23	26	26
垃圾处理	24	9	9	12	11	22	21
自然资源保护	7	7	10	9	10	9	10

四个一体化中，只有生态环境一体化排位提升 1 个位次，其余 3 个一体化排位均保持不变（见附表 25－1）。

13 个二级指标（不包括水资源利用）的变化也非常小，只有社会保障均衡发展排位变化幅度较大，比 2011 年提高了 8 个位次（见附表 25－1）。

3. 2006～2012 年变化：除个别年份外，总水平始终处于全国后 3 位

2006～2012 年，云南城乡发展一体化总水平排位除了在 2007 年有所提高外，其余年份都稳定地排在全国后 3 位（见附表 25－1）。

四个一体化中，经济发展一体化和生活水平一体化排位较为稳定。经济发展一体化在 2006～2010 年一直处于全国最后的位置，2011 年上升 1 个位次，稳定在倒数第 2；生活水平一体化则在第 26 位至第 28 位之间徘徊；社会发展一体化排位则是在波动中下降；生态环境一体化排位自 2007 年后呈逐步下降趋势（见附表 25－1）。

13 个二级指标中（不包括水资源利用），文化均衡发展、生活环境质量、环境质量、垃圾处理和自然资源保护排位基本呈逐步下降趋势，其他指标排位变化不大（见附表 25 -1）。

二　城乡发展一体化进展

1. 2011 ~2012 年：总水平进展明显加快

2012 年，云南城乡发展一体化总水平比 2011 年提高了 13.8%，比 2011 年进展快 10.4 个百分点，高出全国平均水平 4.8 个百分点，速度明显加快（见附表 25 -3）。

四个一体化中，经济发展一体化提高了 17.4%，分别高出 2011 年进展和 2012 年全国平均进展 6.6 个和 9.6 个百分点；社会发展一体化提高了 20%，虽然是四个一体化中进展最快的，但仅略快于 2011 年进展，比 2012 年全国平均进展高出 6.3 个百分点；生活水平一体化提高了 14.6%，分别比 2011 年进展和 2012 年全国平均进展高 7.3 个和 3.4 个百分点；生态环境一体化提高了 6.6%，虽然进展最慢，但扭转了 2011 年负增长的态势，也高于 2012 年全国平均进展（见附表 25 -3）。

13 个二级指标中（不包括水资源利用），有 8 个指标快于 2011 年进展，5 个指标进展慢于 2011 年，其中自然资源保护为负增长（见附表 25 -3）。

2. 2006 ~2012 年：总水平进展明显快于全国平均进展以及大多数省份，但进展不均衡

2006 ~2012 年，云南城乡发展一体化总水平年均增长 11.3%，比全国平均进展快 3.5 个百分点，进展幅度仅次于贵州和重庆，但进展很不均衡，年际波动较大（见附表 25 -3）。

四个一体化进展均快于全国平均进展，特别是经济发展一体化，比全国平均进展快 7.9 个百分点，社会发展一体化、生活水平一体化和生态环境一体化进展分别比全国平均进展快 1.6 个、5.0 个和 3.3 个百分点（见附表 25 -3）。

13 个二级指标中（不包括水资源利用），生活环境质量和环境质量进展略低于全国平均进展，文化均衡发展和自然资源保护则为负增长，其余 9 个指标进展均明显快于全国平均进展，特别是经济发展、产业协调、信息化普及率和垃圾处理（见附表 25 -3）。

附表 25－2　云南城乡发展一体化指数分值

年　　份	2006	2007	2008	2009	2010	2011	2012
总指数	0.2161	0.2982	0.3039	0.3272	0.3483	0.3601	0.4098
经济发展一体化	0.1060	0.1545	0.1379	0.1845	0.1980	0.2194	0.2575
经济发展	0.0485	0.0720	0.0990	0.1211	0.1511	0.1978	0.2461
产业协调	0.0837	0.1031	0.1358	0.1488	0.1378	0.1650	0.2071
要素流动	0.1858	0.2885	0.1790	0.2835	0.3051	0.2953	0.3194
社会发展一体化	0.2655	0.3179	0.3344	0.3170	0.3053	0.3624	0.4348
教育均衡发展	0.2202	0.2920	0.3287	0.3798	0.3830	0.4995	0.5572
卫生均衡发展	0.2858	0.3165	0.3220	0.3676	0.3838	0.3752	0.3949
文化均衡发展	0.3593	0.3331	0.2578	0.2561	0.2062	0.2081	0.3253
社会保障均衡发展	0.1969	0.3301	0.4291	0.2647	0.2484	0.3669	0.4619
生活水平一体化	0.1797	0.2493	0.2781	0.3186	0.3692	0.3960	0.4539
收入消费水平	0.1914	0.2900	0.2706	0.2699	0.3032	0.3206	0.3764
生活环境质量	0.2784	0.2977	0.3198	0.3475	0.3793	0.4025	0.4187
信息化普及率	0.0692	0.1602	0.2439	0.3383	0.4252	0.4648	0.5665
生态环境一体化	0.3130	0.4709	0.4653	0.4889	0.5207	0.4626	0.4930
水资源利用	0.0000	0.0000	0.0000	0.0000	0.0000	0.0000	0.0000
环境质量	0.5753	0.6063	0.6525	0.6761	0.6998	0.6520	0.6681
垃圾处理	0.2148	0.8151	0.8099	0.8216	0.9180	0.7331	0.8451
自然资源保护	0.4620	0.4620	0.3986	0.4580	0.4653	0.4653	0.4589

附表 25－3　云南城乡发展一体化进展（环比增长）

单位：%

项　　目	2007 年	2008 年	2009 年	2010 年	2011 年	2012 年比 2011 年增长		2006～2012 年年均增长	
						云南	全国	云南	全国
总指数	38.0	1.9	7.7	6.5	3.4	13.8	9.0	11.3	7.8
经济发展一体化	45.8	－10.7	33.8	7.3	10.8	17.4	7.8	15.9	8.0
经济发展	48.5	37.5	22.3	24.8	30.9	24.4	11.7	31.1	14.7
产业协调	23.2	31.8	9.6	－7.4	19.7	25.5	9.0	16.3	6.7
要素流动	55.3	－38.0	58.4	7.6	－3.2	8.2	1.9	9.5	3.8
社会发展一体化	19.7	5.2	－5.2	－3.7	18.7	20.0	13.7	8.6	7.0
教育均衡发展	32.6	12.6	15.6	0.8	30.4	11.6	12.8	16.7	11.6
卫生均衡发展	10.7	1.7	17.0	4.4	－2.2	10.6	1.3	5.6	3.6
文化均衡发展	－7.3	－22.6	－0.7	－19.5	0.9	56.3	36.2	－1.6	1.3
社会保障均衡发展	67.7	30.0	－38.3	－6.2	47.7	25.9	11.9	15.3	9.1

续表

项目	2007年	2008年	2009年	2010年	2011年	2012年比2011年增长		2006～2012年年均增长	
						云南	全国	云南	全国
生活水平一体化	38.7	11.6	14.6	15.9	7.3	14.6	11.2	16.7	11.7
收入消费水平	51.5	-6.7	-0.3	12.3	5.7	17.4	9.7	11.9	8.6
生活环境质量	6.9	7.4	8.7	9.2	6.1	4.0	5.7	7.0	7.6
信息化普及率	131.5	52.3	38.7	25.7	9.3	10.2	16.8	42.0	19.7
生态环境一体化	50.5	-1.2	5.1	6.5	-11.6	6.6	3.4	7.9	4.6
水资源利用	0.0	0.0	0.0	0.0	0.0	0.0	0.0	0.0	0.0
环境质量	5.4	7.6	3.6	3.5	-6.8	2.5	3.6	2.6	3.3
垃圾处理	279.5	-0.6	1.5	11.7	-20.1	15.3	6.2	25.6	11.1
自然资源保护	0.0	-13.7	14.9	1.6	0.0	-1.4	0.1	-0.1	1.1

三　简要评价

1. 经济发展水平和城镇化水平低严重制约了城乡发展一体化

经济发展和城镇化水平是城乡发展一体化的基础。云南城乡发展一体化全方位落后的主要原因在于经济发展水平和城镇化水平的低下。2006年以来，云南人均GDP、城镇化率在30个省份中排在第28位至第29位之间，人均地方预算收入排名不断下降，由第20位下降至第25位。2012年，云南人均GDP的分值仅为全国平均水平的37.9%，城镇化率分值仅为全国平均水平的43.9%，虽然财政状况的差距稍好，但其分值也仅为全国平均水平的50.9%。因此，云南城乡一体化发展以及缩小与其他省份，特别是发达省份的差距，首先需要大力发展经济；其次，也需要中央政府加大转移支付力度来缩小社会发展方面的差距。

2. 加强经济发展一体化与社会发展一体化协调发展

尽管云南经济发展一体化和社会发展一体化水平都很落后，均排列全国倒数第2位，但两者进展与全国相比存在一定程度的不协调性，经济发展一体化年均增长速度比社会发展一体化快7.3个百分点。

3. 现代农业发展需要加快

首先，云南现代农业发展水平落后于全国，该指标位列最后，分值仅为全国平均水平的26.2%；以增加值（2006年不变价格）计算的农业劳动生产率水平位列全国倒数第3，分值仅为全国平均水平的37.8%；农业劳动生产率水平和农业相对劳动生产率水平的低下导致产业发展极不协调，2012年反映产业协调发展的指标位列倒数第3。其次，农业技术应用水平低，技术贡献率低。2012年反映农业技术应用水平的指标排位全国最后。最后，农业水资源利用效率低，该指标也排列全国最后。

4. 农民收入水平低，城乡居民收入差距大

云南农民收入水平低，城乡差距大。2012年，农民人均纯收入排列全国倒数第5位，而城乡居民收入比排位全国倒数第2。除收入水平低外，农村居民生活条件、生活质量、社会保障水平也很低，城乡差距也较大。

附录二十六 陕西城乡发展一体化水平排序与进展

一 城乡发展一体化水平排序与变化

1. 2012 年：总水平处于全国中游和西部地区上游

2012 年，陕西城乡发展一体化总水平（总指数）列全国第 16 位（见附表 26 - 1），在西部地区 11 个省份中排在第 3 位。

四个一体化中，经济发展一体化和生活水平一体化分别列第 20 位和第 21 位，落后于总水平在全国的排位；社会发展一体化和生态环境一体化排位分别为第 14 位和第 13 位，高于总水平在全国的排序（见附表 26 - 1）。

14 个二级指标中，有 7 个指标处于第 14 ~ 16 位中游的位置，有 2 个指标接近上游，仅有 2 个指标处于后 10 位（见附表 26 - 1）。

36 个三级指标中，进入全国前 10 位的有 8 个指标，其中有 1 个指标进入前 5 位，并位列第 1；有 11 个指标处于后 10 位，其中有 2 个指标处于后 5 位，有 1 个指标排倒数第 1。需要特别指出的是，陕西森林覆盖率位于全国第 11，这在西北地区干旱少雨、缺水的背景下，实属不易。

2. 2011 ~ 2012 年变化：总水平排序微降

2012 年，陕西城乡发展一体化总水平排序比 2011 年下降 1 个位次（见附表 26 - 1），在西部地区中的排位也下降 1 个位次。

附表 26-1 陕西城乡发展一体化在全国排序

年份	2006	2007	2008	2009	2010	2011	2012
总指数	20	22	18	17	17	15	16
经济发展一体化	26	27	25	25	25	21	20
经济发展	20	20	18	17	16	14	14
产业协调	24	24	24	24	24	23	23
要素流动	23	23	25	17	22	22	20
社会发展一体化	24	18	15	13	11	13	14
教育均衡发展	20	14	11	9	10	14	16
卫生均衡发展	18	18	16	19	11	12	11
文化均衡发展	16	10	10	9	12	15	18
社会保障均衡发展	27	24	28	26	17	10	15
生活水平一体化	22	18	19	19	20	20	21
收入消费水平	21	15	17	19	13	12	14
生活环境质量	25	28	22	23	25	24	26
信息化普及率	11	12	14	13	19	15	14
生态环境一体化	14	20	16	15	13	10	13
水资源利用	12	12	12	12	12	12	12
环境质量	22	22	23	19	19	16	19
垃圾处理	9	22	15	16	17	10	16
自然资源保护	16	16	15	15	15	15	15

四个一体化中，经济发展一体化排位上升1个位次；社会发展一体化和生活水平一体化排位均下降1个位次；生态环境一体化排位下降幅度相对较大，下降了3个位次（见附表26-1）。

13个二级指标中（不包括水资源利用），排位变化幅度较大的是社会保障均衡发展和垃圾处理，分别下降了5个位次和6个位次（见附表26-1）。

3. 2006~2012年变化：总水平排序呈稳步上升趋势

2006~2012年，陕西城乡发展一体化总水平排位尽管在某些年份出现小幅波动，但从趋势上看，基本是稳步提升的，2012年比2006年提升了4个位次，比2007年提高了6个位次（见附表26-1）。

四个一体化排位的变动如总水平排位变动一样，基本呈上升趋势，其中经济发展一体化和社会发展一体化排位上升幅度较大，分别上升了6个位次和10个位次（见附表26－1）。

13个二级指标中（不包括水资源利用），有9个指标排位上升，其中卫生均衡发展、社会保障均衡发展和收入消费水平排位上升幅度较大；在排位下降的指标中，垃圾处理排位下降幅度较大（见附表26－1）。

二 城乡发展一体化进展

1. 2011～2012年：总水平进展明显减缓

2012年，陕西城乡发展一体化总水平比2011年提高了7.1%，比2011年进展低5个百分点，也慢于2012年全国平均进展，速度明显减缓，是2006年以来最慢的一年（见附表26－3）。

四个一体化中，除生态环境一体化基本保持2011年水平外，其余3个一体化均比2011年有较大幅度的提高；但是，四个一体化进展均明显低于2011年进展；除经济发展一体化外，其余3个一体化进展全部低于2012年全国平均进展（见附表26－3）。

13个二级指标中（不包括水资源利用），有6个指标进展高于2011年，其中一半是社会发展一体化的二级指标，文化均衡发展进展最快，提高幅度也最大；有7个指标进展慢于2011年，其中垃圾处理和自然资源保护为负增长。有5个指标进展高于2012年全国平均进展，其中3个指标是经济发展一体化的二级指标（见附表26－3）。

2. 2006～2012年：总水平进展快于全国平均进展以及大多数省份，但进展不均衡

2006～2012年，陕西城乡发展一体化总水平年均增长10.8%，快于全国平均进展3个百分点，在30个省份中进展幅度排列第6位，但年际波动较为明显（见附表26－3）。

四个一体化中，生态环境一体化进展略快于全国平均进展，经济发展一体化、社会发展一体化和生活水平一体化进展均明显快于全国平均进展，分别高出5个、3.6个和5.6个百分点（见附表26－3）。

13个二级指标中（不包括水资源利用），只有文化均衡发展和垃圾处理进展低于全国平均进展。社会保障均衡发展进展高出全国平均进展25.1个百分点，表明这一时期陕西的城乡社会保障事业发展相对较快。

附表 26 - 2　陕西城乡发展一体化指数分值

年　　份	2006	2007	2008	2009	2010	2011	2012
总指数	0. 2964	0. 3358	0. 3930	0. 4236	0. 4558	0. 5109	0. 5471
经济发展一体化	0. 2042	0. 2360	0. 2613	0. 3015	0. 3327	0. 3847	0. 4234
经济发展	0. 1305	0. 1662	0. 2048	0. 2456	0. 3042	0. 3983	0. 4473
产业协调	0. 2141	0. 2322	0. 2707	0. 2837	0. 3327	0. 4022	0. 4425
要素流动	0. 2681	0. 3097	0. 3085	0. 3752	0. 3612	0. 3537	0. 3802
社会发展一体化	0. 2954	0. 3729	0. 4541	0. 4320	0. 4344	0. 4894	0. 5404
教育均衡发展	0. 3263	0. 4369	0. 5047	0. 5809	0. 5922	0. 6253	0. 6863
卫生均衡发展	0. 3664	0. 3790	0. 4340	0. 4141	0. 4845	0. 5057	0. 5324
文化均衡发展	0. 3998	0. 4385	0. 4874	0. 4748	0. 3632	0. 3199	0. 4216
社会保障均衡发展	0. 0893	0. 2371	0. 3901	0. 2583	0. 2978	0. 5069	0. 5213
生活水平一体化	0. 2315	0. 2913	0. 3546	0. 4213	0. 4768	0. 5493	0. 6042
收入消费水平	0. 3034	0. 3832	0. 3935	0. 4574	0. 5041	0. 6144	0. 6556
生活环境质量	0. 1570	0. 1617	0. 2799	0. 3252	0. 3501	0. 3727	0. 3792
信息化普及率	0. 2342	0. 3289	0. 3905	0. 4812	0. 5762	0. 6607	0. 7778
生态环境一体化	0. 4544	0. 4432	0. 5020	0. 5395	0. 5794	0. 6201	0. 6204
水资源利用	0. 4524	0. 4524	0. 4524	0. 4524	0. 4524	0. 4524	0. 4524
环境质量	0. 5208	0. 5775	0. 6030	0. 6959	0. 7175	0. 7418	0. 7674
垃圾处理	0. 5521	0. 4505	0. 6602	0. 6693	0. 8073	0. 9440	0. 9204
自然资源保护	0. 2924	0. 2924	0. 2924	0. 3405	0. 3405	0. 3423	0. 3414

附表 26 - 3　陕西城乡发展一体化进展（环比增长）

单位：%

项　　目	2007 年	2008 年	2009 年	2010 年	2011 年	2012 年比 2011 年增长		2006 ~ 2012 年年均增长	
						陕西	全国	陕西	全国
总指数	13. 3	17. 0	7. 8	7. 6	12. 1	7. 1	9. 0	10. 8	7. 8
经济发展一体化	15. 6	10. 7	15. 4	10. 4	15. 6	10. 7	7. 8	13. 0	8. 0
经济发展	27. 4	23. 2	19. 9	23. 9	30. 9	12. 3	11. 7	22. 9	14. 7
产业协调	8. 5	16. 6	4. 8	17. 3	20. 9	10. 0	9. 0	12. 9	6. 7
要素流动	15. 5	-0. 4	21. 6	-3. 7	-2. 1	7. 5	1. 9	6. 0	3. 8
社会发展一体化	26. 2	21. 8	-4. 9	0. 6	12. 7	10. 4	13. 7	10. 6	7. 0
教育均衡发展	33. 9	15. 5	15. 1	2. 0	5. 6	9. 8	12. 8	13. 2	11. 6
卫生均衡发展	3. 4	14. 5	-4. 6	17. 0	4. 4	5. 3	1. 3	6. 4	3. 6
文化均衡发展	9. 7	11. 2	-2. 6	-23. 5	-11. 9	31. 8	36. 2	0. 9	1. 3
社会保障均衡发展	165. 5	64. 5	-33. 8	15. 3	70. 2	2. 8	11. 9	34. 2	9. 1

续表

项目	2007年	2008年	2009年	2010年	2011年	2012年比2011年增长		2006~2012年年均增长	
						陕西	全国	陕西	全国
生活水平一体化	36.4	21.7	18.8	13.2	15.2	10.0	11.2	17.3	11.7
收入消费水平	26.3	2.7	16.2	10.2	21.9	6.7	9.7	13.7	8.6
生活环境质量	3.0	73.1	16.2	7.7	6.5	1.7	5.7	15.8	7.6
信息化普及率	40.4	18.7	23.2	19.7	14.7	17.7	16.8	22.2	19.7
生态环境一体化	-2.5	13.3	7.5	7.4	7.0	0.1	3.4	5.3	4.6
水资源利用	0.0	0.0	0.0	0.0	0.0	0.0	0.0	0.0	0.0
环境质量	10.9	4.4	15.4	3.1	3.4	3.5	3.6	6.7	3.3
垃圾处理	-18.4	46.6	1.4	20.6	16.9	-2.5	6.2	8.9	11.1
自然资源保护	0.0	0.0	16.5	0.0	0.5	-0.3	0.1	2.6	1.1

三　简要评价

1. 发展不均衡

发展不均衡主要体现在经济发展一体化和生活水平一体化水平相对落后，其排位处于全国下游行列，而社会发展一体化和生态环境一体化排位则处于全国中游行列。经济发展一体化和生活水平一体化水平相对滞后，主要是由于其内部发展不均衡。经济发展一体化内部指标之间的发展不平衡现象比较突出，表现在经济发展水平、城镇化水平，特别是财政状况相对较好，但产业结构不够协调，城乡要素流动和配置不够合理。

2. 加快农村经济发展，提高农民收入水平，缩小城乡差距

陕西农民收入水平较低，城乡居民收入差距较大。2012 年，陕西农民收入水平排在 30 个省份中的第 25 位，在西部 11 省份中也仅排列第 6 位，其分值仅为全国平均水平的 46.9%。同时，陕西城乡居民收入差距较大，仅排在 30 个省份中的第 27 位，分值仅为全国平均水平的 42.6%。此外，陕西农村居民的生活环境较差，特别是安全饮用水普及率很低，2012 年该指标位居全国最后。

附录二十七 甘肃城乡发展一体化水平排序与进展

一　城乡发展一体化水平排序与变化

1. 2012 年：总水平十分落后，位列全国倒数第二

2012 年，甘肃城乡一体化总水平（总指数）排在全国倒数第 2 位（见附表 27－1）。

四个一体化中，生活水平一体化和生态环境一体化均位列倒数第 2，经济发展一体化位列倒数第 3，社会发展一体化排位相对靠前，居第 25 位，比总水平排序高 4 个位次（见附表 27－1）。

大多数二级指标的排位比较低，除文化均衡发展、水资源利用和自然资源保护的排位相对较高外，其他指标排位都比较低，特别是经济发展和垃圾处理排名均处于末位（见附表 27－1）

36 个三级指标中，仅有 2 个指标进入全国前 10 位，其中 1 个指标位列第 3；有 24 个指标进入后 10 位，其中有 16 个指标排在后 5 位，位于最后的有 4 个指标，排倒数第 2 和倒数第 3 的分别有 5 个指标和 2 个指标。

2. 2011～2012 年变化：总水平排序不变

与 2011 年相比，2012 年甘肃城乡发展一体化总水平排位没有发生变化（见附表 27－1）。

附表 27－1　甘肃城乡发展一体化在全国排序

年　份	2006	2007	2008	2009	2010	2011	2012
总指数	28	29	29	29	29	29	29
经济发展一体化	28	29	29	29	28	28	28
经济发展	29	29	29	29	29	29	30
产业协调	28	27	25	26	26	26	26
要素流动	24	28	29	30	30	29	27
社会发展一体化	16	25	21	24	23	24	25
教育均衡发展	30	29	28	29	28	27	25
卫生均衡发展	28	28	28	28	27	25	24
文化均衡发展	15	14	13	16	22	19	19
社会保障均衡发展	1	23	15	14	9	21	23
生活水平一体化	29	29	29	28	29	29	29
收入消费水平	28	28	27	26	28	28	28
生活环境质量	28	27	27	28	27	26	27
信息化普及率	28	28	28	27	28	29	29
生态环境一体化	26	26	29	29	30	29	29
水资源利用	14	14	14	14	14	14	14
环境质量	26	26	26	27	26	28	27
垃圾处理	29	29	29	29	30	30	30
自然资源保护	13	13	17	17	17	17	17

四个一体化中，只有社会发展一体化排位略有下降，其他三个一体化排位都未发生变化（见附表 27－1）。

13 个二级指标（不包括水资源利用）排位变化很小，其中，4 个指标排位略微上升，3 个指标排位略微下降（见附表 27－1）。

3. 2006～2012 年变化：总水平排序稳居全国倒数第 2 位

自 2007 年起，甘肃城乡发展一体化总水平就一直稳定居于倒数第 2 的位置（见附表 27－1）。

四个一体化中，经济发展一体化和生活水平一体化的排位除个别年份有细微变动外，基本没有发生变动；社会发展一体化和生态环境一体化排位均呈小幅下降趋势（见附表 27－1）。

13 个二级指标中（不包括水资源利用），除社会保障均衡发展排位发生巨大变化外，有 7 个指标排位基本没有发生变化，其他指标变动幅度也较小（见附表 27－1）。

二　城乡发展一体化进展

1. 2011～2012 年：总水平进展依然较快但有所减缓

与 2011 年相比，2012 年甘肃城乡发展一体化总水平提高了 10.9%，比 2011 年进展降低 2.2 个百分点，但快于 2012 年全国平均进展，依然是速度较快的年份（见附表 27－3）。

四个一体化中，只有经济发展一体化进展明显快于 2011 年进展和 2012 年全国平均进展，分别高出 4.2 个和 5.5 个百分点；社会发展一体化进展最快，比 2011 年提高了 16.5%，高于 2012 年全国平均进展，但低于 2011 年进展 5.5 个百分点；生活水平一体化比 2011 年提高了 12.4%，低于 2011 年进展 7.5 个百分点，但高于 2012 年全国平均进展；生态环境一体化比 2011 年提高了 2.6%，低于 2011 年进展和 2012 年全国平均进展（见附表 27－3）。

13 个二级指标中（不包括水资源利用），只有 5 个指标进展高于 2011 年，但有 10 个指标进展快于 2012 年全国平均进展（见附表 27－3）。

2. 2006～2012 年：总水平进展快于全国平均进展

2006～2012 年，甘肃城乡发展一体化总水平年均增长 9.8%，快于同期全国平均进展 2 个百分点（见附表 27－3）。

四个一体化中，经济发展一体化、生活水平一体化和生态环境一体化进展均高于全国平均进展，特别是生活水平一体化，进展高出全国平均进展 14.2 个百分点；社会发展一体化进展则低于全国平均进展 2.8 个百分点（见附表 27－3）。

13 个二级指标中（不包括水资源利用），要素流动进展低于全国平均进展，文化均衡发展、社会保障均衡发展、自然资源保护 3 个指标则呈负增长。经济发展、产业协调、教育均衡发展、收入消费水平、生活环境质量、信息化普及率和垃圾处理均明显快于全国平均进展（见附表 27－3）。

附表 27－2　甘肃城乡发展一体化指数分值

年　　份	2006	2007	2008	2009	2010	2011	2012
总指数	0.2277	0.2377	0.2816	0.2964	0.3174	0.3591	0.3983
经济发展一体化	0.1397	0.1827	0.1800	0.2035	0.2306	0.2516	0.2850
经济发展	0.0389	0.0618	0.0890	0.1079	0.1364	0.1705	0.2040
产业协调	0.1128	0.1890	0.2203	0.2371	0.2639	0.2827	0.3278
要素流动	0.2675	0.2973	0.2307	0.2656	0.2915	0.3016	0.3230
社会发展一体化	0.3619	0.2762	0.3837	0.3203	0.3261	0.3979	0.4637
教育均衡发展	0.1495	0.2798	0.3307	0.3739	0.3911	0.5040	0.6100
卫生均衡发展	0.2224	0.2433	0.2759	0.3103	0.3736	0.3955	0.4088
文化均衡发展	0.3999	0.3260	0.3669	0.2785	0.2217	0.2803	0.3917
社会保障均衡发展	0.6759	0.2556	0.5613	0.3186	0.3178	0.4117	0.4444
生活水平一体化	0.1083	0.1450	0.2162	0.3060	0.3192	0.3827	0.4301
收入消费水平	0.1264	0.1416	0.2004	0.3207	0.2711	0.3446	0.3966
生活环境质量	0.1404	0.1652	0.2276	0.2573	0.3061	0.3601	0.3673
信息化普及率	0.0580	0.1281	0.2205	0.3369	0.3805	0.4433	0.5265
生态环境一体化	0.3011	0.3470	0.3467	0.3569	0.3936	0.4041	0.4144
水资源利用	0.3707	0.3707	0.3707	0.3707	0.3707	0.3707	0.3707
环境质量	0.4495	0.5289	0.5437	0.5581	0.6319	0.6258	0.6678
垃圾处理	0.0065	0.1107	0.1888	0.1901	0.2630	0.3112	0.3109
自然资源保护	0.3776	0.3776	0.2834	0.3088	0.3088	0.3088	0.3082

附表 27－3　甘肃城乡发展一体化进展（环比增长）

单位：%

项　　目	2007 年	2008 年	2009 年	2010 年	2011 年	2012 年比 2011 年增长		2006～2012 年年均增长	
						甘肃	全国	甘肃	全国
总指数	4.4	18.5	5.3	7.1	13.1	10.9	9.0	9.8	7.8
经济发展一体化	30.8	－1.5	13.1	13.3	9.1	13.3	7.8	12.6	8.0
经济发展	58.9	44.0	21.2	26.4	25.0	19.7	11.7	31.8	14.7
产业协调	67.6	16.6	7.6	11.3	7.1	16.0	9.0	19.5	6.7
要素流动	11.1	－22.4	15.1	9.8	3.5	7.1	1.9	3.2	3.8
社会发展一体化	－23.7	38.9	－16.5	1.8	22.0	16.5	13.7	4.2	7.0
教育均衡发展	87.2	18.2	13.1	4.6	28.9	21.0	12.8	26.4	11.6
卫生均衡发展	9.4	13.4	12.5	20.4	5.9	3.4	1.3	10.7	3.6
文化均衡发展	－18.5	12.6	－24.1	－20.4	26.4	39.7	36.2	－0.4	1.3
社会保障均衡发展	－62.2	119.6	－43.2	－0.3	29.6	7.9	11.9	－6.7	9.1

续表

项　目	2007 年	2008 年	2009 年	2010 年	2011 年	2012 年比 2011 年增长		2006～2012 年年均增长	
						甘肃	全国	甘肃	全国
生活水平一体化	33.9	49.1	41.5	4.3	19.9	12.4	11.2	25.9	11.7
收入消费水平	12.0	41.5	60.0	-15.5	27.1	15.1	9.7	21.0	8.6
生活环境质量	17.7	37.8	13.1	19.0	17.6	2.0	5.7	17.4	7.6
信息化普及率	120.9	72.1	52.8	12.9	16.5	18.8	16.8	44.4	19.7
生态环境一体化	15.2	-0.1	2.9	10.3	2.7	2.6	3.4	5.4	4.6
水资源利用	0.0	0.0	0.0	0.0	0.0	0.0	0.0	0.0	0.0
环境质量	17.7	2.8	2.7	13.2	-1.0	6.7	3.6	6.8	3.3
垃圾处理	1603.0	70.6	0.7	38.4	18.3	-0.1	6.2	90.4	11.1
自然资源保护	4.4	18.5	5.3	7.1	13.1	10.9	0.1	-3.3	1.1

三　简要评价

1. 经济发展水平和城镇化水平低严重制约了城乡发展一体化

甘肃城乡发展一体化全方位落后的主要原因在于经济发展水平和城镇化水平的低下。2006 年以来，甘肃人均 GDP、城镇化率和人均地方预算收入在 30 个省份中排位基本在第 28 位至第 30 位之间徘徊，3 个指标的分值分别仅为全国平均水平的 37.5%、41.8% 和 32.1%。因此，甘肃城乡发展一体化以及缩小与其他省份，特别是发达省份的差距，首先需要大力发展经济；其次也需要中央政府加大转移支付力度来缩小社会发展方面的差距。

2. 加快现代农业发展

甘肃现代农业发展水平落后于全国。2012 年，该指标列倒数第 4 位，分值仅为全国平均水平的 41.8%；以增加值（2006 年不变价格）计算的农业劳动生产率水平列全国倒数第 5 位，分值仅为全国平均水平的 44.6%；农业劳动生产率水平和农业相对劳动生产率水平的低下导致产业发展不协调，2012 年，反映产业协调发展的指标列倒数第 5 位。

3. 加快农村经济发展，提高农民收入水平，缩小城乡差距

甘肃农民收入水平较低，城乡居民收入差距较大。2012 年，甘肃农民收入水平排在 30 个省份中的倒数第 2 位，仅高于贵州，其分值仅为全国平均水平的 31.2%。同时，甘肃城乡居民收入差距较大，仅排在 30 个省份中的倒数第3位，仅小于贵州和云南，分值仅为全国平均水平的31.8%。农村居民消费水平和城乡居民生活消费差距也基本排在全国末端。此外，甘肃农村居民的生活环境也较差，居全国倒数第4位。

4. 提升信息化普及率

近几年来，甘肃农村信息化建设不断加快，进展速度远远高于全国平均进展（见附表27-3），但是，甘肃农村信息化普及率依然较低。2012年，互联网行政村比重仅有45%，排列全国最后。农村计算机拥有量、宽带入户率也非常低。

附录二十八 青海城乡发展一体化水平排序与进展

一　城乡发展一体化水平排序与变化

1. 2012 年：总水平处于全国下游、西部地区中游

2012 年，青海城乡发展一体化总水平（总指数）列全国第 26 位（见附表 28 - 1），在西部地区 11 省份中排名第 7 位。

四个一体化中，生活水平一体化和生态环境一体化排位相对靠前，均比总水平在全国的排位高出 4 个位次，而社会发展一体化排位则严重落后，比总水平在全国的排序低 2 个位次，位列全国倒数第 3（见附表 28 - 1）。

14 个二级指标中，有 10 个指标排位高于总水平在全国的排位，其中社会保障均衡发展和自然资源保护排位进入全国前 10，分别列第 9 位和第 4 位；但卫生均衡发展和文化均衡发展均排在末位，而水资源利用则排在倒数第 2 位（见附表 28 - 1）。

36 个三级指标中，只有 6 个指标进入全国前 10 位，其中有 4 个指标进入前 5 位，并有 1 个指标位居第 1；有 19 个指标处于后 10 位，其中有 13 个指标处于后 5 位，并有 3 个指标位于最后，有 5 个指标处于倒数第 2，有 1 个指标处于倒数第 3。

附表 28－1 青海城乡发展一体化在全国排序

年　份	2006	2007	2008	2009	2010	2011	2012
总指数	26	26	25	27	27	26	26
经济发展一体化	25	26	27	27	27	26	26
经济发展	21	22	22	22	21	21	21
产业协调	27	28	27	28	28	27	25
要素流动	8	11	15	27	20	20	17
社会发展一体化	30	30	25	30	29	27	28
教育均衡发展	21	21	16	17	15	15	27
卫生均衡发展	30	30	30	30	30	30	30
文化均衡发展	30	30	30	28	28	22	30
社会保障均衡发展	29	28	10	29	23	25	9
生活水平一体化	26	23	20	17	14	22	22
收入消费水平	25	23	22	13	17	18	17
生活环境质量	20	17	17	20	23	25	24
信息化普及率	26	26	18	15	23	19	20
生态环境一体化	12	13	24	27	29	22	22
水资源利用	29	29	29	29	29	29	29
环境质量	27	28	28	29	28	25	25
垃圾处理	1	2	13	19	25	11	14
自然资源保护	2	2	1	4	4	4	4

2. 2011～2012 年变化：总水平排序不变

与 2011 年相比，2012 年青海城乡发展一体化总水平排位没有发生变化（见附表 28－1）。

四个一体化中，社会发展一体化排位下降 1 个位次，其他 3 个一体化排位没有发生变化（见附表 28－1）。

13 个二级指标（不包括水资源利用）排位的变化较大，其中，教育均衡发展、文化均衡发展排位下降幅度较大，分别下降了 12 个位次和 8 个位次，而社会保障均衡发展排位上升幅度较大，上升了 16 个位次，进入前 10 位的行列（见附表 28－1）。

3. 2006～2012 年变化：总水平排序基本维持在后 5 位

2006～2012 年，青海城乡发展一体化总水平排名基本在第 26 位和第 27 位之间波动，只有 2008 年排第 25 位（见附表 28－1）。

四个一体化中，经济发展一体化排位主要在第 26 至第 27 位之间轮换；社会发展一体化排位呈逐步小幅提升趋势，摆脱最后的位置；生活水平一体化排位在波动中小幅提升；生态环境一体化排位则在剧烈波动中大幅下降（见附表 28－1）。

13 个二级指标中（不包括水资源利用），收入消费水平排位稳步提升，社会保障均衡发展和信息化普及率排名则是在波动中大幅提升，其中社会保障均衡发展进入前 10 位。二级指标排位变化的一个特点是，2006 年排名处于全国前 10 位的指标下降十分明显，除自然资源保护排位下降幅度较小外，要素流动和垃圾处理排位下降幅度较大，分别下降了 9 个位次和 13 个位次（见附表 28－1）。

二　城乡发展一体化进展

1. 2011～2012 年：总水平提升依然较快但增速明显减缓

2012 年，青海城乡发展一体化总水平比 2011 年提高 10.8%，虽低于 2011 年进展，但依然保持了较快的增速，也快于 2012 年全国平均进展（见附表 28－3）。

四个一体化中，经济发展一体化提高了 14.5%，明显高于 2011 年进展和 2012 年全国平均进展；社会发展一体化进展继续加快，在 2011 年高速增长 33.6% 的基础上又提高了 17.5%，也高于 2012 年全国平均进展；生活水平一体化提高了 14.2%，低于 2011 年进展但高于 2012 年全国平均进展；生态环境一体化基本没有进展（见附表 28－3）。

13 个二级指标中（不包括水资源利用），有 6 个指标进展高于 2011 年，其中产业协调、卫生均衡发展进展较快。社会保障均衡发展进展虽低于 2011 年，但依然大幅提高了 42.1%。教育均衡发展和垃圾处理为负增长（见附表 28－3）。

2. 2006～2012 年：总水平大幅提升

2006～2012 年，青海城乡发展一体化总水平年均增长 10.9%，比全国平均进展快 3.1 个百分点，总水平大幅提升，提升速度排名全国第 4 位（见附表 28－3）。

四个一体化中，经济发展一体化和生态环境一体化进展低于全国平均进展，分别低 0.5 个和 3.1 个百分点；社会发展一体化和生活水平一体化进展明显快于全国平均进展，分别高出 17.7 个和 8.5 个百分点（见附表 28－3）。

13个二级指标中（不包括水资源利用），教育均衡发展和自然资源保护进展略低于全国平均进展；要素流动和垃圾处理则均呈负增长；其余9个指标快于全国平均进展，特别是卫生均衡发展、文化均衡发展、社会保障均衡发展和信息化普及率呈高速增长态势（见附表28－3）。

附表28－2　青海城乡发展一体化指数分值

年　份	2006	2007	2008	2009	2010	2011	2012
总指数	0.2557	0.2945	0.3448	0.3313	0.3585	0.4299	0.4762
经济发展一体化	0.2308	0.2442	0.2532	0.2335	0.2856	0.3111	0.3562
经济发展	0.1154	0.1417	0.1696	0.1991	0.2483	0.3050	0.3549
产业协调	0.1327	0.1815	0.1955	0.2087	0.2438	0.2622	0.3282
要素流动	0.4534	0.4095	0.3945	0.2927	0.3647	0.3661	0.3856
社会发展一体化	0.1186	0.1740	0.3432	0.2442	0.2848	0.3804	0.4469
教育均衡发展	0.3212	0.3940	0.4403	0.4652	0.5090	0.6191	0.6048
卫生均衡发展	0.0895	0.1616	0.2241	0.1776	0.2618	0.2539	0.3339
文化均衡发展	0.0263	0.0196	0.0354	0.1063	0.1029	0.2503	0.2827
社会保障均衡发展	0.0374	0.1210	0.6731	0.2276	0.2657	0.3984	0.5663
生活水平一体化	0.1897	0.2669	0.3449	0.4299	0.4298	0.5005	0.5713
收入消费水平	0.2552	0.2697	0.3499	0.4895	0.4707	0.5234	0.6187
生活环境质量	0.2180	0.3284	0.3517	0.3574	0.3605	0.3651	0.3953
信息化普及率	0.0961	0.2025	0.3330	0.4429	0.4585	0.6130	0.7000
生态环境一体化	0.4834	0.4928	0.4380	0.4175	0.4338	0.5277	0.5305
水资源利用	0.0000	0.0000	0.0000	0.0000	0.0000	0.0000	0.0000
环境质量	0.4224	0.4530	0.4904	0.5399	0.5764	0.6629	0.6777
垃圾处理	1.0000	1.0039	0.7474	0.6159	0.6445	0.9336	0.9298
自然资源保护	0.5125	0.5143	0.5143	0.5141	0.5141	0.5141	0.5143

附表28－3　青海城乡发展一体化进展（环比增长）

单位：%

项　目	2007年	2008年	2009年	2010年	2011年	2012年比2011年增长		2006～2012年年均增长	
						青海	全国	青海	全国
总指数	15.2	17.1	－3.9	8.2	19.9	10.8	9.0	10.9	7.8
经济发展一体化	5.8	3.7	－7.8	22.3	8.9	14.5	7.8	7.5	8.0
经济发展	22.8	19.7	17.4	24.7	22.8	16.4	11.7	20.6	14.7
产业协调	36.8	7.7	6.8	16.8	7.6	25.2	9.0	17.7	6.7
要素流动	－9.7	－3.7	－25.8	24.6	0.4	5.3	1.9	－2.6	3.8

续表

项　　目	2007 年	2008 年	2009 年	2010 年	2011 年	2012 年比 2011 年增长		2006～2012 年年均增长	
						青海	全国	青海	全国
社会发展一体化	46.7	97.2	-28.9	16.6	33.6	17.5	13.7	24.7	7.0
教育均衡发展	22.7	11.8	5.7	9.4	21.6	-2.3	12.8	11.1	11.6
卫生均衡发展	80.6	38.7	-20.8	47.4	-3.0	31.5	1.3	24.5	3.6
文化均衡发展	-25.5	80.6	200.3	-3.2	143.3	12.9	36.2	48.6	1.3
社会保障均衡发展	223.5	456.3	-66.2	16.7	49.9	42.1	11.9	57.3	9.1
生活水平一体化	40.7	29.2	24.6	-0.1	16.5	14.2	11.2	20.2	11.7
收入消费水平	5.7	29.7	39.9	-3.8	11.2	18.2	9.7	15.9	8.6
生活环境质量	50.6	7.1	1.6	0.9	1.3	8.3	5.7	10.4	7.6
信息化普及率	110.7	64.4	33.0	3.5	33.7	14.2	16.8	39.2	19.7
生态环境一体化	1.9	-11.1	-4.7	3.9	21.7	0.5	3.4	1.5	4.6
水资源利用	0.0	0.0	0.0	0.0	0.0	0.0	0.0	0.0	0.0
环境质量	7.2	8.3	10.1	6.8	15.0	2.2	3.6	8.2	3.3
垃圾处理	0.4	-25.6	-17.6	4.6	44.9	-0.4	6.2	-1.2	11.1
自然资源保护	0.4	0.0	-0.04	0.0	0.00	0.1	0.1	0.1	1.1

三　简要评价

1. 加快社会发展一体化进程

青海社会发展一体化水平虽然大幅提升，特别是社会保障事业发展迅速，但由于基础差，依然是城乡发展一体化的短板，是四个一体化中在全国排位最低的。社会发展一体化水平滞后主要表现为教育均衡发展、卫生均衡发展和文化均衡发展的严重滞后，其中卫生均衡发展和文化均衡发展均位列全国最后，教育均衡发展位列倒数第 4。社会发展一体化水平滞后还体现在，不仅农村社会发展水平低下，而且城乡差距较大。青海教育、卫生和文化均衡发展之所以落后，是因为：基础差；农村居民分散居住，发展有一定的难度。

2. 加快现代农业发展

青海产业发展不协调，这种不协调很大程度上体现为现代农业发展水平低。2012 年，该指标位列倒数第 5，分值仅为全国平均水平的 43.3%；以增加值（2006 年不变价格）计算的农业劳动生产率水平位列全国倒数第 6。特别是农业技术应用水平低，对产出贡献率低，2012 年该指标列全国倒数第 2

位，分值仅为全国平均水平的 1.7%。农业用水效率也十分低下，位列全国倒数第 2。农业劳动生产率水平和农业相对劳动生产率水平低下，以及农业技术应用水平低，导致产业发展不协调，2012 年反映产业协调发展的指标列倒数第 6 位。

3. 农民收入水平低，城乡差距较大

青海农民收入水平较低，城乡居民收入差距较大。2012 年，青海农民收入水平排在 30 个省份中的倒数第 3 位，仅高于贵州和甘肃，其分值仅为全国平均水平的 38.2%。同时，青海城乡居民收入差距也较大，该指标仅排在 30 个省份中的倒数第 6 位，分值仅为全国平均水平的 62.0%。此外，青海农村居民的生活环境也较差。例如，无害化卫生厕所普及率过低，位列全国最后。

附录二十九 宁夏城乡发展一体化水平排序与进展

一　城乡发展一体化水平排序与变化

1. 2012 年：总水平处于全国和西部地区偏下位置

2012 年，宁夏城乡发展一体化总水平（总指数）排在全国第 27 位（见附表 29－1），在西部地区 11 个省份中排第 8 位。

四个一体化中，生活水平一体化排序最高，比总水平在全国的排名高 15 个位次；社会发展一体化的排序比总水平在全国的排名高 6 个位次；经济发展一体化的排序与总水平在全国的排序同步；生态环境一体化排序位列全国最后（见附表 29－1）。

14 个二级指标中，除社会保障均衡发展、信息化普及率和生活环境质量排名较为靠前以及经济发展相对靠前外，其余 10 个指标排名均处于后 10 位，特别是产业协调、卫生均衡发展和环境质量排名处于后 2 位（见附表 29－1）。

36 个三级指标中，有 6 个指标进入全国前 10 位，其中有 4 个指标进入前 5 位，并有 2 个指标位居第 1；有 20 个指标处于后 10 位，其中 9 个指标处于后 5 位，并有 4 个指标处于末位，有 3 个指标位居倒数第 2。

2. 2011～2012 年变化：总水平排序不变

与 2011 年相比，2012 年宁夏城乡发展一体化总水平的排序没有发生变化（见附表 29－1）。

附表 29－1　宁夏城乡发展一体化在全国排序

年　　份	2006	2007	2008	2009	2010	2011	2012
总指数	27	28	27	26	25	27	27
经济发展一体化	24	25	26	24	26	27	27
经济发展	18	18	19	19	18	18	18
产业协调	26	29	28	27	27	29	29
要素流动	13	16	16	10	16	16	22
社会发展一体化	20	21	22	23	26	20	21
教育均衡发展	24	20	21	25	24	26	21
卫生均衡发展	23	24	23	21	21	21	29
文化均衡发展	27	22	23	20	26	18	24
社会保障均衡发展	6	16	13	20	28	22	8
生活水平一体化	25	21	17	20	12	14	12
收入消费水平	20	17	16	25	23	23	22
生活环境质量	26	25	21	18	16	12	12
信息化普及率	23	19	13	9	7	11	11
生态环境一体化	30	30	30	30	27	30	30
水资源利用	25	25	25	25	25	25	25
环境质量	30	29	29	28	30	30	30
垃圾处理	16	23	22	27	6	25	27
自然资源保护	27	27	27	23	23	23	22

四个一体化中，经济发展一体化和生态环境一体化排序没有发生变化；生活水平一体化排位提升 2 个位次；社会发展一体化排位下降 1 个位次（见附表 29－1）。

13 个二级指标中（不包括水资源利用），教育均衡发展和社会保障均衡发展排位提升幅度较大，分别提升了 5 个位次和 14 个位次；要素流动、卫生均衡发展、文化均衡发展排位下降幅度较大，分别下降了 6 个位次、8 个位次和 6 个位次（见附表 29－1）。

3. 2006～2012 年变化：总水平排序呈先升后降的趋势，但变化幅度很小

2006～2012 年，宁夏城乡发展一体化总水平排位呈先升后降的趋势，自 2008 年起逐年提升，但 2011 年又下降到第 27 位（见附表 29－1）。

四个一体化中，经济发展一体化排位基本呈逐步下降趋势；社会发展一体化排位呈先降后升的趋势，2012 年排位仅比 2006 年下降 1 个位次；生活水平一体化则呈逐步提升的趋势，2012 年排位比 2006 年大幅提升了 13 个位次；生态环境一体化排位除 2010 年有所提升外，其余年份全部保持在全国最后的位置（见附表 29－1）。

13 个二级指标中（不包括水资源利用），有 5 个指标排位提升，其中，生活环境质量和信息化普及率排位提升幅度较大，分别提升了 14 个位次和 12 个位次，是生活水平一体化排位提升幅度较大的主要因素；有 6 个指标排位下降，其中，要素流动、卫生均衡发展和垃圾处理排位下降幅度较大，分别下降了 9 个位次、6 个位次和 11 个位次（见附表 29－1）。

二　城乡发展一体化进展

1. 2011～2012 年：总水平进展明显加快

2012 年，宁夏城乡发展一体化总水平比 2011 年提高 11.9%，分别比 2011 年进展和 2012 年全国平均进展高出 8.9 个和 2.9 个百分点，速度明显加快（见附表 29－3）。

四个一体化中，经济发展一体化提高了 3.3%，进展最慢，也低于 2012 年全国平均进展，但扭转了 2011 年负增长的趋势；社会发展一体化提高了 17.7%，进展最快，也高于 2012 年全国平均进展，虽然进展低于 2011 年，但是在 2011 年 33.2% 高增长基础上的增长；生活水平一体化提高了 14.3%，高于 2011 年进展和 2012 年全国平均进展；生态环境一体化提高了 8.5%，扭转了 2011 年负增长的趋势，也高于 2012 年全国平均进展（见附表 29－3）。

13 个二级指标中（不包括水资源利用），只有 5 个指标进展快于 2011 年，其中有 4 个指标扭转了 2011 年负增长的态势；经济发展、文化均衡发展、社会保障均衡发展、收入消费水平进展较快，虽然增长速度不及 2011 年，但是在上年高速增长基础上的增长，特别是社会保障均衡发展，由于近两年的高速增长，其在全国的排位大幅度上升；要素流动和卫生均衡发展出现负增长（见附表 29－3）。

2. 2006～2012 年：总水平大幅提升

2006～2012 年，宁夏城乡发展一体化总水平年均增长 10.8%，比全国平均进展快 3 个百分点（见附表 29－3），城乡发展一体化水平大幅度提升，总水平提升速度位列全国第 5。

四个一体化中，经济发展一体化进展低于全国平均水平 3.2 个百分点；社会发展一体化进展与全国平均水平基本一致；生活水平一体化和生态环境一体化进展分别比全国平均水平高出 10.1 个和 3.7 个百分点（见附表 29－3）。

13 个二级指标中（不包括水资源利用），有 8 个指标进展快于全国平均进展，其中，生活水平一体化下的二级指标进展均快于全国平均水平，特别是生活环境质量和信息化普及率进展明显，是生活水平一体化排位大幅提升的主要因素。此外，经济发展、教育均衡发展、环境质量进展也较快；产业协调和要素流动呈负增长，这是导致经济发展一体化进展较慢、排位下降的主要原因（见附表 29－3）。

附表 29－2　宁夏城乡发展一体化指数分值

年　份	2006	2007	2008	2009	2010	2011	2012
总指数	0.2508	0.2799	0.3259	0.3334	0.4021	0.4140	0.4632
经济发展一体化	0.2315	0.2462	0.2581	0.3019	0.3085	0.2967	0.3065
经济发展	0.1490	0.1782	0.2038	0.2320	0.2846	0.3554	0.4039
产业协调	0.1730	0.1766	0.1800	0.2245	0.2565	0.1427	0.1566
要素流动	0.3725	0.3838	0.3904	0.4493	0.3845	0.3919	0.3590
社会发展一体化	0.3211	0.3311	0.3784	0.3231	0.3090	0.4116	0.4843
教育均衡发展	0.2759	0.3941	0.3952	0.4131	0.4472	0.5223	0.6448
卫生均衡发展	0.3047	0.3120	0.3578	0.3710	0.4085	0.4268	0.3686
文化均衡发展	0.1752	0.2279	0.1527	0.2271	0.1387	0.2859	0.3488
社会保障均衡发展	0.5287	0.3904	0.6078	0.2812	0.2416	0.4114	0.5752
生活水平一体化	0.2019	0.2731	0.3654	0.4188	0.5403	0.5782	0.6609
收入消费水平	0.3255	0.3693	0.4068	0.3212	0.4028	0.4819	0.5468
生活环境质量	0.1455	0.1976	0.2986	0.3772	0.4546	0.5372	0.5902
信息化普及率	0.1348	0.2523	0.3908	0.5581	0.7635	0.7155	0.8458
生态环境一体化	0.2487	0.2693	0.3017	0.2899	0.4507	0.3696	0.4009
水资源利用	0.1054	0.1054	0.1054	0.1054	0.1054	0.1054	0.1054
环境质量	0.2425	0.3641	0.4405	0.5513	0.5370	0.5353	0.6126
垃圾处理	0.4896	0.4505	0.5039	0.3151	0.9727	0.6406	0.6880
自然资源保护	0.1571	0.1571	0.1571	0.1878	0.1878	0.1969	0.1976

附表 29-3 宁夏城乡发展一体化进展（环比增长）

单位：%

项　　目	2007 年	2008 年	2009 年	2010 年	2011 年	2012 年比 2011 年增长		2006～2012 年年均增长	
						宁夏	全国	宁夏	全国
总指数	11.6	16.4	2.3	20.6	3.0	11.9	9.0	10.8	7.8
经济发展一体化	6.4	4.8	17.0	2.2	-3.8	3.3	7.8	4.8	8.0
经济发展	19.6	14.4	13.8	22.7	24.9	13.7	11.7	18.1	14.7
产业协调	2.1	1.9	24.7	14.3	-44.4	9.7	9.0	-1.6	6.7
要素流动	3.0	1.7	15.1	-14.4	1.9	-8.4	1.9	-0.6	3.8
社会发展一体化	3.1	14.3	-14.6	-4.4	33.2	17.7	13.7	7.1	7.0
教育均衡发展	42.8	0.3	4.5	8.3	16.8	23.5	12.8	15.2	11.6
卫生均衡发展	2.4	14.7	3.7	10.1	4.5	-13.6	1.3	3.2	3.6
文化均衡发展	30.1	-33.0	48.7	-38.9	106.1	22.0	36.2	12.2	1.3
社会保障均衡发展	-26.2	55.7	-53.7	-14.1	70.3	39.8	11.9	1.4	9.1
生活水平一体化	35.3	33.8	14.6	29.0	7.01	14.3	11.2	21.8	11.7
收入消费水平	13.5	10.2	-21.0	25.4	19.6	13.5	9.7	9.0	8.6
生活环境质量	35.8	51.1	26.3	20.5	18.2	9.9	5.7	26.3	7.6
信息化普及率	87.2	54.9	42.8	36.8	-6.3	18.2	16.8	35.8	19.7
生态环境一体化	8.3	12.0	-3.9	55.5	-18.0	8.5	3.4	8.3	4.6
水资源利用	0.0	0.0	0.0	0.0	0.00	0.0	0.0	0.0	0.0
环境质量	50.1	21.0	25.2	-2.6	-0.32	14.4	3.6	16.7	3.3
垃圾处理	-8.0	11.9	-37.5	208.7	-34.1	7.4	6.2	5.8	11.1
自然资源保护	0.0	0.0	19.5	0.0	4.9	0.4	0.1	3.9	1.1

三　简要评价

1. 一体化发展不均衡

宁夏城乡发展一体化不仅总体发展水平较低，而且很不均衡。发展不均衡不仅体现在四个一体化之间发展不均衡上，也体现在各个一体化内部发展不均衡上。经济发展一体化、生态环境一体化与生活水平一体化不协调、不同步，生态环境一体化排位处于全国最后，而生活水平一体化则排名第 12 位。在社会发展一体化内部，社会保障均衡发展与其他社会发展方面不协调、不同步，社会保障均衡发展居全国第 8 位，而卫生均衡发展列倒数第 2 位（见附表 29-1）。

2. 产业结构极不协调，二元经济结构突出

宁夏不仅经济发展水平低，而且产业结构不协调，二元经济结构突出，现代农业发展水平低。2012 年，反映城乡二元经济结构的指标排列倒数第 2 位，分值仅为全国平均水平的 22.2%；现代农业发展的指标位列倒数第 2，分值仅为全国平均水平的 26.6%；以增加值（2006 年不变价格）计算的农业劳动生产率水平位列全国倒数第 2，分值仅为全国平均水平的 36.2%；农业劳动生产率水平和农业相对劳动生产率水平的低下导致产业发展极不协调，2012 年反映产业协调发展的指标列倒数第 2 位。

3. 环境质量建设有待加强

宁夏生态环境一体化水平严重滞后，位列全国最后。导致生态环境一体化水平滞后的最主要原因之一是环境质量，2012 年该指标位列全国最后，其分值为全国平均水平的 76%。环境质量问题表现为化学需氧量和二氧化硫排放量过多，尽管宁夏在污染治理方面做出了巨大努力，单位污染物排放量大幅度下降，环境质量改善程度位居其他省份前列，但单位排放量仍然较大，远远高于环境质量相对较好的省份。

附录三十 新疆城乡发展一体化水平排序与进展

一 城乡发展一体化水平排序与变化

1. 2012 年：总水平处于全国中下游、西部地区上游

2012 年，新疆城乡发展一体化总水平（总指数）居全国第 21 位（见附表 30－1）、西部地区第 4 位。

四个一体化中，经济发展一体化和社会发展一体化排名要优于总水平和其他一体化在全国的排名，比总水平排序分别高出 5 个位次和 4 个位次；生态环境一体化水平显著滞后，仅列第 28 位（见附表 30－1）。

14 个二级指标中，仅有教育均衡发展进入全国前 10 位，7 个指标处于第 10 至第 20 位之间，6 个指标处于后 10 位，但只有 2 个指标处于后 5 位（见附表 30－1）。

36 个三级指标中，有 8 个指标进入全国前 10 位，其中有 4 个指标进入前 5 位，并有 1 个指标位居第 1；有 16 个指标处于后 10 位，其中有 9 个指标处于后 5 位，并有 2 个指标排最后，有 3 个指标排倒数第 2 位。

2. 2011～2012 年变化：总水平排序有所下降

与 2011 年相比，2012 年新疆城乡发展一体化总水平排序下降了 2 个位次（见附表 30－1）。

附表 30－1　新疆城乡发展一体化在全国排序

年　　份	2006	2007	2008	2009	2010	2011	2012
总指数	22	27	24	25	21	19	21
经济发展一体化	10	11	13	16	14	16	16
经济发展	19	19	20	20	20	20	19
产业协调	15	15	20	14	8	13	12
要素流动	5	7	7	11	15	15	14
社会发展一体化	18	27	24	22	20	16	17
教育均衡发展	11	12	12	12	9	8	7
卫生均衡发展	24	22	19	17	17	10	17
文化均衡发展	25	23	22	27	30	25	23
社会保障均衡发展	12	30	29	27	14	19	25
生活水平一体化	23	24	27	26	22	21	20
收入消费水平	16	18	21	21	20	14	16
生活环境质量	19	16	20	19	11	11	11
信息化普及率	30	30	30	29	29	26	26
生态环境一体化	28	29	27	28	28	26	28
水资源利用	18	18	18	18	18	18	18
环境质量	21	23	24	26	27	27	29
垃圾处理	26	28	26	23	22	20	25
自然资源保护	23	24	24	22	22	22	23

四个一体化中，经济发展一体化排位没有发生变化；生活水平一体化排位小幅提升 1 个位次；社会发展一体化和生态环境一体化排位分别下降 1 个位次和 2 个位次（见附表 30－1）。

13 个二级指标中（不包括水资源利用），有 5 个指标排位提升，其中经济发展一体化的所有指标排位均提升 1 个位次；有 6 个指标排位下降，且下降幅度相对较大，其中卫生均衡发展、社会保障均衡发展和垃圾处理排位分别下降了 7 个位次、6 个位次和 5 个位次，这是总水平排序下降的主要因素（见附表 30－1）。

3. 2006～2012 年变化：总水平排序总体呈提升趋势

2006～2012 年，新疆城乡发展一体化总水平排序提升了 1 个位次，但实际上，自 2008 年起，总水平排序总体上呈不断提升的趋势，2012 年排序比 2007 年提升了 6 个位次（见附表 30－1）。

四个一体化中，经济发展一体化排位基本呈不断下降的趋势，下降了 6 个位次；社会发展一体化排位变动与总水平排序变动如出一辙，虽仅比 2006 年提升 1 个位次，但自 2008 年起基本呈不断提升趋势，比 2007 年提升了 10 个位次；生活水平一体化排位基本呈先降后升的特点，比 2006 年提升了 3 个位次；生态环境一体化排位基本稳定（见附表 30 - 1）。

13 个二级指标中（不包括水资源利用），有 7 个指标排位上升，其中，卫生均衡发展和生活环境质量排位提升幅度较大，分别提升了 7 个位次和 8 个位次；要素流动、社会保障均衡发展和环境质量 3 个指标排位下降，且下降幅度较大，分别下降了 9 个位次、13 个位次和 8 个位次（见附表 30 - 1）。

二 城乡发展一体化进展

1. 2011 ~ 2012 年：总水平进展明显减缓

2012 年，新疆城乡发展一体化总水平提高了 7.3%，是进展较慢的年份，低于 2011 年进展 7.9 个百分点，也低于 2012 年全国平均进展，速度明显减缓（见附表 30 - 3）。

四个一体化中，经济发展一体化提高了 7.6%，高于 2011 年进展，略低于 2012 年全国平均进展；社会发展一体化提高了 8.8%，低于 2011 年进展 24.5 个百分点，也低于 2012 年全国平均进展；生活水平一体化提高了 12.8%，进展最快，高于 2012 年全国平均进展，但远远低于 2011 年进展；生态环境一体化为负增长（见附表 30 - 3）。

13 个二级指标中（不包括水资源利用），只有 2 个指标进展高于 2011 年；4 个指标进展高于 2012 年全国平均进展；文化均衡发展和信息化普及率继续保持高速增长，虽然进展低于 2011 年，但是在 2011 年超高速增长基础上的增长；有 3 个指标为负增长（见附表 30 - 3）。

2. 2006 ~ 2012 年：总水平大幅提升，进展快于全国平均水平

2006 ~ 2012 年，新疆城乡发展一体化总水平年均增长 10%，比全国平均进展快 2.2 个百分点（见附表 30 - 3），城乡发展一体化水平大幅提升。

四个一体化中，经济发展一体化进展低于全国平均进展 2.8 个百分点；社会发展一体化进展仅比全国平均进展快 0.8 个百分点；相比较而言，生活水平一体化和生态环境一体化进展较快（见附表 30 - 3）。

13 个二级指标中（不包括水资源利用），有 9 个指标进展快于全国平均进展，特别是信息化普及率进展在全国最快；但要素流动和自然资源保护为负增长（见附表 30 - 3）。

附表 30－2　新疆城乡发展一体化指数分值

年　　份	2006	2007	2008	2009	2010	2011	2012
总指数	0. 2944	0. 2922	0. 3469	0. 3666	0. 4220	0. 4862	0. 5219
经济发展一体化	0. 3564	0. 3793	0. 3911	0. 3983	0. 4394	0. 4497	0. 4839
经济发展	0. 1426	0. 1728	0. 2005	0. 2143	0. 2665	0. 3282	0. 3848
产业协调	0. 4354	0. 4793	0. 4669	0. 5413	0. 6622	0. 6019	0. 6454
要素流动	0. 4912	0. 4857	0. 5058	0. 4394	0. 3896	0. 4190	0. 4213
社会发展一体化	0. 3252	0. 2399	0. 3531	0. 3339	0. 3526	0. 4699	0. 5113
教育均衡发展	0. 3959	0. 4524	0. 4793	0. 5471	0. 5934	0. 7136	0. 7962
卫生均衡发展	0. 2976	0. 3293	0. 3874	0. 4345	0. 4347	0. 5311	0. 4620
文化均衡发展	0. 2007	0. 1771	0. 2129	0. 1130	0. 0731	0. 2167	0. 3537
社会保障均衡发展	0. 4064	0. 0009	0. 3328	0. 2410	0. 3092	0. 4181	0. 4333
生活水平一体化	0. 2091	0. 2546	0. 2464	0. 3236	0. 4490	0. 5435	0. 6129
收入消费水平	0. 3557	0. 3669	0. 3552	0. 3983	0. 4507	0. 5848	0. 6211
生活环境质量	0. 2681	0. 3397	0. 3161	0. 3621	0. 5872	0. 5744	0. 6415
信息化普及率	0. 0035	0. 0573	0. 1225	0. 2105	0. 3092	0. 4713	0. 5762
生态环境一体化	0. 2871	0. 2949	0. 3788	0. 4104	0. 4471	0. 4819	0. 4793
水资源利用	0. 2789	0. 2789	0. 2789	0. 2789	0. 2789	0. 2789	0. 2789
环境质量	0. 5504	0. 5696	0. 5952	0. 6079	0. 6243	0. 6476	0. 6483
垃圾处理	0. 1198	0. 1354	0. 4453	0. 5573	0. 6875	0. 8034	0. 7935
自然资源保护	0. 1993	0. 1957	0. 1957	0. 1976	0. 1976	0. 1976	0. 1967

附表 30－3　新疆城乡发展一体化进展（环比增长）

单位：%

项　　目	2007 年	2008 年	2009 年	2010 年	2011 年	2012 年比 2011 年增长		2006～2012 年年均增长	
						新疆	全国	新疆	全国
总指数	－0. 8	18. 7	5. 7	15. 1	15. 2	7. 3	9. 0	10. 0	7. 8
经济发展一体化	6. 4	3. 1	1. 8	10. 3	2. 3	7. 6	7. 8	5. 2	8. 0
经济发展	21. 2	16. 0	6. 9	24. 4	23. 2	17. 3	11. 7	18. 0	14. 7
产业协调	10. 1	－2. 7	15. 9	22. 3	－9. 1	7. 2	9. 0	6. 8	6. 7
要素流动	－1. 1	4. 1	－13. 1	－11. 3	7. 6	0. 6	1. 9	－2. 5	3. 8
社会发展一体化	－26. 2	47. 2	－5. 4	5. 6	33. 3	8. 8	13. 7	7. 8	7. 0
教育均衡发展	14. 3	6. 0	14. 2	8. 5	20. 3	11. 6	12. 8	12. 4	11. 6
卫生均衡发展	10. 7	17. 6	12. 2	0. 1	22. 2	－13. 0	1. 3	7. 6	3. 6
文化均衡发展	－11. 8	20. 2	－46. 9	－35. 3	196. 4	63. 2	36. 2	9. 9	1. 3
社会保障均衡发展	－99. 8	36877. 8	－27. 6	28. 3	35. 2	3. 64	11. 9	1. 1	9. 1

续表

项　目	2007年	2008年	2009年	2010年	2011年	2012年比2011年增长		2006~2012年年均增长	
						新疆	全国	新疆	全国
生活水平一体化	21.8	-3.22	31.3	38.8	21.1	12.8	11.2	19.6	11.7
收入消费水平	3.2	-3.2	12.1	13.2	29.8	6.2	9.7	9.7	8.6
生活环境质量	26.7	-7.0	14.6	62.2	-2.2	11.7	5.7	15.7	7.6
信息化普及率	1537.1	113.8	71.8	46.9	52.4	22.3	16.8	133.8	19.7
生态环境一体化	2.7	28.5	8.3	8.9	7.8	-0.5	3.4	8.9	4.6
水资源利用	0.0	0.0	0.0	0.0	0.0	0.0	0.0	0.0	0.0
环境质量	3.5	4.5	2.1	2.7	3.7	0.1	3.6	2.8	3.3
垃圾处理	13.0	228.9	25.2	23.4	16.9	-1.2	6.2	37.0	11.1
自然资源保护	-1.8	0.0	1.0	0.0	0.0	-0.5	0.1	-0.2	1.1

三　简要评价

1. 发展不均衡

新疆城乡发展一体化不均衡主要表现为生态环境一体化水平滞后。四个一体化内部也不同程度地存在发展不均衡，特别是社会发展一体化的二级指标教育均衡发展与社会保障均衡发展排位相差18个位次。

2. 城乡要素流动和配置不尽合理

金融资金的城乡流动和配置相对合理，该指标在全国排列第3位。但是劳动力和财政资金的城乡流动和配置不够理想，表现为非农劳动力比重过低、财政对农业的相对支持程度不高，两者在全国的排位分别为第27和第28，相应分值分别仅为全国平均水平的61.9%和37.7%。同时，2006年以来，要素利用和配置城乡一体化不仅没有进展，反而出现倒退。

3. 社会保障的城乡差距相对较大，改善进展缓慢

新疆社会保障城乡一体化水平较低，城乡差距较大，而且进展较为缓慢。2012年，新疆社会保障城乡一体化仅列全国第25位、在西部地区处中下游。基本医疗保障和基本养老保险城乡差距较大，分别处于全国倒数第2位和倒数第5位，分值分别仅为全国平均水平的47.4%和16.9%。同时，新疆社会保障城乡一体化进展缓慢，2006~2012年年均增长仅为1.1%，不仅大大低于社会发展一体化进展，而且远远低于同期全国平均进展，由此导致社会保障均衡发展排位出现大幅度下降，2012 年比 2006 年下降了 13 个位次。

4. 环境质量相对恶化

新疆不仅环境质量城乡一体化水平低下，2012 年该指标位列全国倒数第 2，而且改善环境质量的进展相对较慢，低于全国平均进展，这导致环境质量指标排位逐年下降，由 2006 年的第 21 位下降到 2012 年第 29 位，环境质量城乡一体化相对恶化。

图书在版编目(CIP)数据

中国城乡发展一体化指数：2006～2012年各地区排序与进展/朱钢等著. —北京：社会科学文献出版社，2014.12
ISBN 978-7-5097-6699-6

Ⅰ.①中… Ⅱ.①朱… Ⅲ.①城乡一体化-发展-研究报告-中国-2006～2012 Ⅳ.①F299.27

中国版本图书馆CIP数据核字（2014）第247787号

中国城乡发展一体化指数
——2006～2012年各地区排序与进展

著 者 / 朱 钢 张 军 王小映 张海鹏 陈 方

出 版 人 / 谢寿光
项目统筹 / 邓泳红 吴 敏
责任编辑 / 吴 敏

出 版 / 社会科学文献出版社 · 皮书出版分社（010）59367127
地址：北京市北三环中路甲29号院华龙大厦 邮编：100029
网址：www.ssap.com.cn
发 行 / 市场营销中心（010）59367081 59367090
读者服务中心（010）59367028
印 装 / 北京鹏润伟业印刷有限公司

规 格 / 开 本：787mm×1092mm 1/16
印 张：20.75 字 数：369千字
版 次 / 2014年12月第1版 2014年12月第1次印刷
书 号 / ISBN 978-7-5097-6699-6
定 价 / 98.00元